Droemer
Knaur®

Klaus von Dohnanyi

Das Deutsche Wagnis

Droemer Knaur

CIP-Titelaufnahme der Deutschen Bibliothek

Klaus von Dohnanyi:
Das Deutsche Wagnis / Klaus von Dohnanyi.
München: Droemer Knaur, 1990
ISBN 3-426-26495-1

Umschlaggestaltung: Graupner & Partner, München
Satzarbeiten: MPM, Wasserburg
Druck und Bindearbeiten: Franz Spiegel Buch GmbH, Ulm
Printed in Germany
ISBN 3-426-26495-1

2 4 5 3 1

Inhalt

Danksagung

Die Wiederherstellung der Einheit Deutschlands ist ein Vorhaben, das keinen Lebensbereich der Nation unberührt lassen wird. Jeder Versuch, diesen Vorgang und seine Probleme zu beschreiben, muß daher unvollständig bleiben. Das Tempo der Entwicklung läßt historische Erkenntnisse und Entscheidungen oft veralten, noch bevor sie niedergeschrieben sind.

Ich habe mich deswegen bemüht, die Strukturen und nicht die Einzelheiten der vor uns liegenden Fragen herauszuarbeiten. Dabei haben mir im wörtlichen Sinn Hunderte von Kollegen und Freunden in beiden Teilen Deutschlands und in anderen Nationen großzügig und oft unermüdlich geholfen. Allen sei herzlich gedankt.

Einen besonderen Dank schulde ich meinem Mitarbeiter Kay Arnecke, der mit Sachverstand und Engagement wesentlich zu diesem Buch beigetragen hat. Auch Frau Erika Radtke, die in der kurzen Zeit der Herstellung unermüdlich Schreibarbeit geleistet hat, sei gedankt.

Im übrigen trage ich die Verantwortung für das Ergebnis natürlich selbst.

Hamburg, 10. September 1990 Klaus Dohnanyi

Vorwort

Warum sagt denn hier niemand die ganze Wahrheit?

Als die Gewalt der sowjetischen Besetzung 1989 ihre Hand aus Osteuropa zurückzog, ordneten sich die Verhältnisse schnell, wie die Geschichte sie vorbereitet hatte: Die Grenzen öffneten sich, und was zusammengehörte, fand wieder zusammen. Auch die deutsche Einheit ist das Ergebnis dieses selbstgewählten Weges der Geschichte und der Menschen. Politik, soweit sie klug war, versuchte, der Geschichte den Weg zu ebnen; soweit Politiker oder Parteien die großen Zusammenhänge nicht erkannten, stellten sie sich ihr vergeblich in den Weg.

Es ist keine Schande, klein zu erscheinen am Rande historischer Ereignisse. Auch parteiischer Streit gehört zur Bühnenmusik. Jeder große Schritt der Geschichte in die Zukunft hat seine kleine Gegenwart. Wir alle gehören dann dazu.

Kein Jahr verging zwischen der Öffnung der Mauer und dem Tag der deutschen Einheit. Das scheint noch heute ein Wunder. Und daß es in diesen elf Monaten überhaupt möglich war, die politischen Voraussetzungen der Einheit zu schaffen, bleibt erstaunlich, muß erinnert werden. Schließlich hatten wir die Gemeinschaft der Nation bald ein halbes Jahrhundert verloren.

Ich kann also den Klagen über die Hast und den Ermahnungen zu mehr nationaler Würde nicht zustimmen. Demokratien sind keine willfährigen Gebilde – und Parlamentarier keine Statisten.

Aber warum sagt denn hier niemand die Wahrheit?

Es wäre so leicht, sich auf sie zu einigen: Die deutsche Einheit war immer nur durch eine Mauer verbaut. Als die eingemauerten Deutschen sie umstürzten, stürzten sie auch die Teilung und schufen die Einheit; die Deutschen Demokratischen Revolutionäre in der DDR. Warum die Legenden, es hätte grundsätzlich andere Wege gegeben, als die beiden deutschen Regierungen sie eingeschlagen haben? Einheit ist der Wunsch, aber Teilung bleibt dic Realität: wirtschaftlich, sozial, psychologisch. Und *diese* Teilung der geeinten Nation zu überwinden, wird in den kommenden Jahren Kräfte von uns fordern wie nichts seit Ende des Zweiten Weltkriegs.

Warum aber hier das Märchen, Wirtschaft und ihr Markt würden auch die soziale Einheit der Nation wieder herstellen, halte man den Weg nur frei von staatlichem Gestrüpp? Warum die Scheu vor der bitteren Wahrheit, daß die schnelle staatliche Einheit ebenso notwendig war, wie der Weg zur sozialen Einheit steinig sein wird? Warum sagen wir nicht, daß eine dauerhafte, gerechte Einheit nur mit erheblichen *politischen* und finanziellen Anstrengungen möglich sein wird? Warum bekennen wir nicht gemeinsam, was wir doch alle wissen: daß die Vereinigung der beiden deutschen Staaten ein hohes politisches Wagnis mit noch unbekanntem Ausgang ist?

Wenn die Geschichte die Schneise geschlagen hat, bleibt es die Arbeit der Politik, den Weg gangbar zu machen. Es hat wenig Sinn zu fragen, ob auch eine andere Schneise hätte geschlagen werden können. Die Arbeit liegt dort, wo der Weg jetzt verlaufen kann.

Politik bedarf der Taktik. Aber es gibt Situationen im Leben der Völker, in denen der vorgezeichnete Weg den Parteien kaum Spielraum für Nebenwege erlaubt. Dies sind meist gefährliche Zeiten. Alles hängt dann davon ab, daß das Richtige getan wird. Dann wird es weniger wichtig, wer regiert, als mit wieviel Kraft der schwierige Weg gegangen wird. Zu dieser Kraft aber gehört Gemeinsamkeit. Und auf diesem Weg führt Parteitaktik an die Abgründe und bleibt die Wahrheit der einzig verläßliche Kompaß.

Die Wahrheit über die soziale Teilung der deutschen Einheit ist unbequem. Aber sie auszusprechen heißt auch, den ersten Schritt zu einer Überwindung zu tun. Die Bewohner der bisherigen DDR kennen die Wahrheit, sie wollen, daß auch wir sie sehen — und dann danach handeln. Denn nur so können wir die große Aufgabe bewältigen.

Wer die Wahrheit sagt, heißt ein chinesisches Sprichwort, der braucht ein schnelles Pferd. Müssen die Parteien die Wähler so fürchten? Ich glaube, nein. Was jetzt die Wähler aber fürchten müssen, das sind Taktik und das sind die Illusionen.

Die Politiker haben die deutsche Einheit nicht geschaffen. Sie ist von historischer Natur. Politik hatte allerdings die Teilung bewirkt. Und wie Politik jetzt die Einheit der Menschen im wiedervereinten Deutschland gestaltet, daran werden wir gemessen werden.

Erstes Kapitel

Das Ende des europäischen Gleichgewichts: Die Befreiung der Deutschen von der Deutschen Frage

I.
Um Haaresbreite: Der Morgenthauplan

Auf meinem Schreibtisch liegen drei Bücher: ein kleiner Band von Eduard Rosenbaum, »Der Vertrag von Versailles — Inhalt und Wirkung«, 1921 in Hamburg geschrieben und in Leipzig gedruckt; mein Exemplar trägt eine Widmung des Verfassers aus dem Jahr 1926 für meinen Vater, der sich als junger Wissenschaftler in Berlin und Hamburg auch mit Vorgeschichte und Folgen des Ersten Weltkriegs beschäftigt hatte. Das zweite Buch ist die berühmte Analyse der wirtschaftlichen Folgen des Versailler Vertrages von John Maynard Keynes, »The Economic Consequences of the Peace« aus dem Jahre 1919; eine schonungslose Aufdeckung der skrupellosen politischen Dummheiten der Siegermächte des Ersten Weltkrieges und ein Kassandrablick in die 20er und 30er Jahre. Das dritte Buch schließlich hat der amerikanische Finanzminister Henry Morgenthau 1945 veröffentlicht: »Germany is our Problem — a Plan for Germany«, der berüchtigte Morgenthauplan also. Alle drei Bücher hüte ich seit Ende des Krieges 1945 in ersten Ausgaben in meiner Bibliothek. Ich habe sie nie aus den Augen verloren. Ich wollte erinnern, wie es nach 1945 auch hätte kommen können, und nicht vergessen, warum es dennoch anders kam.

Schon bald nach Niederlage und Befreiung 1945 wurde Deutschland von der weltweiten Spannung zwischen den beiden Weltmächten zerrissen. Beide Teile, BRD und DDR, wuchsen schnell zu wichtigen Bausteinen der feindlichen Bündnisse. Anstelle von Reparation und Demütigung, wie sie noch 1918 von den vermeintlichen Gleichgewichtsinteressen der europäischen Nachbarn diktiert wurden, trat nun — trotz der großen deutschen Verbrechen — im Westen Partnerschaft. Die sogenannte Bewältigung der Vergangenheit wurde den Deutschen selbst überlassen: Statt Strafe setzten die ehemaligen Feinde diesmal auf Selbstbesinnung.

Was wäre wohl geschehen, hätten die Alliierten 1945 den Kurs eingeschlagen, den Henry Morgenthau im September 1944 Präsident Roosevelt als Memorandum nach Quebec mit auf den Weg gab? Versailles unter verschärften Bedingungen? Westlich einer Linie von Kiel bis Frankfurt, an Weser, Rhein und Ruhr, die internationale Zone; industriell komplett demontiert. Mit dem Ziel, hier nie wieder eine Industrie entstehen zu lassen. Nach Verlust Ostpreußens und Schlesiens der Rest Deutschlands geteilt in zwei Staaten, einen südlichen und einen nördlichen, von jeder Schwerindustrie entblößt und weitgehend abgeschnitten vom Weltmarkt. »Intensivierte Landwirtschaft« sollte den Deutschen genug Arbeit und Essen garantieren: »Der einzige Weg, auf dem wir sicherstellen können, daß 60 Millionen Deutsche etwas zu essen haben, besteht darin, eine große Zahl von ihnen so schnell wie möglich *in die Landwirtschaft (on the land) zu verbringen und sie dort festzuhalten.*«

Henry Morgenthau und Josef Stalin, so unterschiedlich ihre politische Philosophie, nach 1945 waren sie beide bereit, in Deutschland denselben Fehler zu machen: *Stalin*, indem er in seinem Teil des nun west-östlich geteilten Landes ein ebenso brutales wie unrealistisches Wirtschafts- und Gesellschaftssystem errichtete. Ohne Einsicht also in den ununterdrückbaren Willen der Völker nach Selbstbestimmung und für eine menschliche Ordnung. Wen wundert das bei Stalin? Aber *Henry Morgenthau* — Versailles offenkundig auch nicht in Erinnerung — empfahl dem amerikanischen Volk ernsthaft, die zukünftigen deutschen Teilstaaten von einem »Beamtenkabinett« (seine Wortwahl!) regieren zu lassen, um die unmenschlichen Bedingungen seiner »Friedensziele« umzusetzen: »Wenn wir nicht den Fehler machen, ihm (nämlich dem Beamtenkabinett) zu vertrauen, wird es die Direktiven der alliierten Kontrollkommission relativ befriedigend ausführen«, denn »eine demokratische Regierung würde die Unterstützung des Volkes verlieren...« Merkwürdig — auch er, der Demokrat, ohne Einsicht in den unzerstörbaren Willen der Völker zu Freiheit und Selbstbestimmung. Was wäre wohl im Westen Deutschlands geschehen, wenn die USA diesen bösen Science-fiction-Visionen gefolgt wären? Eine deutsche Demokratie gäbe es heute gewiß nicht. Vielleicht wäre ganz Deutschland stalinistisch geworden. Und dann ganz Europa.

Ich beginne mit diesen Büchern und mit diesem Rückblick, weil nun das deutsche Volk zum dritten Mal in 150 Jahren den Versuch macht, in *einem* Staat in Frieden mit seinen Nachbarn zu leben. Was kann wichtiger für uns sein als Verständnis und Erinnerung der Zusammenhänge, die diese Versuche mit dem Fehlschlag 1848, nach dem Erfolg von 1871 und schließlich auch nach der Niederlage von 1918 scheitern ließen?

II.
Sind die Deutschen heute anders?

Als die Mauer in Berlin aufbrach und – zunächst in der DDR, dann auch im Westen – der Wunsch nach Wiedervereinigung der beiden deutschen Staaten immer hörbarer wurde, da erwachte bei den Nachbarn Deutschlands, aber dann auch bei uns selbst, zugleich mit der Hoffnung auf das Ende der europäischen Teilung die Erinnerung an die tragische Geschichte deutscher Einheit. Erinnerungen an die wilhelminische Arroganz; an die rechte Reaktion gegen die junge Weimarer Republik; an ein verblendetes deutsches Volk, das Adolf Hitler und seinen Schergen so lange zujubelte, als nur andere gejagt, gefoltert und ermordet wurden. Diese Erinnerungen begannen warnende Fragen zu stellen. An uns; nach uns. Nach uns Deutschen. Nach dem, was aus uns und Europa werden wird, wenn wir erneut den größten Staat unter den europäischen Völkern westlich der Sowjetunion haben werden.
Wir Westdeutschen leben in einem friedlichen demokratischen und sozialen Land. Seit 1945 haben wir eine lebendige, vitale Demokratie aufgebaut. Unser Sozialstaat findet unter Nationen unserer Bevölkerungsgröße kaum seinesgleichen. Unsere Öffentlichkeit reagiert auf Spuren von Intoleranz, von Rassenvorurteilen, Ausländerfeindlichkeit und Antisemitismus vermutlich sensibler als die der meisten unserer westlichen Partner; angesichts deutscher Verbrechen während der Nazijahre verständlich und begründet, aber doch auch ein Faktum. Geteilt, und unsere Hauptstadt gespalten, haben wir fast ein halbes Jahrhundert Geduld gezeigt. Es gab Blumen an den Gräbern, die Mauer und Stacheldraht säumen, aber keine Bom-

ben wie in Belfast oder Südtirol. Jeder anderen Nation würde man für diese nationale Behutsamkeit wahrscheinlich Reife bescheinigen. Bei uns regt sich eher der Verdacht von wiederum zuviel Respekt vor der Obrigkeit.

Die Zeit deutscher Macht in Europa, also die Zeit, an der wir Deutsche noch immer gemessen werden, währte kaum 60 Jahre, von 1871—1918 und von 1933—1945. Dazwischen lag das Scheitern der ersten demokratischen Republik in Deutschland, das um so rätselhafter wird, je stabiler sich die zweite, die Bonner Republik erweist. Über 40 Jahre hatte sich unser westdeutscher Staat bewährt. Nicht ohne Mängel, nicht ohne Krisen, nicht ohne Kritiker. Aber der Erfolg dieses westlichen deutschen Hauses ist unbestreitbar; und zwar nicht nur der wirtschaftliche Erfolg, sondern gerade der Erfolg unserer demokratischen und kulturellen Entwicklungen. Manchmal sogar im Vergleich mit unseren westlichen Nachbarn und Vorbildern nach 1945.

* * *

Was sagen die Nazijahre über uns Deutsche? Waren diese Verbrechen die nahezu vorhersehbare Mißgeburt unserer Charakteranlagen, jener so oft zitierten Mischung aus Arroganz und Unterwürfigkeit, aus Machtbewußtsein und Schwärmerei, aus Sentimentalität und Brutalität? War Auschwitz deutsch, weil es nur deutsch sein konnte? Tragen wir den Keim solcher Verbrechen noch immer in uns? Nur wir, wir Deutschen? Kein nachdenklicher Deutscher, der sich diese Frage nicht immer wieder stellt. Denn wenn es wirklich einen solchen deutschen Charakter gäbe, der sich in den Naziverbrechen ausgedrückt hätte, dann hätten wir diese Eigenschaften doch wohl in einem halben Jahrhundert kaum ablegen können. Wer sind wir Deutschen?

Die Deutschen, so sagt man, lieben die Ordnung und vertrauen gerne auf eine starke Obrigkeit. Kadavergehorsam, lautet das Stichwort. Und preußisch soll er gewesen sein. Von hier wird dann eine gerade Linie zu Adolf Hitler und seiner Macht über das deutsche Volk gezogen. Gebeugt hätten sich doch fast alle. Und Martin Luther wird in Anspruch genommen: »Gott will, daß die Gemeinde der Obrigkeit um Gottes willen gehorsam sei.« Ausgerechnet Martin Luther, der Mann, ohne dessen bewundernswerte Zivilcourage die größte geistige Revolution der Neuzeit, die Reformation, kaum vorstellbar ist! Sind wir ein Volk ohne Revolutionsgeschichte? Wirklich? Waren es nicht am 17. Juni 1953 die Deutschen, die als erste gegen die sowjetische Gewalt aufstanden? Fehlt es an demokratischen Traditionen? Waren nicht die deutschen Städte über Jahrhunderte eher ein erstaunliches Beispiel für »demokratische« Mitwirkung? John Strang, der schottische Intellektuelle und Finanzminister seiner Heimatstadt Glasgow, schrieb über die Steinschen Reformen 1831 aus Berlin: »Nach... dem berühmten Erlaß war die Regierung aller Städte und Gemeinden in Preußen sehr viel freier und sehr viel demokratischer als irgend etwas, das es bis heute in Großbritannien gibt.«

Obrigkeit, Gehorsam und Militarismus, so lautet die Kette der Argumente gegen den angeblichen deutschen Charakter. Sind die Deutschen wirklich »militaristisch«? Gute Soldaten mögen die Deutschen immer gewesen sein, nolens-volens, wenn sie von den Römern in ihre Elitetruppen gedrängt wurden oder, wie die Hessen, von ihren Landesherren als Soldaten verkauft wurden; oder in Preußen als »lange Kerls« eingefangen. Viele Historiker meinen übrigens, die Engländer seien bessere Soldaten, mutiger und zäher. Aber wie dem auch sei: sind die Österreicher, die so lange die deutschen Kaiser geboren haben, keine Deutschen? Aber sind sie militaristisch? War nicht die »Große Armee« der Geschichte eine französische? Nur Hitler kann, was militärische Eroberungen in Europa angeht, mit Frankreichs Napoleon verglichen werden. Und war nicht Napoleons Armee und seine Herrschaft ein Modell des »Militarismus«, bis hin zur Plazierung seiner erfolgreichen Generale auf den Herrscherthronen Europas? Erfolgte nicht der Aufbau der modernen französischen Infrastruktur fast ausschließlich nach den Bedürfnissen der »Großen Armee«? Und was wäre zu sagen über die britische Marine und Nelsons Kommando, daß jedermann nur seine Pflicht zu tun habe? Ein Militarist? Oder nicht doch eher ein Mann seiner Zeit?

Deutsche haben das größte staatlich organisierte Verbrechen der menschlichen Geschichte zu verantworten. Für dieses Verbrechen haben die Deutschen als Volk »funktioniert«. Auschwitz war einmalig und war insofern auch »deutsch«. War Auschwitz aber eine Folge »typisch deutscher« Charaktereigenschaften? Als einmaliges

Verbrechen verzeiht der Holocaust keinen Vergleich. Aber für das Verhalten der Menschen, der Köpfe, die jene Verbrechen ersannen und deren Hände sie begangen haben, gilt dies nicht. Hier ist der Vergleich zulässig. Waren nur die SS-Schergen an den Bahnsteigen, die die Züge in die Vernichtungslager organisierten, »typisch deutsch« in ihrem Gehorsam? Oder waren auch die französischen Kollaborateure, die französische Züge nach Auschwitz organisierten, »typisch deutsch«? Das organisierte Verbrechen Auschwitz bleibt ein Verbrechen ohne Vergleich — aber für den *einzelnen* Menschen, der an diesen Verbrechen beteiligt war, bleibt der Mord eines jeden Menschen ein Mord.

Was war also »deutsch«? Ich frage mich manchmal, ob der Terror der Französischen Revolution, zum Beispiel, hätten wir ihn in Berlin organisiert, heute nicht auch als »typisch deutsch« gelten würde: diese Arroganz eines Neubeginns der Zeitrechnung für das ganze Abendland; diese schwärmerische Unterwerfung unter einen Mythos der Vernunft; und schließlich, diese perfekt funktionierende Vernichtungsmaschine, die Morgen für Morgen *les fournées* (die Schübe, wie bei den Bäckern) zur Guillotine brachte. Wer waren jene Menschen, die Tag für Tag unter dem Banner des Humanismus und begleitet von euphorischen Schriften aufgeklärter Philosophen Hunderte von Menschen zur öffentlichen Hinrichtung schleppten, darunter auch solche Menschen, denen sie wenige Tage zuvor noch zugejubelt hatten? Ein mörderisches System haben diese »aufgeklärten Philosophen« betrieben, einen intellektuell begründeten Massenmord von bis dahin unbekanntem Ausmaß.

Oder: Wer hat die Millionen von Oppositionellen und Kulaken in die sowjetischen Gulags verschleppt und dort ermordet oder lebend zugrunde gehen lassen? Ein riesiger Staatsapparat mußte dafür funktionieren. Oder: Wer waren, kaum 100 Jahre früher, die britischen Kapitäne, die es nicht ablehnten, wie Tiere eingefangene schwarze Menschen als Sklaven nach den USA zu verschiffen, obwohl sie wußten, daß auf dem Wege bis zu einem Drittel der »Ware verderben werde«. Große Städte und Unternehmen Großbritanniens lebten luxuriös von diesem Menschenhandel. Und wer waren die gepflegten Kunden auf den südlichen Landsitzen dieser großen amerikanischen Demokratie, die allen Menschen gleiche Rechte verbrieft hatte?

Nichts löscht die deutschen Verbrechen aus. Aber waren sie die Folge eines deutschen Charakters? Wäre es dann nicht auch richtig zu sagen, die Türken seien grausam und die Griechen verschlagen; die Engländer scheinheilig und die Franzosen neigten zum Sadismus? Billige Vorurteile, wie wir wissen. Ich glaube kein Wort davon. Aber ich glaube eben auch nicht, daß die Deutschen wegen angeblicher, entweder angeborener oder auch erworbener, Charaktereigenschaften weniger demokratisch sind und weniger gute Nachbarn sein können als die anderen Völker, mit denen wir leben. Auschwitz ist deutsche Geschichte, deutsche Schuld und bleibt deutsche Verantwortung. Aber Auschwitz ist nicht deutscher Charakter.

* * *

Warum sind die Deutschen heute so anders? Wer die Kriegswut der Deutschen im Ersten Weltkrieg und die rücksichtslose Brutalität der deutschen Armee im Krieg 1939—1945 in Erinnerung hat, muß doch auch daran erinnert werden, daß die Deutschen über Jahrhunderte in Europa, und zwar bis zu Bismarcks Reich, eher als umgänglich und friedfertig galten. Und: Wer die Deutschen heute sieht, kann doch von diesem angeblichen deutschen militaristischen Charakter wirklich nichts mehr entdecken. Auf eine besondere Art tüchtig — vielleicht; manchmal vielleicht auch auf eine unangenehme und humorlose Art erfolgreich. Aber das sind dann unsere deutschen Nachbarn in der Schweiz wohl auch und die Verwandten in den Niederlanden nicht weniger. Doch wo ist jener angebliche »Kadavergehorsam«, der so typisch für die Deutschen sein soll, geblieben? Wo jene Überschätzung des Staates und seiner Diener? Wo der unangemessene Respekt für die Regierungen und wo der Gehorsam zum Beispiel gegenüber der Polizei? Ich kann all das bei den Westdeutschen jedenfalls heute nicht mehr entdecken, nicht mehr als in Frankreich, England oder den USA. Man findet bei den Bürgern der Bundesrepublik auch kaum einen so zeremoniellen Respekt vor der Obrigkeit, wie ihn Amerikaner und Franzosen ihrem Präsidenten, und wie ihn die Briten ihrem Königshaus ganz selbstverständlich entgegenbringen.

Schon 1960 sagte Ralf Dahrendorf in einem Hamburger Vortrag:

»Betrachtet man die Normen und das tatsächliche Verhalten der Menschen in der heutigen Bundesrepublik, so ist es erstaunlich, wie beide nahezu jedes Stereotyp des Deutschen, das die Literatur kennt, widerlegen. Noch heute orientieren sich viele Menschen in anderen Ländern an den geläufigen Zügen des vorgeblichen deutschen Nationalcharakters: Fleiß, Gründlichkeit, Unterwürfigkeit, Liebe zum Militär, Disziplin, Hang zur Romantik und so weiter. Indessen ist aber die deutsche Gesellschaft tatsächlich von ganz anderen Werten beherrscht: persönliches Erfolgsstreben, Freizeitorientierung, Konsumorientierung, Individualismus, betonte Ablehnung aller militärischen Disziplin, Sachlichkeit, ›Materialismus‹ sind die sichtbarsten Züge des Sozialverhaltens heute.« Und doch war die junge Republik kaum ein Jahrzehnt alt. Lag es daran, daß die Deutschen ihre historische Identität verloren haben? Ich habe Zweifel an dieser These. Was war also geschehen?

III.
Deutschland, ein Störenfried?

Warum wurde Deutschland im 19. und im 20. Jahrhundert zum europäischen Störenfried? Warum ging in zwei Weltkriegen der Krieg von deutschem Boden aus?
Zu Beginn des 19. Jahrhunderts war die deutsche Nation für die großen Mächte ein bequemer Nachbar. Der von den Fürsten geduldete Kaiser in Wien war nach den Kriegen mit dem aufstrebenden Preußen im 18. Jahrhundert erheblich geschwächt worden. Rund 300 Einzelstaaten, nur locker verbunden; Zollgrenzen alle paar Meilen — das war Deutschland. Nur zögernde Anzeichen einer Industrialisierung: Deutschland war nicht nur politisch, sondern auch wirtschaftlich ein Nachzügler in Europa. Das war bequem.
In seiner industriellen Entwicklung folgte Deutschland noch bis in die 30er Jahre des vorigen Jahrhunderts Großbritannien mit einem Abstand von etwa 50 Jahren. Feudale Strukturen in der

Landwirtschaft und enge Zunftregeln in den Gewerben hatten sich der Industrialisierung entgegengestemmt. Und die politische Kleinstaaterei, die England, Rußland, Frankreich und Österreich im Wiener Frieden von 1815 zielbewußt gefestigt hatten, tat das Ihre, um deutschen Produzenten die Vorteile großer Märkte und moderner Arbeitsteilung vorzuenthalten.

Obwohl Heilige Allianz und Karlsbader Beschlüsse versucht hatten, den demokratischen Druck auf Einheit und politische Reformen zu ersticken, ließen diese Bestrebungen nicht nach: Das Interesse der Menschen war es, die wirtschaftliche und soziale Lücke gegenüber den westlichen Nationalstaaten zu schließen; also aufzuholen, politisch und wirtschaftlich. Nachdem aber auch die Befreiungskriege diese Einheit nicht gebracht hatten, schoben sich die drängenden *wirtschaftlichen* Notwendigkeiten der Einheit gegenüber den *verfassungspolitischen* Zielen immer nachdrücklicher in den Vordergrund. Auf dem Wiener Kongreß hatte man zwar vereinbart, daß der Deutsche Bund sich über eine gemeinsame Handels-, Verkehrs- und Zollpolitik verständigen solle. Aber die in Wien zugleich festgeschriebene deutsche Kleinstaaterei mit ihren höfischen, auf kleine Räume bezogenen Interessen gab diesem Ziel kaum eine Chance. 1818 holte Preußen durch die Beseitigung der internen Zollschranken zwar nach, was eine Reihe anderer Mitgliedsstaaten des Bundes bereits vollzogen hatten. Aber die mit dem preußischen Binnenmarkt zugleich geschaffenen Transitgebühren führten in der verschachtelten Geographie der deutschen Staaten wiederum auch zu neuen Komplikationen und Wettbewerbsverzerrungen. Mit dem wenig erfolgreichen Allgemeinen Deutschen Handels- und Gewerbeverein begann dann im April 1819 unter der geistigen Führung Friedrich Lists der Kampf um eine deutsche Zollunion, verbunden mit einer Schutzzoll-Konzeption für »jugendliche Industriezweige« *(infant industries)*. Die Einheitsbewegung hatte sich gespalten.

Der 1815 in Wien von den Gleichgewichtsmächten Deutschland erneut verordnete Partikularismus stützte sich auf den restaurativen Absolutismus in den deutschen Staaten. Die Großmächte wollten das europäische Gleichgewicht durch den deutschen Partikularismus austarieren. Jede Bewegung in Richtung auf eine Zollunion mußten sie als eine Gefährdung des Gleichgewichts verstehen, als die andere Seite der politischen Einheit. Hinter diesen wirtschaftlichen Bewegungen standen Kaufleute und Industrielle, also Kräfte des liberalen Bürgertums, die wiederum der ständischen Restauration gefährlich werden konnten. Die Kleinstaaten braucht man für das Gleichgewicht und ihre Herren für die Aufrechterhaltung der Kleinstaaterei. Als Friedrich List dann im württembergischen Parlament nicht nur Zollunion und Industriepolitik forderte, sondern auch die hierfür unerläßlichen politischen Reformen, hatte er Höfen und Regierungen den Beweis erbracht, daß zwischen Freihandel und Demokratie offenbar eine geheimnisvolle und gefährliche Verbindung bestehe. Metternich setzte sich zur Wehr. Aber der Druck auf Reformen und größere Wirtschaftsräume ließ auch nach Friedrich Lists erzwungener Auswanderung in die Vereinigten Staaten nicht nach. Er entsprach ja den immer stärker werdenden Interessen der bürgerlichen Kaufmannschaft. Die Revolution von 1830 beschleunigte den Prozeß, und 1834 entstand ein Zollverein von 18 deutschen Staaten und 23,5 Millionen Bewohnern. Allerdings blieben noch immer wichtige Regionen Deutschlands, insbesondere im Küstenbereich, außerhalb dieses neuen Wirtschaftsraumes. Ebenso wie die Feste der Reaktion, Österreich. Der Zollverein brachte aber schließlich doch den wirtschaftlichen Durchbruch. Mit ihm begann in den 30er Jahren des vorigen Jahrhunderts der wirtschaftliche Aufstieg Deutschlands. Und damit neue Rivalitäten und eine veränderte Gleichgewichtslage in Europa.

Die deutsche industrielle Entwicklung begann damit, und das unterschied sie zum Beispiel von der in England und in den USA, *ohne* politische Union und *ohne* demokratische Formen. Aber wie hätte sie im festgezimmerten Bauwerk absolutistischer Kleinstaaterei auch anders beginnen können? Nicht der Charakter der Deutschen, sondern die — nicht von den Deutschen gewollte! — im Interesse des europäischen Gleichgewichts 1815 geschaffene Konstitution Deutschlands führte zu dieser Situation. Die Abspaltung der industriellen Entwicklung Deutschlands von politischer Einheit und Demokratisierung sollte jedoch noch schwerwiegende Folgen für die Nation haben. Denn bis zu den Anfängen der Bundesrepublik Deutschland nach 1949, also über ein ganzes Jahrhundert, hatten sich in den Augen der Menschen wirtschaftlicher Erfolg in Deutschland immer wieder in erster Linie mit vordemokratischen und autoritären Regierungen verbunden. Die erste deutsche Demokratie, die Weimarer Republik, mußte zunächst im Gefolge des Ersten Weltkrieges die Misere der Inflation und der Reparationen bewältigen, um dann, nach wenigen Jahren wirtschaftlicher Konsolidierung, im Chaos der Weltwirtschaftskrise zu enden.

Die *wirtschaftliche* Einheit war durch Zollverein und Wirtschaftsunion weitgehend erreicht, und so verlor das Ziel der politischen Einheit bei den bürgerlich-wirtschaftlichen Gruppen schließlich an Bedeutung. Dies war sicherlich auch *einer* der Gründe, warum der *nationale* Einigungsakt am Ende mit militärischen Mitteln, mit »Blut und Eisen«, anstatt von den bürgerlich-liberalen Kräften erzwungen wurde.

Nationale Einheit durch militärisch-obrigkeitliche Entscheidung und wirtschaftlicher Aufstieg ohne demokratischen Fortschritt haben das deutsche Schicksal von Napoleon bis Hitler (um nicht mißverständlich zu sagen: von Metternich bis Adenauer) geprägt. Wobei der jähe wirtschaftliche Aufstieg Deutschlands in der zweiten Hälfte des 19. Jahrhunderts der deutschen Frage einen neuen Aspekt hinzufügte. Ein wichtiger Faktor war sicher das starke Bevölkerungswachstum, das eine entsprechende wirtschaftliche Entwicklung notwendig machte. Noch 1820 hatte Deutschland (in den Grenzen von 1914) 25 Millionen Einwohner, also deutlich weniger als Frankreich (30 Millionen). Bis zum Jahre 1910 hatte sich die Bevölkerung Deutschlands jedoch auf fast 65 Millionen vermehrt, Frankreich verharrte unter 40 Millionen. Die industrielle Entwicklung Deutschlands war noch explosiver: Zwischen etwa 1850 und 1910 hatte sich der industrielle Ausstoß in Deutschland fast verzehnfacht, während sich dieser in Frankreich (etwas schneller in Großbritannien) im selben Zeitraum nur etwa verdreifachte. Daß dies mehr als ein Aufholen bedeutete, läßt sich leicht an einigen Produktionsziffern erkennen:

Produktionsvolumen in Frankreich, Großbritannien, Deutschland (Jahresdurchschnitte)						
	PERIODE I (vor 1900)			PERIODE II (nach 1900)		
	D	F	GB	D	F	GB
Steinkohle- und Braunkohleproduktion (1)	3,0	2,9	28,1	247,5	39,9	275,4
Roheisenproduktion (2)	146	327	1142	14836	4664	9792
Stahlproduktion (3)	0,99	0,46	1,82	16,24	4,09	6,93
Elektrische Energie (4)	1280	340	1907	8010	1800	2500

(1) in Mio. metrische Tonnen; Periode I: 1835–1839, Periode II: 1910–1913;
(2) in 1000 metrische Tonnen; Perioden wie bei (1);
(3) in Mio. metrische Tonnen; Periode I: 1880–1884, Periode 2: 1910–1913;
(4) nur öffentliche Versorgung; in Mio. Kwh; Periode I: 1901, Periode II: 1913.

Innerhalb eines halben Jahrhunderts nach Schaffung des Zollvereins hatte Deutschland, das industrielle Herzland Europas, Großbritannien also in den zentralen Sektoren der industriellen Erzeugung eingeholt oder überholt. Das von Revolution und Bonapartismus modernisierte Frankreich wurde Ende der 80er Jahre des letzten Jahrhunderts sogar als Getreideproduzent mit jährlichen Durchschnittsernten von nahezu 250 Mio. Doppelzentnern (gegenüber gut 160 Mio. Doppelzentnern in Frankreich) weit hinter sich gelassen; noch um 1850 hatten die französischen Getreideernten etwa 10% über der deutschen Produktion gelegen.

Deutschland hatte also bereits in der ersten Phase seiner Industrialisierung eine besondere Fähigkeit bewiesen, Wissenschaft, Technik und unternehmerische Phantasie so zu verbinden, daß ein Wirtschaftssystem von ungewöhnlicher Leistungskraft entstand.

Als nach 1945 die Bundesrepublik Deutschland trotz der Kriegsfolgen, trotz Teilung und geopolitischer Randlage erneut zur führenden westeuropäischen Wirtschaftsmacht aufstieg, konnte das also eigentlich niemanden verwundern. Sowenig wie die Tatsache, daß, unter ganz anderen Bedingungen und mit ganz anderen Maßstäben gemessen, auch die DDR in ihrem Bündnis eine vergleichbare Rol-

le einnahm. Beide deutschen Staaten waren wirtschaftliche Musterschüler der Nachkriegsepoche. Von den Deutschen erwartete man das. MacClellands Untersuchungen aus dem Jahre 1957 über die Leistungsorientierung verschiedener Völker und Gesellschaften (»The Achieving Society«) läßt erkennen: Selbstvertrauen und Angst gehen bei uns offenbar eine für Initiative und Anpassung in der Industriegesellschaft besondere Verbindung ein.
Der Marshallplan war für die Bundesrepublik sicherlich wichtig, und wir bleiben den amerikanischen Staatsmännern und Steuerzahlern für diese Erleichterung unseres Wiederaufstiegs dankbar. Aber für unseren wirtschaftlichen Erfolg war der Marshallplan keine unabdingbare Voraussetzung. Der Marshallplan hat der Gründung der BRD den Weg geebnet, die Leistung versteckter Reparationen insbesondere nach Frankreich beenden helfen und die westeuropäische Zusammenarbeit gefördert. Aber, wie Werner Abelshauser in seiner »Wirtschaftsgeschichte der BRD« wohl richtig feststellt, »die Marshallplanlieferungen selber (gewannen) keine entscheidende Bedeutung für den wirtschaftlichen Wiederaufstieg«.
Entscheidend war vielmehr die politische Ordnung der Demokratie und eine auf sie zugeschnittene wirtschaftliche Ordnung. Die soziale Marktwirtschaft, die demokratische Verfassung und das Bündnis mit den Nachbarn erlaubten den Deutschen, ihre Fähigkeiten nun so einzusetzen, daß die Ergebnisse für die eigene Nation *und* für die Nachbarn fruchtbar und friedenstiftend waren. Das Wunder der Bundesrepublik besteht deswegen eigentlich nicht so sehr in der erneuten Demonstration wirtschaftlicher Leistungskraft — dies hatte das Kaiserreich, für kurze Zeit sogar die Weimarer Republik und schließlich das Nazireich hinreichend unter Beweis gestellt. (Daß die Hitler-Regierung ihren wirtschaftlichen Erfolg nicht ausschließlich der Aufrüstung verdankte, wie so oft behauptet wird, hat Sebastian Haffner in seinen »Anmerkungen zu Hitler« sehr lesbar zusammengefaßt.) Aber daß es der Bundesrepublik diesmal gelang, ein starkes Deutschland zugleich zu einem demokratischen und guten Nachbarn in Europa und zu einem verläßlichen Partner der demokratischen Völkergemeinschaft zu machen, *das* ist das deutsche Wunder der Nachkriegszeit.

IV.
»Eins plus vier« schon 1815 in Wien

In mehrfacher Hinsicht war Deutschland immer zu groß für seine Nachbarn: die politische Spaltung Deutschlands deswegen immer deren Ziel. Gleichgewicht hieß dieses Konzept der Nachbarn, das Teilung für die Deutschen bedeuten mußte. Siedlungsraum und Bevölkerung der Deutschen in Mitteleuropa ragten deutlich über die Maße aller anderen europäischen Mächte, mit Ausnahme Rußlands, heraus. Auf einer frühen statistischen Übersicht, zur methodischen Beurteilung von Macht und Gleichgewicht in Europa aus dem Jahr 1804 (Talleyrand nannte derartige Berechnungen der Statistischen Kommission des Wiener Kongresses später »die Auflistungen politischer Arithmetiker«), wird Deutschland einschließlich Preußens (aber ohne die dem Habsburger Kaiser Franz II. in der Erbfolge zugefallenen Länder) mit 246 600 Quadratmeilen (Frankreich 150 000, Großbritannien 106 000) und mit 30,7 Millionen Einwohnern (Frankreich 26 Millionen, Großbritannien 14 Millionen) und mit 345 000 Soldaten zu Lande in Friedenszeiten (davon allein 225 000 im kleinen Preußen) im Vergleich mit 230 000 in Frankreich und 46 000 in Großbritannien gezählt (die Briten hatten natürlich statt dessen die größte Flotte).

Daß unter solchen Umständen den etablierten europäischen Mächten daran gelegen sein mußte, den Nachzügler Deutschland geteilt zu halten und die nationale Stimmung der Deutschen, die im Befreiungskrieg gegen Napoleon ganz selbstverständlich entstanden war, an den Thronen absolutistischer Regionalfürsten scheitern zu lassen, ist nur allzu verständlich. Das Faktum ist aber auch im Kopf zu behalten. Denn damit wird klar, daß nicht etwa deutsche Untaten im Ersten Weltkrieg dazu führten, daß Deutschland 1918 gefesselt und handhabbar auf der Waage des europäischen Gleichgewichts bleiben sollte: Dieses Ziel der Nachbarn stammt noch aus der Zeit der deutschen Kleinstaaterei und diente deren Verfestigung.

Der Wunsch unserer mächtigen Nachbarn, Deutschland nicht zu einer gleichberechtigten Nation werden zu lassen, hat also viel ältere Wurzeln. Er ist auch sehr verständlich, denn er resultiert aus der Bevölkerungsgröße des deutschen Volkes, die einen Nationalstaat in Mitteleuropa mächtig machen *mußte*. Und aus der Unübersichtlichkeit des Heiligen Römischen Reiches Deutscher Nation. Schließlich gab es einmal einen deutschen Kaiser, in dessen Reich die Sonne angeblich nicht untergehen konnte.

Dies — und nicht Talleyrands unbestreitbares diplomatisches Genie — war wohl die wahre Ursache, die auf dem Wiener Kongreß schließlich dazu führte, daß der Aggressor Frankreich weitgehend ungeschoren blieb, während das Hauptopfer der Napoleonischen Eroberungskriege, Deutschland, in eine Lage manövriert wurde, die letztlich seine längst fällige nationalstaatliche Einigung erneut unmöglich machte. Ein schwacher Deutscher Bund, der nicht einmal imstande war, seine Zollgrenzen so zu ändern, daß die erheblichen Wettbewerbsnachteile der deutschen Kaufleute beseitigt werden konnten, diente dem europäischen Gleichgewicht, oder der »Wiederherstellung der (alten) Ordnung«, wie Henry Kissinger Metternichs prägende Konzeption nicht ohne Bewunderung genannt hat.

Wir sind gewohnt, das Scheitern der 48er Revolution in erster Linie der Entscheidungsschwäche eines gelehrten Parlaments, den reaktionären antidemokratischen Fürstenhöfen und einem obrigkeitshörigen deutschen Volkscharakter zuzuschreiben. An all diesen Argumenten ist sicherlich auch etwas Wahres, allerdings klammern diese Begründungen einen, ja wahrscheinlich *den* entscheidenden Faktor aus: Das Machtgefüge in Europa war auf dem Wiener Kongreß ausdrücklich so geordnet worden, daß eine vom Volk getragene nationale Bewegung für die deutsche Einheit eben kaum eine Chance des Erfolgs haben konnte. Denn die deutsche Einheit konnte nicht im Interesse des übrigen Europa sein. Deutschland war zu groß und kam zu spät, um ohne unkalkulierbare Verwerfungen des europäischen Gleichgewichts (und das hieß eben: um ohne Gefahr eines großen europäischen Krieges) vereinigt werden zu können. Deutschland war 1815 in Wien wie schon 1648 im Westfälischen Frieden der Weg zur Einheit versperrt worden, weil es für diese Einheit kein für das übrige Europa verträgliches Konzept zu geben schien — und nicht, weil sich Deutschland als gefährlich für seine Nachbarn erwiesen hätte! Im Gegenteil: Seit dem Dreißigjährigen Krieg war Deutschland Opfer und nicht Täter in vielen grenzüberschreitenden europäischen Kriegen gewesen. Ein Opfer jedoch, das aus der Sicht der etablierten Mächte seinerseits zu einem gefährlichen Täter hätte erstarken können, würde man ihm den Weg zur nationalen Einheit nicht verlegen.

Oberflächlich läßt sich eine Linie von 1871 über 1914 bis 1939 ziehen. Und dies geschieht ja auch oft gerade bei selbstkritischen Deutschen: Deutschland, die unbefriedigte und unfriedliche Nation, die imperialistische Nation; der militaristische Aggressor; der europäische Tyrann. Von Bismarck zu Hitler. Es ist die Linie, die man häufig zeichnet, besonders um die deutschen Verbrechen zwischen 1933 und 1945 überhaupt erklärbar zu machen. Mir scheint jedoch, daß diese Argumentation den wirklichen Begründungszusammenhang vernachlässigt, der zwar die deutschen Verbrechen der Nazijahre um nichts geringer macht, aber doch eine andere Ursachenkette in der Entstehungsgeschichte des Ersten Weltkrieges und des Nationalsozialismus erkennen läßt. Diese Ursachenkette lautet: Westfälischer Friede, Wiener Kongreß, Versailles — alles letztlich internationale Teilungsverträge zu Lasten eines niemals gleichberechtigten Deutschland. Und zwar nicht, weil die Deutschen zu aggressiv, sondern einfach nur, weil sie zu viele waren. Hinzu kam dann gewiß *auch* eine deutsche Politik, die aus dieser nahezu unlösbaren Situation nicht — wie Bismarck es wollte, aber wohl schon selber nicht konnte — die Konsequenz realistischer Anpassung an die gegebene Lage zog, sondern die den gleichberechtigten »Platz an der Sonne« zu ertrotzen suchte — mit dem Ergebnis von Versailles und seinen katastrophalen Wirkungen bis in unsere Tage.

Wie fundamental die europäischen Gleichgewichtsprobleme waren — und damit auch, wie wenig zugänglich »kluger« Politik —, ergibt sich auch, wenn man in Betracht zieht, daß die »2 plus 4«-(oder de facto die »1 plus 4«-) Konstellation des Jahres 1990 faktisch dieselbe ist, wie sie Deutschland schon auf dem Wiener Kongreß 1815 gegenübertrat. Nur die Vereinigten Staaten von Amerika waren damals, als es um die Wiederherstellung einer europäischen Ordnung ging, noch keine Macht auf dem europäischen Kontinent.

England und Österreich, Castlereagh und Metternich, waren die »eigentlichen Promotoren der Gleichgewichtspolitik«, wie Thomas Nipperdey mit Recht unterstreicht. Und das hieß eben nicht nur die Eindämmung Rußlands und die Zügelung des einflußreichen Verlierers Frankreich, sondern nach seiner Meinung immer auch die »Konsolidierung einer im Osten wie Westen unabhängigen Mitte Europas«. Und als Preußen, für das »allein ... die Organisation Deutschlands eine Sicherheitsfrage ersten Ranges (war)...«, nach gescheiterten Verhandlungen über einen Kompensationsanspruch Rußlands im Osten schließlich gegenüber Metternich eigene Schritte in Erwägung zog, »schlossen sich Österreich, England und Frankreich ... zu einer geheimen Allianz zusammen ... Preußen mußte nachgeben ... denn auch Rußland sah nunmehr seine Interessen nicht mehr in einer Stärkung Preußens«.

Die deutsche Einheit, auch eine kleindeutsche, war erneut gescheitert.

»1 plus 4« also schon in Wien vor 175 Jahren. Damals war Preußen allerdings das *Opfer* Napoleons und die Deutschen die eigentlichen *Befreier* Europas gewesen, also weder Aggressor noch Hegemonialmacht wie Deutschland 1933 bis 1945. Dennoch blieb Deutschland auf dem Wiener Kongreß das bewegliche Tariergewicht, das den festen Gewichten der Großmächte Frankreich, England, Rußland und Habsburg-Österreich angepaßt werden mußte: Denn Deutschland war unbequem und gefährlich, weil es zu groß war, nicht weil es angegriffen hatte. Ich komme noch einmal auf Nipperdey zurück: »Ein (deutscher) Nationalstaat hatte 1815 keine Chance: Weder waren die europäischen Mächte für eine solche Lösung — *sie hätte die deutschen Kräfte, statt sie in einem Gleichgewichtssystem ruhigzustellen, gebündelt, dynamisiert und zu einer Gefahr für Europa gemacht*, noch die deutschen Groß- wie Mittelstaaten, noch auch die Massen des Volkes«.

Ob das Urteil über die »Massen des Volkes« richtig ist, läßt sich heute schwer beurteilen; ich glaube: nein. Sicher scheint mir jedoch, daß es genau diese Politik des Gleichgewichts war, die 1815 den Samen für die europäische Katastrophe von 1914 — die George Kennan die Katastrophe dieses Jahrhunderts genannt hat — legte. Denn die Ordnung von 1815 konnte den Einigungswillen der Deutschen nicht ausrotten, überließ aber mit der Abwendung Österreichs von Deutschland die deutsche Einigung letztlich Preußen, das durch die neu gewonnenen Rheinprovinzen einerseits geographisch geteilt und andererseits industriell erheblich gestärkt worden war. Eine Konstellation, die den militärischen Weg zur Einheit Deutschlands faktisch als einzige Möglichkeit für ein *neues* Gleichgewicht in Europa vorzeichnete. Damit aber verband sich auch der unvermeidliche Rückschlag und wiederum eine europäische Konstellation, die Deutschland nur die Wahl ließ zwischen der Anerkennung einer für Frankreich, England und Rußland akzeptablen Gleichgewichtslage oder aber dem Risiko, alles zu verlieren. Wie es dann auch geschah.

War die Bismarcksche Reichsgründung wirklich der »aggressive Fehler« der Deutschen, der alles ins Rollen brachte? Ich meine: nein. Begreift man nämlich, daß, solange es unabhängige und rivalisierende Nationalstaaten in Europa gab, *jede* deutsche Einheit *im Kern* unverträglich mit dem europäischen Gleichgewicht war, weil schon aus Gründen des *natürlichen Gewichts* der Deutschen *jede* Einheit zur Hegemonie der Deutschen in Mitteleuropa führen mußte, dann wird auch verständlich, warum die europäischen Großmächte entschlossen waren, die deutsche Einheit zu verhindern. Verständlich aus ihrer Sicht — aber verständlich dann auch, daß es zur Reichsgründung »von oben« wohl keine Alternative gab. Ja, man muß fragen, ob, solange die Voraussetzung unabhängiger Nationalstaaten in Europa galt, überhaupt irgendein deutscher Nationalstaat (und schon gar nicht eine großdeutsche Lösung, wie sie die Bismarck-Gegner gefordert hatten) unter den europäischen Großmächten eine reale Chance des Überlebens in nationaler Gleichberechtigung hatte.

Die Deutschen hätten auf die Einheit verzichten und sich auf eine Wirtschaftsunion, wie wir heute sagen würden, beschränken können. Aber war das möglich in Zeiten, in denen militärische Stärke noch ein existentieller Faktor des Lebens der Nation (von mir aus *Kultur*nation) bedeutete? War das möglich in Zeiten, in denen großräumige Verkehrs- und Infrastrukturplanungen notwendig wurden? War das möglich in Zeiten, die den Sozialstaat geboren haben? Jede dieser Fragen muß mit nein beantwortet werden. Und das heißt: Nicht nationaler Ehrgeiz (den es im Übermaß *auch* gab), sondern die wirtschaftliche und soziale Existenz der Nation machte in der zweiten Hälfte des 19. Jahrhunderts die deutsche Einheit unausweichlich.

V.
Von Versailles nach Versailles: 1871—1918

Seit dem Krieg von 1871 haftet an der deutschen Politik der Ruch militaristischer Machtpolitik, wobei die Beweiskette dann zurückgeführt wird bis zum großen Kurfürsten von Brandenburg und zu Preußens König Friedrich II., obwohl doch beide nur eine militärisch gestützte Kabinettspolitik machten, wie sie unter ihren Zeitgenossen durchaus üblich war. War Bismarcks Weg zur Reichsgründung nun Beweis einer gefährlichen Aggressivität der Deutschen? Oder ließe sich nicht auch Bismarcks Vorgehen besser verstehen, wenn man begreift, daß die Einheit Deutschlands (und zwar *sogar* als kleindeutsche Lösung!) wegen des unvermeidlichen Übergewichts dieser neuen Macht von den alten Großmächten um jeden Preis — auch den eines Krieges — verhindert worden wäre, hätten sie die Mittel dazu gehabt?

Um die Situation 1871 zu beschreiben, lasse ich George Kennan mit seinem Buch »Bismarcks europäisches System in der Auflösung« etwas ausführlicher zu Wort kommen, ihm kann wohl kaum der Vorwurf eines deutschen Nationalisten gemacht werden.

Er schreibt:

> »Man hätte sagen können (und viele taten das), die Deutschen hätten die französisch-russische Politik der Annäherung selbst provoziert; die französische Reaktion sei unvermeidlich und voraussehbar gewesen. Daran ist viel Wahres; aber, wie in den meisten internationalen Angelegenheiten, lagen die Dinge so einfach nicht.
>
> Untersucht man allein die Ursachen des Deutsch-Französischen Krieges und der französischen Niederlage, so ist schwer zu ergründen, wer die größere Verantwortung für den Ausbruch der Feindseligkeiten trug. *Die Franzosen waren nicht gewillt, die von Bismarck betriebene Einigung Deutschlands hinzunehmen. Ja, sie waren durchaus bereit, sie gewaltsam zu verhindern.* Der offizielle Anlaß für den Kriegsausbruch, der Streit um die Kandidatur eines Hohenzollern-Prinzen für den spanischen Thron, war seit einiger Zeit zur allgemeinen Zufriedenheit der Franzosen und

> nicht ohne eine gewisse Demütigung Preußens geregelt worden. Und was die gelegentlich auftauchende Behauptung betrifft, die Deutschen seien dreimal innerhalb von 75 Jahren in Frankreich ›eingefallen‹, so gelang der Einmarsch nach Frankreich 1870 den Preußen allein wegen ihrer militärischen Schnelligkeit. *Wäre die französische Armee stärker, wachsamer, besser geführt und bewaffnet gewesen, hätte sich der Kriegsschauplatz ebensogut auf deutschem Boden befinden können; dann hätten sich die Deutschen später mit gleichem Recht beklagen können, die Franzosen wären bei ihnen ›eingefallen‹.*«

Das ist ein ganz anderes Bild jedenfalls der außenpolitischen Konstellation der Reichsgründung, als wir es gewohnt sind zu sehen. Natürlich hat George Kennan dann auch recht, wenn er fortfahrend die zerstörerischen Folgen des demütigenden Friedensschlusses mit Frankreich und der allzu harten Auflagen des Siegers aufnimmt – Folgen, die später dann als rächende Antwort das Diktat von Versailles erzeugten. Und über diesen katastrophalen Fehler der Westmächte – nicht Deutschlands – schließlich zur Zerstörung des alten Europa und zu den deutschen Verbrechen unter Hitler führten. Folgt man Kennan, dann ließ sich die Einheit Deutschlands auch 1871 kaum ohne militärische Auseinandersetzung durchsetzen. Es waren deswegen auch nicht *nur* die Bedingungen des Deutsch-Französischen Friedens von 1871, die dem ersten deutschen Nationalstaat von Anbeginn trotz – oder sogar wegen – seiner Erfolge zu einem gefährdeten Gebilde machten. Es war wiederum das Faktum der schieren Größe Deutschlands und seiner wachsenden wirtschaftlichen Stärke, die eine Gefahr für Deutschland und Europa wurde.

Für diese Auffassung spricht auch die weitere Entwicklung nach 1871. Der amerikanische Historiker Paul Kennedy, auch bei uns bekannt geworden durch sein Buch »Aufstieg und Niedergang der Nationen« (1987), zitierte in seinem 1980 erschienenen Buch über die wachsenden britisch-deutschen Gegensätze zwischen 1860 und 1914 (The Rise of the Anglo-German Antagonism 1860–1914) aus einer Wahlkampfauseinandersetzung, in der L.S. Amery seine Wähler mit dem Hinweis gewinnen wollte: »Wie können diese kleinen Inseln auf Dauer ihre Position halten gegenüber solch großen und reichen Nationen (empires), wie sie die Vereinigten Staaten und Deutschland jetzt werden ... Wie können wir mit 40 Millionen Menschen mit Staaten konkurrieren, die nahezu doppelt so groß sind wie wir?« Eine »deep seated *Angst*«, eine tief sitzende Angst, konstatiert Kennedy insbesondere in den privaten Papieren der damaligen britischen »Imperialisten«, auch wenn man in öffentlichen Auftritten ein tapferes Gesicht gezeigt und Lösungswege unterbreitet habe. Es war die Zeit (am Ende des 19. Jahrhunderts), fährt Paul Kennedy fort, in der die Briten das Einfrieren des Status quo begrüßt, Deutsche, Russen, Amerikaner und Japaner dem zutiefst widersprochen hätten. Und er zitiert Strachey: »Sie (nämlich die Deutschen) wollen, wenn es möglich ist, etwas von uns haben, das wir heute besitzen und das, wie uns ihre Presse sagt, wir unzulänglich nutzen (misuse).« Und dann mit großer Offenheit: »Die Einstellung der Deutschen ist in der Tat etwa dieselbe, die unser Volk im Zeitalter Königin Elisabeths I. gegenüber dem spanischen Reich hatte.«

Allerdings befanden sich die europäischen Staaten und ihre militärischen Potentiale nicht mehr im 16. Jahrhundert. Die Welt war gefährlicher geworden. Und Kennedy selbst urteilt so: »Schon eine längere Zeit vor 1905, als der Mythos von der militärischen Unbesiegbarkeit Rußlands durch die Japaner zerstört wurde, wurde Deutschland als ein sehr viel beeindruckenderer (formidable) Rivale betrachtet, und zwar genau deswegen, weil Deutschland technologisch fortschrittlich und industriell konkurrenzfähig war. Und, das war noch wichtiger: weil Deutschlands Expansion über seine bestehenden Grenzen hinaus diesen großen Herausforderer unbequem nahe an Großbritannien herangebracht hatte.« Gegenüber einem solchen Rivalen half nur das Bündnis mit anderen Gleichgesinnten, die Entente mit Frankreich und die »russische Karte«.

Auf diesem Hintergrund war dann der Versailler Frieden nicht nur eine Dummheit, sondern eine höchst ungerechte Machtpolitik der Sieger. Versailles aber wurde zur Wurzel der rechten *und* der linken Demokratiefeinde in Weimar. Nazis und Kommunisten unterschieden sich hier in *nichts*. Und beide begruben die erste Republik.

Wir brechen heute schnell den Stab über die deutsche Politik zwischen 1871 und 1933. Selbstverständlich dürfen wir nicht übersehen, welchen Anteil deutsche Arroganz und Überheblichkeit *auch* an der Katastrophe des Ersten Weltkrieges hatte, ohne die es weder

Hitler noch *diesen* Zweiten Weltkrieg gegeben hätte. Mir scheint aber, daß die einseitige (und natürlich durch die deutschen Verbrechen unter Hitler scheinbar auch bewiesene) Schuldzuweisung an die Deutschen insofern auch Gefahren birgt, als ja nur eine objektive Analyse zu einer richtigen Diagnose führen kann, die uns heute weiterhelfen kann. Wer die tragische Konstellation, die dem spät Kommenden keinen Platz im bestehenden europäischen Gleichgewicht finden läßt, übersieht, der kommt dann zu so brisanten und die europäische Zusammenarbeit gefährdenden Vorschlägen wie Günter Grass in Tutzing, die Siegermächte des Zweiten Weltkrieges sollten den Deutschen noch heute den Weg zur Einheit verlegen! Dabei kann doch nur diese Einheit *endlich* zur europäischen Normalität *mit* Deutschland führen.

John Maynard Keynes hat in seiner von mir zitierten Analyse der ökonomischen Folgen des Versailler Friedensvertrages die Ausgangslage Deutschlands, sein zu schnell wachsendes Gewicht in Europa, klarer und toleranter beschrieben: »Die großen Ereignisse der Geschichte sind oft die Folge säkularer Veränderungen im Wachstum der Bevölkerung oder anderer fundamentaler ökonomischer Faktoren, deren schrittweises Voranschreiten den Zeitgenossen entgeht und die dann den Torheiten der Staatsmänner oder dem Fanatismus von Atheisten zugeschoben werden.« So, glaube ich, war es mit dem Aufstieg Deutschlands und den daraus entstehenden Konflikten im 19. und 20. Jahrhundert.

VI.
Das Völkische als Staatsersatz

Wird die Geschichte wieder aktuell, nur weil *wieder* ein *geeintes* Deutschland entstehen soll, das *wieder größer* sein wird als die Nachbarn? Wieder regen sich ja bei den Nachbarn Stimmen, die versuchen, Deutschland moralisch zu treffen (wie Minister Ridleys indirekter Vergleich zwischen Kohl und Hitler), obwohl sie in Wahrheit nichts anderes im Auge haben als die alte Rivalität mit

Deutschland. Wenn es in erster Linie die Größe Deutschlands als solche war, die den europäischen Problemen im vergangenen Jahrhundert zugrunde lag und nicht ein unersättlicher deutscher Machttrieb im Zeitalter des Imperialismus und Nationalismus, begeben wir uns dann erneut in Gefahr?

Wir in der Bundesrepublik leben heute in einem wirtschaftlich erfolgreichen, von der Welt anerkannten und von den alten Mächten in Europa (England, Frankreich und Rußland) respektierten Land. Ja, unsere angeblichen Erzfeinde, die Franzosen, nennen heute mehrheitlich die Deutschen ihre Freunde. Und die Vereinigten Staaten von Amerika, wo der Morgenthauplan noch vor 45 Jahren ganz gewiß eine Mehrheit gefunden hätte (die liberale »Washington Post« rühmte Henry Morgenthau in einem Leitartikel am 6. Juli 1945 wegen seiner »Integrität, seiner Gewissenhaftigkeit und Hingabe an die Sache«), sehen in der Bundesrepublik heute ihren wichtigsten Verbündeten in Europa. Die Verbrechen der Deutschen unter Hitler sind unvergessen — und dennoch diese Zustimmung, zu uns und zu unserem Land, der Bundesrepublik Deutschland. Haben die Deutschen nun ihren *Charakter* geändert, sind wir heute ein anderes Volk als 1871, 1914 und 1933? Oder haben nicht in erster Linie die Bedingungen sich verändert, die es uns und unseren Nachbarn erlauben, einander besser zu verstehen und miteinander anders umzugehen?

Ich weiß nicht, ob die kritischen Geister jeder Nation — also jene intellektuellen Menschen, von denen Josef Schumpeter sagt, die »Eigentümlichkeit, die sie von anderen Leuten, die das gleiche tun, unterscheidet, ist das Fehlen einer direkten Verantwortlichkeit für praktische Dinge« — den Charakter ihres eigenen Volkes so kritisch betrachten wie die große Mehrzahl bei uns; Deutschland und wir Deutschen haben ja auch Anlaß genug für kritische Betrachtungen gegeben. Dennoch stimme ich denjenigen zu, die es ablehnen zu sagen: Schwarze sind so, Chinesen wiederum anders; oder jenes wäre »typisch türkisch« oder dieses »typisch jüdisch«. Ich kann, weil ich solche Kritik auch sonst für unsinnig halte, schwer einsehen, daß etwas »typisch deutsch« sein soll, außer man meint: Einer, der unter den Lebensbedingungen des deutschen Volkes aufgewachsen und von diesen geprägt sei, neige dazu, auf eine entsprechende Weise zu reagieren.

Wenn man aus diesem Blickwinkel die Wandlungen des Urteils anderer Völker oder auch von uns selbst über »die Deutschen« betrachtet, dann fällt auf, daß sich seit Mitte des vorigen Jahrhunderts das Urteilsprofil offenbar erheblich verändert hat. Voltaire wird mit der Bemerkung zitiert: Die Franzosen besitzen das Land, die Briten die See, und die Deutschen – die Wolken! So lautete das Urteil wohl über Jahrhunderte. Henry Adams, arroganter amerikanischer Aristokrat und Hommes des lettres, bemerkte in seiner Autobiographie, daß 1859 in Berlin »die deutsche Regierung (an den Universitäten) das Nachdenken nicht ermutige«, ein Vorwurf, der heute noch vielfach geteilt wird. Er beschwört das Deutschland des 18. Jahrhunderts, bewundert die Gutmütigkeit (good-natured sentiment) der Deutschen und sieht bei ihnen eine »tolpatschige Unfähigkeit für praktische Dinge«.
So war das weit verbreitete Bild der Deutschen wohl bis zur zweiten Hälfte des 19. Jahrhunderts. Aber die Deutschen, die noch bis 1848 in eher betulicher und kleinstaatlicher Innerlichkeit nach ihrer Identität gesucht hatten (Deutschland, Deutschland über alles... war doch gemessen an nachbarlichen Texten in Europa keine nationalistisch-aggressive Lyrik), begannen eine immer nationalistischere Tonart anzuschlagen. Und die offenkundige Militarisierung des ganzen Lebens in Deutschland, jene schreckliche Perversion (oder Vollendung?) preußischer Tradition, mußten Angst und Schrecken verbreiten.
Woher kamen diese Töne, für die es doch bis zu Beginn des Jahrhunderts kaum Vorläufer gegeben hatte, auch nicht in Preußen? Die Einheit war doch gewonnen, das Reich geschaffen: Zeigte sich hier ein neuer, bisher verborgener deutscher Größenwahn, der sich endlich verwirklichen konnte, nachdem es die materiellen Grundlagen dafür gab? Fehlte dem Bürger im Fleckerlteppich der Kleinstaaterei, dem Fürst und Obrigkeit immer so nahe gewesen waren; dem obrigkeitsgewohnten Bildungsbürger das Selbstbewußtsein der viel unabhängigeren Besitzbürger westlicher Gesellschaften? War es, wie nicht nur Christian Krockow meint, ein Mangel an Selbstbewußtsein der Deutschen, den sie in immer perverserer Form durch Arroganz und schließlich Gewalt zu kompensieren suchten?
Man kann die Geschichte so lesen. Aber beschreibt das einen »deutschen Charakter«? Haben wir uns dann verändert, wenn wir als

Bundesbürger (und Bürgerinnen natürlich) der Bundesrepublik Deutschland heute so anders wirken, daß selbst skeptische Journalisten aus der noch immer mißtrauischen westlichen und östlichen Nachbarschaft bei uns, im westlichen deutschen Teilstaat, in unserer Freude über die neue Freiheit der Deutschen in der DDR kaum noch meßbare Spuren von Nationalismus herausdestillieren können? Die bisherige Gelassenheit, mit der wir die Teilung ertragen hatten (hätte es bei einer Mauer durch Paris, London oder Amsterdam nicht vielleicht mehr Bomben des Protestes gegeben?), ist der Selbstverständlichkeit deutscher Einheit gewichen. Nationalen Begeisterungstaumel aber gibt es in Deutschland nicht. Warum, wenn die Erklärung vom mangelnden Selbstbewußtsein eines obrigkeitshörigen Volkscharakters stimmen sollte, machte sich dieser Nationalismus dann nach der erfolgreichen Einigung 1871 breit, wuchs zu unmenschlichen Verbrechen nach 1933 und war nicht mehr zu sehen, als nach einer noch vernichtenderen Niederlage 1945 die Bundesrepublik ihren Wiederaufstieg unternahm?

Helmuth Plessner geht in seinem berühmten Essay »Die verspätete Nation« (Zürich 1935) zwar auf »deutsche Eigenschaften« ein, aber er lotet tiefer und berührt einen Aspekt, der mir wegen seiner Verknüpfung mit den geopolitischen Aspekten der deutschen Frage den Tatsachen näher zu kommen scheint als diejenigen Analysen und Erklärungen, die die Geschichte der Deutschen in erster Linie mit charakterlichen erklären; die eine Unfähigkeit des Deutschen zur Selbstbestimmung, also seinen übermäßigen Respekt vor Obrigkeit und Autorität, in den Mittelpunkt rücken.

Ein Volk, sagt Plessner, dem es im 17. und auch im 18. Jahrhundert versagt blieb, der sprachlichen und kulturellen Zusammengehörigkeit das gemeinsame Band eines *Staates* zu geben (Plessner nennt diese zu spät gekommenen Völker zu Recht Opfer des Heiligen Römischen Reiches), müsse schließlich, wo die staatliche Einheit fehle, zur Selbstbehauptung das *Volk*, oder auch das *Völkische* »in den Mittelpunkt rücken und damit einen Mythos an die Stelle der sozialen Realität eines Staatsgefüges setzen«.

Plessner schreibt:

> »So kommt in die Idee des deutschen Volkes als einer religiös neutralen Wirklichkeit geistig-kulturellen Lebens von selber ein

> protestantischer, das heißt antirömischer Zug. Deshalb kann diese Idee ihre zugleich politische Funktion, die inneren staatlichen und konfessionellen Widersprüche Deutschlands zu überbrücken und eine Gewähr für seine Einheit, seine Ursprünglichkeit zu bieten, nicht ohne den ihr eigentümlichen dynamisch-organischen Sinn erfüllen. Wie wäre es sonst möglich, Protestanten und Katholiken, Preußen und Süddeutsche zu einem Ganzen zu einigen? Wie wäre anders der Ausgleich zwischen den beiden Reichstraditionen, die Auslöschung des Limes möglich? Am Gegensatz des römischen Katholizismus, der römischen Rechts- und Reichsidee, der lateinischen Bildungssprache vertieft sich der Volksgedanke, wie sich alle großen Gedanken an dieser Spannung vertiefen müssen, zu jener romantisch genannten Einheit von Realität und Unsichtbarkeit.«

Mit anderen Worten: Zur europäischen Normalität Deutschlands hätte die staatliche Einigung gehört. Aber diese staatliche Einigung Deutschlands, eine Entwicklung, die für andere Mächte längst Selbstverständlichkeit gewesen war, hätte Europa gesprengt. Deutschland war eben zu groß. Und Plessner sieht die Folgen für seine Zeit, für die Jahre nach 1918 und die Jahre Hitlers:

> »Deutschland bleibt am Horizont eines nationalstaatlich gegliederten Europas eine Frage. Es wird nie mit allen seinen geschichtlichen Reserven bei einer nationalstaatlichen Lösung sein können, sie mag kleindeutsch oder großdeutsch ausfallen, weil die Einigung des deutschen Volkes unter *einer* Staatsidee die Sprengung anderer Staaten zur Voraussetzung hätte, das heißt eine gesamteuropäische Revolution. Je weniger solches grundsätzliche Bedenken den deutschen Staat der Nachkriegszeit (gemeint ist: nach 1918, d. V.) auf seinem Wege beirren kann, desto schärfer prägt sich für ihn die Problematik der gegenwärtigen Welt aus, die ihn eben zwingt, diesen Weg weiter zu verfolgen. *Deutschland ist das einzige Land in Europa, das noch auf dem Wege ist, ein Nationalstaat zu werden, weil die Grenzen deutschen Volkstums mit den Grenzen des neuen Reiches nicht zusammenfallen, das einzige Land, das mit zwei großen Traditionen zu leben und zu kämpfen hat, wenn es sich nicht aufgeben will.*«

Begreift man die deutsche Frage (und die deutsche Katastrophe) mehr als ein Problem der staatlichen, ja der institutionellen und von *außen* geprägten Lebensbedingungen des deutschen Volkes in der Mitte Europas, und damit dann weniger als das Ergebnis eines tief verwurzelten, zweifelhaften deutschen Volkscharakters, dann ergeben sich daraus zwei Konsequenzen: nämlich *erstens*, daß die ungewöhnlichen politischen Erfolge der Bundesrepublik nicht durch eine Läuterung oder Umerziehung der Menschen, sondern durch *Veränderung der äußeren, außenpolitischen Lebensbedingungen* dieser Menschen zu erklären sind; und *zweitens*, daß die möglichen Folgen eines anderen, größeren, wiedervereinigten Deutschland 1990 eben an diesen heutigen und zukünftigen außenpolitischen Lebensbedingungen zu beurteilen wären und nicht an denen einer vergangenen Epoche militärisch rivalisierender Mächte in Europa. An den Bedingungen, die die Bundesrepublik nicht nur zu einem Wirtschaftswunder, sondern zu einem *politischen Wunder* gemacht haben, müssen wir heute messen, was die neue Einheit bedeuten kann.

VII.
Deutsche Einheit als europäische Normalität

Die deutsche Frage war wohl niemals nur eine Frage an uns selbst, wie Ralf Dahrendorf einmal meinte. Sie war dies nur insofern, als die Deutschen seit Beginn der Neuzeit immer mit derselben Konstellation zu ringen hatten: der durch dynastische Verzweigungen große Räume umgreifenden Idee des Heiligen Römischen Reiches Deutscher Nation; und der Idee *einer* Staatsnation der Deutschen, wie sie Franzosen und Engländer realisiert hatten. Beide Aspekte waren in einem auf nationalstaatliche Konkurrenz ausgerichteten Europa unrealisierbar, denn jedes dieser Gebilde hätte zwangsläufig hegemoniale Konsequenzen auf dem europäischen Kontinent gehabt.

Also nicht deutscher Kleingeist, aber sehr wohl verständliche französische, britische, russische und später österreichische (dynastische) Interessen (die diesen deutschen Kleingeist förderten) haben das geschichtliche Wachsen der Deutschen zu *einem* Staat unmöglich gemacht. Als dann das kleindeutsche, Bismarcksche Reich gegründet war, konnte dieser nationalstaatliche »Emporkömmling« schon wegen seiner natürlichen Stärke von den Nachbarn nicht gelassen aufgenommen werden. Den Deutschen, die zu lange von einem gemeinsamen Staat als Volk nur geträumt hatten, wuchs nun dieser Staat gewissermaßen völkisch über den Kopf. Und Deutschland produzierte nach außen das, wovor es sich gefürchtet hatte: nämlich die Allianz all derer, denen Deutschland zu groß, zu stark und *deswegen* zu gefährlich war. Am Ende läßt sich alles in Clemenceaus schlichter Formulierung zusammenfassen: Es gibt 20 Millionen Deutsche zuviel; um soviel größer nämlich war Deutschland als Frankreich 1914. Aber dieses Deutschland produzierte eben auch nach innen jenen unsäglichen, überheblichen Nationalismus.

Dies ist keine Apologie des wilhelminischen Chauvinismus im letzten Jahrhundert. Dies ist auch kein Versuch, von den deutschen Verbrechen der Nazijahre abzulenken. Was ich versuche zu verstehen und verständlich zu machen, ist dies: Der angebliche deutsche Volkscharakter kann weder erklären, warum sich Selbstdarstellung und Bild der Deutschen in der Welt seit der zweiten Hälfte des 19. Jahrhunderts gegenüber den vorangegangenen Jahrhunderten so entscheidend verändert hatte, noch ließe sich so begründen, warum ein angeblich tief in der Geschichte verwurzelter Charakter sich nun plötzlich, nach 1945, in der Bundesrepublik Deutschland nicht mehr prägend auswirkte. Es *müssen* andere, eher äußere Bedingungen sein, die diese Veränderungen möglich gemacht haben.

So ließen sich dann auch die politischen Erfolge der Bundesrepublik leichter verstehen: Der Zweite Weltkrieg und die Niederlage Deutschlands hatten die demokratische, westlich orientierte und antimilitaristische Entwicklung der Bundesrepublik Deutschland nicht etwa dadurch ermöglicht, daß nun die Deutschen zur Demokratie erzogen werden konnten; schließlich waren es ja sogar in erster Linie die wilhelminisch-autoritär oder im Nazireich erzogenen Menschen, die das politische Wunder der Bundesrepublik zustande brachten. Und wir würden bei dem Argument des Wandels unseres

Volkscharakters auch die historischen Fristen völlig übersehen: Bei der zweiten Bundestagswahl 1953 lag der Beginn der Naziherrschaft nur 20 Jahre zurück, also etwa so weit wie heute die Ost-Verträge. Die Demokratie gab es in Deutschland (rechnet man von der sogenannten Stunde Null) erst acht Jahre; sogar die rechte Welle der 20er Jahre war erst knapp 30 Jahre her. Das alles sind doch keine Fristen zur Umprägung eines angeblichen Volkscharakters, dessen Umrisse man dann versucht, bis Tacitus zu belegen!

Die entscheidenden Ursachen für den Erfolg der Bonner Republik, und zwar gerade im Vergleich zu Weimar, lagen in den veränderten *äußeren* Bedingungen, die durch den Kriegsausgang und den kalten Krieg für diesen Teil des deutschen Volkes entstanden waren: *Erstens* wurde Deutschland geteilt, und es gab nun endlich etwa so viel Deutsche in einem Staat wie Franzosen in Frankreich. *Zweitens* durfte deswegen das geteilte, westliche Deutschland nun nach Kräften erfolgreich sein; es konnte schon aus Gründen seiner Größe Frankreich und England nicht mehr schrecken und schon aus diesem Grunde keine wirkliche Gefahr für die westlichen Nachbarn mehr werden. *Drittens* hatte durch das Entstehen *außereuropäischer Supermächte die innereuropäische* Rivalität ihren historischen Sinn verloren, so daß auch ein wirtschaftlich stärkeres Deutschland bei realistischer Betrachtung nie wieder eine Gefahr für die westlichen Nachbarn werden konnte. Und dies erlaubte *viertens* die Integration dieses Deutschland ohne Einschränkungen in ein partnerschaftliches Bündnis mit den früheren Rivalen; ja, der kalte Krieg zwang sogar zu dieser Konsequenz; ein starkes Deutschland mußte man nicht fürchten, konnte es aber gut gebrauchen. Dieses partnerschaftliche Bündnis, zunächst erzwungen durch den kalten Krieg, nahm *fünftens* Deutschland schließlich seine historische Rolle eines Landes der europäischen Mitte; jede Mittellage zwingt zur Entscheidung zwischen Ost und West (eine ständige Gefahr für den, der sich in der Mitte befindet) oder aber zu einem ständigen Wechsel der Partner, also zur Schaukelpolitik; Mitte ist insofern gefährlich und kann leicht zu neurotischer Furcht und damit unberechenbarer Politik führen. Der kalte Krieg machte all dem ein Ende: Nach 1946 waren wir nicht mehr Mitte, sondern wurden zur östlichen Randlage des Westens. Diese feste und von uns gar nicht zu beeinflussende Westorientierung bestärkte dann *sechstens* auch die Orientierung der Bundesrepublik auf westliche politische Werte, also auf die Demokratie.

Eine schreckliche, *siebente* äußere Veränderung kommt hinzu: die Vertreibung fast aller Deutschen aus Gebieten jenseits der Grenzen der beiden deutschen Staaten und des wiedervereinigten Deutschland. Erst dadurch gewann Deutschland feste Grenzen, verlor es die für alle Nachbarn so bedrohliche amorphe Größe des längst vergangenen Heiligen Römischen Reiches. Goethe und Schiller würden heute nicht mehr fragen, wo das »politische« Deutschland liegt. Die Grenzen von 1990 sind eindeutig.

Soweit es einen geistigen Sonderweg Deutschlands je gab, war dieser weniger durch Gesellschaftsstrukturen oder Volkscharakter, sondern viel stärker durch die geopolitische Lage geprägt. (Volk statt Staat, wie Plessner richtig sagt.) Mit der Veränderung der geopolitischen Lage brach dieser »Sonderweg« dann auch ab. Nun konnten wir, angesichts der veränderten Lebensbedingungen des deutschen Volkes, als Bundesrepublik Deutschland wirtschaftlich und politisch so erfolgreich sein, wie es eben in unserer Kraft stand: Ganz ohne an die politischen Grenzen des Gleichgewichts zu stoßen, waren wir plötzlich ein *normales Land*. Nach Jahrhunderten veränderten sich endlich die Rahmenbedingungen der deutschen Frage derart, daß Deutschland und seinen Nachbarn eine für alle befriedende und befriedigende Antwort auf die deutsche Frage möglich wurde. *Niederlage, Teilung und ein globaler kalter Krieg hatten uns endlich eine europäische Normalität beschert!*

Weimar, so scheint mir deswegen, ist wohl doch nicht in erster Linie an der Demokratie ohne Demokraten und an gesellschaftlichen Strukturen gescheitert — waren diese denn 1949 wirklich so anders?. Weimar fehlten vielmehr die *äußeren* Voraussetzungen für einen demokratischen und friedlichen Erfolg der Deutschen: Denn die Weimarer Republik blieb Teil einer politischen Welt rivalisierender Staaten. Das Deutsche Reich der Weimarer Republik war für das Gleichgewichtsinteresse Frankreichs und Großbritanniens noch immer zu groß — und wurde daher mit den politischen Auflagen von Versailles beschränkt. Das mußte innenpolitische Folgen haben. Wenn ich heute, am *Ende* des 20. Jahrhunderts, sehe, wie die Mehrheit der Briten auf kleine Irritationen wie Falkland oder wirtschaftliche Interessen wie Irak/Kuwait reagierte, kann man dann nicht verstehen, wie Deutsche zu *Beginn* dieses Jahrhunderts auf die Bedingungen von Versailles und den französischen Einmarsch (*nur* weil eine Rechnung nicht bezahlt wurde) reagieren mußten? Ist es nicht eher beachtlich, wie demokratisch und friedfertig das Deutschland der Weimarer Republik bei diesen Vorgängen immer noch zu bleiben versuchte?

Weimar konnte noch nicht integraler Bestandteil eines Bündnisses und einer westlichen Wirtschaftsgemeinschaft sein: Die rivalisierenden europäischen Mächte waren Weltmächte geblieben und deswegen zu einer wirklichen Integration in Europa noch nicht bereit. Auch deswegen versuchte die kurzsichtige Politik der Siegermächte Deutschland mit wirtschaftlichen Reparationsauflagen am Boden zu halten. In dieser Welt rivalisierender europäischer Staaten konnte die verspätete und gefesselte deutsche Demokratie den Menschen wohl nur einen Mißerfolg bescheren. Sie hatte deswegen von Anfang an kaum eine Chance. Das Deutschland der Weimarer Republik blieb im übrigen als Nationalstaat europäische Mitte und geriet zwangsläufig damit in die Gefahr der Schaukelpolitik. Es war wohl auch deswegen schwer, eine klare westliche Demokratie-Orientierung zu entwickeln und von Traditionen Deutschlands Abschied zu nehmen.

Ganz anders die Bundesrepublik Deutschland. Sie konnte nach 1949 im Konzert der Staaten ein normales Mitglied sein. Die Ironie der Geschichte ist bitter: Nicht Umerziehung, aber Teilung und kalter Krieg hatten es möglich gemacht. Doch die bequemen Vereinfachungen des Stalinismus, das Denken in den Begriffen des kalten Krieges, das Lagerdenken in »Ost« und »West« wird nun wieder verschwinden. Die Komplexität der Freiheit wird nicht nur in Osteuropa zu einer ungeahnten Herausforderung an die langersehnte Demokratie werden. Die neue Freiheit im bisherigen Sowjetimperium machte zwar auch die Wiedervereinigung der beiden deutschen Staaten möglich, aber in Europa erlangt damit die Politik wieder einen größeren Spielraum. Gewinnen damit vielleicht die früheren Lebensbedingungen des deutschen Volkes auch wieder an Bedeutung? Werden Gleichgewicht, Mitte und damit auch der »Sonderweg« wieder aktuell? Das ist die entscheidende Frage.

Ich meine, so kann nur denken, wer die völlig veränderte Weltlage nicht begriffen hat: die Globalisierung militärischer Mächte und

der wirtschaftlichen Verflechtungen. In *diesen* Kategorien ist die Einheit Deutschlands 1990 nahezu ohne Bedeutung. Wer die Einheit Deutschlands 1990 mit Schlagworten wie »Großdeutschland« oder »Viertes Reich« bezeichnet, weil er Angst hat oder um auf diese Weise bei uns oder den Nachbarn Angst zu verbreiten, der hat nicht nur wichtige Ursachen der europäischen Tragik und deutscher Geschichte nicht verstanden: Er kann selbst zu einer Gefahr für den Fortschritt in Europa werden. Denn die Einheit Deutschlands ist heute nichts mehr und nichts weniger als europäische Normalität. Hätte Europa diese Normalität früher akzeptieren können, wären uns Europäern die Tragödien des 20. Jahrhunderts vielleicht erspart geblieben. Wer will nun aber Verantwortung dafür tragen, daß die deutsche Normalität auch im Europa des 21. Jahrhundert nicht möglich wäre?
Es bleibt eine der Aufgaben im geeinten Deutschland, aus unserer Geschichte zu lernen. Militarismus und Arroganz, Brutalität und nationalistische Schwärmerei nicht zu vergessen. Auschwitz und die deutsche Schuld zu erinnern. Stets vor unseren Augen zu sehen, was wir insbesondere Juden und Polen angetan haben. Aber auch hier wäre es leichter für Europa, wenn andere, zum Beispiel die fortbestehende sowjetische Kolonialmacht, auch für sich als Nation Selbstbesinnung erkennen ließe.

* * *

Wie ein Fossil des 19. Jahrhunderts ragt die »deutsche Frage«, wie man den Scheitel der Waage des europäischen Gleichgewichts bezeichnet hat, in unsere Tage. Wie groß darf Deutschland sein? Welche Gefahr könnte Deutschland für seine europäischen Nachbarn bedeuten? Diese Fragen wecken nur Erinnerungen an ferne Zeit; sie haben heute keine Bedeutung mehr für Europa. Denn die Geschichte der Jahrhunderte vor Hiroshima und Nagasaki ist inzwischen dem Römischen Reich näher als unseren Tagen.
Nichts an der ursprünglichen deutschen Frage ist heute noch wirklich bedeutsam: Die Nationalstaaten, zumindest diejenigen mittlerer Größe, haben ihre militärische und schrittweise auch ihre wirtschaftliche Souveränität längst verloren; ein europäisches Land ohne atomare, chemische und biologische Superwaffen kann niemandem mehr ein Schrecken sein, und hätte es noch so viele Köpfe

und Beine für altmodische Armeen zu Fuß, oder auch motorisiert. Große Kriege bleiben zwar möglich, aber gemessen an den giftigen Früchten ökologischer Gewalt, gemessen an den Gefahren der globalen Bevölkerungsexplosion, den Klimaveränderungen und der Zerstörung der Grundlagen des Lebens scheinen sie jedenfalls in unseren Zonen der Erde höchstens als Folge solcher Katastrophen noch eine mögliche Bedrohung.

Die deutsche Frage, wie sie sich vom Westfälischen Frieden am Ende des 30jährigen Krieges bis 1945 stellte, war immer zunächst eine Frage der nationalen Rivalitäten. Auch insofern ist sie ohne Aktualität. Denn Michail Gorbatschow hat recht, wenn er fordert: »Das Bedürfnis, die vordringlichsten allgemeinmenschlichen Aufgaben zu lösen, muß zum Zusammenwirken bewegen und bisher unbekannte Kräfte des Selbsterhaltungswillens der Menschheit wecken.« Alles, was heute politisch bedeutsam ist, überschreitet die Grenzen der Nationalstaaten: die Rüstungsgefahren; die ökologischen Gefahren; die Gefahren des Hungers und die Gefahren des organisierten Verbrechens. Der notwendige bundesstaatliche Zusammenschluß Europas setzt die Bereitschaft aller Nationen voraus, ihre existentielle Mitte in die Gemeinschaft Europas zu verlagern. Um dies möglich zu machen, müssen die Völker über ihre Nation verfügen können — auch die Deutschen. Und diese wollen es nicht als zwei Staaten, sondern als eine Nation.

Die deutsche Wiedervereinigung ist deswegen keine nationalistische Forderung, sondern der berechtigte Wunsch der Deutschen nach europäischer Normalität für ihr Volk. Normalität für ein Volk mit einem Staat für nahezu 80 Millionen Menschen, so wie die Franzosen sie für ihre 56 Millionen, die Niederländer für ihre 15 Millionen, die Dänen für ihre fünf Millionen und die Luxemburger für ihre 370000 Bewohner beanspruchen. Gleichberechtigung der Völker ohne Ansehen von Sprache, Bevölkerungszahl und Wirtschaftskraft ist Voraussetzung für einen fruchtbaren europäischen Bund. Und insofern ist auch die Einheit der Deutschen, die aus der Selbstbestimmung des deutschen Volkes erwächst, eine Voraussetzung der bundesstaatlichen Einigung Europas.

Ob diese Einheit Deutschlands jedoch als europäische Normalität vollzogen werden kann oder nur unter dem Mißtrauen der Nachbarvölker und dem Ränkespiel altmodischer Politiker und Diplomaten: das haben nicht die Deutschen allein in der Hand. Ja, dabei fällt den benachbarten Nationen sogar die Schlüsselrolle zu. Deutschland wird im zukünftigen Europa immer so normal, so nachbarschaftlich und so europäisch sein können, wie es unabhängig von seiner Größe normal, nachbarschaftlich und europäisch behandelt wird. Dies heißt nicht, die Geschichte und die deutschen Verbrechen der Nazijahre zu vergessen. Aber zu dieser Geschichte gehören eben nicht nur die Verbrechen, die Deutsche in Europa anderen Völkern angetan haben. Zu dieser Geschichte gehört *auch* die Machtpolitik der westlichen Nachbarn gegenüber Deutschland im 19. Jahrhundert und nach 1918, ohne die der Weg in die deutschen Verbrechen 1933 kaum eingeschlagen worden wäre. Diese späte Einsicht hat unsere westlichen Freunde und östlichen Nachbarn während der letzten Monate dazu bewogen, jede Ausgrenzung, jede Singularisierung Deutschlands, sei sie militärisch, wirtschaftlich oder politisch, zu meiden. Auch nicht der Hauch eines neuen Versailles sollte diesmal spürbar werden. Wie klug. Wie spät.

Zweites Kapitel

Ohne Vorbild: Ein Dach für zwei Häuser

I.
Die DDR: Der Limes des 20. Jahrhunderts

Es gab drei geschichtliche Grenzziehungen in Deutschland: den Limes, die Reformation und die DDR.

Die Römer hatten Gallien erobert und dort die lateinische Sprache hinterlassen, die noch heute im Französischen lebt. Sie stießen nach Germanien vor, um ihre gallischen Provinzen nördlich der Alpen und am Rhein zu sichern. Als die Germanen immer wieder in die römisch besetzten Gebiete einfielen, bauten die Römer unter Domitian am Ende des ersten Jahrhunderts einen Grenzwall vom Mittelrhein, am Rande des Neuwieder Beckens, bis zur Donau, unweit von Regensburg. Über 60 Kastelle und 900 Wachtürme standen daran. Die Mauer hielt, bis nach über 150 Jahren die Alemannen sie durchbrachen. In den besetzten Gebieten hatten die Römer den Weinbau und das Kunsthandwerk, Verwaltungserfahrung und Baukunst hinterlassen. Bis heute bleibt spürbar, wie römische Kultur diese Gebiete westlich und südlich des Limes geprägt hatte. Die Römer haben Deutschlands Süden bis in unsere Tage befruchtet.

1517 schlug Luther die Thesen an das Tor des Doms zu Wittenberg. Die neue Wahrheit breitete sich in Deutschland aus und verschmolz für eine kurze Zeit mit dem sozialen Aufstand der Bauern. Der Adel schlug die Aufstände nieder, Katholiken und Protestanten beteten nach der religiösen Überzeugung (oder dem kirchlichen Opportunismus) ihrer Landsherren. Kaiser und Papst, im seltenen Bündnis vereint, versuchten die Glaubensspaltung zu überwinden; der »richtige« Glauben wurde zu einer Frage der Macht. Die Gegenreformation zog neue Grenzen. Der Dreißigjährige Krieg machte Deutschland zum Schlachtfeld der religiösen und dynastischen Interessen in Europa. Mit dem Westfälischen Frieden von 1648 und der Schwächung der deutschen Reichsmacht wurde nicht nur ein neues europäisches Gleichgewicht hergestellt, auch die religiösen Grenzen wurden stabilisiert. Auch wenn man im Gelehrtenstreit zwischen dem Deutschen Max Weber und dem Engländer Richard Tawney letzterem zustimmt und den engen Zusammenhang zwischen der Entwicklung des Kapitalismus und der protestantischen Ethik bezweifelt, beweisen ungezählte Studien, wie unterschiedlich katholische und protestantische Mentalität auf Industrialisierung, Bildung, Familienstruktur, Frauenemanzipation, aber auch auf die politischen Parteien über Jahrhunderte reagierten. Die geographischen Grenzen dieser Unterschiede zogen bis in unsere Tage Wallenstein und Gustav Adolf von Schweden vor 350 Jahren.

Von der dritten Grenzziehung, der sowjetischen Besatzung und der kommunistischen Diktatur von 1945 bis 1990 in der DDR, berichtet dieses Kapitel. Aus der russischen Besetzung Deutschlands entstanden nicht wirklich zwei Staaten, denn der eine war nur ein Mauerwerk. Es entstanden auch nicht zwei Völker, denn Familien, Freundschaften, Sprache und Kulturgeschichte hielten die Menschen auf beiden Seiten der Grenze zusammen. Aber es wuchsen in 45 Jahren zwei ganz verschiedene Gesellschaften: Es entstanden zwei Deutschland.

Die Unterschiede sind nicht nur ökonomisch. Sie formten alle Glieder der Gesellschaft. Wie werden sich diese Unterschiede in Deutschlands und Europas Zukunft auswirken?

Wie die Einheit zerbrach

1945, als im August schließlich zwischen den Besatzungszonen der Westmächte und der Sowjetunion die Grenzen gezogen waren, hatte das ganze Deutschland — oder das, was von ihm geblieben war — eine relativ einheitliche Struktur. Die wirtschaftliche Entwicklung Deutschlands hatte nach 1871 zwar Schwerindustrie, Kohle, Stahl, Schiffbau, die Waffenindustrie und den entsprechenden Maschinenbau begünstigt und damit insbesondere Entwicklung und Wohlstand des Ruhrgebiets und einiger Hafenstädte vorangetrieben. Aber Großchemie, Automobilbau, Elektrotechnik, Maschinenbau, die optische Industrie und die Textilindustrie hatten wesentliche Schwerpunkte im heutigen Gebiet der DDR. 1939 zeigte das Bruttosozialprodukt pro Einwohner in den Gebieten, die nach 1949 zu BRD und DDR werden sollten, sogar einen Vorsprung des späteren DDR-Gebietes. Die Industrieproduktion pro Einwohner betrug 1939 im späteren DDR-Gebiet etwa 1380 Reichsmark, im späteren BRD-Gebiet aber nur etwa 1185 Reichsmark. Es gibt Schätzungen, daß 1944, auf dem Höhepunkt der Kriegsproduktion, im späteren DDR-Gebiet über 30% des *gesamten* Industrievermögens des Deutschen Reiches angesiedelt waren. Und zwar *ohne* Berlin!

Von den beiden Teilen Deutschlands hatte im Krieg der Westen wohl die größeren Zerstörungen hinnehmen müssen. Die großen Städte der späteren DDR, Leipzig, Dresden, Halle, Chemnitz und Magdeburg, lagen zwar in Trümmern wie Hamburg, München, Köln, Frankfurt, Stuttgart und Hannover im Westen. Aber insgesamt war die Kriegszerstörung des heutigen DDR-Gebietes wohl eher geringer.

Über beide Teile Deutschlands hatten sich die Trecks der von Russen, Polen und Tschechen vertriebenen Flüchtlinge aus den deutschen Ostgebieten ergossen. Etwa drei Millionen Menschen blieben bis 1947 in der späteren DDR (einschließlich Berlin). Knapp sieben Millionen zogen über die westliche Grenze der russischen Besatzungszone hinaus. Der Flüchtlingsstrom bewirkte eine der größten sozialen Umverteilungen der Geschichte Deutschlands.

Der Eiserne Vorhang, den Stalin schon 1945 heruntergelassen hatte, trennte bald Verwandtschaft und Freunde in Deutschland und zerschnitt zwei wirtschaftlich bisher eng verflochtene Teile *einer* Nation in zwei Teile, schließlich in zwei Rechtsordnungen und Staaten. Die Geschichte der beiden, in der strukturellen Ausgangslage nach 1945 noch so vergleichbaren deutschen Staaten spiegelt nach 1949 wider, was politische und ökonomische Rahmenbedingungen für den wirtschaftlichen und sozialen Erfolg einer Gesellschaft bedeuten. Alle Nationen, die der kalte Krieg spaltete – Deutschland, Vietnam, Korea –, wurden in den kommunistisch beherrschten Teilstaaten traurige Zeugen für die Unfähigkeit der staatlich gelenkten Kommandowirtschaften. Weder im Wohlstand noch in den Sozialleistungen, weder im Umweltschutz noch im Ausmaß demokratischer Mitbestimmung konnten sie mit den westlichen, marktwirtschaftlichen Systemen Schritt halten. Deutschland ist nur ein — wenn auch besonders deutliches — Beispiel für dieses Versagen staatlicher Planwirtschaft.

* * *

45 Jahre sind trotz medizinischen Fortschritts und besserer Lebensbedingungen noch immer nicht einmal zwei Generationen. Noch in meiner Erinnerung ist Deutschland immer ein Ganzes geblieben. 1928 in Hamburg geboren, bin ich in Berlin, Leipzig, Potsdam und Kloster Ettal (Bayern) zur Schule gegangen. Küstrin, der Spreewald, die Mark, die Mecklenburgischen Seen und der Hexentanzplatz im Harz gehören zu meinen Kindheitserinnerungen ebenso wie die Elbe in Hamburg und die bayerischen Alpen. Mir sind Hamburgisch oder das Berliner »Icke« gleichermaßen vertraut, und Hans Dietrich Genschers leichtes Sächseln klang mir niemals fremd. Aber ich gehöre zur älteren Generation. Schon für meine Kinder galt nichts von dem. Die Teilung dauerte zwar noch nicht einmal ein halbes Jahrhundert, aber sie war eben keine Teilung mit einer einfachen Grenze: Die Abriegelung war total. Die Lebenskontakte wurden abgeschnitten.

Und dieses halbe Jahrhundert zwischen dem Ende des Zweiten Weltkrieges und der Öffnung der Mauer in Berlin war eine historische Zeitspanne, in der sich die Lebensbedingungen der Menschen nicht nur auf unserem Kontinent wahrscheinlich tiefgreifender verändert haben als in jedem halben Jahrhundert vorangegangener Menschheitsgeschichte. Seit Ende des Zweiten Weltkrieges wurde aus den damals noch weitgehend stationären und regionalen Gesellschaften der Völker eine immer mobilere Weltgesellschaft der Menschheit. In der westlichen Welt wurde das Auto, 1945 noch Luxus einer kleinen Schicht in Europa, zur nahezu unentbehrlichen Ausstattung jeden Haushalts; aus der seltenen »Sommerfrische« in den ländlichen Gebieten des eigenen Landes wurde ein Welttourismus aller Schichten in alle Länder der Erde. Das zivile Flugzeug, 1945 noch eine Rarität am Himmel und ein nicht ungefährlicher Luxus im Reiseverkehr, wurde zum wichtigsten Träger interkontinentaler Kommunikation. Telekommunikation und eine tiefe internationale Vernetzung aller Arbeitsprozesse schufen ein Informationssystem von weltweiter Gleichzeitigkeit, das eine globale

Steuerung von Produktionsprozessen der Waren und Dienstleistungen möglich gemacht hat. Diese dramatische Entwicklung durchliefen die beiden deutschen Staaten, die nun wieder zu einer Rechts- und Wirtschaftseinheit verschmolzen werden, als Teile zweier völlig verschiedener Gesellschaftssysteme. Die BRD im liberal-kapitalistischen Lager, die DDR unter der Herrschaft des kommunistischen Sozialismus. Und sie durchliefen sie deswegen mit völlig unterschiedlichen Ergebnissen. Was 1945 noch ununterscheidbar nahe beieinander war, ist heute, auch wegen der stürmischen technisch-wissenschaftlichen Entwicklungen der letzten Jahrzehnte innerhalb der Industriestaaten, unterschiedlicher kaum vorstellbar. Bis hin zur Länge des menschlichen Lebens. Fortschritte der Medizin haben zur Verlängerung der Lebenserwartung in der BRD um acht beziehungsweise zehn Jahre auf 72 Jahre (Männer) beziehungsweise 78 Jahre (Frauen) geführt. In der bisherigen DDR sind es nur fünf beziehungsweise sieben Jahre.

Wiederaufbau und Restauration im Westen

Nach 1945 begann der Westen Deutschlands restaurativ, der Osten revolutionär. Das Leitmotiv im Westen hieß »Wiederaufbau«, das Ziel im Osten war der »Neubeginn«, der Aufbau eines sozialistischen Staates auf deutschem Boden.

»Wiederaufbau« als politisches Ziel gab dem deutschen Teilstaat im Westen zugleich zwei Leitmotive: den Vorrang der Wirtschaft, den »Aufbau«, *und* das Vertrauen auf alte, in die Zeit vor den Nazis reichende Fundamente. Nicht *Neuaufbau*, sondern *Wiederaufbau* hieß das Stichwort. So politisch umstritten diese Grundlinien als »restaurativ« oder auch reaktionär blieben, erwiesen sie sich doch, nach heftigen Zweifeln in der Koreakrise und nach fundamentaler Kritik in den unruhigen 60er Jahren, über einen längeren Zeitraum als weitsichtig, ja modern.

Die deutsche Wirtschaft vor 1933 war, bis die provinziellen Autarkiebestrebungen der Hitler-Regierung diese Entwicklung versucht hatten zu unterbrechen, eine stark exportorientierte Wirtschaft gewesen. Der Anteil des Deutschen Reiches am Welthandel lag vor

dem Ersten Weltkrieg bei 13%. 1925 dann auf 8,1% abgesunken, stieg der Anteil bis 1932 wieder auf nahezu 10% an.
Aufrüstungspolitik, Autarkiebestrebungen und die folgende Kriegswirtschaft hatten der Industrie zwar eine sehr einseitige Ausrichtung gegeben, aber die Unternehmensstruktur der Vorkriegsjahre blieb weitgehend erhalten. Trotz erheblicher Zerstörungen durch Luftangriffe, vordringende Truppen der Alliierten und Sprengmaßnahmen zurückweichender deutscher Kampfverbände erreichte die deutsche Wirtschaft zur Jahreswende 1944/1945 ihre bis dahin höchste Produktionskraft in diesem Jahrhundert. Niederlage und Zusammenbruch führten zwar dann schnell zu einer Lähmung der Betriebe, aber nach drei sehr schwierigen Jahren erneuerten die Marktkräfte der Währungsreform die Leistungskraft der Unternehmen. Denn auch diese waren, wenn auch oft mit erheblichen Zerstörungen, im Westen als Strukturen erhalten geblieben. Um diese alten Betriebsstätten, um Markennamen, gut ausgebildete Belegschaften und Leitungserfahrungen, bildeten sich bald wieder wettbewerbsfähige Unternehmenseinheiten. »Wiederaufbau« im Westen Deutschlands hieß eben im nahezu wörtlichen Sinne: Wiederherstellung der wirtschaftlichen Strukturen der Vorkriegsjahre, allerdings ohne ihre unmittelbaren politischen Machteinflüsse, wie sie besonders in den Weimarer Jahren die Politik in Bedrängnis gebracht hatten. So wurde zum Beispiel der Chemiekonzern I.G.-Farbenindustrie, ebenso wie einige andere besonders mächtige Unternehmen der Vorkriegszeit, zerlegt, aber nicht verstaatlicht.
Niemand wird bestreiten, daß unter diesen Umständen die Währungsreform sozial äußerst ungerecht sein mußte. Denn während am 20. Juni 1948 das Geldvermögen 1:10 zusammengestrichen wurde und wirklich jeder zunächst mit 40 DM Bargeld anfing (was, berechnet nach dem Preis in der für die Lebenshaltung des Statistischen Bundesamtes, heute etwa 130 DM entsprechen würde), blieb das Realvermögen an Grundstücken, Häusern, Fabriken, Patenten oder auch Markennamen im wesentlichen unangetastet: Es mußte sich lediglich im Markt bewähren, um dann zum Teil enorme Wertzuwächse im Rahmen des Wirtschaftswunders zu realisieren.
Die Bundesrepublik war einer von nur drei Staaten, in dem nach 1945 versucht wurde, diese mit der Wiederherstellung der Vorkriegsverhältnisse verbundenen sozialen Ungerechtigkeit durch ei-

nen Lastenausgleich zu korrigieren. Das muß man der Sozialpolitik der Bundesrepublik Deutschland zugute halten. Mit dem Lastenausgleich wurde im Verlauf von zehn Jahren ein Gesamtbetrag von etwa 35 Mrd. DM (inklusive Zuschüsse der öffentlichen Hand waren es bis 1988 insgesamt 133 Mrd. DM) auf Flüchtlinge und andere benachteiligte Bürger der BRD umverteilt. Aber gemessen an der höchst ungleichen Ausgangslage von 1948 und dem dann folgenden steilen Wertzuwachs des Sachvermögens blieb auch der Lastenausgleich sozialpolitisch ein Tropfen auf den heißen Stein.

Die Nachkriegsgesellschaft in der Bundesrepublik Deutschland begann also mit einer sehr einseitigen Begünstigung der Habenden und mit einer bitteren Enteignung der bestenfalls über Bargeld verfügenden besitzlosen Mehrheit ihrer Bewohner. Die Entscheidung von 1948 mußte deswegen politisch äußerst umstritten sein. Die Zeiten waren ja nicht nur östlich der Elbe, im sowjetischen Besatzungsgebiet, auf eine grundsätzliche Reform der Vorkriegsverhältnisse gerichtet. Die Worte »Sozialismus« und »Vergesellschaftung« (insbesondere der Grundstoffindustrien) konnte man als Forderungen nicht nur in den Parteiprogrammen der Sozialdemokraten und Kommunisten lesen. So wurde im »Ahlener Programm« der CDU von 1947 gefordert, daß »die bisherige Vorherrschaft des Privatkapitals aufgehoben« werden solle.

Dieser Zeitgeist war verständlich. Wirtschaftskrise, politische Fehlentwicklungen der Weimarer Republik und auch der industriell finanzierte Aufstieg Adolf Hitlers wurden im Zusammenhang gesehen. Die nahezu unbeschädigte Wiederkehr von Großgrundbesitzern und Großkapital erschien vielen als die Erbsünde einer Gesellschaft, die offenbar versuchte, über Exporterfolge und Konsumgenuß ihre Verstrickungen in Irrtum und Terror der Nazijahre zu leugnen. Die Wiederherstellung der wirtschaftlichen Vorkriegsverhältnisse, ihrer Ungerechtigkeiten und ihrer vermuteten politischen Gefahren, bildeten somit wohl den entscheidenden Hintergrund für die politische Debatte der 60er Jahre, die dann Geschichte und Verantwortung wie einen Keil schmerzhaft in das selbstgefällige Klima der Wiederaufbau-Erfolge trieb.

Mit der wirtschaftlichen Restauration war auch die Rückkehr vieler Betriebseigentümer und Manager verbunden, die in den Nazijahren ganz unbestreitbar System, Krieg und Gefangenenausbeutung mitgetragen hatten. Verbrechen würden oft zu spät oder auch gar nicht gesühnt. Aber ohne Mitläufer läßt sich wohl keine Gesellschaft führen: Man weiß es eben immer erst hinterher! Wir werden unsere Erfahrungen ja nun gemeinsam an den in dieser Beziehung nicht völlig unvergleichbaren Problemen der DDR erproben können.

Dennoch muß man wohl zugeben, daß der sozial ungerechte Rückgriff auf die Eigentumsstrukturen der Vorkriegszeit vermutlich der einzige Weg war, der einen schnellen wirtschaftlichen Aufstieg Westdeutschlands möglich machen konnte. Ob man dabei einige extreme soziale Ungerechtigkeiten und gewisse politische Ungeheuerlichkeiten in Kauf nehmen mußte (wie im Falle Friedrich Flick, einer der Finanziers Adolf Hitlers vor 1933), mag man bezweifeln. Aber am Ende war es eben doch diese schnelle Rückkehr zu Strukturen, wie sie *in den westlichen Demokratien üblich und erprobt waren*, die den schnellen Start des Wiederaufbaus ermöglichte.

Die Vermögensverteilung blieb in der BRD-Gesellschaft sehr ungleich. Allerdings ist sie heute wohl auch nicht ungleicher als in anderen demokratischen Industriestaaten (und vermutlich, was das Betriebsvermögen angeht, sogar nicht ungleicher als zum Beispiel in Schweden). Genaue Statistiken stehen allerdings nicht zur Verfügung. Unbestreitbar ist aber auch, daß die Unterschiede in der Verteilung sich seit Anfang der 70er Jahre wieder verschärfen; vermutlich wegen des immer härter werdenden internationalen Wettbewerbs, der immer stärkere Anreize für die Unternehmen notwendig macht. Nationale Verteilungsfragen werden dabei dann zu internationalen Konkurrenzfragen, wie man am Beispiel der schwedischen Steuerreform 1989 erkennen kann. Die $^2/_3$-Gesellschaft ist nicht nur ein Thema der BRD-Gesellschaft.

Revolutionärer Umbruch in der DDR

Die Ausgangslage nach 1945 war auch hier — insofern vergleichbar der BRD — eine in den Grundstrukturen äußerst wettbewerbsfähige Industriestruktur, mit gut ausgebildeten Fachkräften und einem breiten, wissenschaftlich-technischen Fundament. Chemie und Ma-

schinenbau, Automobilindustrie und Elektroindustrie, Textilindustrie und Landwirtschaft, Versicherungen und Banken hatten zu Zeiten des Deutschen Reiches bedeutsame Schwerpunkte im späteren DDR-Gebiet. Vor 40 Jahren war insbesondere der Süden der DDR eine der am höchsten industrialisierten Regionen Europas.
Schon als sowjetisch besetzte Zone war es zwischen 1945 und 1948 zu Enteignungen des Großgrundbesitzes und der Großindustrie gekommen. Dies spielt jetzt bei der Wiedervereinigung eine erhebliche Rolle. Schrittweise und in einem Verlauf, der hier nicht im einzelnen nachgezeichnet werden kann, wurden dann faktisch alle wichtigen Produktionsmittel vergesellschaftet. Als sogenanntes »Volkseigentum« unterlagen sie im wesentlichen Entscheidungen und Verfügungsbefugnis der Kommunistischen Partei in der DDR (SED). Durch ein nahezu prohibitives Steuersystem wurden kleine private Handwerksbetriebe faktisch auf ein Existenzminimum ohne Entwicklungschancen reduziert.
Die DDR ging damit einen zur Bundesrepublik Deutschland diametral entgegengesetzten Weg: Statt Privateigentum und statt eines dezentralen Ordnungsprinzips »Markt« setzte die DDR auf »Volkseigentum« und das Prinzip »zentrale Lenkung« durch Partei und Staat. Es muß dabei heute allerdings erinnert werden, daß mindestens die erste Welle der Verstaatlichung vor 1949 weitgehend dem Klima der Zeit entsprach, und zwar nicht nur in den »linken« Parteien. Man hatte die Katastrophen sozialer *und* politischer Folgen des Kapitalismus erlebt und wollte eine Rückkehr zu diesen Bedingungen vermeiden. Insofern stießen diese ersten Schritte auch nicht auf Entsetzen.
Auf der anderen Seite muß, um der Vollständigkeit und Ehrlichkeit willen, auch daran erinnert werden, daß schon in den dreißiger Jahren und sogar noch vor den großen Moskauer Schauprozessen Wissenschaftler vor dem Weg der Verstaatlichung und der Planwirtschaft gewarnt und katastrophale Folgen vorausgesagt hatten. Insbesondere Friedrich von Hayeck hatte 1935 die Chancen einer zentral geplanten, auf Staatsunternehmen gegründeten Wirtschaft wissenschaftlich sehr sorgfältig geprüft und war ganz unpolemisch zu einem negativen Ergebnis gekommen. Es lohnt sich, sein dreiteiliges Essay über die »Sozialistische Wirtschaftsrechnung« heute noch einmal nachzulesen – immerhin wurde es vor mehr als einem hal-

ben Jahrhundert geschrieben. Auf die Kritik am Versagen des Kapitalismus und die sozialistische Antwort hierauf eingehend schrieb Hayeck damals:

> »Es besteht in der Tat Grund zu der Annahme, daß es zum Beispiel rationaler gewesen wäre, nach einem reibungsloseren Funktionieren des Wettbewerbs zu forschen, als ihn so lange mit allerlei planwirtschaftlichen Experimenten zu behindern, daß schließlich fast jede Alternative den bestehenden Verhältnissen vorzuziehen zu sein schien.
>
> Aber wenn uns unsere Überlegungen über die Haltbarkeit der Ansichten, die zweifellos eine der wichtigsten Triebkräfte unserer Zeit sind, zu negativen Resultaten geführt haben, so ist das sicherlich kein Grund, Genugtuung zu empfinden. In einer auf Planwirtschaft festgelegten Welt könnte nichts tragischer sein, als wenn sich die Schlußfolgerung, daß das Beharren an diesem Kurs zum wirtschaftlichen Verfall führen muß, als unausweichlich erweisen würde ... Auch für jene, die nicht mit allen letzten Zielen des Sozialismus einverstanden sind, bleibt Grund genug zu wünschen, daß er sich, da die Welt sich nun einmal in dieser Richtung bewegt, als durchführbar erweisen würde und eine Katastrophe abgewendet werden könnte. Aber es muß zugegeben werden, daß es heute zumindest höchst unwahrscheinlich scheint, daß eine solche Lösung gefunden werden kann. Es ist in gewissem Maß bedeutsam, daß bisher von jenen, die die Planwirtschaft befürworten, die kleinsten Beiträge zu einer solchen Lösung geleistet wurden.«

Niemand kann also sagen, die intellektuelle Debatte über den Irrweg von Verstaatlichung und Planwirtschaft sei nicht schon vor 1945 geführt worden. Das mußte man auch in der DDR wissen. Aber Kritikern wurde der Mund verboten und die Doktrinäre führten (mit Bautzen im Rücken) das große Wort. Die Ergebnisse haben deswegen auch die Dogmatiker der SED und ihre sowjetischen Schutzpatrone allein zu verantworten. Und, was man nicht vergessen darf: In der heutigen PDS sitzen noch immer dieselben Leute mit denselben Argumenten.

Zu den tiefen strukturellen Eingriffen in Eigentum und Unternehmen kamen noch weitere Belastungen für die DDR. Nicht nur die große Flüchtlingswelle erschwerte die Entwicklung erheblich. Auch die Reparationslasten waren gegenüber denen der BRD wesentlich größer. Professor Arno Peters von der Universität Bremen hat behauptet, daß bis zum 31. Dezember 1953 die BRD lediglich 2,1 Milliarden DM an Reparationszahlungen geleistet hat, während die DDR im gleichen Zeitraum 99,1 Milliarden Mark aufbringen mußte. Diese Berechnung muß wohl korrigiert werden; andere Wiedergutmachungszahlungen der BRD nach dem Bundesentschädigungsgesetz, dem Rückerstattungsgesetz und dem Israelvertrag sind gegen diese Reparationsleistungen der DDR aufzurechnen. Aber es macht schon einen großen Unterschied, ob der Wiederaufbau durch die Demontage von ganzen Industriebetrieben behindert wird oder ob man Marshallhilfe erhält und dann aus dem volkswirtschaftlichen Mehrwert einen Teil des Ertrages als »Reparation« zur Verfügung stellt. Insofern war die DDR durch Reparationsleistungen und die später oft sehr willkürlichen Verrechnungen wirtschaftlicher Leistungen und Gegenleistungen im COMECON doch noch einmal erheblich benachteiligt.

Die Entwicklungschancen der DDR in der Nachkriegsepoche hätten nicht schlechter sein müssen als die der BRD, wenn Gesellschaftssystem und Besatzungsmacht die Chance einer wirklichen Entwicklung gegeben hätten. Aber Reparationsleistungen und der bornierte Dogmatismus der Kommunisten des »real existierenden Sozialismus« vergewaltigten zunächst das Wirtschaftssystem und produzierten dadurch jene unvermeidlichen ökonomischen Mißerfolge, die dann – zum Zwecke ihrer Verschleierung – ebenso unvermeidlich zu einer totalitären Unterwerfung der Menschen führen mußte. Die DDR unterschied sich hierin nicht von all den anderen kommunistisch beherrschten Staaten. Dogmatismus und Diktatur ruinierten in der DDR in 40 Jahren eine der fruchtbarsten Wirtschaftsregionen der Erde. Und aus der nahezu gleichen Ausgangslage von BRD und DDR wurden die elementaren Unterschiede von heute.

* * *

Zwei zentrale institutionelle Unterschiede prägten die Gesellschaft in der DDR: Die Struktur monopolistischer Staatsbetriebe einerseits und die weitgehende Identität von Partei und Verwaltung im SED-Regime andererseits. Selbstverständlich gab es viele andere Merkmale der DDR-Gesellschaft, die mit dem Aufbau der Bundesrepublik unvereinbar waren: das Fehlen unabhängiger Gerichte, der Berliner Zentralismus, die wissenschaftlichen Großorganisationen und so weiter. Aber so, wie sich nach der Revolution von 1989 in wenigen Monaten in der frei gewählten Volkskammer ein beachtliches Parlament schaffen ließ, so kann auch durch Rechtsakt ein System unabhängiger Gerichte oder eine Neuordnung der Wissenschaftsorganisationen geschaffen werden. Auch wenn es dann zunächst an fachkundigen Personen und Erfahrung fehlt, könnten diese neuen Institutionen doch relativ schnell wirksam werden. Sie sind weniger evolutionären Entwicklungen unterworfen und könnten bei entsprechender Ausstattung sofort mit leistungsfähiger Arbeit beginnen.

Das Problem der verschiedenartigen Unternehmensstrukturen ist damit völlig unvergleichbar. Staatliches Eigentum an 8000 Betrieben, zusammengefaßt in *einer* nach Fachbereichen gegliederten Organisation, der Treuhand, *konnte* gar nicht funktionieren wie ein komplexes nationales und internationales Geflecht von privaten Eigentümern, Aktionären, Börsen und Investmentfonds. Die Leitung eines BRD-Unternehmens *weiß*, wer ihre Eigentümer sind; sie kennt ihre Aufsichtsräte, deren Zielsetzung und Investitionsbereitschaft; sie weiß, womit sie zu rechnen hat. Der Manager eines DDR-Unternehmens bekommt heute auf die zentralen Fragen seines Unternehmens faktisch keinerlei Antwort. Es gibt keine lenkenden Parteisysteme mehr, aber die Treuhand hätte (auch wenn sie früher und effektiver geordnet worden wäre) gar keine Möglichkeit für eine so große Zahl von Unternehmen, wirksam die Rolle des Eigentümers (also der property rights) auszufüllen. Die Rolle des Kapitalisten, also desjenigen, der Kapital im Unternehmen wagt, ist aber für die Steuerung eines Unternehmens im Wettbewerb unentbehrlich. In Ausnahmefällen kann auch der Staat diese Rolle ausfüllen: Wie zum Beispiel bei der Lufthansa. Aber doch nicht bei nahezu 8000 Unternehmen und Betrieben, auch wenn davon etwa 3000 den Kommunen, Ländern oder früheren Bezirken zuzuordnen sind. Wie viele kluge und erfahrene Köpfe brauchte so ein Staat! Es gibt bei Industriebetrieben der DDR heute deswegen den

Eigentümer faktisch nicht, mit Ausnahme der Fälle westlicher Beteiligungen. Dies ist eine große Schwäche der DDR-Wirtschaft in der Phase der Rekonstruktion der Industrie, die auch nach der Vereinigung fortbestehen wird. Dies wird den Wirtschaftsraum DDR gegenüber der BRD-Wirtschaft für einen langen Zeitraum erheblich benachteiligen.

Aber die Unternehmensstruktur der DDR ist auch sonst mit dem Westen Deutschlands nahezu unvereinbar. Nicht nur Produktionsstätten, Betriebe und Produkte wurden von der SED-Regierung nach Gesichtspunkten zusammengefügt, die den heutigen Wettbewerbsanforderungen meist nicht entsprechen. Im Rahmen der Aufgabe »Konsumversorgung« wurde zum Beispiel Schwermaschinenherstellern die Herstellung von Sonnenschirmen und Kinderschaukeln aufgegeben! Noch gewichtiger jedoch ist, daß die Produktqualität auf einen geduldigen Inlandsmarkt und einen dominierenden und oft uneinsichtigen sowjetischen Exportmarkt ausgerichtet wurde. Die Sowjetunion bestimmte letztlich mit ihren Anforderungen (die auch dort von Bürokraten bestimmt wurden), sogar welche technische Entwicklung DDR-Exportprodukte nehmen durften. Diese Produkte nun auf Westmärkte umzulenken, ist nahezu unmöglich.

Der Betrieb in der DDR, so abhängig er selbst von zentraler Parteiplanung und Exportanforderungen war, hatte wiederum in seiner Region (im sogenannten Territorium) eine mit den BRD-Betrieben völlig unvergleichbare Bedeutung. Nicht nur für das Schicksal der Werktätigen und ihrer Familien, auf das Gesellschaft, Betriebsleitung und Partei viel mehr Einfluß hatten als etwa die eigene Leistung des Arbeitnehmers. Der Betrieb beherbergte aber auch Schulen, Sportstätten, Kinderkrippen, Erholungsheime, Kultureinrichtungen und Forschungszentren. Oft war das gesamte soziale Leben seiner Gemeinde von ihm abhängig. Es waren nicht zusätzliche Leistungen zum Angebot der Kommunen, die der Betrieb erbrachte (wie bei uns), sondern die Betriebe ersetzten die kommunalen Einrichtungen. Die Betriebe sollen diese Einrichtungen, die für die Menschen natürlich unverzichtbar sind, nun zwar an die Kommunen abgeben — aber diese haben kein Geld, sie zu unterhalten.

Der Betrieb war wohl das wichtigste örtliche Kollektiv, die Partei das wichtigste im ganzen Land. Sie regierte in alles hinein, die

Kommunen, die Betriebe und die Einrichtungen der Infrastruktur usw. Das Ergebnis dieses Parteiprimats ist heute offenkundig und bedarf an dieser Stelle keines weiteren Kommentars. Aber im Prozeß der Vereinigung ist zu vermerken, daß es wegen dieser Parteiherrschaft von dem Augenblick an, als die Partei von den verbitterten Bürgern verjagt wurde (um sich mit gewaschenem Namen schnell wieder als PDS zu etablieren!), auch faktisch zu einem Zusammenbruch aller öffentlichen Entscheidungsstrukturen kam.
Die öffentliche Verwaltung muß nun in der DDR erst wieder aufgebaut werden. Was zum Beispiel in Bayern seit der Montgelas-Reform gewachsen ist oder was Hamburg noch viel weiter in die Vergangenheit reichende Wurzeln hat, gibt es nicht im DDR-Gebiet. DDR-Bürger und DDR-Betriebe finden heute häufig überhaupt keine oder keine funktionierende Verwaltung vor, so daß auch das tägliche Leben des einzelnen im Vergleich zur BRD-Region erheblich erschwert wird. Und das, obwohl angesichts der großen Umstellungsprobleme (vom Grundstückseigentum bis zur Steuerleistung, von der Arbeitslosenunterstützung bis zur Rentenberechnung) DDR-Bürger auf die öffentliche Verwaltung besonders angewiesen sind. Wie lange wird es dauern, bis diese Lücke geschlossen ist? Manchen Ländern (zum Beispiel den USA) ist es über Jahrhunderte nicht gelungen, eine wirklich effektive kommunale Verwaltung aufzubauen. Die DDR-Region hatte eine, bevor die Kommunisten sie arrogant zerschlugen.

* * *

Die Unterschiede zwischen den beiden Teilen Deutschlands ziehen sich durch alle Lebensbereiche. Im folgenden sollen drei Aspekte der Teilung besonders beleuchtet werden: die Lage der Unternehmen in Industrie und Landwirtschaft; das private und öffentliche Wohlstandsgefälle zwischen Ost und West und die Unterschiede und Spannungen in der Mentalität der Menschen in beiden Teilen Deutschlands.

II.
DDR-Wirtschaft: In der Ritterrüstung zur Olympiade

Es ist gerade in den letzten Monaten viel über Entwicklung und Zustand der DDR-Wirtschaft gesagt und geschrieben worden. Hier geht es um Hinweise des Vergleichs.
Die DDR-Wirtschaft ist noch heute, im Zeitpunkt der Vereinigung, im wesentlichen immer noch eine Wirtschaft sehr stark angeglichener Löhne und Gehälter; der Meister hatte gelegentlich sogar weniger in der Lohntüte als der Arbeiter; Generaldirektoren, auch der großen Konzerne, verdienen auch heute etwa nur dreimal soviel wie die Arbeiter. Gleichheit und Nivellierung zeichneten das Bild der DDR-Gesellschaft. Es ist noch immer eine Wirtschaft faktisch ohne Privateigentum; eine Wirtschaft der Großbetriebe und der regionalen Monostrukturen. Und eine Gesellschaft betriebsinterner Sozialleistungen. Seit Juli 1990 werden die staatlichen Betriebe zwar nicht mehr zentral gelenkt; Produktion und Preise müssen sich nach Marktbedingungen und Verträgen im harten internationalen Wettbewerb richten. Eine für die Unternehmen fast unlösbare Aufgabe: in der Ritterrüstung zur Olympiade.

* * *

Mitteldeutschland war vor dem Krieg eine der großen Industrieregionen Europas. Auch als DDR bewahrte sich Mitteldeutschland diese Position im östlichen Bündnis. Nur als Industrieregion kann die DDR-Region in Deutschland ein Gleichgewicht mit der BRD-Region, der stärksten Export-Region der Welt, erlangen.
Hier soll ein skizzenhaftes, vergleichendes Bild einiger Schlüsselindustrien gezeichnet werden, weil die Zukunft der DDR-Region und eines sozialen Gleichgewichts in Deutschland vom Fortbestand der Industrie in der DDR-Region abhängen wird.

Im *Stahlbereich* waren in der Rohstahlproduktion für einen Ausstoß von 8 Millionen Tonnen (1989) in der DDR etwa 80 000 Arbeitnehmer beschäftigt; in der BRD für etwa 41 Millionen Tonnen nur 180 000 Menschen. Das Rheinisch-Westfälische Institut für

Wirtschaftsforschung hält eine Halbierung der Belegschaftszahl in der Stahlindustrie für wahrscheinlich. Der Anteil moderner Produktionsverfahren (Oxygenstahl) beträgt in der DDR nur 31% (BRD: 83%). 40% der Rohstahlproduktion werden immer noch in Siemens-Martin-Öfen hergestellt, ein Verfahren, das in der BRD seit mehr als zehn Jahren auch wegen der starken Umweltbelastung eingestellt wurde; diese Kapazitäten werden auch in der DDR stillgelegt werden müssen. Die Erzeugung von 6 Millionen Tonnen Walzstahl ist in der DDR auf 15 Standorte verteilt; schon aus transportwirtschaftlichen Gründen muß es zu einer Konzentration auf wenige, »schiffbare« Standorte kommen. In der BRD wurden seit 1973 im Stahlbereich 54 Hochöfen, 151 Formstahl- und 85 Walzstahlanlagen stillgelegt, deren Kapazität rund 80 Millionen Tonnen betrug. Zwischen BRD-Unternehmen (zum Beispiel Krupp, Mannesmann, Klöckner) und einigen DDR-Stahlunternehmen wurden Kooperationen angebahnt. Aber die Konkurrenz in der Stahlbranche ist europäisch. Die bundesdeutsche Industrie klagt ihrerseits über eine zu hohe Belastung durch höhere Strom- und Transportpreise. Auch in den östlichen Nachbarländern geht es im Rahmen der Wirtschaftsreformen um den Erhalt von Stahl-Standorten. Die wirtschaftliche Umgestaltung in Osteuropa und der Sowjetunion wird zwar einen großen Baubedarf freisetzen und damit die Stahlnachfrage ansteigen lassen. Die Standorte in der DDR drohen aber trotz ihrer relativen Nähe zum osteuropäischen Markt gegenüber den hochtechnisierten westlichen einerseits und kostengünstigeren Produktionen im Osten andererseits Absatzmärkte zu verlieren. Nach Auffassung der Fachleute werden in jedem Falle etwa zwölf Anlagen an wichtigen Stahl-Standorten, beispielsweise in Brandenburg und Hennigsdorf, schließen müssen und über die Hälfte der Stahlarbeiter andere Arbeitsplätze finden müssen, wenn die Stahlindustrie in der DDR überhaupt eine Überlebenschance haben soll.

Der *Maschinenbau* in der DDR hat über Jahre besondere staatliche Förderung erfahren. Bei Erfindungen in Bereichen der Textil- (VEB Textima), Verpackungs- (VEB Nagima) und Druckmaschinenindustrie (VEB Polygraph) rangierten in den Jahren 1983 bis 1988 die DDR quantitativ weltweit sogar noch vor den bundesdeutschen Unternehmen auf Platz 1. Der Werkzeugmaschinenbau in der

DDR (Exportquote 70%) liegt mit einem Anteil von 6,7% an den Weltexporten auf Rang 5 vor den Vereinigten Staaten, Taiwan und Großbritannien. Im Schwermaschinenbau gibt es Sektoren, in denen DDR-Unternehmen auch technisch führende Positionen einnehmen. Der Maschinenbau sieht sich einem Bedarf an notwendigen Investitionen in der DDR-Region von mindestens 160 Mrd. DM gegenüber, die in erster Linie produktivitätssteigernden Ausrüstungen der Unternehmen dienen wird. Allerdings beträgt der technische Rückstand zum Beispiel in der Steuerungstechnik im Werkzeugmaschinenbau gegenüber den Marktführern der BRD nach Aussagen des Ost-Berliner Instituts für angewandte Wirtschaftsforschung zwei Gerätegenerationen; eine enge Forschungs- und Produktionskooperation mit westlichen Unternehmen wäre deshalb eine unabdingbare Voraussetzung für die Zukunft der Branche. Die DDR-Unternehmen schätzen ihren Zeitbedarf für eine Anpassung an den Wettbewerbsstandard der Weltmärkte auf zwei bis fünf Jahre. Traditionelle Standorte des Maschinenbaus könnten in der Zwischenzeit insbesondere in den Räumen Chemnitz, Dresden, Erfurt und Leipzig verlorengehen, wenn westliches Kapital und Knowhow jetzt ausbleiben sollten. Das hätte eine zentrale Bedeutung nicht nur für den Maschinenbau, sondern auch für die Zulieferindustrie und den Anlagenbau in der DDR-Region.

Die *Automobilindustrie* (einschließlich der Zulieferindustrie) umfaßt in der BRD etwa 16% der Beschäftigten und einen Anteil von etwa 21% des Bruttosozialproduktes, wenn man alle vor- und nachgelagerten Stufen mit einbezieht. In Thüringen und Sachsen hatten sich in der Geschichte des Automobilbaus wichtige Standorte entwickelt. Die Automobilindustrie wurde auch in der DDR wieder zu einem bedeutenden Wirtschaftszweig mit etwa 65 000 Beschäftigten und einer Jahresproduktion von über 210 000 Einheiten in der Pkw-Produktion (1989). Aber die Produktion war vom internationalen Markt abgeschottet, Produkte und Produktionstechnik hoffnungslos rückständig. Seit Beginn des Jahres 1990 ist die Automobilproduktion in der DDR rückläufig. Trotz Senkung der Neuwagenpreise für den Trabi ließ sich der Wagen im Inland kaum noch absetzen; lange Lieferfristen haben sich in riesige Halden verwandelt. Dies liegt natürlich in erster Linie an der Einfuhr von gebrauchten Pkw aus der BRD. Nach Schätzungen des Kraftfahrtamts der DDR werden 500 000 Gebrauchtwagen bis Jahresfrist 1990 aus der BRD angemeldet sein. Für 1991 wird mit einem Absatz von etwa noch einmal soviel Gebrauchtwagen aus der BRD gerechnet. Auch der Export aus der DDR-Region in die Länder des RGW, vor allem nach Ungarn, Bulgarien und Polen, der zuletzt jährlich bei 70 000 Pkw lag, muß für die Zukunft kritisch eingeschätzt werden. Denn auch in diesen Ländern haben sich die Bezugsmöglichkeiten für Automobile aus dem Westen deutlich verbessert. Das Engagement von Volkswagen, Opel und Mercedes-Benz (Nutzfahrzeuge) wird zwar moderne Produktionskapazitäten im Automobilsektor der DDR aufbauen. Volkswagen plant bis 1994 etwa 1000 Fahrzeuge pro Tag in Zwickau zu montieren (zunächst wird allerdings mit 50 Fahrzeugen begonnen). Opel wird vermutlich (wenn der Wettbewerb des Standortes Eisenach gegenüber Antwerpen und Österreich gewonnen wird!) mit etwa 40 Fahrzeugen pro Tag der Marke Opel-Vectra beginnen. Die Montage eines Nachfolgefahrzeuges soll bis 1993 auf eine Anzahl von maximal 800 pro Tag erweitert werden. BMW beabsichtigt lediglich die Herstellung von Großwerkzeugen für seine Produktion in der DDR. Der Personalbestand der Automobilindustrie in der DDR wird auf mindestens die Hälfte reduziert werden müssen, und es ist anzunehmen, daß die wesentlichen Zulieferer, die bisher mit VW und Opel im Geschäft waren, auch zukünftig die Zulieferer für die Montage in der DDR sein werden.

Auch wenn die Pläne von Volkswagen, Opel und Daimler-Benz gelingen, wird also das Engagement der westlichen Unternehmen in der DDR letztlich dazu führen, daß die DDR ihre bisher selbständige Automobilindustrie verliert. Ein wesentliches Verkaufsvolumen des Trabant im Inland ist nicht mehr vorgesehen; mit einem begrenzten Exportvolumen wird gerechnet. Auch der neue Wartburg 1.3 muß zumindest im Inland wohl eher als Auslaufmodell betrachtet werden; man hofft allerdings auf Absatzmöglichkeiten vor allem in den östlichen Nachbarländern.

Der Bereich der *Elektrotechnik und Elektronik* war bisher eine der wichtigen Schlüsselindustrien der DDR. In ihr waren etwa 14% der Beschäftigten der gesamten DDR-Industrie tätig (das heißt über

460 000 Menschen). Besondere Bedeutung hatte der Bereich der mikroelektronischen Industrie. Hier waren 90 000 Arbeitnehmer vor allem in Thüringen, Sachsen und Berlin-Brandenburg beschäftigt. Die Produkte der DDR gelten nur in wenigen Bereichen der Elektrotechnik/Elektronik (Leuchten, Kabel, Leitungen) als wettbewerbsfähig. Im Bereich der Mikroelektronik ist das Produktionssortiment aufgrund der Autarkiebestrebungen der DDR zwar breit, die Technologie aber überaltert. Dennoch rechneten Fachleute in den DDR-Ministerien hier möglicherweise in den Unternehmen mit schwarzen Zahlen bereits im Jahre 1993. Voraussetzung dafür sei allerdings die Einordnung in eine gesamteuropäische Entwicklung, das heißt, die Verbindung mit den großen westeuropäischen Produzenten und die Teilhabe an Projekten wie beispielsweise die europäische Forschungs-Initiative JESSI. Dies scheint eher eine optimistische Perspektive. Trotz starker staatlicher Förderung lag nämlich auch die Produktivität der Elektrotechnik/Elektronik in der DDR nur bei etwa 50% der entsprechenden Unternehmen in der BRD. Folglich rechneten die Fachleute mit dem Verlust von mindestens 50 000 Arbeitsplätzen im Bereich der Mikroelektronik; auch dies scheint optimistisch. Die Kooperationsvorhaben zwischen Unternehmen aus der BRD und der DDR sind vielfältig. Siemens plant zum Beispiel eine Investition von einer Mrd. DM in etwa 30 verschiedene Projekte und rechnet mit dem Erhalt bzw. der Schaffung von 25 000 bis 30 000 Arbeitsplätzen. Voraussetzung des Überlebens der Branche ist der Anschluß an die westeuropäische Forschung und Entwicklung. Aber auch hier gilt, was für Kooperationen mit den großen Firmen Westeuropas und der DDR generell gelten wird: Die DDR-Unternehmen brauchen die Beteiligung, um auf den internationalen Märkten wettbewerbsfähig zu werden. Damit werden sie aber in der Regel zugleich einen wesentlichen Teil ihrer bisherigen Leitungs- und Forschungsfunktionen verlieren. Hier werden auch wichtige Arbeitsplätze in die BRD abwandern.

Der Norden der DDR ist zwar stark durch die Agrarwirtschaft geprägt, an der Küste ist jedoch der *Schiffbau* der strukturbestimmende industrielle Wirtschaftszweig. 55 000 Menschen sind in den fünf See- und zwei Binnenschiffswerften beschäftigt. Das Serienprogramm Schiffbau der DDR, insbesondere auf dem Sektor Kühlschiffe, war fast ausschließlich auf den RGW-Markt und dort auf die Sowjetunion ausgerichtet. Die Kapazitäten sind bis nach 1992 ausgebucht; 112 Seeschiffe und 101 Binnenschiffe stehen in den Auftragsbüchern (Vertragspartner ist hauptsächlich die Sowjetunion). Die Aufträge stammen jedoch aus der Zeit der RGW-Verrechnung, die nun sowohl durch die Einführung der DM in der DDR als auch durch den Übergang zum konvertiblen Rubel im sowjetischen Außenhandel nach dem 1. Januar 1991 neuen Bedingungen unterliegen werden. Hochtechnologie und Spezialschiffbau müßten auch in den Schiffbau der DDR einziehen, wenn dieser wettbewerbsfähig werden soll. Jürgen Begemann, Generaldirektor des bisherigen Kombinates Schiffbau: »Wir wissen sehr genau, wo bei uns die Handbreit Wasser unterm Kiel fehlt. Es sind zu hohe Kosten, zu hoher Verwaltungsaufwand, die zu große Fertigungstiefe, die für die DDR typische vernachlässigte technische Erneuerung und die damit verbundenen zu hohen Reparaturkosten.« Eine Steigerung der Produktivität um 30 bis 40% wäre nötig, um den Stand der BRD-Werften zu erreichen. Und auch diese können heute ja gegenüber der Konkurrenz aus Südostasien nur noch mit Wettbewerbshilfen bestehen. Dem Schiffbau der DDR droht folglich eine Werftenkrise, wie wir sie in den norddeutschen Küstenländern erlebt haben. Am Standort Rostock hängt aber die Existenz jeder zweiten Familie unmittelbar vom Schicksal dieses Wirtschaftszweiges ab.

Die gewaltigen Umweltprobleme der *Chemischen Industrie* in der DDR sind hinreichend beschrieben worden. Die Ausrüstungen in der Chemischen Industrie sind zum großen Teil völlig überaltert: 55% der Ausrüstungen (Maschinen und Anlagen) gelten als über 15 Jahre alt; 20% über 25 Jahre. Ein Großteil der sanierungsbedürftigen Altlasten in der DDR ist mit Standorten der Chemischen Industrie verbunden. Die Haftungsfragen sind in besonderem Maße dafür verantwortlich, daß Investitionen aus der BRD und dem Ausland so zögernd erfolgen. Die in der DDR-Chemie weit verbreitete Karbochemie ist nicht nur extrem umweltbelastend, sondern auch im Vergleich zur Petrochemie besonders unrentabel und muß im wesentlichen eingestellt werden. Erste Maßnahmen der Verbesserung der Umweltverträglichkeit in der Chemischen Industrie sind zwar bereits eingeleitet worden. Dies ist allerdings meist, wie bei der Buna AG, mit Produktionseinschränkungen und -stillegungen verbunden; dort ist allein der Staubauswurf der Karbidproduktion von 44 000 Tonnen in 1989 auf nunmehr 2000 Tonnen reduziert worden, bis 1993 soll die Produktion gänzlich eingestellt werden. Dies bedeutet aber nicht nur einen erheblichen Verlust von Arbeitsplätzen (man rechnet vorsichtig mit der Entlassung von 43 000 Arbeitnehmern im 2. Halbjahr 1990 und in 1991). Der Chemischen Industrie der DDR wird ein Verlust von etwa 10 Mrd. DM allein 1990/1991 prognostiziert. Das Wirtschaftsministerium der DDR hatte berechnet: Die Chemische Industrie der DDR benötigt über 15 Mrd. DM für Fördermaßnahmen und Investitionszulagen (für die Mineralölwirtschaft allein 7 Mrd. DM), wenn sie im reduzierten Rahmen überhaupt überleben soll. Und der neugegründete Verband der Chemischen Industrie in der DDR schätzt, daß allein für die Sanierung der ökologischen Altlasten ein Betrag von 13 bis 15 Mrd. DM in den nächsten fünf Jahren aufgewendet werden müsse.

Der Finanzbedarf für den in der ehemaligen DDR so genannten Bereich der *Leichtindustrie* wurde bis 1993 auf etwa 30 Mrd. DM geschätzt, der Anteil der Eigenfinanzierung kann nach Schätzungen höchstens bei 30 bis 60% liegen. Diesen Industriebereich wettbewerbsfähig zu machen, würde also enorme Kraftanstrengungen kosten. Die Produkte dieser Branche zeigen die generellen DDR-Probleme: In Berchfeld werden zum Beispiel Rollstühle hergestellt, die zwar dem modernen Standard entsprechen. Aber der Preis von vormals etwa 20 000 Mark (der noch um 3000 Mark unter den Herstellungskosten lag) steht heute dem von 8000 DM für das Konkurrenzmodell aus der BRD gegenüber. Sogar die Fahrräder aus den Mitteldeutschen Fahrradwerken sind wenig konkurrenzfähig. Ein Gang über die Leipziger Herbstmesse im September legte die ganze Misere der Leistungsfähigkeit offen.

Ein wichtiger Bereich innerhalb dieses Industriesektors ist die *Textilindustrie*, die in dem Gebiet der ehemaligen DDR etwa genauso viele Arbeitnehmer zählt (227 000) wie in der Bundesrepublik. Die Produktivität in dieser Branche liegt aber nicht einmal bei 20% des BRD-Niveaus. 40% der Produktionskapazitäten sind im internationalen Vergleich als völlig überholt anzusehen. Auch die Auftragslage in der Textilindustrie ist bereits im Juni 1990, vor allem durch Massenstornierungen im Binnenhandel und durch den erhöhten Bezug aus der BRD und aus dem Ausland, auf 50% der Kapazität gesunken.

Im August 1990 veröffentlichte das Berliner DIW eine Studie über die mit 335 000 (BRD etwa 400 000) Beschäftigten äußerst bedeutsame *Nahrungsmittelindustrie* der DDR: »Für die Marktwirtschaft schlecht gerüstet«. Die Produktivität lag im Vergleich zur entsprechenden BRD-Industrie 1988 nur bei 43% (1970 noch 60%). Der Verschleiß des Anlagevermögens in diesem Industriezweig beträgt nach Berechnungen des Ökonomischen Forschungsinstitutes der Staatlichen Plankommission der DDR nahezu 60%. Die Produktionsgebäude stammen überwiegend aus der Zeit vor dem Krieg, häufig noch aus den Gründerjahren. Die hohen Subventionen und der für die Grundnahrungsmittel weitgehend geltende Preisstopp führte bei steigenden Erzeugerkosten zu einem ständigen Abgleiten der Qualität. Folglich füllten kurz nach der Währungsumstellung im Juli 1990 fast ausschließlich Waren aus dem Westen die Regale der Einzelhandelsgeschäfte. Dieses war nicht nur auf das Engagement westlicher Lebensmittelkonzerne und den westorientierten Kaufwünschen in der DDR zurückzuführen, sondern auch darauf, daß die Nahrungsmittelindustrie der DDR qualitativ nicht wettbewerbsfähig und zu teuer ist. Schon in den ersten fünf Monaten 1990 war deswegen ein Produktionsrückgang von mehr als 20% zu registrieren. Es wird mit der Entlassung der Hälfte aller Beschäftigten in der Lebensmittelindustrie gerechnet.

Die Lage in der Nahrungsmittelindustrie und im Einzelhandel hat auch Rückwirkungen auf die *Landwirtschaft*. Allerdings hat diese ihre eigenen, erheblichen Probleme. Hier herrscht seit Sommer 1990 Katastrophenstimmung. Vor der Volkskammer demonstrierten aufgebrachte Bauern mitsamt ihren Rindern und Kühen; vielfach kippten die Bauern zigtausende von Litern Frischmilch auf die Straßen und Wiesen. Landwirtschaftsminister Pollack wurde aus dem Urlaub zurückzitiert und schließlich entlassen. Die Landwirtschaft ist in der DDR hauptsächlich industriell organisiert, und die Betriebe sind auch im EG-Vergleich unverhältnismäßig groß; sie waren vor der Währungsumstellung mit etwa 12 Mrd. Ost-Mark verschuldet. Von den 4500 LPG und Staatsgütern sind nach Einschätzung des DDR-Landwirtschaftsministeriums 1500 nicht überlebensfähig; bis zu einer halben Million Arbeitskräfte (also etwa der Hälfte der 1989 in der Landwirtschaft Beschäftigten) müßten »entlassen« werden, damit die DDR-Landwirtschaft auch nur eine Chance hat, in der EG wettbewerbsfähig zu werden.

Insbesondere in den Räumen Leipzig und Berlin verfügte Mitteldeutschland früher über eine weltweit bedeutende *Medienwirtschaft*. Auch die DDR hatte große Verlage im Buch-, Zeitungs- und Zeitschriftenbereich. Wie überall gab es auch hier verhältnismäßig viele Beschäftigte und eine sehr viel niedrigere Produktivität als in der BRD. Dennoch hatte das Verlagswesen nicht nur eine kulturelle, sondern auch eine große wirtschaftliche Bedeutung. Die Verlage der DDR sehen sich nun angesichts der großen und finanzstarken Unternehmen der BRD einer völlig neuen Konkurrenzlage gegenüber. Eine Vielzahl der Zeitungs- und Zeitschriftenverlage haben inzwischen die Kooperation mit BRD-Verlagen gesucht. Hier werden jedenfalls bei den Zeitungen die Schwerpunkte der Beschäftigung auch in der DDR verbleiben. Ob allerdings irgendeine überregionale Zeitung mit Verlagsort DDR-Region Aussicht auf ein Überleben hat, scheint mehr als zweifelhaft. Was das für die geistige Auseinandersetzung in Deutschland bedeutet, braucht wohl nicht vertieft zu werden. Die *Buchverlage* der DDR haben in den vergangenen Jahren zwar oft einseitig und auch ideologisch ausgerichtet arbeiten müssen, aber in vielen Bereichen waren Qualität und Preis der Bücher auch als kulturelle Leistung beachtlich und damit auch attraktiv für Käufer aus der BRD. Nun werden auch sie sehr viel finanzstärkeren westlichen Buchverlagen mit internationalen Rechten, großen Vertriebsorganisationen und festen Käuferschichten gegenüberstehen, die auch in der DDR schnell zu gefährlichen Konkurrenten der DDR-Verlage werden.

Im Bereich der *Dienstleistungen* sind die Anpassungsmöglichkeiten der vorhandenen Arbeitsplätze größer als im industriellen Bereich. Dies zeigt sich beispielsweise in der Übernahme der 8500 Mitarbeiter der Ost-Berliner Kreditbank durch die Deutsche Bank. Das Interesse der Investoren aus der BRD an der schnellen Durchdringung des DDR-Marktes ist hier ausgesprochen groß. Während sich in der BRD etwa 1400 Einwohner eine Bank-Zweigstelle teilen, sind es in der DDR mit etwa 3400 Menschen mehr als doppelt so viele. Der Aufholbedarf im Dienstleistungssektor ist gegenüber dem Standard der BRD eine der wichtigen Chancen des DDR-Arbeitsmarktes. Im gesamten Bereich von *Handel, Banken und Versicherungen* bestehen daher gute Möglichkeiten des Erhaltes und der Schaffung von Arbeitsplätzen. So ist es theoretisch auch im Bereich des *Tourismus*. Allerdings blieben die Unterkünfte an der Ostsee im Sommer leer, weil die touristischen Einrichtungen offenbar nicht den anspruchsvollen Reisenden aus dem Westen genügen. Diese »sprudelnde Einnahmequelle für Devisen« (Ex-Tourismusminister Benthien) öffnete sich nicht. Aber die Reisebüros können über eine mangelnde Nachfrage nicht klagen: Aus der »Entsendung von Bürgern der DDR in das sozialistische Ausland« hat sich ein vielfältiger Markt für Auslandsreisen nach dem Westen entwickelt.

* * *

Wenn man die Lage der Arbeitsplätze in der DDR betrachtet, dann sind sie fast nirgendwo vergleichbaren Arbeitsplätzen in der BRD gewachsen. Manchmal wird deswegen gesagt, die DDR liege in ihrer Entwicklung etwa 25 Jahre hinter der BRD zurück. Das mag so sein, wenn man zum Beispiel das Verhältnis der verschiedenen volkswirtschaftlichen Bereiche: Landwirtschaft, gewerbliche Wirtschaft und Dienstleistungen, also ihre Anteile an der gesamtwirtschaftlichen Leistung vergleicht. Aber »25 Jahre Rückstand« beschreiben die wirklichen Probleme der Vereinigung auch auf dem wirtschaftlichen Sektor völlig unzutreffend: Wäre das alles — die Lage ließe sich schnell bessern. Eine BRD aus dem Jahre 1965 ließe sich schnell integrieren. Es sind aber nicht die graduellen Unterschiede, sondern die prinzipiellen, die den Einigungsprozeß so schwer machen. Die DDR ist eben *nicht* eine BRD vor 25 Jahren, sondern etwas ganz anderes, das sich nicht als zeitlicher Rückstand beschreiben läßt. Der Weg aus der DDR-Wirtschaft in die BRD-Wirtschaft ist deswegen auch keine Sache von Schritten, sondern eines ganzen Sprungs.

III.
Arm und Reich: Zwei Nationen in Deutschland?

Einkommen und Vermögen: Klassenunterschiede

Im August 1990 verdienten Arbeiter in der DDR etwa 40% ihrer Kollegen in der BRD. Noch im Januar 1990 hatte das Verhältnis bei 30% gelegen. Tarifverhandlungen und andere Anpassungsmaßnahmen hatten dann innerhalb eines halben Jahres zu einer Verkürzung des Einkommensabstandes geführt.
Das monatliche Einkommen hatte in der Diskussion um den richtigen Umtauschkurs von Mark-Ost und DM eine zentrale Rolle gespielt. Dabei ging es in erster Linie um die Produktionskosten in der DDR; niedrige Löhne sollten mindestens teilweise den Abstand in der Produktivität zwischen DDR- und BRD-Wirtschaft erhalten. Das Lohnniveau der DDR sollte auch nach der Währungsunion so lange deutlich niedriger sein, als auch die Produktivität niedriger bleibt. Ökonomisch ein vernünftiges Ziel, um Produktionsstandorte in der Umstrukturierung zu erhalten und Anreize für Investitionen zu bieten. Sozialpolitisch ist diese Zielsetzung allerdings im vereinten Deutschland sehr fragwürdig. Ungleicher Lohn für gleiche Leistung in demselben Rechtsraum würde insbesondere im öffentlichen Dienst sehr problematisch. Doch der öffentliche Dienst läßt sich im Arbeitsmarkt nicht isolieren. Es gibt Überschneidungen zwischen öffentlichem Dienst und privaten Dienstleistungen. Die Berliner in Ost und West spüren diese Widersprüche am empfindlichsten.
Während das durchschnittliche Lohnniveau nach Steuern in der DDR zum Jahreswechsel 1990/91 etwa bei der Hälfte des entsprechenden Einkommens der BRD liegen wird, ist davon auszugehen, daß sich die Verbraucherpreise bei vergleichbarer Qualität bis dahin in beiden Teilen Deutschlands weitgehend angenähert haben werden. Mit Ausnahme der Mieten, die im DDR-Raum vor Ende 1990 noch unter 5% eines durchschnittlichen Haushaltseinkommens in der Region DDR und mittlerweile wohl sicher mindestens 20% in der BRD-Region ausmachen. Die Mietunterschiede machen einen

gewissen Einkommensunterschied erträglich. Gleicht man die Einkommen in BRD und DDR um diesen Faktor aus, so ergibt sich wohl ein realer Unterschied von etwa 50% im Durchschnittshaushaltseinkommen zwischen BRD und DDR zu Beginn der deutschen Einheit.

Schon dieser geschätzte Einkommensunterschied im vereinigten Deutschland beruht allerdings auf einer ganz erheblichen Finanzübertragung aus dem von Gregor Gysi und seiner PDS verachteten westlichen kapitalistischen Systems der BRD. Offene Grenzen und Freiheit *ohne* diesen Zustrom von Haushaltsmitteln und Kapital aus Westdeutschland würden der DDR einen sehr viel drastischeren Verfall des Lebensstandards (etwa wie in Polen) beschert haben.

In 40 Jahren ist die BRD-Gesellschaft eine reiche Gesellschaft geworden, allerdings mit großen, vielleicht sogar wieder wachsenden Ungleichheiten. Die DDR-Gesellschaft hingegen wurde in dieser Zeit eine vergleichsweise arme Gesellschaft — mit ebenfalls großen, allerdings versteckten Ungleichheiten, die in den 80er Jahren wohl ebenfalls eher zunahmen. Den Einkommensdifferenzen und Unternehmergewinnen im Westen entsprachen im östlichen Markt — wenn auch nicht mit so krassen Unterschieden — die Bonzenprivilegien der Parteihierarchien und die Schwarzmarktprofite einer kommandierten Mangelwirtschaft.

Die BRD-Gesellschaft kennt Besitzende und Besitzlose, wobei es letzteren vergleichsweise (das heißt im Vergleich zu anderen Gesellschaften einschließlich der DDR) noch erträglich geht. Die DDR-Gesellschaft kennt diesen krassen Unterschied zwischen Besitzenden und Besitzlosen so nicht: Aber dies hat nicht etwa zu einer besseren Verteilung des Wohlstandes geführt, sondern eher zu einer gleichmäßigeren Verteilung von Armut. Und zu einer massiven Ausbeutung von Natur und menschlicher Gesundheit im Produktionsprozeß.So findet die ungleiche Gesellschaft der BRD dennoch weitgehend demokratische Zustimmung, während die (scheinbare) Gleichheitsgesellschaft der DDR zu ihrer Erhaltung eines ständig zunehmenden Zwanges bedurfte, bis schließlich die Menschen die schmerzenden Fesseln in einem revolutionären Anlauf sprengten.

Wir werden zukünftig mit diesen Ungleichheiten in einem Lande leben. Man mag darauf verweisen, daß es steile Einkommensunter-

schiede auch bisher in der BRD (in diesem Maße innerhalb der DDR sicherlich nicht) gab, und zwar sowohl zwischen verschiedenen Einkommensgruppen als auch zwischen starken und schwachen Regionen. Das ist richtig. Aber einmal waren die regionalen Einkommensunterschiede nicht annähernd so groß wie jetzt zwischen DDR und BRD. So lag zum Beispiel das durchschnittliche Brutto-Einkommen der Angestellten in Industrie und Handel in Schleswig-Holstein bei 3700 DM und in Baden-Württemberg, dem Spitzenland der Wirtschaftsleistungen der BRD, bei 4300 DM. Das ist ein Abstand von 15% im Vergleich zu dem von etwa 50% (nach Ausgleich der unterschiedlichen Mietkosten wohlgemerkt) zwischen BRD- und DDR-Raum.
Allerdings, was die Einkommensunterschiede zwischen verschiedenen Bevölkerungsschichten in der bisherigen BRD angeht, sind diese Abstände viel größer, auch als sie zu Beginn der deutschen Einheit zwischen den Durchschnittseinkommen von bisherigen BRD-Bürgern und bisherigen DDR-Bürgern bestehen werden: Das Einkommen der sehr schmalen Schicht der hochbezahlten Manager in der BRD, zum Beispiel, liegt vermutlich im Durchschnitt eher beim 20fachen als beim 10fachen Einkommen eines gut bezahlten Arbeiters in denselben Betrieben. In der DDR ist es noch immer nur etwa das 3fache oder 4fache. Aber gerade mit dieser, die Gleichheit betonenden und Leistungsunterschiede eher zurückstellenden Einkommensstruktur werden im Ost-West-Gefälle auch große Probleme verbunden sein. Denn die Marktwirtschaft, auch die soziale, kann ohne erhebliche Leistungsanreize nicht funktionieren. Dies muß und wird sehr schnell zu einer Spreizung der Lohn- und Gehaltsskalen und zu einer überproportionalen Steigerung der Einkommen von Unternehmern und wirtschaftlichem Führungspersonal führen. Und Spekulanten werden immer auch dabeisein! Auf die hiermit verbundenen sozialen und politischen Probleme müssen wir später noch einmal zurückkommen.
Hier sei nur zunächst diese allgemeine Schlußfolgerung festgehalten: Es ist leicht vorauszusehen, daß wirtschaftlich betrachtet der Einkommensabstand zwischen BRD und DDR sich nur langsam ausgleichen wird. Fünf Jahre, die oft genannt werden, erscheinen dabei als eine zu kurze Frist. Auf der anderen Seite wird sich die Einkommenspyramide im bisherigen DDR-Raum aus Wettbe-

werbsgründen relativ schnell der in allen Marktwirtschaften steileren Pyramidenform anpassen müssen (die BRD ist hier im Vergleich zu anderen westlichen Nationen guter Durchschnitt, wahrscheinlich sogar eher mit einer Tendenz zu mehr Gleichheit). In beiden Tendenzen aber — einem langfristigen Auseinanderklaffen der Durchschnittseinkommen von West und Ost und einem gleichzeitigen schnellen Anpassen der Spitzeneinkommen im DDR-Raum an die hohen Einkommen der BRD — steckt soziales und politisches Dynamit.

* * *

Aber die monatlichen Einkommensunterschiede spiegeln noch nicht einmal die halbe Wirklichkeit des zukünftigen Wohlstandsgefälles zwischen Ost und West in Deutschland wider. Denn das monatliche Einkommen und die Kaufkraft des Arbeitsverdienstes ist nur einer, wenn auch ein besonders bedeutsamer Faktor für die Lebensbedingungen einer Familie. Ersparnisse und Vermögen spielen ebenfalls eine wichtige Rolle. Wiederum bildet die Grenze der ehemaligen DDR auch nach der Vereinigung eine Wasserscheide zwischen Arm und Reich.

16 Millionen DDR-Bürger verfügten vor der Währungsunion auf den Konten der Staatsbank über ein Geld- und Sparvermögen von etwa 182 Mrd. Mark-Ost. Abgesehen von der Wohnungseinrichtung, dem Auto (57% der Haushalte), dem Anteil privaten Hausbesitzes (nach offiziellen Statistiken 41% der Wohnungen) und einigen sogenannten Datschas (also kleineren Wochenendhäusern oder Lauben) hat das Volk der DDR kein Vermögen. Dafür gab es ja das sogenannte »Volksvermögen« — und großes Parteivermögen, wie wir jetzt wissen.

Im Zusammenhang mit der Währungsunion wurde auch über den Umtauschkurs der Sparkonten heftig gestritten. Manche BRD-Bürger vermuteten, hier würden den DDR-Brüdern zu unseren Lasten Geschenke gemacht. Doch diese Unterstellung war in der Sache falsch, und der gekürzte Umtauschkurs der Sparkonten wird langfristig negative Wirkungen für die Vereinigung haben. Denn während die 182 Mrd. Mark-Ost das gesamte Geld und geldwerte Vermögen der 16 Millionen DDR-Bürger ausmachten, verfügen die 62 Millionen BRD-Bürger über ein entsprechendes ausgewiesenes geldwertes

Gesamtvermögen von etwa 2,6 Billionen DM; und zwar ohne die Auslandskonten in der Schweiz oder andere Steuer-Oasen zu zählen, die es für DDR-Bürger (mit Ausnahme solcher Typen wie Schalck-Golodkowski) nicht gab.

Schon vor der Währungsunion bedeutete dies, daß im Durchschnitt jeder DDR-Bürger nur etwa 11000 Mark-Ost Geldvermögen hatte, jeder BRD-Bürger im Durchschnitt aber über 41000 DM. Als dann im Staatsvertrag die gestaffelte Regel und nur ein begrenzter 1:1-Umtausch festgeschrieben wurde, schmolzen die 182 Mrd. Mark-Ost auf etwa 123 Mrd. DM; das geldwerte Vermögen der Bundesbürger blieb natürlich unberührt. Jetzt kamen pro Kopf an Ersparnissen in der alten DDR etwa 7700 DM, in der BRD aber weiterhin über 41000 DM. Und dies, obwohl man durchaus auch das ganze Geldvermögen der DDR-Bürger in Höhe von 182 Mrd. Mark-Ost hätte 1:1 umtauschen können, indem man den Teil, der als Geldmenge und Kaufkraft vielleicht inflationsverdächtig war, zunächst eingefroren hätte, wie ja auch vielfach vorgeschlagen worden war. Für mehr Gleichheit zwischen den früheren BRD- und DDR-Bürgern im zukünftigen gemeinsamen Deutschland wäre dies zwar auch keine wirkliche Lösung, aber doch ein wichtiger psychologischer Beitrag gewesen. Ebenso wurden die Lebensversicherungen zum Kurs 1:2 umgestellt, wodurch die Bewohner der DDR noch einmal eine Vermögenseinbuße erlitten haben, wenn auch die *internationale* Kaufkraft des verbliebenen Betrages immer noch größer war als die alten Ost-Mark-Beträge.

Aber die Ungleichheit geht ja noch weiter. Den DDR-Bürgern drohen insofern zusätzliche Vermögensverluste aus der Vereinigung, als nun, bei offenen Grenzen, auch ihr Besitz geringwertiger eingeschätzt wird. Wie in der BRD, so war auch in der DDR das Auto im Durchschnitt der Haushalte die größte Anschaffung und der wertvollste Besitz. Für das Auto wurde lange gespart; der Preis für einen Trabi lag bei durchschnittlich 12000 bis 14000 Mark-Ost, für einen Wartburg bei 25000 Mark-Ost. 1989 wurden die Preise für das neue (Viertakter-) Modell des Wartburg zum Ärger der Bevölkerung von der Regierung noch einmal auf 31500 Mark-Ost erhöht. Die langen Lieferzeiten machten jahrelange Vorbestellungen notwendig, und so blieb ein gebrauchter Trabi oder Wartburg eine gute Investition: Die Gebrauchtwagenpreise eines zwei Jahre alten

Trabi lagen vor Öffnung der Mauer wegen der Lieferfristen über dem Kaufpreis, bei 20 000 Ost-Mark; als im Frühjahr 1990 klar wurde, daß die Grenzen offen blieben und Währungsunion und Einheit kommen würden, fielen nicht nur die Lieferzeiten für Trabis auf faktisch Null, und die Neuwagen standen nun auf Halde: Auch die Gebrauchtwagenpreise für DDR-Autos gingen in den Keller.

Über Nacht verloren über die Hälfte der DDR-Haushalte, nämlich die mit Pkw-Besitz, ihren meist wichtigsten Vermögenswert. Lang erarbeitete Ersparnisse wurden damit faktisch ausgelöscht. Die Deutsche Automobil Treuhand schätzt den Verlust der DDR-Haushalte durch den Verfall der Gebrauchtwagenpreise für DDR-Autos auf mindestens 15 bis 20 Mrd. Mark-Ost. Bezieht man diese Größenordnung auf die Bevölkerungsgröße der BRD, so würde das bei uns einen Vermögensverlust von etwa 60 bis 80 Mrd. DM bedeuten.

Natürlich ist dies eine Milchmädchenrechnung: Der Trabi war eben bei offenen Grenzen nicht mehr wert. Aber was würden wir sagen, wenn zum Beispiel über Nacht Autos aus Stahl verboten würden und wir bei jedem Neukauf mit der Finanzierung ganz von vorne anfangen müßten? Die Ironie der Marktwirtschaft ließ zugleich neues Vermögen in den Taschen der ohnehin wohlhabenderen westdeutschen Autobesitzer entstehen: denn durch die Nachfrage aus der DDR nach westdeutschen Gebrauchtwagen stiegen die Gebrauchtwagenpreise in der BRD erheblich. Der hier vor Monaten geschätzte Vermögenszuwachs der westdeutschen Altwagenbesitzer mit etwa 6 bis 12 Mrd. DM liegt inzwischen sicher weit höher. Wo kommt dieses zusätzliche Geld her? Mindestens zum Teil aus den Taschen von DDR-Bürgern!

* * *

Selbst die Ersparnisse, so wenig man für sie in der DDR früher qualitativ kaufen konnte, hatten vor der Währungsunion für manche DDR-Bürger mindestens subjektiv noch einen wesentlich höheren »Wert« als nach dem Umtausch in DM. Vor der gekürzten Umstellung auf die DM. Denn vor der gekürzten Umstellung auf die DM stellten auch kleinere Konten in der DDR eine gewisse Lebenssicherung dar, die aber mit der Umstellung und den damit verbundenen Veränderungen der Preisstruktur zwangsläufig weitgehend verlo-

renging. Solange der einzelne Arbeiter etwa 1000 Mark-Ost im Monat verdiente und ein 3-Personen-Haushalt (zwei Einkommensbezieher) in der DDR von etwa 1500 Mark-Ost im Rahmen des DDR-Angebotes relativ ausgeglichen leben konnte und man mit weitgehender Preisstabilität rechnete, stellte ein Sparkonto von 10 000 Mark-Ost rund 80% eines Arbeiterjahreseinkommens oder etwa 55% eines jährlichen Haushaltseinkommens dar. Jetzt, wo die Preise für die wichtigsten Erzeugnisse des täglichen Lebens zwangsläufig steigen (sie waren ja in SED-Zeiten mit einem Jahresbetrag von etwa 32 Mrd. Mark-Ost auch sinnlos subventioniert) und die Löhne in ersten großen Sprüngen folgen mußten, bleibt ein Konto von 10 000 Mark-Ost, selbst bei 1:1-Umwandlung, schon 1990 nur noch bei höchstens 60% eines Arbeiterjahreseinkommens oder gut 30% eines Jahresfamilieneinkommens. Selbstverständlich war die *internationale* Kaufkraft des früheren Ost-Mark-Kontos sehr viel weniger wert; man konnte auch nicht so viele Fernseher, Eisschränke oder Autos dafür kaufen. Insofern hatten die Sparer auch unbestreitbare Vorteile durch den Umtausch ihrer Konten. Aber als *Vermögen für die Lebenssicherung* taugen diese Sparkonten nun angesichts der Lohn- und Preisentwicklungen sehr viel weniger. Und angesichts der nun schnell steigenden Grundstückspreise noch weniger als Grundstock für den Erwerb eines Eigenheims.
Es geht hier nicht um eine Kritik an der Währungsunion und auch nicht um eine Kritik des Umstellungskurses, obwohl ich meine, eine nur die illegalen Konten aussparende allgemeine 1:1-Umstellung wäre sachlich möglich, gerechter und auch für den Ausgleich zwischen den beiden Teilen des zukünftigen Deutschlands klüger gewesen. Es geht mir an dieser Stelle nur um eine nüchterne Beschreibung der riesigen Unterschiede in den Privatvermögen zwischen Westdeutschen und Mitteldeutschen, die Wirtschaft, Gesellschaft und Politik in Deutschland in den kommenden Jahren erheblich belasten werden. Und um die Feststellung, daß diese Unterschiede durch die Vereinigung zunächst sogar noch einmal weiter auseinanderklaffen werden.

* * *

Hierzu wird auch die wirtschaftliche Entwicklung in beiden Teilen Deutschlands in der ersten Phase der Vereinigung beitragen. Denn der unvermeidliche, vorhersehbare und allein dem von der

SED/PDS hinterlassenen maroden Zustand der DDR-Wirtschaft zuzuschreibende tiefe wirtschaftliche Umbruch in der DDR *muß* zunächst zu Arbeitslosigkeit in der DDR und zu Mehrbeschäftigung in der BRD führen. Denn was die DDR-Wirtschaft braucht und was die Verbraucher dort wollen, sind die auf dem Weltmarkt erprobten Güter und Dienstleistungen der BRD. Damit wächst in der DDR-Region die Arbeitslosigkeit. Mit Bezügen der Arbeitslosen, Umschülern und Kurzarbeitern von etwa 65% des letzten Nettoeinkommens senkt sich zwangsläufig dort zunächst das durchschnittliche Einkommensniveau, während es in der BRD-Region durch die zusätzliche Nachfrage höhere Einkommen und Gewinne schafft, noch einmal deutlich ansteigt. Es ist nicht damit zu rechnen, daß sich diese Tendenz sehr schnell umkehren wird.

Dies alles bedeutet auch, daß im Raum der BRD auch die Möglichkeiten des privaten Sparens noch einmal zugenommen haben (und zwar *wegen* der Vereinigung beider deutscher Staaten), während in der von Arbeitslosigkeit heimgesuchten DDR die Sparsumme der privaten Haushalte vermutlich fallen wird. Und Arbeitslosigkeit oder Kurzarbeit in der DDR-Region werden sogar zum Teil den Griff in die Sparkasse (soweit eine vorhanden war) notwendig machen.

So wird dann auch im Bereich des privaten Vermögens das Gefälle zwischen BRD und DDR zu Beginn der deutschen Einheit noch einmal deutlich steiler werden.

Öffentliche Armut in der DDR

In den ersten Jahrzehnten nach 1945 waren die Westdeutschen eindeutig auf die Vermehrung ihres privaten Wohlstandes ausgerichtet. Doch schon Anfang der 60er Jahre, akzentuiert durch die 1964 zunächst in »Christ und Welt« als Aufsatzreihe erschienene »Deutsche Bildungskatastrophe« des Heidelberger Philosophen Georg Picht, hatte nicht nur in der BRD eine Auseinandersetzung über den wachsenden Widerspruch zwischen dem »privaten Reichtum« und der »öffentlichen Armut« in den westlichen Gesellschaften begonnen. John Kenneth Galbraith hatte dieser Debatte mit seinem

1958 erschienenen Buch »The Affluent Society« (Die Überflußgesellschaft) den Weg gewiesen.
Diese Diskussion hat dann auch in der Programmatik der sogenannten 68er und für die innenpolitische Zielsetzung der sozialliberalen Regierungen von 1969 bis 1982 in Bonn und den Ländern eine wichtige Rolle gespielt. Diese Diskussion vereinte die ökonomischen Aspekte der Wettbewerbsfähigkeit einer modernen Infrastruktur mit der sozialen Einsicht, daß sich der Wohlhabende seine »Infrastruktur« meist selbst schaffen könne: vom privat finanzierten Studium im Ausland bis zum begünstigten Ausbildungsplatz in einem befreundeten Betrieb; vom privaten Schwimmbad bis zum bequemen Auto auf dem Wege zur Arbeit; von der teuren Privatklinik bis zur gesunden Luft der Wochenend-Zweitwohnung: Überall erwies sich, daß »öffentliche Armut« nicht nur die Wettbewerbsfähigkeit der Betriebe gefährden könne, sondern immer auch soziale Ungleichheiten massiv verschärft. Öffentliche Armut, also eine vernachlässigte wissenschaftliche, wirtschaftliche und soziale Infrastruktur, wurde nicht nur als wirtschaftlicher Wettbewerbsnachteil, sondern auch als soziale Ungerechtigkeit und umweltschädliche Verschwendung begriffen.
Große öffentliche Programme des Bundes, der Länder und der Gemeinden führten in der BRD in den 70er und 80er Jahren zu einem erheblichen — wenn auch noch immer nicht ausreichenden — Ausbau der Infrastruktur. Die BRD ist heute, anders als zur Mitte der 60er Jahre, im internationalen Vergleich kein Land »öffentlicher Armut«. Aber obwohl die BRD hier relativ gut abschneidet, hatte sich bereits vor Beginn der Wiedervereinigung gezeigt, daß wir auch in der BRD eine Bugwelle noch nicht bewältigter öffentlicher Aufgaben vor uns herschieben. Dazu gehört nicht nur die Sanierung ökologischer Altlasten, sondern auch der soziale Wohnungsbau, der Bau und die Erhaltung öffentlicher Altenpflegeheime, die Sanierung alter Krankenhausbauten und der Ausbau der Universitäten. Und ganz im Mittelpunkt: der öffentliche Nahverkehr.

Nicht die Produktivitätsgefälle zwischen den Betrieben diesseits und jenseits der Elbe und auch nicht die Einkommensunterschiede der Arbeitnehmer oder die großen Unterschiede der privaten Vermögen zeichnen die innerdeutsche Wohlstandsgrenze heute am schärfsten: Den härtesten Schatten wirft die öffentliche Armut auf die DDR-Region. Betriebe, Arbeitsplätze und Einkommen werden sich weitgehend dem Maßstab der BRD-Region angenähert haben, wenn es noch Bereiche »öffentlicher Armut« in der DDR-Region geben wird, die mit bloßem Auge zu erkennen sind. Dazu werden leider dann noch die Städte und Dörfer und viele Fälle der Öko-Zerstörung zählen.

Es sind dies Unterschiede, die wahrscheinlich noch für Jahrzehnte das Leben in der früheren DDR gegenüber dem Leben im Westen Deutschlands benachteiligen werden. Es ist die »öffentliche Armut«, die den Ländern und Städten der bisherigen DDR im Vergleich mit Westdeutschland und dem übrigen westlichen Europa die größten Zurücksetzungen bringen wird. Alles wurde vernachlässigt: die Krankenhäuser und Altenheime; die Universitäten und betrieblichen Ausbildungsplätze; die Verkehrssysteme, Verkehrswege und Telefonnetze; die Häuser in den Städten und die Umwelt in Stadt und Land; die wissenschaftlichen Institute, die Museen und Bibliotheken. Was von all dem, das Menschen außerhalb ihrer vier Wände für die Qualität des Lebens brauchen, ist heute in der DDR-Region besser als in der früheren BRD?

Heute wird meist über die »betriebswirtschaftliche« DDR geschrieben und gesprochen. Aber es ist die kulturelle DDR, die am bittersten vernachlässigt wurde, wobei ich »Kultur« nicht in dem engen Sinne verstehe, wie dies einige staatlich verwöhnte Kulturangestellte der DDR tun. Sie trauern ja einer DDR-Kulturförderung nach, die zum Beispiel auch die von der Partei sortierte Papierzuweisung für Bücher umfaßte. Aber sie erkennen kaum, daß genau diese staatlich-parteipolitische Lenkungspraxis der öffentlichen Meinung eben *auch* den sozialen und ökologischen Zustand der Städte, Flüsse und Arbeitsplätze, den lückenhaften Zustand der Bibliotheken und die ideologische Verseuchung der Universitäten und Akademien zu verantworten hat. Denn gelenkt wurde so, daß *wirkliche* Kritik nicht aufkommen konnte.

Die größten Wirtschaftsverbrechen der Kommunisten liegen deswegen nicht in der Begrenzung des privaten Verbrauchs. Im Gegenteil, wäre dieser mit einer nachdrücklichen Begünstigung eines *öffentlichen Wohlstandes* erkauft worden, wären also hinter der Mauer zwar klapprige Autos und teure Fernsehgeräte, aber auch gepflegte Städte,

saubere Flüsse, kleine und ökologische Deponien und ebenso saubere wie sichere und sparsame Energiesysteme zum Vorschein gekommen, dann hätte sich wohl nicht nur in der DDR, sondern auch in der BRD eine feste Front gegen die schnelle Einbeziehung der DDR in unser Verschwendungssystem gebildet. So aber bringt der Kapitalismus, bringt sogar unsere Überflußgesellschaft noch immer gleichzeitig auch die größte Chance für eine ökologische und soziale Wende in der DDR. Während aber Betriebe notfalls in Monaten, immer aber in wenigen Jahren restrukturiert und wettbewerbsfähig gemacht und dann auch die Einkommen der Arbeitnehmer angeglichen werden könnten, wird die Beseitigung der öffentlichen Armut in der DDR, werden ökologische Sanierung und die Erneuerung der gesamten Infrastruktur viele Hunderte von Milliarden D-Mark kosten und eher Jahrzehnte als Jahre in Anspruch nehmen.
Auch ein Jahr nach Öffnung der Mauer ist es noch nicht möglich, das gesellschaftliche Wohlstandsgefälle zwischen BRD und DDR auch nur einigermaßen präzise abzuschätzen; zu verschieden sind die Strukturen heute in Ost und West und allzu groß sind die Unterschiede. Allerdings haben die gemeinsame Sprache, eine gemeinsame Geschichte und nun wieder die gemeinsame Zukunft in den vergangenen Monaten erstaunlich schnell zu einer Zusammenarbeit der Fachverbände und Institutionen in beiden deutschen Staaten geführt. Und obwohl die jahrelange Geheimniskrämerei des DDR-Regimes statistische Übersichten oft sehr schwer machte, läßt sich wenigstens für die wichtigsten Bereiche ein grobes und vorläufiges Urteil fällen.
Die nachfolgenden Übersichten dienen in diesem Sinne wiederum, wie bereits oben bei den Industriebranchen, mehr einer Illustration der Probleme als einer eingehenden Beschreibung der konkreten Zustände in den einzelnen Bereichen des täglichen Lebens der zukünftigen DDR-Region in Deutschland.

Verkehrswesen

Die DDR verfügt über ein Streckennetz der *Eisenbahn*, das mit 129 km pro 1000 qkm Staatsfläche dichter verlegt ist als das in der BRD (110 km pro 1000 qkm). Allerdings ist nur etwa ein Drittel der DDR-Strecken mehrgleisig ausgelegt, in der BRD immerhin fast die

Hälfte. Die Strecken sind in der DDR inzwischen so veraltet, daß auf vielen Strecken nur eine Geschwindigkeit unter 100 km/h gefahren werden kann; die Höchstgeschwindigkeit liegt bei 120 km/h (in der BRD bei derzeit 200 km/h, und ab 1991 soll sie sogar auf 250 km/h ansteigen). Nur etwa 25% der DDR-Strecken sind elektrifiziert (43% in der BRD) und 40% der Eisenbahnbrücken sind älter als 85 Jahre. Die DDR-Reichsbahn beschäftigt, gemessen an ihrer Transportleistung (Strecken-km und Personen-km) etwa doppelt so viele Personen wie die Bundesbahn, hat also damit wesentlich höhere Leistungskosten als die Bahn im Westen; Personalabbau ist unvermeidlich. Der schlechte Zustand der Eisenbahn in der DDR ist um so nachteiliger, als dort die Bahn bisher über 70% des Güterverkehrs beziehungsweise 16% des Personenverkehrs bewältigte (BRD knapp 24% beziehungsweise nur 4%) und damit ein sehr viel bedeutsamerer Verkehrsträger geblieben ist. Angesichts der hohen Leistungskosten und des veralteten technischen Zustandes der Bahn in der DDR ist aber damit zu rechnen, daß die ökologisch richtigen, höheren Transportanteile der Bahn in der DDR auch angesichts der Ineffizienz leider sehr schnell zugunsten des Straßenverkehrs zurückgehen werden. Im Westen fährt man eben im Stundentakt des bequemen Intercity in dreieinhalb Stunden die knapp 450 Kilometer von Hamburg nach Düsseldorf; in der DDR brauchen die Reisenden aber 6 Stunden für die etwa gleich lange Strecke von Rostock nach Dresden. Um die Eisenbahn in der DDR auf den technischen Leistungsstand der Bundesbahn zu bringen, rechnen Experten mit einem Investitionsbedarf von insgesamt über 110 Mrd. DM und einem Zeitraum von etwa zehn Jahren.

Das *Straßennetz* der DDR ist sehr viel weniger engmaschig ausgelegt als das der BRD; insbesondere gilt dies für das Fernstraßensystem. In der DDR gibt es 1855 Kilometer Autobahn (fast ausschließlich vierspurig) oder 17 Kilometer Autobahn auf 1000 qkm; in der BRD sind es 8618 km (etwa 35 km Autobahn auf 1000 qkm). Zwar ist die DDR wesentlich dünner besiedelt als die BRD (154 Einwohner pro qkm; BRD 248 Einwohner), aber dennoch ist die Verbindung der Städte und Gemeinden durch Autobahnen wesentlich schlechter als in der BRD. Ökologisch mag man dies als einen Vorteil betrachten. Für den Wirtschaftsstandort DDR wirken sich

allerdings die umständlicheren und auch qualitativ sehr viel schlechteren Straßenverbindungen zunächst deutlich als negativer Faktor aus. Fast die Hälfte des Autobahnnetzes, 22% der Fernstraßen, 40% der Bezirksstraßen und 40% aller Brücken gelten als dringend renovierungsbedürftig. Das enge Autobahnnetz des Westens hat den Fernverkehr der Pkw und insbesondere auch der Lkw-Transporter inzwischen doch in erheblichem Umfang aus den Zentren der Städte und von den Durchgangsstraßen der kleinen Gemeinden gebracht. In der DDR wird man die mühseligen (und wachsenden!) Autoschlangen in den Städten und Dörfern noch lange ertragen müssen, bis das Autobahnnetz entscheidend zur Entlastung der Siedlungsgebiete führt.
Bis zum Jahresende 1990 soll ein gesamtdeutscher Verkehrswegeplan vorliegen. Fachleute schätzen aber schon heute die Kosten, die für die Instandsetzung und den notwendigen Ausbau der DDR-Straßen erforderlich sind, vorläufig auf etwa 100 Mrd. DM und veranschlagen einen Zeitraum von über zehn Jahren, bis der Standort DDR hier auch nur in etwa Wettbewerbsfähigkeit erreichen wird; 20 Jahre scheinen realistischer.

In den Jahrzehnten nach 1945 ist der nationale und internationale *Luftverkehr* der Geschäftsleute, aber auch der Tourismus immer wichtiger geworden. Flughäfen und Flugverbindungen wurden zu entscheidenden Standortfaktoren für die wirtschaftliche Entwicklung von Städten und Regionen. Die DDR hatte sich von dieser Entwicklung weitgehend abgeschnitten. Mit 16 Millionen Einwohnern verfügt die DDR-Region, abgesehen vom Flughafen Schönefeld in Ost-Berlin, über keinen in das internationale Flugnetz eingebundenen Flughafen. Leipzig, die zweitgrößte Stadt der DDR mit etwa 530 000 Einwohnern (das entspricht etwa der Größe Hannovers), verfügt als internationale Messestadt über einen Flughafen mit nur *einer* Landebahn und einem jährlichen Verkehrsaufkommen (das faktisch nur Messeverkehr war) von etwas über 500 000 Passagieren (Hannover 2,3 Millionen). Die Gesamtkapazität der Flughäfen in der DDR wird für 16 Millionen Menschen heute höchstens auf vier Millionen Passagiere geschätzt (*einschließlich* Schönefeld!); die vergleichbare Kapazität in der BRD beträgt für 62 Millionen etwa 70 Millionen. Es ist damit zu rechnen, daß der Ausbau der

Flughäfen in der DDR auf das Niveau der BRD (ohne Neubau in Berlin) einige Milliarden D-Mark kosten wird und daß zum Beispiel Leipzig frühestens in zehn Jahren über einen Flughafen verfügen kann, der wenigstens mit den »kleineren« westdeutschen Flughäfen in Stuttgart, Nürnberg oder Hannover vergleichbar wäre. Der Neubau eines Berliner Flughafens mit dem für die Weltstadt erforderlichen internationalen Standard wird, wenn alles sehr zügig geplant und entschieden wird, nach BRD-Erfahrung eher 15 als 10 Jahre in Anspruch nehmen und sicherlich mindestens 10 Mrd. DM kosten (München-Erding nach bisherigen Planungen fast 9 Mrd. DM).

Das *Nahverkehrswesen* hatte in den Städten der BRD seit Beginn der 70er Jahre immer größere Aufmerksamkeit erlangt und immer höhere Anteile an den kommunalen Kosten und Investitionen verschlungen. Und dennoch wird der Stand des Ausbaus im allgemeinen als unzureichend und die Wettbewerbsfähigkeit gegenüber dem privaten Pkw als völlig ungenügend angesehen. Die Zerstörung der Städte durch einen ungezügelten Autoverkehr schreitet in der BRD faktisch ungehindert fort. Hier liegt eine der großen kommunalen Aufgaben der Zukunft. In der DDR bewältigt zwar der öffentliche Personennahverkehr (ÖPNV) einen größeren Anteil des Personenverkehrs als in der BRD, aber in erster Linie, weil die private Pkw-Dichte sehr viel geringer und die Fahrkosten im ÖPNV noch sehr viel stärker subventioniert wurden als in der BRD. Dies allerdings hat auch dazu geführt, daß die Verkehrsbedingungen im öffentlichen Nahverkehr häufig sehr viel weniger attraktiv sind als im Westen und mit wachsenden Pkw-Anteilen im Zweifel jetzt auch in der DDR-Region nicht konkurrieren können. Denn mit der Senkung der Pkw-Kosten (insbesondere durch die Öffnung der DDR für den Gebrauchtwagenmarkt aus der BRD) wird auch in der DDR der Kampf um die Marktanteile des ÖPNV stärker über die Qualität des Verkehrsangebotes (Frequenz und Netz) geführt werden müssen. Erste vorsichtige Schätzungen der Fachleute rechnen mit einem Investitionsbedarf von mindestens 30 Mrd. DM und einem Zeitraum von 10 bis 15 Jahren für die Anpassung an das (ebenfalls unzureichende) BRD-Niveau des öffentlichen Nahverkehrs.

Telefon und Telekommunikation sind eine Katastrophe in der DDR-Region. Im Luxusrestaurant auf der Dachetage des Turms der Karl-Marx-Universität in Leipzig saß der westdeutsche Textilhändler bequem neben seinem tragbaren »Wüsten«-Telefon. Das Signal ging durch den ganzen Eßraum, gelassen nahm er den Hörer auf, gab seine Anweisungen und ließ die Familie 200 km weiter westlich in der BRD grüßen: Er hatte das einzig Richtige getan und das Telefonproblem im wahrsten Sinne des Wortes »in die Hand genommen«. Seit Öffnung der Mauer ist das Telefonnetz der DDR der schwierigste Engpaß in der Kommunikation zwischen den beiden Teilen Deutschlands gewesen. In der DDR fehlen Telefonanschlüsse (auf 100 Einwohner kommen lediglich elf Anschlüsse gegenüber 46 in der BRD) und Leitungen in einem Volumen, das von den Fachleuten auf etwa 30 Mrd. DM geschätzt wird. Es fehlen sieben Millionen Telefonanschlüsse, 90 000 Telefonzellen, 360 000 Telefaxanschlüsse und 60 000 Datennetzanschlüsse. Im gesamten Postbereich Telecom wird mit einem Volumen von 55 bis 60 Mrd. DM gerechnet, das erforderlich sein wird, um die Ausbaulücke zwischen BRD und DDR zu schließen. Die Fachleute rechnen damit, daß mindestens ein Jahrzehnt erforderlich sein wird, um das elektronische Kommunikationssystem auf den Entwicklungsstand der BRD-Region zu bringen. Man kann nur hoffen, daß es für die betriebliche und private Infrastruktur, die ja weit über das Telefonnetz hinausreicht, schneller gehen wird.

* * *

Für den Bereich Verkehr und Kommunikation in der DDR-Region wird insgesamt ein *Nachholbedarf* von *über* 300 Mrd. DM und eine Anpassungsphase von *mindestens* 15 Jahren geschätzt.

Städtebau und Wohnungen

Trotz der Trostlosigkeit der Häuserfassaden ist für die Menschen in der DDR die *Wohnungsversorgung* sogar ein vergleichsweise positiver Faktor. Angesichts eines völlig unzureichenden Angebotes an Wohnungen hatte die SED-Regierung nach 1973 den Wohnungsbau zu einem Schwerpunkt der Sozialpolitik gemacht. Seit 1976 wurden insgesamt 1,7 Millionen Neubauwohnungen (meist allerdings

in der sehr unattraktiven Platten-Fertigbauweise) erstellt. Da seit Herbst des Jahres 1989 noch einmal rund eine halbe Million Personen aus der DDR abgewandert sind, wurde die akute Wohnungsnot erneut gedämpft. Nach den vorliegenden Statistiken gibt es in der DDR etwa 420 Wohnungen für 1000 Einwohner (BRD: 415). Die durchschnittliche Größe der Wohnungen beträgt 65 qm (BRD 85 qm). Insofern ist das Wohnungsproblem in der DDR weniger ein quantitatives als ein qualitatives Problem. Die Mieten in der DDR waren durchweg sehr niedrig und lagen nur bei etwa 80 DM und damit bei etwa 5% des durchschnittlichen Haushaltseinkommens (BRD inzwischen etwa 25%).
Der Wohnungsbestand ist allerdings relativ alt. Das Durchschnittsalter des gegenwärtigen Bestandes von über 7 Millionen Wohnungen beträgt 58 Jahre. Vor 1948 wurden 52% der Wohnungen (BRD: 33%) gebaut, davon 37% (BRD 19%) vor 1919. Etwa 20% der DDR-Wohnungen sind ohne Bad (BRD 1%); 27% ohne Toilette in der Wohnung (BRD 2%). Ein erheblicher Teil der Häuser muß als schwer reparaturbedürftig gelten; 16% gelten sogar als irreparabel. Die Bewohner dieses nur schlecht instand gehaltenen Wohnungsbestandes im öffentlichen und im privaten Besitz haben über Jahre versucht, *in* den Wohnungen durch eigene Investitionen für mehr Wohnqualität zu sorgen. Von außen sieht man dies den Häusern meist nicht an. Insofern ist das Wohnen in der DDR aber qualitativ besser als der äußere Eindruck, den man von den Fassaden gewinnt. Hinzu kommt, daß die DDR-Bewohner unverhältnismäßig niedrige Mieten zahlen. Diese Unterschiede – wir werden darauf noch zurückkommen müssen – sind allerdings auch die einzige Chance, die Abstände bei Löhnen und Gehältern für einen gewissen Anpassungszeitraum erhalten zu können.
Fachleute und Verbände schätzen, daß allein die Sanierung und Modernisierung des Wohnungsbestandes entsprechend den bereits heute geltenden Standards in der BRD etwa 200 Mrd. DM und einen Zeitraum von mindestens 15 Jahren in Anspruch nehmen wird; für den ebenfalls erforderlichen Wohnungsneubau rechnet man einen Bedarf von 100 Mrd. DM.

Die zuständigen Behörden der DDR haben zwar in der Vergangenheit versucht, im *Denkmalschutz* einige repräsentative historische

Gebäude wiederherzustellen und zu restaurieren. Beispielhaft sei hier nur auf den Zwinger und die Semperoper in Dresden verwiesen. Dies bezog sich aber immer nur auf eine relativ kostspielige Wiederherstellung einzelner weltberühmter Bauwerke. Viele historisch gewachsene Stadtkerne bieten einen Anblick des Zerfalls und der Zerstörung. Erst im Mai 1990 ist durch die neue Kommunalverfassung der Denkmalschutz zur vordringlichen Aufgabe der kommunalen Körperschaften geworden. Es fehlt jedoch nun an finanziellen Mitteln für diese riesige Aufgabe und auch an einer entsprechenden Handwerkskultur. Nicht einmal die nötigsten Restaurationen können gegenwärtig in Angriff genommen werden. Einzelne Städtepartnerschaften haben in diesem Feld zwar schon einiges bewegt, aber der hessische Landeskonservator verglich auf einer Tagung der Friedrich-Naumann-Stiftung die Lage in der DDR mit jener in der BRD der 60er Jahre. Danach *begannen* die Denkmalspfleger in der BRD, gegen die Flächensanierung des bundesdeutschen Wirtschaftswunders zu kämpfen. Um also den Standard der BRD im Denkmalschutz und in der Städtesanierung zu erreichen, wird es mindestens einer Generation (20 bis 30 Jahre) bedürfen — gefüllte Stadtsäckel vorausgesetzt.

* * *

Der gesamte Bedarf des Wohnungs- und Städtebaus dürfte nach ersten Schätzungen bei rund 300 Mrd. DM liegen. Ein Zeitraum von mindestens 15 bis 20 Jahren muß veranschlagt werden, um die Städte und Gemeinden der ehemaligen DDR auf den Standard der bundesdeutschen Städte zu bringen.

Gesundheit und Umweltschutz

In der DDR gibt es einerseits nahezu unberührte ökologische Reservate (besonders im westlichen Grenzgebiet) und andererseits Gebiete mit den wahrscheinlich größten *Umweltverseuchungen* in Europa. Nicht nur für das Leben der Menschen, auch unter dem Blickwinkel des Wirtschaftsstandortes DDR ist die Umweltverschmutzung in der DDR einer der abschreckendsten Aspekte im täglichen Leben.

Die Belastung von Luft, Wasser und Boden in der DDR ist häufig

um ein Vielfaches höher als in der BRD. Die größten Umweltverschmutzungen stammen von dem hohen Anteil der heimischen Braunkohle an der Stromerzeugung (85%); von der Karbochemie; von den Direkteinleitungen von Industrieabwässern und städtischen Abwässern in die Flüsse; von den häufig unkontrollierten Deponien für Industrie- und Hausmüll, sowie von einer extrem industriell orientierten Landwirtschaft.
Der zuständige DDR-Minister Professor Steinberg erklärte Ende Juli 1990, man werde bei Wasser und Luft etwa 1997 den Standard der BRD erreichen können; bei den Böden werde es etwas länger dauern. Diese Einschätzung erscheint sehr optimistisch. Andere Schätzungen liegen bei sehr viel längeren Zeiträumen und einem Mittelbedarf, dessen Aufbringung heute nicht möglich erscheint. So schätzt das Berliner Institut für ökologische Wirtschaftsforschung die Sanierungskosten der DDR auf 380 bis 470 Mrd. DM (allein 60 Mrd. DM für den Kraftwerksbereich), setzt allerdings optimistisch auch nur ein Jahrzehnt Sanierungsarbeit an. Die Summe mag eher an der Obergrenze liegen, aber die Frist erscheint auch angesichts der genannten Finanzbeträge noch immer zu kurz bemessen.

Fachleute sind der Auffassung, daß das *Gesundheitswesen* der DDR in der technischen Ausstattung heute einen Rückstand von 10 bis 15 Jahren gegenüber der BRD hat. Die Zahl der Krankenbetten weicht zwar proportional nicht entscheidend von der in der BRD ab (100 Betten pro 10000 Einwohner), aber Ärzte und Pflegepersonal sind knapper geworden, insbesondere seit mit dem Aufbruch der Mauer die Abwanderung aus der DDR in diesem Bereich besonders stark war. Dies war vermutlich nicht einmal in erster Linie eine Folge der besseren Einkommen im Westen, sondern der Lage der DDR-Medizin insgesamt. Die Kliniken gelten zu mehr als 50% sanierungsbedürftig und es fehlt weitgehend an den heute im Westen üblichen technischen Ausstattungen. So liegen beispielsweise die Dialyse-Kapazitäten der DDR bei nur einem Drittel der entsprechenden Kapazitäten der BRD. Es gibt zum Beispiel in der DDR lediglich *drei* Nierensteinzertrümmerer, so daß Nierensteine noch immer durch größere operative Eingriffe entfernt werden müssen (in der BRD nur bei etwa 5% der Patienten). Unter diesen Umstän-

den muß im vereinten Deutschland mit einem medizinischen »Behandlungstourismus« nach Westen gerechnet werden, weil viele Patienten sich in den besser ausgestatteten West-Krankenhäusern behandeln lassen wollen.
Der Vorsitzende des Deutschen Krankenhausinstituts, Prof. Hoffmann, schätzt den Investitionsbedarf für die Sanierung der etwa 540 DDR-Krankenhäuser auf mindestens 30 Mrd. DM. »Bei Zugrundelegung eines mittelfristigen Zeitrahmens und unter Berücksichtigung inflationsbedingter Kosten« werde der Betrag eher höher sein. Auch hier wird die Sanierungsfrist sicherlich also nicht unter 15 Jahren liegen.

* * *

Auch bei erheblichen Ausgabensteigerungen im Bereich von Umwelt und Gesundheit ist kaum damit zu rechnen, daß die heute bestehende erhebliche Qualitätslücke zwischen BRD und DDR schneller als in einem Zeitraum von 15 Jahren geschlossen werden kann. Eine solche Frist erscheint sogar eher optimistisch. Die Kosten für diesen Bereich können zusammen mit etwa 400 Mrd. DM geschätzt werden.

Bildung, Ausbildung und Wissenschaft

Das Schulsystem der DDR ist im Grundsatz ein *Gesamtschulsystem*; das heißt, es gibt *einen* gemeinsamen Schultyp für *alle* Kinder und Jugendlichen, jetzt bis zum 9. Schuljahr, im 10. Schuljahr beginnen Abiturstufe beziehungsweise berufliche Ausbildung. Die Schulen der DDR waren ideologisch ausgerichtet. Gemessen an den Maßstäben einer offenen Gesellschaft wird die Qualität der Schulen in der DDR-Region auf absehbare Zeit das Niveau mindestens der besonders leistungsfähigen Schulen im Westen nur schwer erreichen können. Wie wir aber aus Standortuntersuchungen wissen, zählen gute Schulen für die Kinder mit zu den wichtigsten Gesichtspunkten bei der Wahl eines Wohnortes und Arbeitsplatzes. Für die DDR-Region wird es nicht ohne Bedeutung sein, welche Schulen sie anzubieten hat, wenn sie Menschen der jüngeren Generation aus der BRD für den Wiederaufbau der DDR-Region gewinnen will.
Die DDR verfügt im übrigen über gute *Einrichtungen der techni-*

schen Ausbildung. Allerdings führt der Personalabbau in den Betrieben oder ihr Konkurs zu einem rapiden Verlust an Ausbildungsplätzen; Ende 1990 werden nach Schätzungen etwa 30 000 Lehrstellen fehlen. Die Ausbildungen in den kaufmännischen Bereichen weisen verständlicherweise erhebliche Mängel auf. Und selbst bei einer formalen gegenseitigen Anerkennung der Abschlüsse im Zuge der Vereinigung werden die Ausbildungen in der DDR-Region auf lange Zeit kaum das Ansehen vergleichbarer Ausbildungsgänge in der BRD-Region erlangen. Dies wird zu einer Benachteiligung der Schüler und Studenten aus der DDR-Region führen, wenn nicht nachdrücklich für vergleichbare Qualität gesorgt wird. Wie die Absolventen der Universität Bremen lange Zeit auf den Arbeitsmärkten behandelt wurden, bleibt in Erinnerung.

In faktisch keinem *Wissenschaftsbereich* können DDR-Einrichtungen mit qualitativ überdurchschnittlichen Einrichtungen der BRD Schritt halten. Die international renommierte Max-Planck-Gesellschaft verfügt im Westen Deutschlands über 60 Institute und Forschungsstellen mit etwa 8500 Mitarbeiterinnen und Mitarbeitern; wann in der DDR vergleichbare Institute hinzukommen werden, auch durch eine eventuelle Übernahme im Rahmen der Fraunhofer-Gesellschaft, ist heute nicht abzusehen. Jedenfalls wird im gesamten Feld der Forschung der Vorsprung der westdeutschen Universitäten, außeruniversitären Institute und Industrie-Institute erheblich sein. Auf die besondere Lage der ideologisch verbogenen Geisteswissenschaften sei hier nur hingewiesen; die notwendigsten Einrichtungen in Forschung und Lehre, in den Fächern Volks- und Betriebswirtschaft, werden oft auf lange Zeit fehlen.

In den Schulen wird das DDR-Problem für viele Jahre die Auswahl der Lehrer, ihrer Ausbildung und Fortbildung bleiben. In den betrieblichen Ausbildungsstätten und in den überbetrieblichen Werkstätten werden Erfahrungen sowie Werkzeuge und Maschinen der jüngsten technischen Generation nur schwer einzubringen sein; in den Universitäten fehlen Studienplätze. In der DDR kommen auf 10 000 Einwohner lediglich 80 Studenten, während es in der BRD mit 240 etwa dreimal so viele sind; schon der BRD-Anteil ist aber im Vergleich mit anderen Industriestaaten bestenfalls Durchschnitt. Die jungen Leute aus der DDR-Region werden also nicht

nur aus qualitativen, sondern schon, weil es an Studienplätzen zu Hause mangelt, in den kommenden Jahren massiv an die westdeutschen Universitäten drängen.
Der Wissenschaftsrat hat kürzlich nur für die Universitäten und außeruniversitären Forschungseinrichtungen in der DDR (ohne die laufenden Kosten) einen Bedarf von 6,5 Mrd. DM nur für die nächsten fünf Jahre veranschlagt. Dieser Betrag wurde vom Wissenschaftsrat zu Recht als die unterste Grenze angesehen.

Eine besondere Rolle spielt das *Bibliothekswesen*. Die DDR verfügt zwar über ein dichtes Netz von Bezirks-, Stadt-, Werks- und Gewerkschaftsbibliotheken. Der Bücherbestand ist jedoch im großen und ganzen provinziell, weil westliche Bücher nicht — oder nicht in ausreichender Zahl — gekauft werden durften. Die Masse des Bestandes stellen DDR-Publikationen dar. Die qualitative Ausstattung mit technischen Hilfsmitteln ist ebenfalls völlig unzulänglich. Auch der Gebäudezustand gilt häufig als verheerend. In der Leipziger Universitätsbibliothek lagern beispielsweise mittelalterliche Originale, Papyri und antike Tonscherben in einem Gebäude, das noch immer zu einem Teil eine Bombenruine ist und vom Zerfall bedroht wird. 60 Millionen DM werden allein hier für die Renovierung benötigt. Und dies ist kein Einzelfall: Neubaubedarf herrscht bei mindestens 15 großen wissenschaftlichen Bibliotheken in der DDR.

* * *

Die Fachleute sind der Meinung, daß in dem besonders wichtigen Universitätsbereich weit über ein Jahrzehnt vergehen wird, ehe auch nur im Durchschnitt wieder von etwa vergleichbaren Studienbedingungen in der DDR-Region gesprochen werden kann. Für den gesamten Finanzbedarf des Universitäts- und Wissenschaftssektors kenne ich keine abschließenden Schätzungen.

Kultur, Freizeit und Sport

Die Zahl *kultureller Einrichtungen* war in der DDR relativ groß. Nach der letzten offiziellen Statistik gab es beispielsweise 741 Museen (BRD: 2642), 808 Kinos (3246), 56 öffentliche Theater (88). Die meisten Kultureinrichtungen weisen im Vergleich zur BRD einen erheblich größeren Personalbestand auf. Dies wird angesichts der Kürzung staatlicher Subventionen in vielen Bereichen zu massiven Arbeitsplatzverlusten führen. Die Betriebe werden ihre finanzielle Förderrolle jedenfalls nicht weiter wahrnehmen können. So befinden sich zum Beispiel die meisten der rund 40 Opernhäuser in der DDR schon jetzt in erheblichen finanziellen Schwierigkeiten und stehen zugleich aber auch vor großen Nachwuchsproblemen. Gunther Müller, Musikdirektor der Oper in Eisenach, sagte kürzlich in einem Interview mit der FAZ (23. März 1990): »Wir wissen, daß wir einige Ruinen gezüchtet haben, die sich wahrscheinlich nicht halten lassen.«

Der bauliche Verfall vieler Spielstätten und Einrichtungen zwingt eigentlich zu schnellen Investitionen, die aber gegenwärtig kaum zur Verfügung stehen. Während zum Beispiel in der BRD die 70er und 80er Jahre von einer Welle von Museumsneubauten gekennzeichnet waren, sind die Museen in der DDR wohl bis auf die Ausnahme von zwei Neubauten noch immer in Vorkriegsbauten untergebracht, die wiederum zum Teil einen erheblichen Renovierungsbedarf haben. Gemessen an den Werten, die in den Museen der DDR lagern, mag dieser Instandsetzungsbedarf als gering eingeschätzt werden: Doch sind erhebliche Mittel notwendig, um die Museen der DDR-Region auf den heute international üblichen baulichen Standard zu bringen. Nur so aber werden die Museen der DDR-Region in der Lage sein, am kulturellen Austausch großer Ausstellungen teilzunehmen; die im Sommer 1990 im Leipziger Reichsgericht gezeigte Beckmann-Ausstellung, zum Beispiel, war klimatisch zu großer Wärme ausgesetzt. Das war auch den Fachleuten bekannt. Lange lassen sich solche Zustände nicht aufrechterhalten, wenn nicht wertvolle Wanderausstellungen weitgehend an den bisherigen DDR-Städten vorbeigehen sollen.

Auch im *Freizeitbereich* ist ein erhebliches Gefälle zwischen West und Ost in Deutschland festzustellen. Der Unterschied zwischen bisher staatlich organisierten Freizeiteinrichtungen in der DDR und dem vielfältigen Angebot privater Unternehmen und Organisationen in der BRD ist gravierend. Die Folge wird sein, daß zukünftig auch im Tourismus zunächst eher ein Einkommenstransfer von Ost nach West als in umgekehrter Richtung stattfinden wird, wie schon im Sommer 1990. Nur 600 000 Bürger der BRD haben zum Beispiel in einer Umfrage des BAT-Freizeitinstituts die DDR als Reiseziel für 1990 angegeben. In der Gegenrichtung wurden wesentlich mehr Reisende erwartet, obwohl die DDR-Region nur etwa ein Viertel unserer Bewohner hat. Aber wie soll es anders sein? Auf 1000 Einwohner kommen in der DDR lediglich 2,8 »Hotelbetten« (BRD 8,5), wobei ein Großteil dieser DDR-Unterbringungen sicherlich nicht den Qualitätsansprüchen von Reisenden aus dem Westen genügen wird. Fachleute setzen für die Entwicklung eines vergleichbaren Freizeitangebotes in der DDR einen Zeitraum von 10 bis 15 Jahren an.

Der *Sport* in der DDR war durch die Förderung des Leistungssports bestimmt; Breiten- und Freizeitsporteinrichtungen auf örtlicher Ebene aber fehlen. In wenigen Leistungszentren wurden Spitzensportler ausgebildet, während die öffentlichen Sporteinrichtungen erhebliche Mängel aufweisen. 80% der Freibäder besitzen beispielsweise keine Wasseraufbereitungsanlage. 50% aller Sportplatzanlagen und Sporthallen gelten nach Auskunft der Fachorganisationen als renovierungsbedürftig. Auch der Zustand der Stadien entspricht nicht mehr den internationalen Anforderungen. Auch im Sportbereich wird die DDR ihren Bewohnern also auf absehbare Zeit nicht bieten können, was die BRD-Bewohner heute gewohnt sind, in ihrer Nachbarschaft vorzufinden.

Zwei Nationen in Deutschland

Benjamin Disraeli, Englands großer konservativer Staatsmann in der Bismarck-Ära, warnte sein Land angesichts der sozialen Katastrophen des Frühkapitalismus. Und zwar, wie so oft, nicht im Unterhaus, sondern als vielgelesener Romancier seiner Zeit. Es werde nicht mehr eine britische Nation geben, sondern »zwei Nationen, zwischen denen es keine wirklichen Beziehungen gibt und keine Sympathie, die ebenso ahnungslos über ihre gegenseitigen Gewohnheiten, Gedanken und Gefühle sind, als ob sie Bewohner verschiedener Regionen oder verschiedener Planeten wären« (Disraeli, Sybil).

Wer heute häufig zwischen beiden Deutschlands reist, erfährt erst wirklich den perfektionistischen Wohlstand der bisherigen Bundesrepublik Deutschland. Viele ausländische Besucher hatten uns ihren ersten Eindruck berichtet: luxuriöse Geschäfte und praller Reichtum in den Metropolen. Aber wir schrieben dies eher den ordentlich geführten deutschen Städten, den funktionierenden öffentlichen Einrichtungen oder den hausmütterlich gepflegten Vorgärten zu. Wir selbst empfinden den Abstand unseres Wohlstandes in Europa nicht, wenn wir zum Beispiel in die romanischen Länder des Südens reisen. Andere Landschaften und andere Temperamente machen ohnehin alles unvergleichbar. Wo wir verwandte Lebensformen spüren, in Österreich, in der Schweiz oder in den Niederlanden, empfinden wir Unterschiede, aber keine Abstände im Lebensstandard.

Völker können größere Einkommensabstände in einem Staat hinnehmen, wenn es dann auch noch andere Unterschiede gibt: Armut in den Bergtälern oder an der rauhen Küste entzieht sich jedem Vergleich. Aber in der DDR ist alles wie bei uns — landschaftlich, im Bau der Häuser und der Städte, in den Gärten und Anlagen —, aber eben mit einem riesigen Abstand der Einkommen und der Vermögen. Man spürt, es fehlt nicht das Gemeinsame, es fehlt einfach das Geld. Und da ist dann in der bisherigen DDR nichts, was diesen großen wirtschaftlichen Abstand zwischen Ost und West ausgleichen könnte: keine melodischeren Landschaften, kein milderes Klima, keine historisch tiefer verwurzelte Kultur. Überall kann der Westen mindestens Schritt halten — und das mit so viel mehr Geld!

Die Ost-West-Grenze des Wohlstandes in Deutschland ist noch kein halbes Jahrhundert alt. Aber sie hat heute alle Lebensbereiche geprägt. Und sie fährt fort, zwei ehemals selbständige deutsche Staaten zu teilen, deren Menschen sich dieser inneren Grenze ständig bewußt sein werden. Jetzt, zu Beginn der Einheit, sind wir zwei Nationen.

IV.
Zwei Seelen in der deutschen Brust

Mein Leipziger Verleger schrieb im August an seine Freunde: »Man schult und ermahnt uns hier. Wir sitzen brav und lauschen stumm. Und mir drängt sich das Bild eines Trabifahrers auf, dem bei laufendem Motor die Bedienungsanleitung eines Düsenflugzeugs vorgelesen wird. Am Ende sagt der Referent: ›So, nun geben Sie Gas!‹ Also werden wir Gas geben und darauf warten, am Ende vielleicht doch zu ...«

1945 und der kalte Krieg: Zweierlei Anfang

Die Wirtschaft und ihre sozialen Folgen bestimmen verständlicherweise die deutsche Debatte in diesen Monaten. Aber die unterschiedliche Entwicklung der beiden deutschen Staaten hatte viel tiefere Wirkungen, als das wirtschaftliche und soziale Gefälle zunächst erkennen läßt. Karl Marx hatte schon recht: Das *Sein* bestimmt auch das *Bewußtsein.*

Wir haben versucht, uns ein Bild von den Materialien zu machen, aus denen die beiden Teile Deutschlands gemacht sind, die nun zu einem neuen Ganzen zusammengefügt werden. Abgesehen von der Sprache (die wir, etwas aufgerauht mit den Schweizern, oder weicher, wie in Body-lotion getaucht, mit den Österreichern teilen) und abgesehen von einer gemeinsamen Geschichte (die nach einem halben Jahrhundert der Teilung für die Mehrzahl der lebenden Deutschen nur noch berichtete Vorzeit ist), abgesehen also von Sprache und weitgehend verblichener Geschichte ist es nicht mehr viel, das die Materialien der deutschen Teilstücke verbindet. Lebensgewohnheiten und Lebensstandard, Erfahrungen und Denken sind heute zwischen DDR und BRD jedenfalls sehr viel unterschiedlicher als zwischen dem Westen Deutschlands und seinen *westlichen* Nachbarn.

Die Bürger der BRD sind überzeugte Bürger des westlichen Europa, seiner Sitten und Gewohnheiten, der Werte und Wünsche. Die Bürger der DDR waren Bewohner des östlichen Machtblocks und sie mußten sich seinen Strukturen beugen. Aber innerlich gehörten sie nie wirklich dazu. Insofern ist es zu einfach, die beiden Teile Deutschlands in Westler und Ostler aufzuteilen. Wir waren Westler, aber die DDR-Bewohner waren keine Ostler, sondern gewaltsam verhinderte Westler. So haben sie sich jedenfalls mehrheitlich gefühlt. Und das nicht nur wegen des West-Fernsehens, das bis auf wenige Regionen (Täler der Ahnungslosen, wie man diese benachteiligten Gebiete in der DDR nannte) die DDR prägte, sondern weil sie den allgemeinen westlichen Werten von Freiheit und Demokratie näher waren als dem Zwangssystem des Kommunismus.

In den Jahrzehnten, in denen wir über die Nation nur reden und schreiben durften und sie nicht leben konnten, gab es angesichts der wachsenden Unterschiede zwischen BRD und DDR viele Versuche, der geteilten Gegenwart eine gemeinsame Vergangenheit entgegenzustellen. Doch mit der Strecke der Nachkriegsjahre wuchs das Gewicht der Gegenwart, und diese nahm schließlich auch die gemeinsame Vergangenheit immer mehr in Anspruch. Das Gemeinsame schwand, und es wuchs das Teilende.

Um die Tiefe des Risses zu begreifen, der heute durch Deutschland geht, muß man immer wieder auf das Ende des Krieges und auf den Beginn der Nachkriegsepoche zurückgehen. Denn es waren schon die Unterschiede zwischen den Siegermächten, die die beiden Teile Deutschlands physisch und geistig sehr unterschiedlich prägten.

* * *

Die große Mehrheit im Westen Deutschlands empfing die drei Westmächte, die USA, Großbritannien und Frankreich, 1945 mehr als Sieger und Besatzer denn als Befreier. Die sprachlichen Turnübungen, die dann viele Jahre um den 8. Mai 1945 gemacht wurden: Zusammenbruch, Niederlage oder auch eine Befreiung Deutschlands vom Naziterror, entsprachen dieser Stimmungslage. Und die »ami go home«-Kampagnen der späten 50er und dann der 60er Jahre, die wohl im wesentlichen von kommunistischen Interessen gesteuert und finanziert wurden, spekulierten auf diesem Hintergrund. Aber mit wachsendem Erfolg und zunehmendem Selbstvertrauen der westdeutschen Republik nahm auch die Bereitschaft vie-

ler Menschen zu, die deutsche Vergangenheit der Nazijahre als moralischen Fehler und den technisch organisierten Völkermord als das zu begreifen, was er war: einmalig und deutsch. Es fehlte aber noch immer die Autorität, die diese Einsicht für Deutschland aussprechen und den entscheidenden Schritt für alle tun konnte.
So kam es, daß die Rede von Bundespräsident Richard von Weizsäcker am 8. Mai 1985, die im Grunde ja nur Selbstverständlichkeiten aussprach, zu einer so dramatischen Zäsur in der öffentlichen Meinung nicht nur der BRD werden konnte. Endlich wurde ausgesprochen, was im Laufe der Jahrzehnte immer mehr Menschen begriffen hatten: daß nämlich auch *wir* durch die siegreichen westlichen Demokratien »von dem menschenverachtenden System der nationalsozialistischen Gewaltherrschaft befreit« worden waren. Befreier waren allen voran (auch wegen ihres materiellen Beitrags zum Ausgang des Krieges) die Vereinigten Staaten von Amerika, aber auch die tapferen Briten, die in einer fast aussichtslosen Lage durchgehalten hatten. Die westlichen Alliierten konnten Besatzer, Befreier und schließlich sogar unentbehrliche Freunde sein. So auf jeden Fall sieht es wohl heute eine Mehrheit der Westdeutschen.
Und das, obwohl die Deutschen auch im Westen viele Länder zerstört hatten. Sie hatten in Belgien, in den Niederlanden, in Dänemark, in Frankreich, auf dem Balkan und in Griechenland gewütet, sie hatten Großbritannien durch Luftangriffe auf die Zivilbevölkerung verwundet: Aber die USA hatten deutsche Soldaten nur als Gefangene betreten. Der Krieg hatte zwar auch den Menschen in den Vereinigten Staaten von Amerika schwere Opfer abverlangt und viel Leid gebracht; aber deutsche Soldaten hatten den amerikanischen Kontinent nicht berührt. So kam es wohl, daß dort auch am schnellsten wieder über eine Zukunft *mit* Deutschland gesprochen werden konnte. Und so war wohl auch zu erklären, warum trotz der großen Schmerzen, die der Massenmord an den europäischen Juden auch den USA zugefügt hatte, die USA dennoch zuerst die deutlichsten Worte für eine Rückkehr der Deutschen in eine gleichberechtigte Völkerfamilie finden konnten.
Ganz anders war die Lage im sowjetisch besetzten Teil Deutschlands, und zwar von Anfang an. Es bleibt zwar richtig, daß ohne die Opferbereitschaft von Millionen sowjetischer Soldaten Hitlers Armeen nicht hätten aufgehalten und der Krieg in Europa auch im We-

sten kaum zugunsten von Freiheit, Menschenrecht und Demokratie entschieden werden können. Dem Tod von Millionen mutiger Sowjetsoldaten verdankt auch Westeuropa einen wesentlichen Teil seiner heutigen Freiheit von den Nazis. Allerdings dürfen wir nicht vergessen, daß es 1941 in Rußland zunächst offenbar auch eine Welle der Kapitulation und der Bereitschaft zur Kooperation mit den deutschen Truppen gegeben hatte — bis sich herausstellte, zu welchen Verbrechen nicht nur Hitlers SS, sondern eben auch seine Wehrmacht gegenüber Gefangenen und Unterworfenen in Rußland imstande war. Die Deutschen, von vielen Russen zu Beginn auch als Befreier von der kommunistischen Zwangsherrschaft empfangen, entpuppten sich schnell als gewalttätige Eroberer und riefen so selbst den heldenhaften Widerstand der sowjetischen Armeetruppen mit auf den Plan, der dann die deutschen Armeen zerbrach.

Die Deutschen wurden im Osten also von einem Gegner geschlagen, dessen Land sie erobert und zerstört und den sie selbst zunächst unterworfen, gedemütigt, geschunden und an den Rand der Niederlage gebracht hatten. Dieser Gegner zog als Feind im besiegten Deutschland ein. Seine Siegerwillkür, die Plünderungen und Vergewaltigungen waren zwar völkerrechtswidrig und oft grausam, aber eben doch *auch* die Folge der Verbrechen, die SS und Wehrmacht in der russischen Heimat dieser sowjetischen Truppen begangen hatten. Hier kam kein Befreier, hier kam ein Feind, ein schwer verwundeter Sieger.

* * *

Und dann begann der kalte Krieg. Die Blockade Berlins, der Krieg in Korea. Die Sowjetunion hatte es abgelehnt, die Länder ihrer Besatzung am Marshallplan zu beteiligen. Sie wollte zwar keine Teilung Deutschlands und Europas: Aber sie wollte Einfluß gewinnen über das ganze Europa. Sie wollte auch *ein* Deutschland, das ihr als Ganzes reparationspflichtig war. Aber sie unterschätzte die Interessen Amerikas in Europa — und, wie viele andere auch, den amerikanischen Präsidenten Truman. Der kalte Krieg hat Deutschland geteilt. Beide Teile Deutschlands wurden in ihren Gegensätzen durch ihn geprägt. Der geistige Streit des kalten Krieges hat die ideologischen Fundamente beider Seiten gelegt. Die beiden Teile der Nation wurden nicht nur voneinander getrennt, sondern gegeneinandergestellt.

Über die Geschichte des kalten Krieges ist viel geschrieben worden. Die tiefe Ursache dieses Konflikts lag in den gegensätzlichen Interessen der beiden Weltmächte. Amerika wollte eine andere europäische Welt als die Sowjetunion und nutzte seine überlegene wirtschaftliche und militärische Macht, um weltweite Interessen auf allen Kontinenten zu schützen. Die Sowjetunion war wirtschaftlich unterlegen, sah sich aber auf der Seite des Fortschritts, der antikolonialistischen Front und nutzte Freiheitsbewegungen und das Entstehen neuer, selbständiger Staaten der Dritten Welt nicht weniger konsequent für den Ausbau ihrer militärischen und ideologischen Macht.

Den Bürgern der DDR hatte man eingeredet, es sei allein der Westen gewesen, der nach 1945 die Teilung Europas im kalten Krieg erzwang. Richtiger ist wohl, daß zur Teilung Europas und Deutschlands zwei entgegengesetzte Kräfte schicksalhaft zusammenwirkten: einerseits das begründete westliche Mißtrauen gegenüber den internationalen Auswirkungen einer erfolgreichen Sowjetunion (jene oft schlicht als Antikommunismus oder später auch als »Kalte-Krieger-Mentalität« bezeichnete Haltung); und andererseits Stalins Entschlossenheit zur endgültigen Grenzverschiebung, zur Unterwerfung der osteuropäischen Völker und zu ihrer ideologischen Eingemeindung als Satelliten des kommunistischen Sozialismus. Die bürgerlichen Freiheitsrechte und die Menschenrechte gegenüber dem Staat (nicht immer gegenüber der Gesellschaft!) waren dabei auf westlicher Seite. Die Weltmächte suchten ein Gleichgewicht; auch, ja vor allem *in* Europa. Und ein letztes Mal mußte Deutschland zum Austarieren der Balance geteilt werden.

Heute, im Rückblick, ist eine gleiche Verteilung der Schuld am europäischen Unglück der Nachkriegszeit zwischen den USA und der UdSSR sicher unvertretbar geworden. Die Hauptschuld trifft ohne Zweifel Stalin, die kommunistischen Parteien und Diktaturen. Das bedeutet wohl auch, daß wir manche andere kritische Position der Nachkriegsjahre überprüfen müssen. Eines zweiten Blicks, einer neuen Diagnose und nüchterner Nachbehandlung bedarf zum Beispiel die unbeugsame (damals sagten wir starre) Haltung Adenauers zur Frage der deutschen Einheit und die kompromißlose Ablehnung jeder völkerrechtlichen Anerkennung der DDR. Auch die Rolle der Vereinigten Staaten von Amerika zunächst in Korea und später im Vietnamkrieg müssen wir heute noch einmal betrachten — als vereintes Deutschland. Nicht die Art und Weise, wie die USA in diesen Auseinandersetzungen oft gehandelt haben. Aber wenn man heute die Lage Nordkoreas und Südkoreas vergleicht, oder wenn man das Schicksal Vietnams, Kambodschas und Laos im Gefolge der kommunistischen Eroberungen betrachtet, dann muß manches wohl überprüft werden, was damals auch von uns zur Haltung der Vereinigten Staaten kritisch angemerkt wurde.

Es ist seit dem November 1989 viel von der Anpassung der DDR-Bürger an kommunistische Ideologie und SED-Herrschaft die Rede gewesen. Ich spüre dabei viel Überheblichkeit auf unserer Seite. Denn viele betrachten die Dinge heute allzu einseitig vom Ergebnis her, also aus Sicht der heutigen Erfahrungen. Für die Entwicklung des Denkens in der DDR, für das Selbstverständnis der DDR-Intelligenz insbesondere, darf man jedoch den Anfang und die ersten Jahre nach 1945 nicht aus den Augen verlieren. Und man muß sich dieser Jahre auch aus westlicher Sicht erinnern. Denn es gab hier mehr Gemeinsames, als mancher heute noch wahrhaben will.

Antikapitalismus und Antifaschismus lieferten eine Legitimation für die revolutionären Veränderungen der Wirtschaftsstruktur zu Beginn der DDR. Der Krieg der alten Kolonialmächte des Westens in Indochina, am Suez-Kanal, in Algerien und Schwarzafrika lieferte dann vielen Menschen genug Beweise dafür, wo Fortschritt und Humanität in besseren Händen waren. Auch der Vietnamkrieg gehört noch in diese Reihe von Erfahrungen, die es eben auch vielen nachdenklichen Bürgern in der DDR immer wieder möglich machten, ihren Staat und ihre Welt gegenüber dem Westen abwägend zu bewerten, um trotz aller Kritik am Ende doch zu einem positiven Ergebnis zu kommen. Wer die beiden Cuba, des Batista und des Fidel Castro, in den 60er und 70er Jahren verglich, wer wollte da auf die Seite Batistas treten? Und wo waren denn, außerhalb Westeuropas und Nordamerikas, die großen Erfolge der sozialen und marktwirtschaftlichen Demokratien? In Lateinamerika gab es nur noch Fehlschläge, Militärregierungen und Faschismus.

Und auch die aufkommenden Staaten Asiens waren nicht gerade demokratische Vorbilder. Dann gab es, beginnend mit der ersten Ölkrise 1973, die großen wirtschaftlichen Rückschläge des Westens, die wachsende Arbeitslosigkeit und Nachrichten über eine neue Armut. Sollte man da den Sozialismus wegen seiner »Kinderkrankheiten« aufgeben?
Wenn wir, die früheren DDR- und BRD-Bürger, nun in einem Land zusammenleben, dann müssen wir immer daran denken, daß 45 Jahre lang unsere Blickwinkel auf die Welt grundsätzlich verschieden, ja entgegengesetzt waren: Und daß der wirtschaftliche, soziale und eben auch moralische Zusammenbruch des DDR-Systems nicht alles falsch sein läßt, was früher auch von uns kritisch zu manchen westlichen Positionen gesagt wurde; wir haben die östliche Kritik ja streckenweise geteilt. Wir müssen das erinnern, wenn wir heute DDR-Bürgern gegenüberstehen, für die in den 80er Jahren nicht nur eine politische und wirtschaftliche, sondern auch eine moralische Welt zusammengebrochen ist. Was für Narben bleiben dem, der nun erfährt, sich am Ende doch so schrecklich geirrt zu haben? Aber welche Gefahren lauern in dem, der, niemals vom Zweifel geplagt, nun angesichts des Einsturzes kommunistischer Altbauten glaubt, schon *immer* recht gehabt zu haben?

Die Identität der BRD: streitige Demokratie

Als im Juni 1990 das Bertelsmann-Kolloquium Intellektuelle und Politiker aus West und Ost im Potsdamer Schloß Cäcilienhof zusammenbrachte, überraschte der junge Literaturchef des Feuilletons der »Frankfurter Allgemeinen Zeitung« die Konferenz mit einer engagierten Verteidigung der Besonderheiten der BRD, zu der er sich, ohne dies so auszudrücken, als »Verfassungspatriot« bekannte. Das, was im westlichen Teil Deutschlands, in der Bundesrepublik, in den vergangenen 40 Jahren entstanden sei, dürfe bei dem deutschen Einigungsprozeß nicht unter die Räder kommen. Nach den gewohnten Ermahnungen zur Rücksichtnahme auf die gewachsenen Besonderheiten der DDR zwang diese unerwartete Umkehr des Bekenntnisses »Für unser Land«, zu dem Intellektuelle und Politiker aus der DDR am 26. November 1989 aufgerufen hatten, zu einem neuen Gleichgewicht in der Betrachtung ost-westlicher Befindlichkeiten. Frank Schirrmacher, 30 Jahre alt, sogar die legendäre Kanzlerschaft Willy Brandts nur als eine Kindheitserfahrung aufgenommen, betrachtete die BRD nicht mehr als den schwierigen Weg einer geteilten Nation, sondern ganz unbefangen als eine akzeptable Endstation im Rahmen zukünftiger europäischer Einigung; als *sein* Land, *seine* »nationale Identität«; als ein durchaus akzeptables Ergebnis westlich orientierter Liberalität und Weltoffenheit. Diese sah er durch die »gelegentliche Spießbürgerlichkeit« der allzu deutschen Deutschen der DDR im Zuge der zukünftigen Einheit Deutschlands gefährdet.

Wir, die wir den ganzen Weg seit 1945 als Erwachsene erlebt haben, verfolgen die Spuren zurück, auch hinter die Tage der Befreiung von der Herrschaft Hitlers und Himmlers. Wir erinnern die ersten Jahre nach 1945 wohl ähnlich, wie heute in der DDR die Wochen zwischen Oktober und Dezember 1989 erinnert werden: bestimmt von jenem Geist der Freiheit, zu dem sich sein unvermeidlicher Zwilling, der Geist des Kommerzes, noch nicht gesellt hatte. Wir erinnern den Zorn über die schnelle Rückkehr zur politischen Normalität in den frühen 50er Jahren, wir vermissen noch heute die damals unterbliebene Abrechnung mit den Schuldigen der deutschen Geschichte und die Hoffart der Wirtschaft gegenüber einer ihr lästigen Politik.

Wir sind im Laufe unseres Lebens allerdings gerechter gegenüber diesem Staat BRD geworden, obwohl uns jene Selbstverständlichkeit wohl immer fehlen wird, mit der sich ein heute 30jähriger die Früchte dieser 40 Jahre Bundesrepublik aneignen kann. Wir können nicht vergessen, daß die Spuren vieler, die an diesem Staat mitgearbeitet haben, auch in den Jahren vor 1945 feste Abdrücke hinterlassen hatten. Das hat uns immer befangen gemacht gegenüber dieser Republik. Das hat uns ihr gegenüber wohl oft auch kritischer gemacht, als sie es verdient hatte.

Denn nachträglich betrachtet erweist sich der Weg durch diese vier Jahrzehnte doch als erfolgreich; der Kurs hat im ganzen gestimmt. Wir haben zwar unsere deutschen Eigenarten nicht verloren, aber das ist auch gut so. Denn mit diesen Eigenarten, die mehr sind als zeitläufige Zufälligkeiten und weniger als ein unverrückbarer Cha-

rakter, haben wir eine moderne, demokratische Gesellschaft gebaut, von der die meisten von uns heute gerne ein Teil sind.
Die Weichen unseres Erfolgs wurden 1945 von den demokratischen Besatzungsmächten gestellt, als im Westen des besetzten Deutschland schrittweise eine demokratische Mitverantwortung des besiegten Volkes in Gemeinden, Städten und Ländern möglich wurde. Es ist gut zu erinnern, wie wenig Vertrauen die Bundesbürger zunächst in den ersten Jahren in die Leistungsfähigkeit und in die Haltbarkeit der demokratischen Institutionen hatten, gerade wenn man heute auf den Mangel an Demokratieerfahrung in der DDR vorsichtig verweist.
Es erscheint rückblickend allerdings absurd, wie stark unser eigenes Mißtrauen in unsere demokratischen Fähigkeiten und in die demokratische Stabilität der BRD blieb. 1965 schrieb schließlich ein Schweizer, René Alemann, ein Buch, dessen Titel eine Beruhigung für uns selbst wurde: »Bonn ist nicht Weimar«. Die Bundesrepublik wurde keine gefährdete Demokratie. Sicherlich verdankten wir diese demokratische Stabilität auch der ständig fordernden Unzufriedenheit vieler Bürger mit Stil und Ergebnissen der Politik. Vielleicht waren wir aber auch selbst zu sehr Gefangene eines Geschichtsbildes, das den Verlauf der deutschen Geschichte des 19. und 20. Jahrhunderts mehr einem deutschen Charakter und deutschen Unzulänglichkeiten zuschrieb als den geopolitischen Lebensbedingungen des deutschen Volkes. Jedenfalls zeigt es mangelndes demokratisches Selbstvertrauen, daß nach 20 Jahren Bundesrepublik im Jahre 1969 der demokratische Wechsel von der CDU/CSU-Regierungsführung zur SPD/FDP-Regierung als eine Art Feuerprobe der deutschen Demokratie gelobt wurde; wir hatten die demokratische Nachkriegsgesellschaft und die demokratischen Fähigkeiten der Deutschen wirklich unterschätzt.
Aber einer ständigen Häutung vergleichbar, hatte sich die Bundesrepublik Deutschland als Demokratie immer wieder fortentwickelt, ihre Wurzeln vertieft und ihre Festigkeit verstärkt. Die BRD, wie sie am Ende ihrer Zeit als Teilstaat geworden war, ist das Produkt großer politischer Debatten. Dies gilt wahrscheinlich für alle Demokratien, aber mir scheint, als ob wir ernster und heftiger, wenn man so will: deutscher gestritten haben in diesen 40 Jahren über Gegenwart und Zukunft als die meisten unserer Nachbarn.

Auch wenn die meisten Leser den Weg kennen, will ich ihn doch noch einmal kurz beschreiben.
Die großen politischen Debatten begannen mit der Ausrichtung der Wirtschaft, mit dem großen Streit zwischen Marktwirtschaftlern und Planwirtschaftlern, nach der Währungsreform 1948. Man mag heute fragen, ob ein Parlament mit allen seinen Parteiängsten und Machttaktiken heute überhaupt in der Lage wäre, die weitsichtige und mutige Entscheidung Ludwig Erhards so zu treffen, wie dies die damals noch von den Alliierten bestimmte Wirtschaftsverwaltung in Frankfurt tun konnte. Dann, mit Beginn des Koreakrieges, wurde diese Diskussion noch einmal vertieft: denn die Preise stiegen und es hatte erhebliche Arbeitslosigkeit gegeben. Die Planwirtschaftler unterlagen, die Fakten gaben den Marktwirtschaftlern recht. Die große Debatte hatte die Weichen endgültig gestellt.
Der Koreakrieg entschied aber auch über die Westorientierung der Bundesrepublik Deutschland und ihre Beteiligung am NATO-Bündnis. Von 1949 an, über die Stalinnote zur Wiedervereinigung 1952, dauerte die Debatte bis zum Beitritt zum westlichen Verteidigungsbündnis 1955. Die Frage der Wiederbewaffnung und die damit (scheinbar!) verbundene endgültige Absage an jede Wiedervereinigung führte zum Rücktritt des Innenministers und späteren Bundespräsidenten Gustav Heinemann. Diese Krise der Regierung Adenauer begründete auch den Aufstieg Franz Josef Strauß' und sollte lange im Gedächtnis der BRD bleiben!
1957 erreichte Konrad Adenauer auf dem Hintergrund dieser Diskussionen und wohl wegen seiner klaren Entscheidung für Marktwirtschaft und westliche Orientierung die absolute Mehrheit der CDU/CSU im Deutschen Bundestag — das einzige Mal, daß in 40 Jahren Bundesrepublik Deutschland ein solches Wahlergebnis in Bonn erreicht wurde.
Die Diskussion über die Frage der politischen Gestalt der Bundesrepublik wurde fortgeführt um die Frage der Atomwaffen — Kampf dem Atomtod! — 1958 und über den »Bürger in Uniform«. Die Mauer in Berlin 1961 und die plötzlich im Licht stehende Führungsfigur Willy Brandt veränderte die Parteienlandschaft. Denn nach Godesberg hatte sich die SPD 1960 im Bundestag durch die große Rede von Herbert Wehner zur NATO und europäischen Wirtschaftsintegration als der Ausgangslage deutscher Politik bekannt.

Nun wurde die Möglichkeit eines »Machtwechsels nach links« möglich.
Dann die große Debatte über die Freiheit der Presse im Zusammenhang mit der Spiegel-Affäre 1962, verbunden mit dem Rücktritt des Verteidigungsministers Strauß; die Erregung über die aufkommende Bildungskatastrophe und die Verbindung von Interessen und Geschichtsbewußtsein in der Studentenbewegung der 68er.
Mit Gründung der EG 1957 hatte sich die Bundesrepublik Deutschland auch auf die europäische Integration festgelegt. Ende der 50er, Anfang der 60er Jahre brach dann noch einmal eine große Debatte auf über die Frage einer Alternative, einer engeren Zusammenarbeit mit Frankreich, im Gegensatz zur großeuropäischen Integration. Der Deutsch-Französische Vertrag 1963, eine wichtige Frucht Adenauerscher Europapolitik, mag zwar gegenüber den Römischen Verträgen von 1957 nur eine nachgeordnete Bedeutung haben; als Fundament deutsch-französischer Zusammenarbeit *in* der Europäischen Gemeinschaft bleibt dieser Vertrag ein Eckstein auch der zukünftigen Politik des größeren Deutschland.
Dann die Debatte über den Vietnamkrieg und die Notstandsgesetze in den unruhigen 60er Jahren; das Aufkommen einer außerparlamentarischen Opposition und der späte Anfang einer wirklichen Auseinandersetzung mit der Verstrickung der Gesellschaft in den Nationalsozialismus. Die erste Wirtschaftskrise in der Republik 1966, mit Randerscheinungen rechtsradikaler Parteien (NPD) in den Landtagen. Besorgt fragte Karl Jaspers laut: Wohin treibt die Bundesrepublik? Schließlich die Bildung der Großen Koalition und die ebenso erstaunliche wie politisch bedeutsame Zusammenarbeit der klassischen Gegner SPD und CDU/CSU in *einem* Kabinett, freundschaftlich und erfolgreich miteinander verbunden. Wieder hatte man die politische Reife der Deutschen unterschätzt.
Dann die Reformdebatten der Regierung Brandt nach Bildung der ersten sozialliberalen Koalition unter der Führung der Sozialdemokratie; die inneren Reformen der Liberalität und sozialen Solidarität; die tiefen Veränderungen des außenpolitischen Umfeldes durch die Ost- und Deutschland-Verträge, die schließlich Mitte der 70er Jahre in der Schlußakte von Helsinki ihre Krönung fanden. Wobei es bis heute zu erinnern bleibt, daß damals die CDU/CSU sich nicht dazu aufraffen konnte, der Ratifizierung dieses vielleicht be-

deutsamsten sicherheitspolitischen europäischen Vertragswerkes seit 1945 zuzustimmen. Aber auch der ängstliche Fehler der Regierung Brandt-Scheel — allzu restriktive Einstellungsregelungen im öffentlichen Dienst (fälschlich »Berufs*verbote*« genannt) gegenüber kommunistisch orientierten Bürgern, der ein Klima der Schnüffelei und der Intoleranz ermöglichte — muß erwähnt werden; ich fühle mich dort selbst mitschuldig.

Dann das Aufkommen der Terroristen im Gefolge einer an den Realitäten gescheiterten außerparlamentarischen Opposition und der Triumph des Rechtsstaates gegen alle Versuchungen einer Wiedereinführung der Todesstrafe in diesen Jahren. Der Sturz der Regierung Brandt 1974 im Gefolge der internationalen Ölkrise, die Konsolidierung der Politik auf sozialliberaler Grundlage unter Bundeskanzler Helmut Schmidt und schließlich der Sturz einer verbrauchten sozialliberalen Regierung auf der Talsohle einer internationalen Wirtschaftskrise 1982: und wieder der selbstverständliche demokratische Wechsel von Opposition und Regierung 1982 in einem komplizierten, aber den realen Verhältnissen der Republik entsprechenden Vorgang im Deutschen Bundestag.

Jahre des Wirtschaftsaufschwungs im Trend internationaler Wirtschaftskonjunkturen und dann schließlich über 40 Jahre nach dem Niedergehen des Eisernen Vorhangs, nach dem vergeblichen Aufstand 1953 in der DDR, 1956 in Ungarn, 1968 in der CSSR und 1980 in Polen, endlich die Lockerung des sowjetischen Griffs auf Ost- und Mitteleuropa: der Fall der Mauer und des Stacheldrahtes. Und nun die Fähigkeit unseres Landes, den geschundenen Nachbarn und schon fast verlorenen Teil Deutschlands aufzunehmen in unsere demokratische und wirtschaftliche Kraft.

Kann man es den Bürgern der BRD verübeln, daß sie selbstbewußt auf ihre Leistung blicken?

Es war eben nicht nur ein wirtschaftlich erfolgreicher Weg, den die Bundesrepublik Deutschland gegangen ist. Das Wunder war eher politisch, wie ich schon gesagt habe: die unerwartet stabile Demokratie. Wir haben sie gewonnen durch die öffentlichen Debatten, in den Parlamenten, auf den Straßen und in den Versammlungsräumen. So, wie die Bundesrepublik am Ende ihrer Eigenständigkeit war, blieb sie unvollkommen, wie jedes Gemeinwesen: Aber es

hätte kein Wetter gegeben, durch das ich sie nicht mit geblähten demokratischen Segeln hätte hindurchfahren sehen.
Heute stehen wir an der Schwelle einer neuen Entwicklung. Wir haben ein neues Land, BRD *und* DDR sind nun Deutschland. Die Wirtschaft ist dabei wichtig, aber sie kann doch auch nur bestehen auf dem demokratischen Fundament einer zivilen Gesellschaft. Es wird deswegen auch im Einigungsprozeß nicht in erster Linie unsere Wirtschaftskraft gefordert werden. Es ist vielmehr die demokratische Substanz, die erstrittene Liberalität und die institutionelle Zuverlässigkeit unserer Demokratie, die im Einigungsprozeß unser größtes Kapital sein muß. Denn die voraussehbaren sozialen Spannungen zwischen diesen beiden so verschiedenen Teilen Deutschlands werden nur in demokratischer Toleranz und sozialer Solidarität abgebaut werden können. Und hier, in der Demokratie, ist die wirtschaftsschwache DDR ganz ohne unsere Erfahrung.

Die Sowjetunion — vom Befreier zum Tyrannen

Es waren, von einigen landsmannschaftlichen Akzenten abgesehen, 1945 in der DDR dieselben Menschen, die an den Wiederaufbau ihres zerstörten Landes gingen. Aber die Gesellschaft und die Menschen mußten sich unter den künstlichen Bedingungen entwickeln, die hinter der Mauer des sogenannten real existierenden Sozialismus möglich waren. Und erst als dann diese Mauer von ihnen selbst mutig und doch friedlich umgestoßen wurde, zeigte sich die Wahrheit der DDR. Wie war es möglich, daß ein solches System auch so viele aufrechte Menschen zunächst in seinen Bann schlug und es ihnen später dann so schwer machte, die Wahrheit zu sehen und sich zu dieser zu bekennen?
Auch die ideologischen Kader der sowjetischen Besatzung wollten nicht nur Sieger, sie wollten auch Befreier sein. Befreier nämlich von einem Nationalsozialismus, der aus ihrer Sicht die notwendige Folge einer kapitalistischen Wirtschaftsordnung und seiner Herrschaftsstrukturen war. In der Rolle des ideologischen Befreiers kamen mit der sowjetischen Armee insbesondere die exilierten deutschen Kommunisten, die nun eine Chance sahen, ein anderes, ein

»sozialistisches«, ein antikapitalistisches und — wie das Schlüsselwort dann hieß: ein *»antifaschistisches«* Deutschland zu schaffen. Mit diesem Wort und seiner Bedeutung müssen wir uns befassen, wenn wir die Entwicklung der DDR-Mentalität verstehen wollen.

Wir vergessen heute leicht, daß 1945 die letzten Jahre der Weimarer Republik und mit ihnen die katastrophale Weltwirtschaftskrise für die beruflich aktive Generation noch in sehr lebhafter Erinnerung war. Schließlich lag 1945 das Ende des Ersten Weltkrieges 1918 nur so weit zurück wie heute der Übergang von der Regierung Adenauer zu Erhard (1963); die große Inflation von 1923 war 1945 so nahe wie heute die Unruhen des Jahres 1968; der Schwarze Freitag von 1929 war in der Erinnerung nicht weiter entfernt als heute der Rücktritt Willy Brandts 1974; und das chaotische Ende der Weimarer Republik mit über sechs Millionen Arbeitslosen 1932 war beim Neuanfang 1945 nicht weiter entfernt als für uns heute der Beginn der zweiten Regierung Helmut Schmidt im Jahre 1976.

Es wird wohl erst so verständlich, warum damals, nach den zwölf Jahren nationalsozialistischer Schreckensherrschaft, viele Menschen in einer grundsätzlich anderen, eher sozialistisch gestalteten Wirtschaftsordnung die große Zukunftshoffnung sahen. Schließlich hatte die Sowjetunion in den 30er Jahren, als der Kapitalismus zusammenzubrechen schien und in vielen Ländern faschistoide Verbindungen aus Großkapital und Staatspolizei die Macht übernahmen, Jahr für Jahr erhebliche wirtschaftliche Erfolge melden können. Westliche Besucher hatten sich schon in den 30er Jahren beeindruckt gezeigt von der Vitalität dieses auf sich selbst gestellten planwirtschaftlichen Systems. Die Brutalität Stalins, die großen Schauprozesse der 30er Jahre in Moskau, schienen in den ersten Jahren nach 1945 manchem durch den Sieg der Sowjetarmeen eine späte Rechtfertigung zu erfahren: schließlich hatte das Land unter Stalin standgehalten.

Außerdem hatte sich im Krieg eine Allianz zwischen Amerikanern und Russen herausgebildet, die nicht nur die Chance für einen dauerhaften Weltfrieden zu bieten schien, sondern die dem sowjetischen System, bei allen extremen Gegensätzen zur Lebensweise der Amerikaner, eine gewisse moralische Rechtfertigung und eine neue Glaubwürdigkeit verliehen hatte. Gerade mit dieser Stim-

mung sollten sich dann wenige Jahre später Senator McCarthy und seine Hexenjagd auseinandersetzen.
Nur wenn wir diesen Anfang der sowjetischen Besatzungszone und späteren DDR heute erinnern, können wir wirklich verstehen, warum in der DDR trotz Stalin zunächst *auch* eine demokratische Tradition begann. Und warum es überzeugte — und später tief enttäuschte — Demokraten in der früheren DDR gab, die den neuen Anfang *dort* im Osten machen wollten und nicht in dem Teil Deutschlands, der den Flicks ihr Kapital wiedergegeben hatte. Schließlich hatte die BRD (wir müssen das heute erinnern, wenn wir über die Zukunft der SED-Funktionäre in der DDR-Region diskutieren) nach einer moralisch recht dürftigen Entnazifizierung viele erfolgreiche Funktionäre der Naziepoche erneut an die Schaltstellen der Macht geholt, mindestens aber an die Krippen der Großverdiener. Nur wenn wir das nicht vergessen, können wir auch verstehen, warum der Begriff des Antifaschismus am Ende zu einer, die ganze Gesellschaft der DDR verbiegenden Lebenslüge werden mußte.
Denn die Sowjets kamen zwar auch als Befreier vom Nationalsozialismus, aber sie blieben als Herrscher und Unterdrücker im System eines totalitären Kommunismus. Von der Gewalt der Eroberung und ihren schrecklichen Begleiterscheinungen einmal abgesehen, konnte schon wenige Monate nach der Zerschlagung des Staatsapparats niemand mehr einen Zweifel daran haben, daß sich nun eine neue, eine kommunistische Tyrannei einnistete. Die internationale Enttäuschung über die brutale stalinistische Gleichschaltung in ganz Osteuropa führte im Westen bald zu einer breiten Abkehr auch der kommunistischen Intellektuellen von der Sowjetmacht und ihrer Ideologie. Bald war die Freundschaft der besetzten mittel- und osteuropäischen Völker mit dem sowjetischen Befreier von 1945 nur noch vorgetäuscht; viele Aufstände mußten vom sowjetischen Besatzer niedergeschlagen und als Konterrevolutionen verunglimpft werden, damit das Imperium standhielt. Viele, zunächst hoffnungsvolle Demokraten verließen den kommunistischen Herrschaftsraum wieder. Das östliche Europa und die DDR schauten sehnsüchtig über den Eisernen Vorhang nach Westen. Moskau und das sowjetische Reich wurden den Völkern zum Feind, aber die kommunistischen und von Moskau ferngesteuerten Landesregierungen der Satellitenstaaten verordneten

Freundschaft und tauschten Küsse mit den verhaßten Besatzern und Tyrannen aus: im Namen des Antifaschismus. In dieser Lebenslüge der DDR hatten sich viele gute Demokraten dort gefangen.

»Das entscheidungsfreie Dahinleben«

Sie konnten nicht zugeben, warum der Kommunismus scheitern mußte, denn sie hatten ihn doch als eine Waffe gegen den Faschismus verstanden. Heute können wir die Fakten leicht von der DDR-Gesellschaft ablesen: Der Mensch ist anders, als ihn die Kommunisten wollen und brauchen; denn der Mensch will Freiheit. Und die menschliche Gesellschaft, einschließlich des Wirtschaftslebens, ist Ausdruck dieser menschlichen Grundbedürfnisse. Der »Prozeß der Zivilisation« (Norbert Elias) ist das Ergebnis von Beziehungen *zwischen Menschen*, die immer wieder Bindung und Selbstbestimmung suchen; die nicht sozialen Plänen folgen oder Maschinen gleichen wollen. Die menschliche Gesellschaft entwickelte sich aus dieser Beziehung von Menschen, die Freiheit und Selbstbestimmung immer wieder erkämpfen.

Der Kommunismus konnte diese Freiheit nicht gewähren. Er unterdrückt damit aber nicht nur menschliche Selbstbestimmung, also Menschenrechte, sondern immer auch kreative menschliche Fähigkeiten, die wiederum für die Entwicklung von Wirtschaft und Gesellschaft unentbehrlich sind. Es gibt eben keinen ökologischen Fortschritt ohne das Recht der kritischen Minderheiten, die ungezügelte ökonomische Gewalt des Marktes anzuprangern. Es gibt keinen humanen Fortschritt im Umgang mit Behinderten und geistig Zurückgebliebenen, ohne daß die wenigen, die sich dieser armen Menschen annehmen wollen, ihr ungerechtes Schicksal anklagen und Besserung fordern. Es gibt allerdings auch keinen wirtschaftlichen Fortschritt ohne die Möglichkeit des Unternehmers, seine kreative Kraft auf den Märkten einzusetzen.

Ein Staat und eine Partei, die behaupten, alles richtig zu machen und die Bürger zwingen, sich dieser Behauptung zu beugen, unterdrücken die natürlichen Bedürfnisse des Menschen nach Kreativität. Kein Staat kann das auf Dauer, wie auch der SED-Staat wieder gezeigt hat. Aber er kann es doch lang genug und mit schwerwiegenden Folgen für die Menschen, wie wir heute in der DDR sehen.

Wie in einem Gefängnis läßt die Diktatur diejenigen Eigenschaften verkümmern, die der Mensch in Freiheit braucht — und über die er dann zunächst nicht mehr verfügt, wenn er sich schließlich seine Freiheit wieder erstritten hat. Und er wird sich dann, im Gefühl der neuen Unsicherheit, auch zurücksehnen nach der Geborgenheit, die Unfreiheit eben *auch* vermittelt. In seiner Erzählung »Der Tangospieler« hat der DDR-Autor Christoph Hein diesen Zustand ahnungsvoll beschrieben:

> »Er vermißte jene sonderbare Geborgenheit, die vollständige, alles umfassende Vorsorge, das ausnahmslos geregelte Leben. In der Zelle hatte er nichts entscheiden müssen. Nachdem sein Widerstand gegen die starren, unumstößlichen Regeln aufgebraucht war, hatte er sich den jede Tätigkeit und jede Minute des Tages und der Nacht regelnden Befehlen nicht nur gefügt, sondern die damit verbundene Befreiung von Entscheidungen hingenommen. Und jetzt vermißte er den verordneten Tagesablauf und die Anweisungen, er vermißte das gedankenlose und entscheidungsfreie Dahinleben. ... Ich habe die Zelle noch immer nicht verlassen, gestand er sich, auch ich stecke offenbar noch mit einem Bein drin.«

Die DDR-Gesellschaft wurde nicht durch offene Debatten geprägt, sondern durch unterdrückte. Auch die DDR-Gesellschaft durchlief kritische Phasen, und eine straff geführte Millionen-Partei wie die SED entwickelt ihre eigene Form von Basisdruck. Verbotene Bücher, verbotene Filme, ausgebürgerte Bürger, verhaftete Genossen haben eine stille Debatte in der DDR erzeugt, die dort den Geist geprägt hat.

Die offene Gesellschaft fordert und bildet bestimmte Eigenschaften der Bürger, so wie die geschlossene andere prämiiert. Wir sind manchmal verwundert zu sehen, mit wie wenig innerer Vorbereitung DDR-Politiker, Betriebsleiter oder auch einfache Bürger den neuen Verhältnissen begegnen. Minister gehen nur Tage nach der alles umstürzenden Einführung der DM für Wochen in Urlaub; Arbeitnehmer, auf Umschulungsmöglichkeiten angesprochen, sagen: Das ist uns noch nicht angewiesen worden. Und Landwirte scheinen fast zu erwarten, daß sich das Vieh selbst in die Fleischtöpfe treibt. Die ganze DDR steckt noch mit einem Bein in der Planwirtschaft, nicht nur organisatorisch, sondern eben auch im Denken. Daß der Markt nicht ein Ersatz für den früher allmächtigen Staat ist, sondern wir selbst; daß die Wasser des Marktes nicht tragen, es sei denn, man schwimmt; das wurde eben im SED-Staat nicht erfahren, nicht gelernt. Da das Bedürfnis, sich selbst zu bestimmen, zu den Grundbedürfnissen des Menschen gehört, habe ich keine Sorge, daß diese für Wirtschaft und Gesellschaft wichtigen Eigenschaften in der DDR schnell wieder aufblühen werden. Aber zunächst zeigen sich hier tiefe Unterschiede und mit ihnen eben auch erhebliche Irritationen auf beiden Seiten.

Der Mythos des Antifaschismus in der DDR

Die Bürger der BRD sind zufrieden mit ihrer Leistung, wenn auch nicht zufrieden mit der Leistung ihrer Politiker. Die Bürger der DDR sind weder das eine, noch das andere: sie sind unzufrieden auch mit sich selbst. Denn wo immer sie die vergangenen 40 Jahre tätig waren, spüren sie heute, daß sie ein Teil des Systems waren, das am Ende Unglück und Mißerfolg über ihr Land gebracht hat.
Die Frage der Schuld des einzelnen wird die innenpolitische Debatte belasten, denn sie ist — wie das Geld — sehr ungerecht verteilt. Der DDR-Bürger jedenfalls kommt mit diesem Bewußtsein in das vereinigte Deutschland: Den BRD-Bürgern ist die Teilhabe an einer zweiten Diktatur vom Schicksal und nicht durch eigenes Verdienst erspart worden. Wiederum hat die angeblich antifaschistische Legitimation, mit der die Kommunisten ihre Diktatur rechtfertigten, eine Schlüsselrolle in der Entwicklung der politischen Mentalität der DDR gespielt. Sie lenkte immer von der Gegenwart ab, lieferte Rechtfertigungen für eine kriminelle Ausbeutung und Vernachlässigung von Mensch und Natur und entzog alles von vornherein dem Vergleich, weil ja das unvollkommene Gute (in der DDR) sich

dem kurzen Glanz des Bösen (in der BRD) nicht stellen muß. Der sogenannte Antifaschismus war die Droge der DDR-Intellektuellen, die ihnen half, den wachsenden Widerspruch zwischen Anspruch und Wirklichkeit in der DDR zu vergessen. Sie erlaubte der DDR auch, sich aus der deutschen Schuld der Nazijahre herauszustehlen.
Der Mythos vom Antifaschismus liefert aber auch den Schlüssel, warum so viele Kritiker der DDR sich letztlich immer wieder mit Partei, Regierung und Gesellschaft der DDR versöhnen konnten. Der Regisseur des von der SED verbotenen Films »Spur der Steine«, Frank Beyer, begründete die lange Herrschaft der SED unter anderem so:

> »Weil es Antifaschisten waren, die den Sozialismus stalinistischer Prägung bei uns eingeführt haben. Man hätte Antifaschisten bekämpfen müssen, um den Stalinismus zu bekämpfen. Das wollten viele nicht. Es gibt einen großen Respekt im Lande vor denjenigen, die viele Jahre ihres Lebens in der Emigration oder in Gefängnissen und Lagern verbringen mußten.«

Warum blieb man dabei? Weil dort ein Hintergrund von Moral war. Ich habe selbst auf ganz andere Weise eine solche Situation erfahren: Als es einen harten Wettbewerb westdeutscher Städte um die Städtepartnerschaft mit Dresden gab, ging ich als Bürgermeister Hamburgs zu Honecker. Er versprach, sich zu kümmern und fügte hinzu: »Wir sollten das zusammen machen, wir sind doch beide Antifaschisten.« Ich kann nicht bestreiten, für einen Augenblick ergriffen gewesen zu sein.
In der DDR ist damit aber in über 40 Jahren sowjet-kommunistischer Propaganda zugleich auch eine Mentalität entstanden, die es noch immer relativ leicht macht, Kritik an den ungerechten Folgen der Marktwirtschaft mit der intellektuell sehr wirksamen Warnung vor neo-faschistischen Tendenzen zu verknüpfen. So kann sich links geben, was doch wegen seiner Nähe zur totalitären Herrschaft der Rechten eigentlich viel näher ist.

Die Bürger der BRD neigen im scharfen Wind des Wettbewerbs vielleicht allzusehr dazu, die tägliche Realität zum Maßstab ihres Urteils zu machen: Kein Traum, keine ferne Hoffnung, keine große Idee. Das persönliche Leben zu meistern ist wohl das zentrale Motiv der Menschen in der offenen Gesellschaft, die immer auch eine Wettbewerbsgesellschaft und zwangsläufig damit auch eine weitgehend kommerzialisierte Gesellschaft ist. Und die Menschen in der BRD haben gelernt, Ansprüche an die Politik zu stellen, die ihnen die Fragen des eigenen Lebens lösbarer machen soll.

Der Bürger der DDR hat den Wind des Wettbewerbs nie gespürt. Das alles ordnende, aber notfalls auch erzwingende System mußte die Motivation aus einem moralischen Anspruch ziehen, den die traurige Gegenwart gewiß nicht rechtfertigen konnte. So mißbrauchte man die längst abgestorbenen Wurzeln der großen Oktoberrevolution als Begründung für einen irrealen Klassenkampf, den es eigentlich mit der eigenen Nomenklatura hätte geben müssen; und verwässerte den Antifaschismus zu einem Mythos, um die eigene Diktatur zu legitimieren. Nicht marktwirtschaftlich zu denken gilt aber bei vielen DDR-Intellektuellen noch immer als moralisches Denken. Es gilt als »antifaschistisch«, politisch links und damit fortschrittlich.

Die täglichen Fesseln der Vergangenheit

Die BRD suchte ihre moralische Legitimation in einem sozial eingefärbten Liberalismus, die Grundstimmung in der DDR scheint auch nach der Beseitigung des SED-Regimes auf einen liberal eingefärbten Sozialismus orientiert. Der Begriff »Sozialismus« würde von den bisherigen DDR-Bürgern selbstverständlich vehement zurückgewiesen. Nichts will man mit dem alten System gemein haben. Wenn man aber bedenkt, welches Gewicht bei Umfragen, öffentlichen Debatten und in Parteiprogrammen die Themen wie »Recht auf Arbeit«, »gemeinnütziges Eigentum«, »soziale Sicherheit« oder auch die »moralischen« oder »humanistischen« Ziele des Sozialismus behalten haben, dann ist die tiefe Prägung der vergangenen 45 Jahre kaum zu verkennen. Auch die Attraktivität, die ein kommunistischer Agitator wie Gregor Gysi für die DDR-Jugend offensichtlich behalten hat, läßt auf einen erheblichen Bestand der von der DDR zwar nie realisierten, aber doch stets proklamierten Werte eines »Sozialismus« schließen, den es ökonomisch so nicht geben kann.

Dem stehen die hohen Wahlanteile konservativer Parteien nicht entgegen: Die Menschen in der DDR wollen zwar den grundsätzlichen Wandel, den ihnen jetzt nur die »rechten« Parteien zu garantieren scheinen. Aber sie wollen diesen Wandel nur mit Gewinn — und insbesondere ohne den Verlust ihrer sozialen Sicherheiten.

So gehen sie wohl auch oft mit der DDR-Geschichte um: Der Irrweg wird verurteilt, die SED und insbesondere deren Führung verantwortlich gemacht. Aber der offenkundige Zusammenhang zwischen Wohlstand, Liberalität und kapitalistischen Interessen, den wir in der BRD inzwischen wohl auch mehrheitlich als unauflösbar akzeptieren, wird von den bisherigen DDR-Bürgern gegenwärtig zweifellos so noch nicht gesehen. Überall, und nicht nur bei Intellektuellen und früheren Kadern der SED, hört man grundsätzliche Kritik an dem, was für uns nur noch die Kehrseite der Marktwirtschaft ist: Eigeninteresse, Gewinnstreben und Konkurrenz. Hier stoßen deswegen nicht nur zwei Interessen, sondern auch zwei verschiedene Sensibilitäten im vereinten Deutschland aufeinander.

Dabei nimmt das gegenseitige Verständnis für die unterschiedlichen Lebensweisen und Lebenshaltungen nicht zu. Die bisherigen DDR-Bürger wissen, daß sie an der dortigen Misere nicht schuld sind. Aber sie fühlen, daß die BRD-Bürger dies mindestens so uneingeschränkt nicht akzeptieren. Wenn die »Wessies« sagen, sie hätten auch mal mit 40 DM angefangen, und dabei verkennen, daß auch die DDR-Bürger 45 harte Aufbaujahre hinter sich haben, dann verletzt das ebenso, wie wenn aus der DDR über »Ellenbogengesellschaft« oder mangelnde Hilfe kritische Worte nach Westen fallen. Dabei spielt sicherlich eine erhebliche Rolle, daß die DDR-Bürger ihre Brüder im Westen nicht nur wohlhabend, sondern offenbar auch beneidenswert frei von jedem historischen Schuldbewußtsein sehen: Die Nazijahre liegen weit zurück; man muß schon deutlich über 60 sein, um mit dem damaligen System überhaupt identifiziert werden zu können. Die DDR-Bewohner aber mußten sich bis vor wenigen Monaten mit einer Diktatur arrangieren. Fast niemand blieb davon unberührt.

Kein Leben ist umsonst, aber ein Engagement kann schon ganz umsonst gewesen sein. Und wenn es dann auch noch verstrickt war in Schuld, auf die der reiche, glückliche Bruder erhaben herabblicken kann, schafft das kaum Voraussetzungen für Verständnis in schwierigen Zeiten. Dabei besteht kein Grund für Überheblichkeit bei uns: Wir wurden nie geprüft; wir mußten niemals zwischen dem Verzicht auf berufliche Chancen und der Demütigung einer aufgezwungenen Parteimitgliedschaft wählen. Wie viele Helden gibt es unter uns? Wer bekennt sich, Grün zu wählen (oder auch nur SPD), wenn er in einem internationalen Konzern aufsteigen will?
Im vereinten Deutschland kann nicht die eine Hälfte, die das Glück hatte, von Demokraten und nicht von Kommunisten besetzt zu werden, zum Richter über die andere Hälfte werden. Ich wiederhole: Straftaten und Verbrechen müssen verfolgt werden, aber Irrtum, Nachgiebigkeit und Opportunismus sind nicht strafbar. In der Bundesrepublik hat es nach 1945 eine große Bereitschaft zum gemeinsamen Neubeginn gegeben. Der Bundeskanzler, unter dem Willy Brandt und Herbert Wehner zum erstenmal Minister wurden, war Mitglied der NSDAP gewesen. Auch dessen sollten wir uns jetzt erinnern.
Wir dürfen die Fehler, die wir nach 1945 gemacht haben, nicht wiederholen. Wir müssen offen, ohne Vorbehalt und ohne falsche Wehleidigkeit, miteinander reden. Keine Hatz, aber auch keine Vertuschungen. Dann kann Deutschland aus dieser Erfahrung den Vorteil einer sachlichen und kreativen Debatte über realistische Alternativen der sozialen Entwicklung gewinnen.

Die Grenze in der Seele der Menschen

Geschichte bindet, und deswegen kann sie auch trennen. Man trifft einen Fremden und fragt ihn nach seiner Nationalität: Engländer oder Schotte wird er sagen, und wenn er antwortet: britisch, meint er seinen Paß. Sizilianer ist man oder Sarde, bald vielleicht auch Lombarde eher als Italiener; oder Baske, vielleicht auch Katalane, ehe man sich als Spanier bekennt.

Treffen sich heute Hamburger und Bayern, so ist das ganz anders, als wenn sich Hessen und Sachsen begegnen. Denn dann sind es Westler und DDR-ler, oder auch Wessies und Ossies. Die Identität der staatsrechtlichen, oder wohl besser: nachkriegsgeschichtlichen Zugehörigkeit ist viel stärker geworden als die der landsmannschaftlichen Herkunft. Für den Leipziger ist der Münchner und der Hamburger gleichermaßen ein Fremdling, und bei uns wissen die meisten gar nicht, daß der sächselnde Erfurter kein Sachse, sondern ein Thüringer ist. Wer sächsisch spricht, kommt eben aus der DDR.

Über 40 Jahre getrennter, ja abgeschotteter Geschichte haben tiefe Kerben in das Bewußtsein beider Teile Deutschlands geschnitten. Die BRD wurde in diesen Jahrzehnten eine selbstverständliche Erfolgsgemeinschaft, mit viel Nörgelei zwar, aber doch auch viel Stolz auf den wirtschaftlichen und politischen (in dieser Reihenfolge) Ertrag. Die DDR hingegen wurde zu einer Schicksalsgemeinschaft nicht des Ertrags, sondern des Ertragens; des Erduldens, Erleidens und Wartens. Ein bißchen Stolz auf die wirtschaftliche Leistung und den politischen Einfluß konnten DDR-Bürger zwar auch aus dem Vergleich zu den anderen von der Sowjetunion besetzten mittel- und osteuropäischen Ländern gewinnen. Aber dieser Stolz wog wenig oder nichts gegenüber dem freien Teil Deutschlands. Und er verflog vollends, seit Türen und Fenster der DDR auch zum Westen offen sind.

Der Westen Deutschlands, die bisherige Bundesrepublik, hat alles, was der bisherigen DDR fehlte und was die Bewohner des östlichen Teils Deutschlands nun in der Einheit zu finden hoffen: die Erfahrung mit demokratischen Freiheiten; den erprobten Rechtsstaat; eine leistungsfähige Wirtschaft; einen entsprechend hohen Lebensstandard und eine staatliche Organisation, die soziale Sicherheit und kulturelle Vielfalt ermöglicht. Was der Westen Deutschlands schon heute hat, will der Osten haben. Und so ist es unvermeidlich, daß der Westen bis zum Ausgleich der Lebensbedingungen der Gebiete der heutigen DDR der Gebende sein wird.

* * *

Unterschiede und ausgesprochene Gegensätze der verschiedenen Landsmannschaften in Deutschland hat es immer gegeben. Aber die Unterschiede sind jetzt, am Anfang der wiedergewonnenen staatlichen Einheit, zwischen den beiden Teilen Deutschlands und ihren Bewohnern vermutlich größer, als sie es je in der Geschichte waren. Es wäre heute in vieler Beziehung leichter, aus Deutschen und Franzosen einen Staat zu machen als aus Deutschen und Deutschen. Früher hatten die landsmannschaftlichen Unterschiede immer etwas Gleichwertiges und Gleichberechtigtes. Gewiß, es gab fortschrittliche und verschlafene Residenzen; bürgerliche und eher spießbürgerliche Reichsstädte; reiche und arme Regionen in diesem historischen Deutschland. Aber Unterschiede von dem Ausmaß, wie sie heute im wiedervereinigten Deutschland bestehen, haben in der bisherigen deutschen Geschichte eben nur zwei Ereignisse hinterlassen: der römische Limes und die Reformation mit ihren Grenzen zwischen Katholiken und Protestanten. Mir scheint, daß wir erst langsam begreifen, daß die dritte große Grenzziehung der deutschen Geschichte, die Grenze, die von der Sowjetunion zu Beginn des kalten Krieges entlang dem Eisernen Vorhang gezogen wurde, eine Grenze ist, die tief in der Seele der Menschen verläuft.

V.
Die Vereinigung der Gegensätze

Einer hochkomplizierten Maschine gleichend, sind moderne Volkswirtschaften arbeitsteilig in sich verflochten und über unzählbare Anschlüsse mit einem weltweiten Produktions- und Gesellschaftssystem verbunden. Keine moderne Volkswirtschaft kann ohne große Erschütterungen abrupt aus ihrem Verflechtungssystem gelöst werden. Und je höher entwickelt eine Industriegesellschaft ist, desto schwerwiegender müssen auch die Verwerfungen sein, die mit jeder abrupten Lösung aus den gewachsenen Verflechtungssystemen verbunden sind.
Die Bundesrepublik Deutschland und die Deutsche Demokratische Republik wurden nach 1945 zunächst als Besatzungszonen, sodann als Teilstaaten in Deutschland in zwei völlig verschiedene »Großsysteme« verflochten. Im Westen entwickelte sich ein System weit-

gehend »naturwüchsiger« Arbeitsteilung; zwar hatte der Staat auch hier seinen Anteil an der wirtschaftlichen Entwicklung. Aber Tempo und Struktur bestimmte der Markt; er erzwang die »Normen« an den internationalen und nationalen Anschlußstellen. Schrittweise mußten sogar *große* Volkswirtschaften ihre tradierten Regelsysteme anpassen: Die metrischen Maße (Kilo und Meter) verdrängten weitgehend die angelsächsischen Ungeraden (Pound, Inch und Yard); oder Linksverkehr auf den Straßen wich dem international üblichen Rechtsverkehr, zum Beispiel in Schweden. Immer ähnlicher wurde die Ausgestaltung der Eigentumsrechte (insbesondere der früher so verschieden gestalteten geistigen Eigentumsrechte) in der »westlichen« Welt; und immer gleichartiger wurde das Steuerrecht, um Wirtschaftsstandorte im Wettbewerb nicht zu benachteiligen. Der große und durch Transport und Kommunikation immer größer werdende Markt zwang die Wettbewerber immer härter auf einen Kurs der Anpassung ihrer Gesellschaftssysteme.
Die Gesellschaften erzwangen auch ihre Mentalitäten und Verhaltensformen. In der Freiheit der Märkte kann nur bestehen, wer seine eigenen Dinge auch selbst in die Hand nehmen kann. Die Märkte sind Kräfte der Anpassung, aber sie stärken auch die Kräfte des Widerstandes. Wer unter freien Bedingungen der Konkurrenz aufgewachsen ist, hat im verschärften Wettbewerb eine bessere Chance, sich durchzusetzen. Die DDR hatte 1945 nicht mit dem Markt, sondern mit der Planung begonnen. Ihre Verflechtungen gründeten damit sehr viel mehr auf politischen Entscheidungen, und ihre Institutionen entwickelten sich in Aktion und Reaktion eines Geflechtes von ideologisch und parteipolitisch gelenkten Machtzentren, Unternehmen und Gesellschaftssystemen.
Auch die Normen dieses Wirtschaftssystems waren von Verflechtungen geprägt: Auch die DDR hatte ihren »Markt«. Aber die Zuteilungen von knappen Ressourcen wurden nicht in erster Linie durch betriebswirtschaftliches Marktverhalten bestimmt, sondern durch eine Beeinflussung politischer Entscheidungsgremien: durch Überzeugung, Überredung oder Korruption. Und wo dies nicht funktionierte, auch durch Umgehungen, Zahlenbetrug und Rechtsbruch. Wer die Produktionsgeschichte mancher DDR-Unternehmen heute studiert, muß staunen, mit wie unterschiedlichen Methoden am Ende oft dieselben Ziele verfolgt wurden, die auch die

Unternehmen der westlichen Gesellschaft leiten. Eine bessere Qualität, zum Beispiel, konnte man zwar oft nicht als Selbstzweck zum Überleben des Unternehmens oder wegen des wissenschaftlich-technischen Fortschritts und des Wettbewerbs durchsetzen, wie dies im Westen so selbstverständlich ist. Parteigremien konnten aber vielleicht überzeugt werden, daß die verbesserte Qualität auch einen Fortschritt des »real existierenden Sozialismus« einleiten werde oder daß die erhöhte Qualität eines Produktes durch die mit ihr erwirtschafteten Devisen etwas leisten konnte für die Sicherung der »sozialistischen Staaten« im Interesse des »Antifaschismus«.

Diese DDR-Gesellschaft jetzt mit der eher naturwüchsigen, wettbewerbsorientierten und in die internationale Arbeitsteilung verflochtenen BRD-Gesellschaft zu verzahnen, ist eine Aufgabe, vergleichbar mit der Integration zweier grundverschiedener Antriebsmotoren zu einer größeren Maschine, wobei nicht nur die Antriebskonzepte, sondern auch die Normen der bisherigen Motorenteile mit keinem Gewinde, keiner Schraube, keinem Rohrdurchmesser und keinem Anschlußzapfen übereinstimmen. Etwa so, als ob man einen 8-Zylinder-Pkw-Motor Baujahr 1990 mit einem Traktormotor Baujahr 1957 zu *einem* Antriebsaggregat verbinden wollte.

Der Vergleich hinkt natürlich. Und zwar entscheidend: denn zwei so unterschiedliche Motoren kann man zerlegen; Teile ausbauen; neue Gewinde schneiden; Anschlüsse vereinheitlichen und so weiter. Es sind tote Materialien, und die Maschine steht. Die Vereinigung der beiden deutschen Staaten jedoch betrifft Menschen in ihrem täglichen Leben. Das Leben aber bleibt nicht stehen. Um das unzureichende Beispiel noch einmal zu bemühen: Die Integration beider Maschinen muß sozusagen bei laufendem Motor stattfinden. Diese Operation aber ist gefährlich. Und zwar für den Motor — und für den Maschinisten.

* * *

Alle Einwände gegen die deutsche Einheit 1990, die sich auf die Größe Deutschlands, auf die zerstörerische Rolle dieser Größe für den Frieden in Europa in drei Jahrhunderten bezogen, waren ohne geschichtliche Vernunft am Ende dieses Jahrhunderts. Die Deutschen waren endlich von der Bürde des Gleichgewichts befreit. Wägt man aber die Probleme der Vereinigung zweier so *verschiede-*

ner Gesellschaftssysteme, dann *mußte* die Frage nach Sinn und Notwendigkeit der Vereinigung der beiden deutschen Staaten gestellt werden. Kein Nationalgefühl durfte so stark sein, daß man sich diese Frage nicht dennoch stellen mußte. Allein die Gefühle konnten ja am Ende die Kluft nicht überbrücken und durften deswegen die Antwort nicht diktieren. Man mußte ja erkennen: Nicht eine neue deutsche Übermacht der Größe in Europa werde das Problem der deutschen Einheit 1990 werden, sondern die Risiken einer auf viele Jahre ungleichen Gesellschaft in Deutschland. Die Risiken der Ungerechtigkeit des inneren Streits und dann der äußeren Schwäche. Man mußte deswegen kein Vaterlandsverräter, kein gefühlloser Konsum-Republikaner sein, um angesichts dieser wirtschaftlichen und sozialen Probleme die Frage nach der Einheit nicht nur zu stellen, sondern sie eventuell auch mit zwei selbständigen Staaten zu beantworten. Auf den ersten Blick schien das sogar für beide Seiten der leichtere Weg zu sein. Warum es dennoch nicht so sein konnte, müssen wir verstehen und erinnern, wenn wir nun den härteren, aber notwendigen Weg der schnellen Einheit gehen.

Drittes Kapitel

Sturzflug in die Einheit: Die erzwungene Hoffnung

I.
Vertrag am Schreibtisch Adenauers

Am 18. Mai 1990 wurde in Bonn ein in der Geschichte wohl einmaliger Vertrag zwischen zwei Regierungen souveräner Staaten unterzeichnet. Der erste Staatsvertrag zwischen der BRD und der DDR zur Wirtschafts-, Währungs- und Sozialunion, der am 1. Juli 1990 wirksam geworden ist, stellte in fast allen für das tägliche Leben der Menschen wichtigen Fragen die Einheit Deutschlands de facto her, mit der allerdings gefährlichen Einschränkung, daß zwar das wirtschaftliche Leben in einem Rechtsraum vereint wurde, die politische Verantwortung jedoch zunächst weiterhin in zwei Verfassungsräume geteilt blieb. Zwei Staaten, zwei Parlamente, zwei Armeen — aber eine Wirtschaft und eine Währung.

Ebenso, wie die Wirtschafts-, Währungs- und Sozialunion nach dem 9. November als einzige mögliche Lösung der beiden deutschen Staaten vorhersehbar war, so ließ sich auch nach dieser Entscheidung, die am 18. März faktisch durch die Wähler der DDR getroffen worden war, bereits erkennen, daß nach Eintritt der De-facto-Einheit die staatsrechtliche Vereinigung der beiden deutschen Staaten sehr schnell erfolgen müsse. Wirtschaftlich und sozial saßen nach dem 1. Juli 1990 die Bürgerinnen und Bürger beider deutscher Staaten in einem Boot — wie konnten sie da auf längere Zeit mit zwei Kapitänen leben? Der Beitritt der DDR zur BRD am 3. Oktober 1990 und die Wahlen zu einem gemeinsamen deutschen Parlament am 2. Dezember 1990 ziehen staatsrechtlich den Schlußstrich unter die deutsche Teilung.

So, wie die Wirtschafts-, Währungs- und Sozialunion den politischen Entscheidungen vorangegangen war, so werden auch die wirtschaftlichen und sozialen Probleme der Vereinigung noch lange der deutschen Einheit folgen. Es ist die Wirtschaft, die heute das Leben der Völker bestimmt. Die Aufgabe der politischen Systeme, ihre Verantwortung und Legitimation, liegen in erster Linie in der Ordnung der wirtschaftlichen und sozialen Zusammenhänge und nicht in der äußeren Repräsentation der Staaten. Jedenfalls gilt dies für die kleineren Nationen und schon gewiß für Staaten, die Teil einer starken europäischen Gemeinschaft und Partner des Bündnisses NATO sind.

So ist es kein Wunder, daß am Anfang der deutschen Einheit wirtschaftliche Fakten standen. Ort und Stil des Bonner Ereignisses sowie die beteiligten Personen könnten symbolträchtiger von keinem Romancier erfunden werden: der Schreibtisch Konrad Adenauers, an dem dieser vielleicht 1952 jene über fast vier Jahrzehnte als entweder naiv oder als Wählertäuschung diffamierten Worte geschrieben haben mag, denen man heute auch als politischer Gegner staatsmännische Weitsicht und politischen Charakter nicht absprechen kann:

> »Ich denke mir die Entwicklung folgendermaßen: Wenn der Westen stärker ist als Sowjetrußland, dann ist der Tag der Verhandlungen gekommen. Dann wird man auf der einen Seite Deutschland die Furcht nehmen müssen, die es hat. Dann wird man Sowjetrußland klarmachen müssen, daß ... es unmöglich halb Europa in Sklaverei halten kann und daß im Wege einer Auseinandersetzung, nicht einer kriegerischen, sondern einer friedlichen, die Verhältnisse in Osteuropa neu geklärt werden müssen.« (Bulletin 1952, S. 254)

Hier an diesem Schreibtisch hatte Adenauer sicher auch die Formulierung erdacht, mit der er nach Ratifikation der Pariser Verträge den Gegnern seiner Integrationspolitik 1954 im Bundestag begegnete:

> »Die Sowjets werden verhandeln, nicht trotz, sondern gerade wegen des Zustandekommens der Verträge.« (Adenauer im Deutschen Bundestag am 15. Dezember 1954)

Am Schreibtisch Adenauers also die beiden Finanzminister der deutschen Staaten; nicht die Außenminister, natürlich, denn es ging ja um eine »innerdeutsche Frage« und nicht um ein außenpolitisches Problem. Nur wer selber am Bonner Entscheidungsprozeß teilgenommen hat, kann ermessen, wie zentral dieser Gesichtspunkt vier Jahrzehnte der Bonner Politik bestimmt hat: Berlin und die sprachlichen Positionsspiele beider Seiten, mit denen die Millimeter rechtlichen Geländes von den Diplomaten einander abgejagt und auch wieder verteidigt wurden; bis dann Staatssekretär Frank und Botschafter Falin durch jene nach ihnen benannte Formel einen bewundernswürdigen Weg fanden, um in Berlin zugleich Bewegung zu ermöglichen und doch den Status quo zu zementieren. Kein Außenminister also am Tisch der deutsch-deutschen Unterschriften, sondern diejenigen, die für das in Zukunft wichtigste Bindeglied der beiden Teile Deutschlands verantwortlich sind: für das Geld.

Der eine, Walter Romberg, ein großer, eher spröde und eher unbeholfen wirkender Mann, alt genug, um die ganze tragische Geschichte Deutschlands seit 1933 zu erinnern. Kein Politiker, ein Mathematiker von Beruf, ein norddeutscher Protestant und Mann, der sich in kirchlicher Laienarbeit mit Friedensforschung und Sozialarbeit beschäftigte. Feind aller Diktatur, aber kein Freund der westlichen Wirtschaftsgesellschaft. Ein Mann der Demonstrationen vor dem November 1989, als die Transparente vom »Einig Vaterland« noch nicht sichtbar waren. Der andere, Theo Waigel, ganz die gute Sorte des westdeutschen Politprofis, zehn Jahre jünger als sein DDR-Kollege. Für ihn ist die Bundesrepublik die ganze gegenwärtige Geschichte, für seine politische Phantasie scheinen Nationalsozialismus und Krieg eine weit zurückliegende historische Etappe, kein Teil mehr seiner selbst. Politiker von Beruf, ist ihm etwas ganz anderes als die heutige BRD (in ihrer bayerischen Ausprägung!) wohl kaum vorstellbar.

Und dann Kohl und de Maizière, Redner, aber nicht Unterzeichner bei diesem historischen Anlaß. Der Bundeskanzler, schon als Junge in der CDU mit dem klaren Ziel der Politik. Die erste verantwortliche Arbeit in der Industrie- und Handelskammer seiner Heimat Rheinland-Pfalz (Ludwigshafen), deren Lebensart und Mundart er mit so viel Gewicht verkörpert. Ein Berufspolitiker, wie er im Buche steht: Mit 33 Fraktionsvorsitzender in Mainz, mit 39 Ministerpräsident im Lande Rheinland-Pfalz. Der Lebensweg darauf auch voller Niederlagen — aber doch noch etwas mehr voller Erfolge. Sein DDR-Kollege, körperlich sicherlich kaum mehr als das halbe Gewicht des Kanzlers, Musiker, Rechtsanwalt, weder in Wirtschaft noch in Politik erfahren, aber in wenigen Monaten weit über die DDR hinaus für viele politisch

denkenden Menschen in Deutschland eine moralische Autorität; leider verlor er später einen erheblichen Teil davon wegen einiger Schritte, die ich bis heute nicht verstehe.
Dieses Quartett nun am traditionsbeladenen Schreibtisch des großen alten Mannes, des katholischen Verfechters einer separatistischen deutschen Westrepublik in den 20er Jahren, für den angeblich Asien an der Elbe begann und der sehr wohl wußte, was Geld und gutes Leben sein können. An seinem Tisch wird nun mit der entscheidenden Unterschrift unter den deutsch-deutschen Staatsvertrag die deutsche Einheit wiederhergestellt. Auf der einen Seite zwei asketische preußische Protestanten und auf der anderen Seite zwei katholische Lebenskünstler. Hätten auch diese, wie Lothar de Maizière am Vorabend des historischen Tages, mit derselben Glaubwürdigkeit auf die Frage »Was gibt Ihnen die Kraft für Ihre Arbeit?« antworten können: »Die Pflicht«?
Wie sich die Welt gedreht hatte! Damals, in den 20er Jahren, war es der rheinische Katholik Adenauer, der es zumindest nicht von sich wies, zur Beruhigung Frankreichs das geschlagene Reich in eine westliche und in eine östliche Republik zu teilen. Diesmal sind es die beiden west- und süddeutschen Katholiken, die an Adenauers Bonner Schreibtisch am 18. Mai 1990 die deutsche Einheit eher als nationale Frage verstehen, während die beiden preußischen Protestanten die DDR sicherlich lieber etwas länger als einen selbständigen demokratischen Staat gesehen hätten, wenn dies wirtschaftlich und sozial möglich und verantwortbar gewesen wäre.
Es war, wie wir wissen, dies nicht möglich und nicht verantwortbar. Weder Ministerpräsident de Maizière noch Finanzminister Romberg, weder Außenminister Meckel noch Verteidigungsminister Eppelmann waren aus politischer Überzeugung Befürworter eines schnellen Zusammenschlusses der beiden deutschen Staaten. Die schnelle Einheit war auch nicht das Ziel von Bundeskanzler Kohl, der noch im Dezember 1989 die Einheit nur in einer Reihe von Stufen vor sich sah. Das Tempo der Einheit folgte notwendig aus den politischen und sozialen Gegebenheiten der DDR. Nicht Kohl hat die Einheit beschleunigt, es waren die Wähler der DDR. Und auch diese waren nicht wirklich frei angesichts der offenen Grenzen und des sozialen Gefälles: Die Verhältnisse haben das Tempo erzwungen.

II.
Das Volk macht der Geschichte Beine

Dieses Buch erscheint nach dem Beitritt der DDR zur BRD und wenige Wochen vor der ersten freien Wahl des ganzen deutschen Volkes seit fast sechzig Jahren. Das Phantom DDR hat sich aufgelöst, kaum ein Jahr, nachdem ihm Erich Honecker am 40. Jahrestag unter dem Beifall geladener Gäste ein hundertjähriges Leben voraussagte. Am 17. November 1989 sagte Henry Kissinger zum Erstaunen vieler die deutsche Einheit »im kommenden Jahrzehnt« voraus. Ein gutes dreiviertel Jahr ist erst vergangen, seitdem Helmut Kohl der DDR in seinem 10-Punkte-Plan Vertragsgemeinschaft, Konföderation und eine ferne deutsche Einheit anbot. Noch vor wenigen Monaten hielt der Vorsitzende der SPD-Opposition im Bundestag, Jochen Vogel, das Jahr 1992 für ein geeignetes Datum für eine erste gesamtdeutsche Wahl. Im Winter 1989/1990 hatte Premierministerin Thatcher die deutsche Einheit noch nicht für eine aktuelle Angelegenheit angesehen, und noch im Mai 1990 hielt Präsident Gorbatschow die NATO-Mitgliedschaft eines vereinten Deutschland für unannehmbar. Alle haben sich geirrt. Wir alle.

Im Juni 1990 wurde Bundeskanzler Helmut Kohl in der ZDF-Sendung »Was nun, Herr Kohl« gefragt, ob er aus seiner Sicht im Zusammenhang mit dem Prozeß der deutschen Einheit Irrtümer oder Fehler begangen hätte. Helmut Kohl verwies auf einen Irrtum, dem er noch im Dezember 1989 erlegen sei: Er habe damals geglaubt, und sich auch durch den 10-Punkte-Plan und im Gespräch mit Ministerpräsident Modrow darauf eingelassen, daß der Weg in die deutsche Einheit in Stufen und auch sehr viel langsamer verlaufen werde, als dies dann unter dem Druck der Wünsche der DDR-Bevölkerung der Fall war.

Was war geschehen?

Schon im Laufe des November hatten die Demonstrationen begonnen, ihren Charakter zu verändern, denn zu den »revolutionären Reformern« (wie sie aus heutiger Sicht vielleicht eher genannt werden sollten) hatten sich die Interessen des Volkes, der breiten Massen, gesellt. Den politischen Forderungen nach demokratischen Freiheiten, nach Freizügigkeit und Pressefreiheit folgten nun die materiellen Forderungen nach besseren Lebensbedingungen. Nach einem Lebensstandard vergleichbar mit dem, den man bis zum 9. November ungläubig im Westfernsehen bestaunt und nun bei Verwandten und Bummelgängen in den grenznahen Gebieten zum Anfassen nahe erlebt hatte. Man sah, was die DM bedeutete; spürte die Armseligkeit der als Alu-Chips verlachten Ost-Mark und begriff, soweit man es nicht ohnehin längst wußte: Es gibt nur einen kurzen und sicheren Weg zum westlichen Wohlstand — den Weg in die Einheit Deutschlands.

Diese Entwicklung wurde allerdings in den ersten Monaten nach der Öffnung der DDR nur von wenigen erkannt. Nicht nur, daß im November 1989 der SPD-Bundesvorstand in zwei Sitzungen Mühe hatte, den Kurs von einer demokratischen Zwei-Staaten-Lösung auf die Wiedervereinigung auszurichten. Ein Artikel im »stern«, in dem ich versuchte, die Basis der Partei für einen klaren Einheitskurs zu mobilisieren, stieß bei führenden Freunden im Vorstand und in der Bundestagsfraktion zunächst noch auf heftigen Widerstand: bis sich die Lage durch die Zustimmung des außenpolitischen Sprechers der SPD-Bundestagsfraktion Karsten Voigt zu den 10 Punkten des Bundeskanzlers im Deutschen Bundestag klärte.

Die Konföderation, also der lockere Bund zweier souveräner Staaten, war als Endziel favorisiert worden. In erster Linie wohl, weil niemand glauben mochte, daß die Sowjetunion bereit sein werde, das Schicksal der DDR einer wirklichen Selbstbestimmung des Volkes zu überlassen. Und die nicht erzwingbare Zustimmung der Sowjetunion zur deutschen Einheit, insbesondere das Einverständnis Gorbatschows, wurde von allen für unerläßlich gehalten. Von seiner schirmenden Hand schien die freiheitliche Entwicklung in ganz Osteuropa entscheidend abzuhängen. Noch hatte sich die Sowjetunion nicht abschließend geäußert.

Obwohl also die Ereignisse sich überstürzten und noch im Dezember 1989 den meisten Insidern und Beobachtern der deutschen Szene zwar das Ziel der Wiedervereinigung in greifbare Nähe gerückt zu sein schien, nicht aber der Zeitpunkt ihrer Verwirklichung, mußte jeder politisch denkende Mensch in Deutschland erkennen: Für die *Bürger der DDR* konnte es nicht schnell genug gehen. Ihr soziales und demokratisches Interesse an einer Erneuerung in der sicheren Obhut der wirtschaftsstarken BRD und unter dem Dach unseres bewährten demokratischen Grundgesetzes war so offenkundig, daß alle Überlegungen eines längeren eigenen Weges eines demokratisierten DDR-Staates illusionäre Spekulationen sein mußten. Wenn Selbstbestimmung zählt.

Die Frage war letztlich nur, wie lange der Einigungsprozeß dauern werde. Solange diese Frist unüberschaubar blieb, mußte mit einer steigenden Flut von Wirtschaftsflüchtlingen aus der DDR gerechnet werden. Es war auch klar, daß die erste demokratisch gewählte Regierung der DDR gezwungen sein werde, sich des Beitrittsartikels 23 Grundgesetz viel schneller zu bedienen, als dies für eine ökonomische und soziale Anpassung der DDR an die Wettbewerbsverhältnisse der BRD zweckmäßig erscheinen würde. Wie man später sah, geriet sogar die außenpolitische Abstimmung der »2 plus 4«-Gespräche in Gefahr, vom Beitritt nach Artikel 23 Grundgesetz überholt zu werden.

Es gab damals Vorschläge, die finanziellen Hilfen und Notunterkünfte für die DDR-Flüchtlinge schnell aufzugeben. Ob allerdings für den anhaltenden Flüchtlingsstrom die nach Öffnung der Mauer fortgeltende Überbrückungshilfe wirklich eine Rolle gespielt hat, mag bezweifelt werden. Alle Umfrageergebnisse sprechen gegen diese Behauptung. Jedenfalls war die Bundesregierung schlecht beraten, hier nicht sofort die Probe aufs Exempel zu machen und alle früher aus politischen Gründen notwendigen Präferenzen für DDR-Übersiedler aus den Gesetzbüchern zu streichen. So hätte sie zwar die Übersiedler aus der nun freizügigen DDR den Gemeinden und Städten in der BRD überlassen, die wohl auch ohne Notaufnahmeverfahren gezwungen gewesen wären, auf dem Wege der Sozialhilfe und Obdachlosenversorgung den Anreisenden Hilfen zu gewähren. Und ob weniger Menschen von Ost nach West in Deutschland gewandert wären, ist auch angesichts der sehr geringen Zahl enttäuschter Rücksiedler eher zweifelhaft. Doch die Lage wäre geklärt gewesen.

Nachdem die Flut der Übersiedler weiter steil anschwoll, wurden Überlegungen laut, dem Strom der Übersiedler nicht nur durch den Abbau von Anreizen (Notaufnahmeverfahren), sondern auch durch rechtliche Beschränkungen einzudämmen. Der Vorschlag, eine Zuzugsverordnung der Besatzungsmächte aus dem Jahre 1950 hier auf ihre Tauglichkeit zu prüfen, wurde nach einem heftigen öffentlichen Aufschrei schnell wieder in Schweigen erstickt. Und als Mitte Mai im Zusammenhang mit den erwarteten Folgen der Wirtschafts- und Währungsunion erneut eine Zuzugssperre aus der DDR in die Diskussion gebracht wurde, machte die öffentliche Reaktion auch diesen absurden Gedanken in wenigen Stunden mausetot: Die kommunistische Mauer des totalitären SED-Staates war nicht nach fast 30 Jahren gefallen, um nun, mit welcher rechtlichen und sozialen Begründung auch immer, von der BRD erneut errichtet zu werden.

Kein Zweifel, beiden Vorschlägen, der Anwendung einer Zuzugsverordnung aus dem Jahre 1950 und der Einführung einer fünfjährigen Zuzugssperre nach Westdeutschland nach dem 1. Juli 1990, lag immer noch das Konzept einer eigenstaatlichen wirtschaftlichen Erneuerung der DDR zugrunde. Die DDR sollte als selbständiger Staat zunächst schrittweise an Strukturen und Leistungsstand der BRD angepaßt werden. Zu diesem Modell, das in der ökonomischen Theorie alle Argumente für sich haben mochte, gehörte eben in der Phase der Anpassung auch die Abgrenzbarkeit des Wirtschaftsraumes DDR. Auch ein solches Modell würde nämlich erhebliche Strukturumbrüche durchlaufen. Denn die harten Bedingungen einer flexiblen oder unterbewerteten Mark-Ost, wie sie für die DM nach 1948 zunächst gegolten hatten, würden zwar die Leistungskraft in der DDR steigern, aber zugleich auch die Mobilität nach Westen erneut hochschnellen lassen, selbst wenn diese Politik durch westliche Hilfe abgefedert würde. Der Prozeß der Anpassung einer selbständigen DDR würde schmerzhaft sein, und da konnte man eine offene Grenze zur BRD nicht brauchen. Wir nennen dies hier das »Polen-Modell«.

III.
Warum die Teilung nicht von Dauer sein konnte

Um zu verstehen, warum ein solcher Weg für die DDR nicht gangbar war, muß man sich noch einmal die Geschichte der deutschen Teilung nach 1945 in Erinnerung rufen. Es wird oft gesagt, die deutsche Teilung sei das Ergebnis des Zweiten Weltkriegs gewesen. Mancher hat sich im November 1989 auf diesen angeblichen Zusammenhang berufen, um daran zu erinnern, daß jetzt, um der Befriedung Europas willen, auch zwei freie Staaten in Deutschland notwendig seien.

Aber schon der Ausgangspunkt ist falsch, wie wir wissen. Die Siegermächte hatten im Gegenteil nach der bedingungslosen Kapitulation des Deutschen Reiches die Option der Aufteilung und Teilung Deutschlands verworfen. Sie konnten sich allerdings angesichts ihrer eigenen Gegensätze dann nicht mehr auf die politischen Bedingungen für die Entwicklung eines gesamten Deutschland einigen.

Sicherlich, die bedingungslose Kapitulation 1945 hätte damals vermutlich auch eine Teilung Deutschlands in zwei Staaten als Lösung der deutschen Frage möglich gemacht. Aber die Sieger gingen von einer gemeinsamen Verantwortung der vier Mächte für Deutschland aus. Deswegen organisierten sie eine Aufteilung nicht nur Deutschlands, sondern auch der deutschen Hauptstadt Berlin in jeweils vier Besatzungszonen. Damit aber schufen sie nicht nur symbolisch, sondern eben in einer sehr überschaubaren Realität, die entscheidenden Bedingungen dafür, daß aus der Aufteilung Deutschlands in westliche und östliche Besatzungszonen letztlich keine bestandsfähige Teilung Deutschlands in zwei wirklich selbständige deutsche Staaten werden konnte.

Die Teilung Berlins besiegelte nämlich auf Dauer die Künstlichkeit des ganzen Gebildes DDR. Der Vier-Mächte-Status Berlins markierte unübersehbar die Vorläufigkeit des bestehenden Arrangements und die Offenheit der deutschen Frage. Hier wurde die Wunde, wie man oft gesagt hat, offengehalten. In der Teilung Berlins lag der Keim zur Wiedervereinigung Deutschlands. In Berlin wurde die deutsche Frage als offene Frage in Europa verankert. In Berlin wurde dann auch schon im November 1989 deutlich, daß kein Weg an

der Wiedervereinigung Deutschlands vorbeiführen würde. Die DDR gründete eben auf zwei Gewaltakten: der verordneten Abtrennung der sowjetischen Besatzungszone von der demokratischen Entwicklung im Westen *und* der Einsperrung der Bewohner dieser Besatzungszone durch Mauer und Stacheldraht nach 1961. Nirgendwo waren beide Gewaltakte so offenkundig wie in Berlin.
Als dann am 9. November 1989 die DDR ihre Grenzen öffnete, war es wiederum die Öffnung der Mauer in Berlin, die die Welt erschütterte. Hier war 1961 nicht nur eine Grenze vermauert, sondern ein Teil eines lebendigen Leibes brutal abgeschnürt worden. Hier bedurfte es deswegen nach Öffnung der DDR für alle ersichtlich keines Zusammenwachsens, denn hier zeigte sich, daß *zusammengeblieben war, was zusammengehörte.* Jetzt wurde klar, warum in den wiederholten Berlin-Krisen die Sowjetunion versucht hatte, den Westen aus Berlin zu verdrängen: Solange Berlin geteilt blieb, war die täglich erkennbare Vorläufigkeit des Staates DDR dokumentiert. Die Kampagne »Berlin — Hauptstadt der DDR« war deswegen mehr als ein Versuch der DDR, Geltung in der Welt und Selbstbewußtsein zu Hause zu vermitteln: es war der Versuch, die Endgültigkeit der Teilung und die Zukunft eines zweiten deutschen Staates zu verankern.
Es hat mich immer erstaunt, wie theoretisch und wie unhistorisch viele meiner politischen Freunde in den ersten Wochen nach Öffnung der Mauer die deutsche Frage behandelten. Ihre gute Absicht, die europäische Ordnung nicht erneut durch deutsches Übergewicht zu stören, konnte ich ja noch nachvollziehen. Aber wie konnte irgend jemand mit politischem Sachverstand annehmen (oder gar hoffen!), es gebe eine Möglichkeit, die widernatürliche politische Konstruktion der DDR und eines aufgeteilten Berlin in Freiheit und Selbstbestimmung aufrechtzuerhalten? Der Einwand des Retortendenkens galt aus meiner Sicht gerade für alle die Konstruktionen, die nach freien deutschen Wahlen die Stadt Berlin noch einmal mit einem besonderen internationalen Status geschmeidig in die gedachte deutsche Zweistaatlichkeit einpassen wollten: als eine Art Standort kontinuierlicher internationaler Talk-Shows.
Und doch hatte es eine theoretische Chance für das Fortbestehen eines zweiten deutschen Staates einmal gegeben: Wenn nämlich in der DDR in den vergangenen 40 Jahren eine für die Bürger akzeptable

Gesellschaft entstanden wäre. Auch hier hat mich oft verwundert, wie blind eine ganze Reihe erfahrener und besonnener Bonner Politiker in den Novembertagen des vergangenen Jahres für den unauflösbaren Zusammenhang zwischen (1) dem materiellen Zustand der DDR, (2) der von uns allen geforderten Selbstbestimmung ihrer Bürger und (3) der Wiedervereinigung waren. Nie werde ich vergessen, wie mir im Parteivorstand der SPD in der Sitzung am 20. November 1989 bei meinem Plädoyer für eine Politik der Einheit von einem der führenden Parteifreunde entgegengehalten wurde, die Bürger der DDR selbst seien gegen die Vereinigung der beiden deutschen Staaten: zitiert wurden dann Bärbel Bohley und Stefan Heym! Da hatte Günter Grass schon eher den richtigen Riecher, wenn er im Januar in Tutzing seiner Hoffnung Ausdruck gab, die Nachbarn sollten notfalls durch ihren Einspruch dafür sorgen, daß der Einheitsstaat nicht zustande käme (und damit dieselben Fehler machen wie mit dem Friedensdiktat von Versailles!). Das Gehäuse der DDR war von Anfang an künstlich, und als es sich dann auch noch als völlig unbewohnbar erwies, war die Frage der Zweistaatlichkeit bereits negativ entschieden. Nur die Mauer hielt die zwei Staaten auseinander.

Deswegen waren eben auch alle Hinweise auf die historische Verselbständigung deutscher Stämme neben der Sache. Dies galt nicht nur hinsichtlich der deutschen Schweiz angesichts ihrer jahrhundertealten, selbstbewußt geformten Geschichte: Keine Mauer zwischen Basel und Lörrach, im Gegenteil — der attraktivere Teil liegt wohl bis heute jenseits der deutschen Grenze. Keine Mauer auch zwischen Salzburg und Bad Reichenhall. Das oft vorgebrachte Modell Österreich als Antwort auf die deutsche Frage 1990 war immer ein Phantom. Nicht nur, weil Österreich eine jahrhundertealte historische Identität hat (auch wenn nach 1918 und bis 1938 faktisch alle wesentlichen politischen Kräfte in Österreich den Anschluß an das Deutsche Reich befürworteten). Das Modell Österreich war 1990 für die beiden deutschen Staaten in erster Linie deswegen bedeutungslos, weil die DDR heute eben ein wirtschaftlich und sozial zerstörtes Land ist, Österreich aber eine lebendige und mit erheblicher Lebensqualität ausgestattete Demokratie.

Ja, wenn bei Öffnung der Mauer in der DDR eine Gesellschaft von der Qualität Österreichs erkennbar geworden wäre — wir würden heute möglicherweise anstelle der risikoreichen und komplizierten Wege in eine sozial für beide Seiten verträgliche Wiedervereinigung eher einen Weg suchen, wie Berlin als Ganzes zur Hauptstadt einer demokratischen, sozialen und wirtschaftlich erfolgreichen DDR werden könnte. Zwei deutsche Staaten hätten ja angesichts der historischen Erfahrungen, die wir mit *einem* großen deutschen Staat in Europa gesammelt haben, durchaus Vorteile im Zeitalter der europäischen Integration. Vielleicht sogar Vorteile auch für die Deutschen. Aber dann durfte eben die DDR nicht die DDR sein; sie müßte soziale, ökologische und wirtschaftliche Qualifikationen aufweisen, die auch die Menschen bewahren wollen.

Davon konnte aber doch nicht die Rede sein, auch wenn die Bürgerinnen und Bürger der DDR manche Kehrseite des staatswirtschaftlichen Schlendrians (zum Beispiel die Sicherheit von Arbeitsplätzen, die in Wirklichkeit nicht gebraucht werden) in der neuen Ordnung gerne erhalten würden. Aber in zwei Wahlen 1990, am 18. März und trotz der inzwischen für alle erkennbaren sozialen Risiken der Öffnung noch deutlicher in den Kommunalwahlen am 6. Mai, haben sich die Bewohner der DDR mit überwältigender Mehrheit für die Aufgabe ihres bisherigen Staates entschieden. Ein solches Votum wäre in Österreich aus guten Gründen heute (Gott sei Dank!) völlig unvorstellbar.

Die Vereinigung der beiden deutschen Staaten nach 40 Jahren Teilung folgt damit unmittelbar und direkt aus der Nachkriegspolitik der Sowjetunion und der kommunistischen Diktatur. Die Ursachen für die schnelle und unaufhaltsame Wiedervereinigung liegen nicht in der Bundesrepublik, nicht in einem nationalen Streben bundesrepublikanischer Parteien oder Politiker, sondern in der DDR. Und auch dort sind sie nicht etwa in erster Linie in nationalen Gefühlen zu suchen, sondern in den sozialen Visionen, die die DDR-Bürgerinnen und -Bürger mit einem Aufgehen ihres Staates in einer größeren Bundesrepublik Deutschland verbinden. Und zwar — jedenfalls bisher — trotz der sozialen Härte des Übergangs. Man kann es auch so ausdrücken: Das soziale Gefälle zwischen der Bundesrepublik und der DDR, das am 1. Juli 1990, dem Tage der Wirtschafts- und Währungsunion, so offenkundig bestand, ist beides zugleich: das Risiko der Wiedervereinigung *und* ihre wahre Ursache.

Die Sowjetunion und ihre Zöglinge in der DDR hätten es allein in der Hand gehabt, den Staat DDR so zu entwickeln und das Gleichgewicht in Europa in ihrem Interesse damit so zu bestimmen, daß die Bewohner beider deutschen Staaten auch in Freiheit an zwei Staaten festgehalten hätten. Die Sowjetunion, die kalten Krieg und Teilung in erster Linie verursacht hatte, ist damit auch der unfreiwillige Vater der unausweichlichen Wiedervereinigung. Wenn Moskau angesichts der befürchteten Verschiebungen für die sowjetische Sicherheitslage im Gefolge einer Wiedervereinigung zunächst Bedenken vorbrachte, so mußte man diese verstehen und aus psychologischen Gründen auch klugerweise, soweit dies irgend möglich ist, berücksichtigen. Man sollte allerdings die sowjetischen Gesprächspartner zukünftig auch immer wieder daran erinnern, daß der Druck auf Wiedervereinigung nicht aus der BRD, sondern aus der DDR kam, und daß er dort entstanden ist, weil das Regime sowjetischer Herrschaft so war, wie es eben war.
Die Mauer fiel nicht etwa durch Belagerer von außen, sondern weil es unmöglich wurde, den Willen zur Selbstbestimmung der Menschen innerhalb der Mauer anders als in einem Blutbad zu ersticken. Die Mauer fiel, als am 27. Juni 1989 in Ungarn der Drahtverhau des Eisernen Vorhangs von Repräsentanten der ungarischen und der österreichischen Regierung symbolisch durchschnitten wurde. Mit der Grenze zwischen diesen beiden Staaten öffnete sich nämlich das Gefängnis, in das sowjetische Politik nach 1945 die Völker Mittel- und Osteuropas eingesperrt hatte. Und mit diesem Schnitt durch den Stacheldraht in Ungarn ging letztlich auch die Mauer in Berlin auf.
Denn das System des Warschauer Paktes gründete auf seiner Geschlossenheit: Gelangte an irgendeiner Stelle frische Zugluft in das luftdicht abgeschlossene Gefäß, mußte sich am Ende, wie bei einem Einweckglas, der ganze Deckel lösen. Die DDR-Bürger konnten nun zwar noch immer nicht unmittelbar nach Deutschland ausreisen, wohl aber über Budapest nach Wien. Und es wurde für die DDR-Regierung ohne massive Gewaltanwendung dadurch unmöglich, ihren Bürgern und Bürgerinnen nun auch den Weg nach Prag und nach Budapest zu versperren. Einer blutigen Gewaltanwendung aber stand die Politik Gorbatschows entgegen, der weder bereit noch wohl auch in der Lage war, die ungarischen Erfahrungen

von 1956 oder Breschnews Einmischung in Prag 1968 faktisch in allen Ländern Mittel- und Osteuropas zu wiederholen. Es bleibt Gorbatschows Verdienst, daß er seine Hand nicht erneut zu einer gewaltsamen Intervention reichen wollte. In der Tradition sowjetischer Politik war dies ein großer Schritt voran; in der Tradition der Politik des Westens allerdings eine Selbstverständlichkeit und nicht mehr als ein Schritt in Richtung auf eine Normalität, die unter westlichen Nationen längst gilt.

Es war die Abstimmung mit den Füßen, die zur Öffnung der Mauer führte. Und es war der Strom der Flüchtlinge, der sich diese Bresche schlug und der von nun an das Tempo der Vereinigung der beiden deutschen Staaten bestimmte. Denn von jetzt an gab es zwei Wege zur Wiedervereinigung: den Weg der flüchtenden Menschen aus der DDR zu einer Wiedervereinigung aller Deutschen auf dem Territorium der Bundesrepublik; oder den Weg eines Zusammengehens beider deutscher Staaten mit solchen wirtschaftlichen Folgen für das Gebiet der DDR, die es den Bewohnern der DDR lohnend machen würden, in der DDR zu bleiben. »Wenn die D-Mark nicht zu uns kommt, dann gehen wir zu ihr«, hieß die neue Parole. Die Vereinigung der beiden deutschen Staaten war unausweichlich geworden. Aber die Wege, die zu ihr führen würden, stellten die Politik vor nahezu unlösbare Aufgaben.

IV.
Ein langsamerer Weg? – Die Dolchstoßlegende der PDS

Die Einführung der D-Mark am 1. Juli 1990 in der DDR ist das Material, aus dem historische Legenden gestrickt werden: Sachverständige hatten gewarnt; eine Regierung hat allen Warnungen zum Trotz gehandelt. Die vorausgesagten Folgen sind eingetreten, und sie werden eine lange Wirkung haben: Es wird mehr Arbeitslosigkeit und mehr Probleme geben als in den letzten Wochen des unabhängigen DDR-Staates. Und auch mehr, als beide deutsche Regierungen zunächst vorausgesagt hatten. Hier werden sich Legenden bilden, und ihnen muß man entgegentreten. Denn um diese Legenden könnten sich, wie wir aus den Erfahrungen der Weimarer Republik wissen, gefährliche politische Kräfte sammeln.

Zunächst einmal ist festzuhalten, wem die Bewohner der DDR ihre heutigen Probleme verdanken: Nicht der neuen Freiheit und nicht dem Markt, sondern der Unverträglichkeit ihrer Gefängniswirtschaft mit Freiheit und Markt. In 45 Jahren wurde von einer zunächst vielleicht naiven, dann aber rechthaberischen und schließlich gewaltsamen kommunistischen Ideologie ganz Europa jenseits des Eisernen Vorhanges ruiniert. Es entstand eine Gesellschaft so fern jeder menschlichen Ordnung, daß schon der geringste Verlust an gewaltsamer Kontrolle die künstlichen und unmenschlichen Konstruktionen, die das Gesellschaftsgebäude so mühsam zusammengehalten hatten, zum Einsturz bringen mußten. Dieser Zusammenbruch zerstört, beschädigt und verletzt. Betriebe, Familien, Arbeitslose. Aber nicht die gewonnene Freiheit ist die Ursache dieser Schmerzen, sondern die früher erlittene Unterdrückung; nicht von der demokratischen Selbstbestimmung stammt der Schaden, sondern von der jahrzehntelangen Bevormundung. Nicht der Markt bricht so schmerzhaft ein, sondern die Kommandowirtschaft bricht so schmerzhaft zusammen.

Die gesellschaftliche Wirklichkeit aber ist immer die einzige Wirklichkeit. Das, was ist, hat zwar seine Wurzeln immer in dem, was war. Aber nur im Laboratorium gibt es den überprüfbaren »Kontrollgruppen-Versuch«, also das Experiment, in dem unter gleichen Bedingungen des Ablaufs zwei unterschiedliche Wege beobachtet und beurteilt werden können. In der Politik, so hat es Karl Schiller einmal warnend formuliert, wird immer simultan zugerechnet: Wer die Verantwortung hat, trägt sie auch. Was ist und geschieht, wird ihm zugerechnet, selbst wenn offenkundig ist, daß die Ursachen der Entwicklung tiefer und im Zeitverlauf viel weiter zurück wurzeln.

Es liegt nahe, daß sich in einem derart verschachtelten Gehäuse, wie es Ausgangslage und Ablauf der Wiedervereinigung ausmachen, die Legende einnisten wird, es habe einen grundsätzlich anderen, schmerzloseren und weniger folgenschweren Weg der Vereinigung gegeben. Hätten die Regierungen, so wird es heißen, nicht auf die schnelle Einführung der DM gesetzt, wäre der wirtschaftliche Zusammenbruch vieler Betriebe nicht erfolgt. Denn das DDR-Wirtschaftssystem hätte von einer verantwortungsvollen Führung zu einem schrittweisen Prozeß der Stabilisierung geführt werden können.

Dolchstoßlegenden sind gefährlich, denn sie verdrehen im historischen Gedächtnis eines Volkes Ursache und Wirkung, sie machen die helfende Hand zum Täter, den Nachfolger zum Vorgänger, den Reformer zum Sündenbock. Es ist verständlich, daß die Erben der SED den Versuch machen werden, die Folgen des wirtschaftlichen Umbruchs in der DDR den heute verantwortlichen Regierungen von DDR und BRD und der sozialen Marktwirtschaft anzulasten. Man muß sie daran hindern: auch, weil mit dieser Methode ja das ganze Gesellschaftssystem der sozialen Marktwirtschaft und der offenen Demokratie diskreditiert werden soll. Es lohnt sich deswegen, für einen Moment diejenigen Entwicklungen zu skizzieren, die einer anderen Politik vermutlich gefolgt wären.

Die Vertreter dieses niemals konkretisierten »eigenen«, »langsameren«, »behutsameren« Weges zur Wirtschaftseinheit lassen zunächst meist völlig unberücksichtigt, daß auch eine autonome wirtschaftspolitische Anpassung zwangsläufig in der DDR zu Verwerfungen und Arbeitslosigkeit geführt hätten; die Lage in Polen oder Ungarn macht dies deutlich. Einige Fragen, die sich dann im Zusammenhang mit diesem »Entwicklungsmodell« vermutlich gestellt hätten, mag der Leser versuchen, sich selbst zu beantworten:

Wie hoch wäre die Übersiedlungswelle geworden, wenn nicht die BRD in ganz erheblichem Umfange Finanzhilfe für Investitionen und Arbeitsbeschaffungen in der DDR zugeschossen hätte? Wäre aber die Regierung der BRD politisch in der Lage gewesen, in diesem notwendigen Umfang Finanzhilfen zu gewähren, ohne damit der Regierung in der DDR auch entsprechende politische Auflagen zur Wirtschafts- und Finanzpolitik, zu Fragen des Eigentums und des Wettbewerbs machen zu müssen? Also Auflagen, wie sie mit der Vereinbarung des Staatsvertrages zwischen BRD und DDR getroffen wurden? Wie aber hätte man ein solches Bündel von Auflagen vereinbaren können, ohne sich von seiten der BRD auch am Risiko der Auflagen (zum Beispiel an der Arbeitslosigkeit) zu beteiligen, so wie es vom Staatsvertrag mit der Perspektive auf die deutsche Einheit geschehen konnte?

Es wird gesagt, die DDR und die BRD hätten »feste Wechselkurse«, vielleicht mit einem Kurs 1:3, vereinbaren sollen. Wer glaubt denn aber im Ernst, die Bundesbank hätte feste Wechselkurse ohne härteste Eingriffsrechte garantieren können? Ist nicht bekannt, daß feste Wechselkurse faktisch auch zu einer konjunkturellen Schicksalsgemeinschaft führen? Wer hätte das mit einer politisch so instabilen DDR wollen können? Und wer kann sich, gerade nach der Auseinandersetzung zwischen DDR und BRD im Sommer 1990 über Geld und Arbeitslosigkeit, den Streit zweier deutscher Staaten über die notwendigen Hilfen im selbständigen Anpassungsprozeß nicht vorstellen?

Welche sozialen Folgen hätte es zwischen BRD und DDR gegeben, wenn sich bei flexiblen Wechselkursen (auch ein Vorschlag) der flexible Wert der Ost-Mark zum Beispiel um 1:5 eingependelt hätte? Hätten BRD-Bürger dann wirklich Waren und Investitionen in der DDR zu diesem Billigstpreis ungestört erwerben dürfen? Bei monatlichen Ost-Gehältern von 1200 Mark, die dann etwa wie 250 DM zu 2600 DM (nach Steuern) eines westlichen Lohnempfängers zu berechnen gewesen wären? Etwa so, wie die Einkäufe von DDR-Bewohnern jetzt in Polen? Welche Folgen hätte *das* aber auch für die Schwarzarbeit, zum Beispiel in Berlin, und damit wiederum für den Abbau der dort so unerträglichen Grenzen gehabt? Überhaupt Berlin: Wie stellt man sich hier das Entwicklungsmodell vor? Vielleicht am Ende mit einer Mauer um die ganze Stadt?
Und wer glaubt denn, daß eine auf sich selbst gestellte DDR-Regierung die nicht nur rechtlich, sondern auch ideologisch schwierigen Eigentumsprobleme und die Vorurteile gegen »Ausverkauf« und »Ellbogengesellschaft« bewältigt hätte? Und was hätte das für die (auch heute unzureichende) Investitionsbereitschaft der westlichen Unternehmer bedeutet? Erinnern wir uns nicht der Untätigkeit und Reformunfähigkeit der Regierung Modrow? Wie lange hätte dieser lähmende Prozeß wohl angehalten?
Schließlich wäre auch bei einem »Modell Polen« für die DDR die deutsche Grenze offen geblieben (sonst hätte die BRD ja gleich die Mauer kaufen und umdrehen können, damit die DDR-Bewohner endlich die bunte Seite sehen können!). Angesichts der doch auch von den Befürwortern des Polen-Modells schließlich akzeptierten

Einheitsperspektive ist doch offenkundig, wie negativ sich die wirtschaftlichen und politischen Unsicherheiten eines »eigenen« DDR-Weges auf die Investitions- und Kooperationsbereitschaft der westlichen Wirtschaft in der DDR generell ausgewirkt hätten. Nichts in der Wirtschaft ist aber wichtiger als Berechenbarkeit, kaum ein Verlauf aber wäre schwerer kalkulierbar gewesen als der Versuch einer autonomen Erneuerung der DDR-Wirtschaft mit fester Perspektive der Wiedervereinigung. Wie hätte sich das zum Beispiel auf alle Wechselkursspekulationen auswirken müssen?
Welche Chancen hätte im übrigen die Entwicklung der Demokratie in der DDR gehabt, wenn im Rahmen eines »Entwicklungsmodells« zunächst nur wirtschaftliche Nachteile entstanden wären? Polen verlor schnell fast ein Drittel seines Bruttosozialprodukts. Auch die »Talfahrt der DDR-Wirtschaft setzte schon mehrere Monate *vor* dem Inkrafttreten der Währungsunion ein« (Ifo-Institut im Juli 1990). Und die BRD schaut lange, vielleicht über Jahre zu? Wie stark wäre die PDS geworden, wie tief hätte man ohne die Perspektive einer schnellen politisch-demokratischen Einigung der beiden deutschen Staaten in den etablierten Stasi-Apparat wirklich eingreifen können?
Welche Folgen hätte aber diese offene Entwicklungsflanke DDR dann über Jahre für unsere Fähigkeit in der BRD gehabt, dem europäischen Integrationsprozeß zu folgen, geschweige denn ihn voranzutreiben?
Und schließlich: Wie schnell hätte die DDR-Regierung dann ohne jede Rücksicht auf den außenpolitischen Prozeß der »2 plus 4«-Gespräche die Notleine des Artikels 23 ziehen müssen? Denn hier liegt doch der Angelpunkt der politischen Kraft, die DDR-Volk und -Regierung in der Frage der Einheit *und des Tempos* der Einheit in der Hand hatten: in dem Recht auf die sofortige Wiedervereinigung nach Artikel 23 Grundgesetz.
Am Schluß sei noch hinzugefügt: Wie lange hätte nach allen Erfahrungen und allem, was wir heute wissen, die Anpassungsfrist angesetzt werden müssen, selbst wenn die DDR-Bevölkerung bereit gewesen wäre, diesen Weg zu gehen? Betrachtet man nämlich die reale Lage, dann hätte wohl eher ein Jahrzehnt als fünf Jahre angesetzt werden müssen, bis *reale* Anpassungserfolge erzielt worden wären. Die Vertreter der langsamen Annäherung haben die Größe

des Problems immer unterschätzt und nur ökonomistisch argumentiert.
Man braucht kein Ökonom zu sein, um zu wissen, daß die Vereinigung zweier so unterschiedlicher Gesellschafts- und Wirtschaftssysteme, wie sie BRD und DDR waren und weitgehend noch immer sind (und eben für viele Jahre auch noch sein werden!), zu schwerwiegenden wirtschaftlichen Verwerfungen, zu sozialen Konflikten und zu politischen Spannungen führen muß. Aber wer politisch denkt und nicht nur parteitaktisch, der muß zugeben, daß es einen anderen Weg als den der schnellen Wirtschaftsunion — leider — nicht gab.

V.
Vom Feldmarschall zum Bundesbankdirektor: Ein Fortschritt

Die Einheit Deutschlands ist für die Deutschen im Westen eine Mischung aus Selbstverständlichkeit, jetzt, wo sie möglich geworden ist, und Pflicht, nun, wo sich zeigt, daß die Deutschen der DDR sie wollen — und brauchen. Die schnelle Einheit Deutschlands war unaufhaltsam, weil es angesichts der berechtigten Wünsche der DDR-Bürger zu ihr keine vernünftige Alternative geben konnte — es sei denn, einen Mauerbau, diesmal auf unserer Seite. Die Einheit Deutschlands 1990 ist viel weniger die Folge eines unstillbaren deutschen Wunsches nach nationaler Einheit als einer Einsicht in eine Notwendigkeit, weil so allein die Wünsche der Deutschen in Ost und West nach friedlichem Zusammenleben jeweils in ihrer Heimat und unter vergleichbaren Lebensbedingungen erfüllbar sind.
So ist es verständlich, daß keine nationale Welle das deutsche Volk erfaßt hat. Wer auch nur ein Gespür für Stimmungen hat, weiß, daß bisher weder in der BRD noch in der DDR der Nationalismus ein wesentlicher Faktor war. Keine Bewegung für demokratische Reformen drängt heute auf die deutsche Einheit wie 1848; die BRD ist demokratisch und die DDR hat alle wesentlichen Voraussetzungen

für einen eigenen demokratischen Weg erstritten. Die Wiedervereinigung 1990 ist eine *erzwungene* Hoffnung.
Sicherlich gab es Ströme von Freudentränen in der Nacht der *Freiheit*. Wer von uns hat nicht geweint? Und es gibt in der älteren Generation der BRD auch feuchte Augen über die Wiedergewinnung der *Einheit* Deutschlands. Allerdings wohl kaum so stark wie 1938 bei der großen Mehrheit auch der demokratischen Österreicher. Wenn ich die Menschen in Deutschland heute richtig verstehe und die Daten richtig lese, dann sind es nicht in erster Linie Gefühle, die den schwierigen politischen Weg zur Wiedervereinigung bestimmen. Untersuchungen haben ja auch gezeigt, daß die Bürger der BRD mit der Wiedervereinigung sehr viel vorsichtiger werden, sowie deutlich wird, daß dies Opfer und Geld kosten wird. Ich würde das nicht nur als Geiz einer satten Bundesrepublik charakterisieren. Wäre es nicht sehr viel beunruhigender, wenn wir es heute in der BRD mit einer massiven nationalen Stimmung für eine »Wiedervereinigung um jeden Preis« zu tun hätten? Der offenkundige Pragmatismus der BRD-Bürger in einer doch so emotionalen Frage ist für mich eher ein Zeichen der Reife. Beim Geld hört eben der Spaß auf. Dann muß auch sauber gerechnet werden.
Man dürfte sich deswegen aber auch in der DDR weder von Fahnenschwingern noch von kleinen rechten Randgruppen täuschen lassen: »Deutschland einig Vaterland« wurde auch in der DDR in erster Linie als soziale Solidargemeinschaft eingefordert und nicht als Nationalstaat des 19. Jahrhunderts. Die DDR-Bürger, Verlierer des Zweiten Weltkrieges wie wir, aber eben auch Verlierer der ökonomischen Ausdorrungen des kalten Krieges, den wir im doppelten Sinne (als Deutsche und als Teil des Westens) gewonnen haben, diese DDR-Bürger wollen die Einheit in erster Linie aus wirtschaftlichen Gründen, vielleicht auch (aber das sind wenige, weitsichtigere Leute, so scheint es), weil sie erkennen, daß es leichter ist, eine Demokratie auf einem festen und bereits erprobten Gerüst aufzubauen als auf den Trümmern einer Diktatur. Auch die DDR ist in der deutschen Frage pragmatisch.
Die BRD als Bank, als Bürge und demokratischer Betreuer — das stand für die DDR-Bürger hinter der Forderung nach Einheit und nach dem Beitritt zur BRD über den Artikel 23 des Grundgesetzes. Angesichts des gemeinsam verlorenen Krieges und der zwischen

Ost und West sehr einseitig verteilten Folgelast ein durchaus verständliches und auch begründetes Verlangen.
Daß bei diesen hochpolitischen nationalen Fragen die Verhandlungen über die wirtschaftlichen und rechtlichen Rahmenbedingungen der Vereinigung, also über den ersten Staatsvertrag, auf der BRD-Seite von einem beamteten Bundesbankdirektor geführt wurden (allerdings auf der DDR-Seite nicht von einem Pfarrer, wie zu erwarten gewesen wäre), das charakterisiert wohl die neue Lage besser als jeder Kommentar. Wenn man die Gefühle erinnert, die in der langen Geschichte Europas mit der deutschen Frage verbunden waren, dann ist dieser Weg vom Schwert zur Kasse, vom Feldmarschall zum Bundesbankdirektor, ein durchaus beruhigender Fortschritt: ein Verlust vielleicht der Gefühle, aber eben ein Fortschritt des Sachverstandes.

* * *

Ich habe die deutsche Einheit 1990 eine erzwungene Hoffnung genannt. Sie ist kein nationales Anliegen wie 1848 oder 1871. Auch nicht die Frucht mühevollen politischen Ringens. Als die Mauer aufging, tauchten zwar die Menschen auf beiden Seiten zunächst in einen Taumel der Freiheit und des Wiedersehens. Bald aber machte sich in Ost und West Ernüchterung breit: die großen Unterschiede in Lebensstandard und Lebensweise zwischen Ost und West wurden im täglichen Leben erfahrbar. Und es wurde deutlich, daß die Wiedervereinigung auf beiden Seiten sehr schmerzhafte Verzichte notwendig machen würde. In der DDR mußte mit der Freiheit ein Teil der gewohnten Sicherheit und der Sicherheitsillusion verlorengehen; und die Bürger der BRD mußten bereit sein, mindestens zunächst ihren Wohlstand zu teilen und vom sonnigen Weg auf einen steinigen und schattigen Pfad abzubiegen, der sie durch die schwierigste Wegstrecke seit 1945 führen wird.
Aber während das politische Ziel der Vereinigung der beiden deutschen Staaten bei den Bürgern der BRD nun, im Frühjahr und Sommer 1990, wieder zurücktrat, blieb der Wille zur Einheit in der DDR ganz unbestritten das vorrangige politische Ziel der großen Mehrheit und aller demokratischen Parteien (zu denen ich die bisherige SED, auch wenn sie aus der totalitären Schnellreinigung inzwischen als PDS zurückgereicht worden war, noch immer nicht zählen kann).

Obwohl die zunächst unausweichlichen Folgen der Währungsunion für die DDR-Betriebe, für Arbeitsplätze und Lebensstandard in den Medien der BRD und der DDR ohne jede Beschönigung diskutiert wurden, obwohl sich in der DDR Unsicherheit und Angst ausweiteten, gab es bei der überwiegenden Mehrheit kein Wanken im Ziel: einer baldigen Einheit. Bei allen Gesprächen in der DDR sagten auch im Juli und August 1990 die Werktätigen bedrohter Arbeitsplätze: »Wir müssen da jetzt durch.« Daß mancher gewendete Funktionär anders argumentiert, steht dieser breit verankerten Überzeugung nicht entgegen: Der Kurs war richtig gesetzt.
Es gab keine Alternative zur Wirtschafts- und Währungsunion. Der »andere Weg« ist eine Legende.

Viertes Kapitel

Als Retter der Markt? – Ein überschätzter Sieger

I.
Was der Markt nicht kann

Im Frühjahr 1990 wurde in Blättern der deutschen Linken die spöttische Frage gestellt: Hat Ludwig Erhard über Karl Marx gesiegt? Doch nicht der schlichte Dicke aus der Provinz — so war es natürlich gemeint — über den größten sozial-historischen Denker der Moderne! Kein match, also auch kein Sieger: Karl Marx kämpft in einer anderen Liga.

Die Kontrahenten waren falsch gewählt. Beim Zusammenbruch des kommunistischen Wirtschaftssystems ging es nicht um Ludwig Erhard gegen Karl Marx, sondern um Markt gegen Plan. Oder auch um Marktgesetze gegen eine selbstgebastelte Wunschgesellschaft. Markt und Betriebswirtschaft haben gesiegt und die marxistischen, trotzkistischen oder wie auch immer Bastler widerlegt. Es ging damit den Marxisten ähnlich wie den Alchimisten gegenüber der modernen Naturwissenschaft: Sie hatten sich geirrt. Allerdings haben die politischen Bastler leichtfertig schweren Schaden angerichtet und unendliche Schmerzen verursacht.

Der weltweite Zusammenbruch von Staatseigentum und Planwirtschaft ist nicht auf vermeidbare Fehler, auf Korruption, Parteiarroganz und Stasi-Gewalt zurückzuführen. Vielmehr sind diese Phänomene selbst: Korruption, arrogante Inkompetenz und totalitäre Gewalt, im System von Staatseigentum und Planwirtschaft unvermeidbar. Denn ohne die ständige politische Bevormundung und Repression würden staatliches Monopoleigentum und Planwirtschaft wegen ihrer Mißerfolge einfach weggefegt. Wer sie erhalten will, braucht die Gesinnungspolizei mit allen ihren Folgen. *Das* ist die Lehre, die die *Demokratie* dem Marxismus-Leninismus erteilt hat. Der Erfolg der BRD ist deswegen ein Erfolg der Demokratie *und* der Marktwirtschaft; der Mißerfolg der DDR ein Ergebnis von Vergesellschaftung, Planwirtschaft *und* Diktatur. Marshallplan und Sowjet-Reparationen zählen da nur hinter dem Komma.

Aber dies ist nur die eine Seite der Medaille. Sie zeigt die Kraft der Marktgesetze und nicht, was wir dem allzu freien Markt auch verdanken: die ungezügelte, weltweite Industrialisierung und ihre zerstörenden Folgen für Natur und Lebensgrundlagen des Menschen; die offenbar unkontrollierbare Kraft globaler Finanzmärkte und die wachsenden Chancen des internationalen, organisierten Verbrechens; das gefährliche Auseinanderrücken von Arm und Reich in unseren Gesellschaften, aber auch von Nord und Süd auf der immer kleiner werdenden Erdkugel. Es sind unkontrollierte Marktprozesse, die diese Entwicklungen verursachen. Marktwirtschaften ohne wirkungsvolle »soziale« und »ökologische« Begrenzungen. Und bis November 1989 standen diese Fragen bei uns auch im Mittelpunkt der politischen Diskussion.

Der politische Umbruch hat in Europa die Prioritäten entscheidend verändert; ein Blick in die Tageszeitungen genügt, um das Ausmaß dieser Veränderung zu erkennen. Das Ozonloch scheint plötzlich viel kleiner geworden zu sein als die Lücke in der Warenversorgung ländlicher DDR-Kaufhäuser. Ein Mißverständnis, wie wir natürlich wissen; verständlich angesichts der historischen Dramatik auf den Bühnen der Tagespolitik, vielleicht. Aber dennoch nur ein Mißverständnis, für das wir irgendwann teuer bezahlen werden.

Der Markt soll nun auch die geschundenen Wirtschaftssysteme der früher kommunistisch regierten Staaten wiederaufbauen und die deutsche Einheit gerecht ordnen. Auch das ist ein Mißverständnis und überschätzt die Leistungsfähigkeit des Marktes. Sicherlich kann die wirtschaftliche, soziale und ökologische Erneuerung der DDR nur marktwirtschaftlich gelingen. Aber eine gleichgewichtige Entwicklung der DDR-Region als gleichberechtigter Teil eines vereinigten Deutschland fordert einen *sozialen* Ausgleich und die Lösung einer regionalen Verteilungsaufgabe, die der Markt noch nirgendwo wirklich befriedigend beantwortet hat.

Es ist im Gegenteil die Erfahrung aller Industriestaaten, daß historisch gewachsene, regionale Unterschiede trotz zum Teil erheblicher staatlicher Interventionen über lange Zeiträume fortbestanden haben. Das gilt nicht nur für das »Parade«-Beispiel Mezzogiorno, sondern trifft auch für Schottland zu, nachdem an der dortigen Westküste der Schiffbau und der Amerika-Handel rückläufig wurden. Es gilt für Kanada, wo 1988 zum Beispiel die Provinz Ontario 50% der Industrieproduktion erwirtschaftete und ein Bruttosozialprodukt pro Kopf hatte, das fast doppelt so hoch war wie das der Provinz New Brunswick. Es gilt für die USA, wo über fast ein ganzes Jahrhundert der Süden weitgehend Absatzmarkt des industrialisierten Nordens war, bis der Abbau der Rassendiskriminierung und die beweglichen modernen Industrien und Dienstleistungen die (auch klimatischen) Vorzüge des Südens entdeckten. Es gilt für die kleinräumige Schweiz, wo Einkommen mancher Kantone bei nur 50% anderer Kantone liegen. Man kann aus all diesen Erfahrungen, bis hin zu den noch nicht vergangenen Problemen des bisherigen »Zonenrandgebiets«, sogar eher folgendes schließen: Der Mechanismus des Marktes tendiert zu einer Konzentration der Produktion in den wirtschaftlich starken Gebieten; das heißt, er neigt dazu, schwächere Gebiete zu entleeren, anstatt sie industriell zu füllen — es sei denn, es gibt massive Anreize für die Unternehmen, in den benachteiligten Gebieten zu investieren.

Verfügt die DDR über solche »natürlichen« Anreize zum Investieren? Die Regierungspolitik hat im wesentlichen auf solche »natürlichen« Anreize gesetzt. Prüft man aber die Argumente sorgfältig, hat diese These keinen Bestand. Die bisherige Regierungspolitik gründet auf falschen Annahmen.

II.
Der Irrtum: Die Währungsunion 1990 ist keine Währungsreform wie 1948!

Es wird in diesem Zusammenhang gelegentlich auf die Währungsreform 1948 verwiesen. Dabei werden neben vielen anderen Unterschieden zwei Aspekte der besonderen Lage in der DDR völlig übersehen: Der abrupte Übergang von einer zentral gelenkten Planwirtschaft auf eine Marktwirtschaft *unterbricht* die gewachsenen Zusammenhänge von Arbeitskosten und Kapitaleinsatz (die Produktionsfunktion von Arbeit und Kapital), weil eine *schrittweise*

Anpassung der Zahl der Beschäftigten an modernere und kapitalintensivere Produktionsverfahren nicht möglich ist. Die neuen Produkte und arbeitsparenden Produktionen stehen nämlich zeitgleich zur Verfügung — jenseits der bisherigen Grenze. Dies führt zu dem zweiten elementaren Unterschied zur Lage von 1948: Das Leistungsgefälle besteht heute in *einem* Währungsraum und nicht gegenüber dem konkurrierenden Ausland.

Der tiefe Einschnitt vom 20. Juni 1948 bedeutete ja nichts anderes — und das war mutig und weitsichtig genug — als die konsequente Beseitigung eines inflationären Geldüberhanges und die Freigabe der Bewirtschaftung bei wichtigen Waren. Die Währungsreform war im Kern nicht mehr als eine drastische Verringerung der umlaufenden Geldmenge auf ihren realen Wert, verbunden mit dem Vertrauen auf das Funktionieren der Marktmechanismen in einer Gesellschaft, die nichts zu verlieren und alles zu gewinnen hatte.

Die Währungsreform 1948 konnte mit gleichen Marktbedingungen im gesamten Gebiet der neu eingeführten DM-Währung rechnen: Die DM war nicht konvertibel, das heißt, die Möglichkeiten der Importe von Waren gegen harte Währung waren begrenzt; für den ganzen Geltungsbereich der neuen DM bestand 1948 ein nicht unerheblicher Zoll- und Einfuhrschutz. Im ganzen Gebiet der DM gab es gleiche rechtliche und strukturelle Voraussetzungen der Wirtschaftsordnung. Die Eigentumsverhältnisse waren klar und privatwirtschaftlich.

Und nicht nur die Rahmenbedingungen im Geltungsbereich der neuen DM, sondern auch die Rahmenbedingungen der Außenwirtschaft waren relativ vergleichbar. Zwar hatte Deutschland den Krieg verloren, und wir hatten auch die größten Zerstörungen von Fabrikanlagen, Verkehrsverbindungen und Versorgungseinrichtungen in Westeuropa zu tragen. Aber der Krieg hatte doch alle europäischen Staaten erschöpft, überall waren die Einrichtungen für die zivile Produktion weitgehend verschlissen und veraltet.

Mehr oder weniger gleiche Startchancen *aller* Unternehmen in der BRD und in Europa und ein Schutz für die westdeutsche Wirtschaft durch begrenzte Konvertibilität prägten die Voraussetzungen für die Währungsreform 1948 und den wirtschaftlichen Aufstieg. Unter diesen Umständen konnte Ludwig Erhard 1953 dann für den Fall der Wiedervereinigung vorhersagen: »Aber auch in der DDR selbst ist mit einer stärker zunehmenden Arbeitslosigkeit nicht zu rechnen. Die Betriebe und Unternehmungen in der DDR werden durch den Wettbewerb nicht erdrückt werden, sondern umgekehrt gerade durch den Wettbewerb rascher und erfolgreicher zu höherer Leistungsergiebigkeit gelangen. In politischer, wirtschaftlicher und menschlicher Beziehung wird die Wiedervereinigung Deutschlands Kräfte entfesseln, von deren Stärke und Macht sich die Schulweisheit der Planwirtschaft nichts träumen läßt.« Aber zum einen war das 1953 nach fünf und nicht nach über 40 Jahren Planwirtschaft in der DDR. Zum anderen entfällt heute in der DDR-Region der 1948 durch Unterbewertung der DM geschaffene Schutz für den Aufbau der westdeutschen Industrie. Die neue Währung in der DDR ist vielmehr die Währung eines extremen Hochlohnlandes und die westdeutsche Wirtschaft ist besonders wettbewerbsfähig. Die Wettbewerbsbedingungen auf dem gemeinsamen heimischen Markt im vereinigten Deutschland sind aus der Sicht der DDR-Wirtschaft unerträglich verzerrt, denn die BRD hat 40 Jahre marktwirtschaftlichen Aufstiegs hinter sich, die DDR steht erst am Anfang einer solchen Entwicklung. Schließlich fehlen der DDR-Wirtschaft und der Verwaltung in ihrem Raum die »kapitalistische Erfahrung« und der ganzen Region eine auf Wettbewerb eingestellte öffentliche Infrastruktur.

Mit anderen Worten: Die Bedingungen waren bei Einführung der DM 1948 für die BRD-Wirtschaft wesentlich günstiger als heute bei Einführung der DM im Raum der DDR. Angesichts der abrupt veränderten Wettbewerbslage müssen nahezu zwangsläufig auch bisher kostengünstige und wettbewerbsfähige DDR-Betriebe in erhebliche Bedrängnis geraten, eben weil die Produktionsfunktion unterbrochen wurde und nicht schrittweise angepaßt werden kann. Der Preis ist ein erheblicher Abbau von Arbeitskräften.

III.
Der Irrtum: Vollbeschäftigung durch kleine Betriebe

Ein zweites Mißverständnis hat während der letzten Monate gelegentlich den Blick auf die wirtschaftlichen Kernfragen der DDR verstellt. Zu Recht wurde zwar immer wieder auf die große Angebotslücke im Handwerk und bei den Dienstleistungen in der bisherigen DDR-Wirtschaft verwiesen. Es wurde berechnet, daß allein für diese Aufgaben rund eine Million Arbeitsplätze entstehen könnten. Diese Argumente sind auch prinzipiell begründet, weil der Sektor von Handwerk und Dienstleistungen in der DDR-Region vollständig verkümmert ist.

Aber man darf nicht vergessen, daß kleine Betriebe, Dienstleistungen und Handwerk in der BRD in einem erheblichen Umfange Teil der *industriellen* Entwicklung waren und eine breite industrielle Produktion voraussetzen. Kleine Betriebe entstanden nämlich auch deswegen, weil die Industrie durch die Verringerung der Fertigungstiefe eine günstigere Risikostreuung anstrebte und deswegen bisherige »Eigenfertigungen« auf andere Risikoträger außerhalb des Unternehmens verlagerte.

Das aber heißt: Auch in der DDR-Wirtschaft wird es zur Entfaltung einer breiten Dienstleistungspalette und zum Ausbau zahlreicher kleiner mittelständischen Handwerks- und Industriebetriebe nur kommen können, wenn zugleich in den wichtigen Branchen ein international wettbewerbsfähiger Industriekern erhalten bleibt. Zwar wuchs der Anteil der Dienstleistungen am privaten Verbrauch der BRD seit 1960 um 10% auf über 40% an, aber mit ihm auch die Nachfrage nach servicehaltigen Gebrauchsgütern. Außerdem sind die arbeitsteiligen Prozesse der Industrie maßgeblich für die Expansion der Dienstleistungen verantwortlich, und diese stellen oft nur eine Auslagerung von produktionsbezogenen Arbeitsvorgängen dar. Die auch bei uns früher geäußerte These eines Rückzuges auf den »Export von Blaupausen« war immer ein wirtschaftspolitischer Irrtum, den wir nun auch argumentativ für die DDR-Wirtschaft nicht wiederholen sollten.

IV.
Irrtümer über Standortfaktoren der DDR-Region

Für die Wiederholung eines deutschen Wirtschaftswunders in der DDR werden in der Regel vier Begründungen vorgebracht:

(1) Die DDR war im sächsischen und thüringischen Westen und Süden und im Berliner Raum ein traditionell starkes Industriegebiet. Die DDR zählte bisher zumindest nach eigener Einschätzung als zehntstärkstes Industrieland der Welt und verfügt auch über eine breite wissenschaftlich-technische Basis. Die DDR verfügt nicht nur in diesen Räumen über eine gut ausgebildete Arbeiterschaft, wenn auch meist an veralteten Produktionsanlagen.
(2) Die bisherige DDR hatte ein vergleichsweise niedriges Lohnniveau.
(3) Der Raum der DDR bietet eine ungewöhnlich günstige Ausgangsbasis für den Export in das sich ebenfalls öffnende Mittel-und Osteuropa und in die Sowjetunion.
(4) Mit der DDR öffnet sich ein Markt mit überfälligem Nachholbedarf in fast allen Bereichen von Wirtschaft und Gesellschaft. Dieser Nachholbedarf wird rund ein Drittel der zukünftigen Fläche Deutschlands und mehr als ein Fünftel seiner Bevölkerung umfassen. Der Standort ist also auch wegen seiner Nachfrage attraktiv.

Vier wichtige Eigenschaften des Standortes DDR, kein Zweifel, die für die weitere Entwicklung einer eigenstaatlichen DDR unter anderem gegenüber den anderen COMECON-Staaten auch starke Wettbewerbsvorteile gewesen wären. Nur: Diese Staaten werden nicht mehr die Wettbewerber der zukünftigen fünf DDR-Länder in einem größeren Deutschland oder im EG-Europa sein. Die DDR-Betriebe werden vielmehr gegen BRD- und EG-Betriebe zu bestehen haben.
Und die DDR-Unternehmen werden sich auch in einem scharfen Regionalwettbewerb befinden. Sachsen zum Beispiel gegen Ba-

den-Württemberg oder Sachsen-Anhalt gegen das Ruhrgebiet; Thüringen gegen Bayern oder Rostock gegen Hamburg (oder auch Bremen); Mecklenburg gegen Niedersachsen. Aber Berlin auch gegen Paris, London oder auch gegen Frankfurt am Main, München und Hamburg. Die Wettbewerbslage jedes DDR-Betriebes heißt immer auch DDR-Regionen gegen die BRD-Region oder Regionen wie Norditalien, Katalanien oder Südengland. Man kann diese Paarungen natürlich alle vertauschen. Aber es werden solche komplexen Wettbewerbsbeziehungen sein, mit denen die DDR-Region zukünftig zu tun haben wird. Was aber bedeuten *dann* die vier Argumente für die DDR?

Standortvorteile im Unternehmerurteil

1988 und 1989 führte das Ifo-Institut Untersuchungen über den Standort Bundesrepublik durch. Laut Ifo-Befragung zählen (befragt war die Metallindustrie) vor allem Lohnkosten, Arbeitsproduktivität, die Verfügbarkeit qualifizierter Mitarbeiter, Unternehmensbesteuerung und politische Stabilität. Für kleine Betriebe erwiesen sich Lohnkosten und Unternehmensbesteuerung als besonders wichtig. Das entsprach auch der innenpolitischen Debatte: Im Rahmen des EG-Binnenmarktes drängten die Unternehmen auf Lohndisziplin und Steuersenkungen.

Das Institut der Deutschen Wirtschaft veröffentlichte im Juli 1990 eine Studie, wonach *bei Auslandsinvestitionen* die Gründe »Erschließung neuer Märkte« und »Sicherung bestehender Märkte« mit weitem Abstand vorne lagen, ungefähr mit doppeltem Gewicht zu dem Aspekt »niedrige Löhne«.

Andere Untersuchungen, die insbesondere konkurrierende Städte und Regionen im Visier hatten, zeigten für eine erfolgreiche Standortkonkurrenz als besonders wichtig: Verkehrsanbindungen, Schul- und Ausbildungsbedingungen; die Nachbarschaft anderer Unternehmen vergleichbarer Branchen (wegen des qualifizierten Arbeitsmarktes); die Nähe einschlägiger wissenschaftlicher Institutionen; die Lebensqualität der Wohnbedingungen und eine kompetente und kooperative öffentliche Verwaltung.

Innerhalb der BRD, also bei prinzipiell vergleichbaren Tariflöhnen und steuerlichen Rahmenbedingungen, erwiesen sich in den letzten Jahren diese »qualitativen« Standortbedingungen als immer gewichtiger. Das wird zukünftig insofern auch für die DDR-Region gelten, als das Motiv »Erschließung neuer Märkte«, das bei Auslandsinvestitionen vorrangig ist, in der DDR-Region für die industrielle Produktion (anders als für Vertriebs- und Dienstleistungen) kein bedeutsamer Investitionsgrund sein kann: Notfalls kann man immer aus der BRD-Region liefern.

Deswegen wird hier die Untersuchung der Prognos AG, über die das Institut für Arbeitsmarkt- und Berufsforschung im August 1990 berichtete, besonders wichtig: Während Qualifikation und Kosten (also auch Löhne!) zusammen nur 40% des Gewichts von Standort-Entscheidungen ausmachen, zählt die Infrastruktur allein mit 25% und der institutionelle Rahmen (also Verwaltung, Politik, Ordnungsrahmen) mit 35%! Und hier, bei Infrastruktur und institutionellem Rahmen, ist die Überlegenheit der BRD-Region massiv. Auf diesem Hintergrund der Bewertung von Standortfaktoren, insbesondere durch die westdeutschen Unternehmer, muß die Region DDR als Produktionsstandort beurteilt werden.

(1) Die Lage der Industrie und die politischen Strukturen

Die Betriebe in der DDR hinken, wie wir gesehen haben, in ihren Anlagen, ihrer Produktivität und ihren Produkten zunächst meilenweit hinter den neuen Wettbewerbern im Westen hinterher. Sie verfügen kaum über ein in der Marktwirtschaft erfahrenes Management. Sie werden von einer brüchigen und gänzlich unrentablen Infrastruktur getragen, und zwar von den Ausbildungseinrichtungen bis zum Telefonnetz, faktisch ohne Ausnahme. Die Betriebsstruktur ist zu groß und zu schwerfällig, die Fertigungstiefe viel zu weit ausgebaut. Hier kann auf die Darstellung einzelner Branchen verwiesen werden.

Bedeutsam ist in diesem Zusammenhang aber besonders, daß den betriebswirtschaftlich schwachen Unternehmen auch die volkswirtschaftliche und politische Abstützung fehlt. Gesetzgebung und Re-

gelsystem der Marktwirtschaft wurden faktisch gleichzeitig mit der DM eingeführt, und es gibt keine politischen Strukturen, die gelernt haben, wie Kommunalpolitik und Wirtschaft Hand in Hand arbeiten müssen. Es gibt kaum funktionsfähige Betriebsräte und keine in der Verantwortung der Tarifautonomie wirklich erfahrenen Gewerkschaften. Aber gerade diese Faktoren hat die Standortuntersuchung der Prognos AG weit in den Vordergrund gerückt.
Der bisherigen DDR fehlt es nicht nur an wettbewerbsfähigen Betrieben, sondern auch an wettbewerbsfähigen Strukturen der Politik. Es gab in der alten DDR keine Gewaltenteilung. Auf der einen Seite stand die alles beherrschende kommunistische Partei und eine Bürokratie, die ihr gegenüber im wesentlichen weisungsgebunden war. Auf der anderen Seite haben sich in Kombinaten und volkseigenen Betrieben häufig Mammutunternehmen entwickelt, die in ihrem Einzugsbereich eine über Produktion und Vertrieb weit hinausgehende gesellschaftliche Gesamtverantwortung trugen: von den Kindergärten bis zum städtischen Theater, von den Bibliotheken bis zu den Forschungskollektiven und Krankenhäusern. Auch deswegen konnten sich Institutionen der Verwaltung und der Justiz, wie sie eine privatwirtschaftlich organisierte Demokratie in der Gewaltenteilung zwangsläufig entwickelt, in der DDR nicht entfalten.
Die Folge war, daß es bei Öffnung der Mauer in der DDR weder eine funktionsfähige Wirtschaft *noch* eine den Ansprüchen einer modernen Industriegesellschaft gewachsene Verwaltung und Justiz gab. Da zum Beispiel Steuereinnahmen des Staates nur eine untergeordnete Rolle spielten (der Staat finanzierte sich wesentlich durch ein Abgabesystem der Betriebe, das deren Substanz ebenso aufzehrte wie die ökologische Substanz ihrer Umwelt), fehlte der DDR eine moderne Steuerverwaltung, ohne die sie nach dem 1. Juli in der nun einsetzenden Marktwirtschaft nicht existieren konnte. Diese Steuerverwaltung mußte gemeinsam mit der Regierung der BRD aufgebaut werden, konnte aber natürlich so kurzfristig nicht wirksam werden. Bei Beginn der Wirtschafts- und Währungsunion war dieser Nachteil natürlich trotz der vorgezogenen Kommunalwahlen am 6. Mai auch kommunal noch nicht ausgeglichen.
Das weitgehende Fehlen einer erprobten regionalen Verwaltungsstruktur wird sich im Prozeß der wirtschaftlichen Umstrukturie-

rung der DDR auch in den kommenden Monaten für die Wirtschaft sehr schmerzhaft bemerkbar machen. Denn im Wettbewerb der Regionen, auch gegenüber der BRD, wird die fehlende politische Unterstützung der Unternehmen ein erheblicher Nachteil sein. Gerade Unternehmen in der Strukturkrise brauchen funktionstüchtige kommunale und regionale Politikstrukturen. Der politische Kampf um die Erhaltung von Betrieben und um die Schaffung von Arbeitsplätzen, die Ansiedlung neuer Unternehmen oder Produktionszweige wird in allen Marktwirtschaften in erster Linie von kommunalpolitischen oder regionalen Institutionen geführt. Während die politischen Zentralen in den Hauptstädten bestenfalls die Rahmenbedingungen für diese Aufgaben herstellen können, sind es heute in allen Marktwirtschaften der Welt die lokalen und regionalen politischen Ebenen, die — im Wettbewerb mit den Interessen benachbarter oder auch entfernter Standorte — die Voraussetzungen und Ergebnisse der Wirtschafts- und Arbeitsmarktpolitik zu verantworten haben.

So sind auch nach dem Grundgesetz die Zuständigkeiten zwischen Bund, Ländern und Gemeinden geordnet. Der Bund trägt die Verantwortung für die Wirtschaftspolitik, also für die Rahmenbedingungen des Geschehens, während den Ländern (und in diesen den Kommunen) die Aufgaben einer erfolgreichen Wettbewerbspolitik der Standorte zufallen. Und diese Aufgabenverteilung wird auch nach dem Beitritt der DDR und nach gemeinsamen Wahlen gelten (Artikel 70 f Grundgesetz).

Man hört zwar oft kritische Bemerkungen über das Ausmaß landespolitischer Fördermaßnahmen bei der Betriebsansiedlung oder Unternehmensentwicklung. Der sogenannte »Bürgermeisterwettbewerb« um Betriebssubventionen wird (volkswirtschaftlich nicht ganz zu Unrecht) oft als Neomerkantilismus verurteilt: Aber angesichts des politischen Wettbewerbs der Parteien und der großen Bedeutung, die eine erfolgreiche regionale Wirtschaftspolitik für die regionalen lokalen Wahlen hat, muß diese Kritik ins Leere laufen. Es sind nur blasse Wünsche — und nicht einmal fromme —, die den Staat auf regionaler Ebene als einen abstinenten Beobachter des Marktgeschehens sehen möchten. Jeder Standort wird in einer demokratisch verfaßten Marktwirtschaft auf *allen* politischen Ebenen *alle* seine Möglichkeiten ausschöpfen, um möglichst viele und ertragreiche Arbeitsplätze anzubieten und damit auch für die sozialen und kulturellen Aufgaben der Region einen möglichst hohen Anteil am Steueraufkommen zu gewinnen. Dabei mag es unterschiedliche Strategien geben, solche, die mehr auf die allgemeinen Rahmenbedingungen, und solche, die mehr auf Intervention im Einzelfall setzen: Heute werden jedoch meistens beide Strategien verbunden. Die Rahmenbedingungen werden im Wettbewerb immer unternehmensfreundlicher gestaltet, und angesichts dieses Anpassungsprozesses geben dann die »merkantilistischen« Interventionen den Ausschlag. Und zwar von den Ansiedlungszuschüssen bis zu den Erschließungsbeiträgen, von den Ausbildungsangeboten bis zur Bevorzugung bei der Wohnungsbeschaffung. Wer einmal Bürgermeister und Regierungschef eines Landes war, weiß, wovon hier die Rede ist.

In dieser Haltung können Politiker und Unternehmen der BRD immer auch auf die Unterstützung der örtlichen Gewerkschaften und Betriebsräte bauen – sie müssen sogar bei ihren Maßnahmen mit Druck zugunsten der heimischen Standorte rechnen. Als zum Beispiel 1986 das Bundesministerium für Verkehr beschloß, die Abteilung Seeverkehr mit nur etwa 100 Beschäftigten aus dem vom Strukturwandel geschüttelten Hamburg nach Bonn, also in die Zentrale, zu verlegen, gab es auf der einen Seite Interventionen der Hamburger Regierung für den Standort Hamburg; aber dies blieb in Bonn vergebens: denn dort hatte sich der Bonner Personalrat der Behörde massiv für die Verlagerung der Abteilung nach Bonn eingesetzt.

In der DDR-Region fehlt es an allen diesen Strukturen. Ebenso muß auf das erhebliche Defizit an demokratischer Selbstverwaltung in der bisherigen DDR verwiesen werden. Die Städte und Gemeinden der DDR stehen dem neuen Wettbewerb, der eben nicht nur ein Wettbewerb der Wirtschaft, sondern im Laufe der Jahrzehnte immer mehr ein Wettbewerb, ja ein Markt der Politik und der Verwaltungen geworden ist, heute noch völlig unvorbereitet gegenüber. In den ersten Monaten nach der Auflösung des SED-Staates ging es in den Städten und Gemeinden der DDR drunter und drüber. Die Kommunalwahlen im Mai 1990 haben zwar zum erstenmal seit fast 60 Jahren im Gebiet der DDR demokratisch legitimierte, politische Strukturen entstehen lassen. Aber mit dem Aufbau kommunaler Verwaltungsstrukturen für eine demokratische Marktwirtschaft konnte erst begonnen werden. Wettbewerbsfähigkeit der Kommunen mit BRD-Kommunen ist nicht in Sicht.

Hinter den Schreibtischen der Verwaltungen sitzen häufig noch immer dieselben Leute wie früher: Das Beste, was man dann von ihnen sagen könnte, ist, daß sie wenigstens unter den bisherigen Bedingungen relativ kompetent waren. Aber wer sich im Gestrüpp zwischen Partei und Betrieben auskannte, im komplizierten Netzwerk zwischen den Berliner Kommandohöhen und den örtlichen Funktionärskadern, und dann dennoch sachlich gebotene Entscheidungen durchsetzen konnte, der ist deswegen noch lange nicht in der Lage, mit den Interessen und Wünschen marktorientierter Unternehmen und ihren Mitarbeitern erfolgreich umzugehen. Geschweige denn, die neuen Notwendigkeiten einer sozialen Marktwirtschaft für die DDR-Betriebe zu erkennen und politisch umzusetzen. Wo aber nach dem 6. Mai 1990 neue politische Kräfte in den Kommunen Verantwortung übernommen haben, fehlt ihnen fast zwangsläufig die Ausbildung und die Erfahrung, mit denen ihre Kolleginnen und Kollegen in der BRD seit Jahrzehnten ihre Städte und Gemeinden im Wettbewerb verteidigt und vorangebracht haben.

Noch schwieriger wird die Situation durch den Zerfall der regionalen Verwaltungsstrukturen in den 15 Bezirken. Hier haben sich zwei Strömungen gegenseitig verstärkt: einmal die entschiedene Tendenz der DDR-Bewohner, die alten Länder wiederherzustellen und damit die seit 1952 bestehenden von der kommunistischen SED-Partei dominierten Bezirke wieder aufzulösen, und zum anderen die allgemeine Auflösung der SED-Herrschaft, für die aber auf der regionalen Ebene bis zur Wahl von Länderparlamenten und der Bildung von Länderregierungen im Oktober 1990 trotz Rundem Tisch und anderen Ersatzlegitimationen kein wirtschaftspolitisch wirksamer Ersatz gefunden werden konnte.

Während also im Sommer 1990 in den Kommunen mit dem Aufbau demokratischer Verwaltungsstrukturen wenigstens ein Anfang gemacht werden konnte, werden die Regionen, also die bisherigen Bezirke und die zukünftigen Länder, noch bis in den Winter 1990/91 ohne wirkungsvolle wirtschaftspolitische Vertretung sein. Die DDR-Regierung in Berlin hatte zwar mit der Ernennung von Regionalbeauftragten, die dem Ministerium für Regionale und

Kommunale Angelegenheiten unterstanden, einen Ansatz für die Regionalisierung der Wirtschaftspolitik geschaffen. Aber dies war eine vorläufige Notlösung und konnte die großen regionalpolitischen Vorteile starker, wettbewerbsorientierter politischer Formationen auf Länderebene der BRD nicht ersetzen.
Es muß zu den großen Versäumnissen der Politik beider deutscher Regierungen gezählt werden, dieses ja vorhersehbare Vakuum 1990 nicht erkannt und deswegen auch keine Mittel für seine, wenn auch vorläufige Ausfüllung gesucht und gefunden zu haben. Alles, was die Wahlen in den Kommunen und Ländern vorgezogen und dafür zum Beispiel dann mit einer ersten, verkürzten Legislaturperiode ausgestattet hätte, wäre besser gewesen. Man hätte am 18. März in *einem*, wenn auch vorläufigen Wahlgang *alle* Ebenen wählen können und müssen, um das Chaos, das zum Zerfall führte, zu vermeiden. Denn der Wettbewerbsnachteil der DDR-Regionen auf dem Gebiet der Politik zu Beginn der Wirtschafts- und Währungsunion war klar vorhersehbar. Eine Tatsache, die allerdings auch bei der Beurteilung der DDR-Chancen in den kommenden Jahren noch immer allzu leichtfertig übersehen wird. Denn gerade im Aufbau wird eine erfahrene politische Struktur schmerzlich vermißt werden.
Da es zum Zeitpunkt der Umstellung auf die DM am 1. Juli 1990 noch keine Länder der DDR und keine wirkungsvollen Kommunen gab, konnte auch die Finanzausstattung für sie nur über den zentralen Haushalt der DDR vorgehalten werden. Und die hierfür vorgesehenen Mittel waren offenbar unzureichend. Jedenfalls gab es schon Anfang Juli Krisengespräche von Oberbürgermeistern der DDR-Städte beim Ministerpräsidenten in Berlin, bei denen klar wurde, daß ohne erheblich höhere Finanzzuweisungen die Städte und Gemeinden der DDR-Region nicht in der Lage sein würden, mit dem Neuaufbau zu beginnen; gar nicht zu reden von den dringend notwendigen Infrastrukturinvestitionen.
Zwar wurden den Kommunen im Haushalt für das zweite Halbjahr 1990 insgesamt 21 Mrd. DM zugesichert (was einer Ausstattung je Einwohner von 75% der BRD-Gemeinden entsprechen würde). Dennoch blieben die Klagen der Städte und Gemeinden in der DDR über die akute Finanznot bestehen. Dies führt der Deutsche Städtetag auf Probleme beim Abfluß der Mittel an die Kommunen,

auf falsche Verteilung der Mittel unter den Kommunen und auf »Sickerverluste« zurück. Jedenfalls fehlen den Kommunen in der DDR auch jetzt die finanziellen Möglichkeiten, dem Strukturwandel aktiv zu begegnen und eine offensive Wirtschaftsförderung zu betreiben.

Ein Vergleich von Magdeburg — zukünftig Landeshauptstadt von Sachsen-Anhalt (288 000 Einwohner) — und Mannheim (313 000 Einwohner) zeigt die krassen Unterschiede in der finanziellen Ausstattung von Kommunen in Ost und West deutlich. Obwohl in Magdeburg ein erheblicher Aufholbedarf an öffentlicher Infrastruktur besteht, stehen der Stadt mit knapp 430 Millionen DM für das zweite Halbjahr 1990 nur soviel Mittel zur Verfügung wie ein halber Jahreshaushalt von Mannheim (830 Mio. DM); dasselbe ergab ein Vergleich der Haushalte von Leipzig und Hannover. Es ist zwar richtig, daß auch der Verwaltungsaufwand *zunächst* in Magdeburg geringer sein wird, aber viele Bereiche werden den Haushalt von Magdeburg auch ohnehin schwer belasten.

Auch die Betriebe hingen ohne die politische Infrastruktur in der Luft: Die Treuhand, wie gut auch immer sie geführt wird, kann zentral die ihr gestellte Aufgabe kaum erfüllen *ohne* eine regionale Politikunterstützung. So erwies sich schon Anfang Juli der Kreditrahmen für die volkseigenen DDR-Unternehmen im Rahmen der Treuhand als völlig unzureichend. Die Unternehmen waren, als ihnen nur pauschale 41% der beantragten Summen von der Treuhand bewilligt werden konnten, außerstande, neben den Löhnen und Gehältern auch noch die fälligen Rechnungen zu bezahlen. So gerieten die Betriebe insgesamt in eine zusätzliche Liquiditätskrise, Aufträge wurden storniert, und es verbreitete sich eine kritische Unsicherheit, die dann im August und im September durch eine konsequentere Geldversorgung zum Teil wieder geklärt werden konnte. Die Frage, wie und in welchem Umfange und bei welchen Unternehmen Sanierungskredite zur Verfügung stehen, bleibt weitgehend ungeklärt, da keine noch so tüchtige zentrale Treuhandverwaltung diese Frage systematisch für nahezu 8000 Betriebe verantwortlich beantworten könnte.

* * *

Schon mit der Wirtschaftsunion und erst recht mit der staatsrechtlichen Einheit sind also nicht nur die Unternehmen, sondern auch die Standorte von BRD und DDR in einen neuen Wettbewerb geraten. Und wer meint, daß von seiten der Städte und Gemeinden im Westen Deutschlands nun sehr rücksichtsvoll mit den Nachholinteressen der bisherigen DDR-Regionen umgegangen werden wird, der verkennt die harten Wettbewerbsbedingungen, denen auch die Politiker Westdeutschlands ausgesetzt sind. Kein Bürgermeister und kein Ministerpräsident wird seine Wiederwahl im politischen Raum der BRD mit dem Argument sichern können, er habe zugunsten einer bisherigen DDR-Stadt oder eines DDR-Landes auf den Sitz von Unternehmenszentralen oder Betriebsstätten, Verwaltungseinrichtungen oder Infrastrukturinvestitionen verzichtet.
Daß die CEBIT-Messe in Hannover zeitgleich mit der Leipziger Frühjahrsmesse 1991 stattfinden wird, ist mindestens ein glücklicher Zufall: Es paßt in die Standortstrategie Hannovers.
Wir werden auf die Frage Hauptstadt Berlin noch zurückkommen müssen. Aber schon an dieser Stelle und in diesem Zusammenhang sei bemerkt, daß die Haltung, die in der Berlinfrage insbesondere in Nordrhein-Westfalen vorherrscht, natürlich wenig, wenn überhaupt etwas mit den politischen Argumenten einer föderalistischen oder europäischen Rolle Bonns zu tun hat; auch die angeblich besondere Rolle Berlins in der imperialistischen Geschichte des Deutschen Reiches ist nur Verpackung. Es muß schon auffallen, daß es gerade diejenigen sind, die Bonn als Wirtschaftsstandort und Arbeitsmarkt im Auge haben müssen (oder die im Umfeld von Bonn gewählt werden), die sich für eine Hauptstadt Berlin nicht entscheiden können. Ebenso wie es natürlich ist, daß die Mehrzahl der DDR-Bewohner eine Entscheidung *für* Berlin auch als einen Vorteil für ihre Region betrachtet. Der kurze kleinkarierte Streit, den der Kreis Lahn mit Leipzig um das L auf den Nummernschildern der Autos führte, zeigt, worauf sich die DDR-Städte und -Gemeinden, aber auch die Länder der DDR im Wettbewerb der Standorte zukünftig gefaßt machen müssen.
Dabei ist nicht damit zu rechnen, daß die Lücke an erfahrenen und kompetenten Verwaltungsfachleuten in der DDR-Region kurzfristig geschlossen werden kann. Hier werden sich die Unterschiede

zwischen BRD und DDR — auch in den Gehältern! — noch lange bitter bemerkbar machen. Auch talentierte jüngere Kräfte aus der BRD-Region können jedenfalls gegenwärtig offenbar nur mit Gehaltszuschlägen zu ihren BRD-Gehältern dazu bewegt werden, für eine längere Zeit in die DDR-Region zu gehen. Was das dort für die Gehaltsstruktur bedeutet, wurde erwähnt. Und auch aus der heutigen personellen Zusammensetzung dieser Verwaltungen und aus den alten Kadern im zweiten und dritten Glied werden sich noch erhebliche Probleme ergeben.

Die heutige DDR-Region wird jedoch den Wettbewerb um Betriebs- und Verwaltungsstandorte überhaupt nur bestehen können, *wenn* sie politisch qualitativ und quantitativ mindestens so gut ausgestattet sein wird wie die westdeutschen und europäischen Standortkonkurrenten. Mindestens so gut, weil ihre Aufgabe natürlich wesentlich schwerer sein wird. Der DDR-Standort geht ja ohnehin mit all den bereits beschriebenen Nachteilen in den offenen Wettbewerb. Eine Erneuerung der Unternehmen allein kann da nicht genügen: Wenn nicht wenigstens im kommunalen und regionalen politischen Management ein Gleichgewicht besteht, werden die Aussichten für eine erfolgreiche Verteidigung der DDR-Standorte immer geringer sein als die ihrer aggressiven Konkurrenten in der BRD-Region.

(2) Die DDR-Region bleibt kein Niedriglohnland

Kommt ein westdeutsches (oder auch anderes!) Unternehmen zu der Überzeugung, daß eine Produktion im DDR-Raum grundsätzlich der Lieferung von Waren vorzuziehen wäre, dann werden die Kosten des DDR-Standortes natürlich eine wesentliche Rolle spielen. Allerdings scheint mir die Diskussion in der BRD auch die Bedeutung der Lohnkosten im Zusammenhang mit industriellen Investitionen wesentlich zu überschätzen. Und zwar einmal, weil der Lohnkostenanteil in den meisten industriellen Fertigungen relativ niedrig und weiter fallend ist (in der gewerblichen Wirtschaft 1989 direkt etwa 26%). Das heißt, daß selbst wenn das Lohnniveau im DDR-Raum etwa bei 30% der BRD-Lohnkosten läge, wie dies zu

Beginn des Jahres 1990 wohl der Fall war, würde die Lohnkostendifferenz nur mit knapp 18% der Fertigungskosten ins Gewicht fallen. Wenn man allerdings davon ausgeht, daß die Zahl der Lohnstunden pro Produktionseinheit, also die Produktivität, in der DDR dieselbe wie im BRD-Raum wäre, könnte dieser Unterschied natürlich schon bedeutsam werden. Und insofern haben Mahnungen zur Lohndisziplin in der DDR in dieser Phase der wirklichen Erneuerung schon ihren Sinn.
In den arbeitsintensiven Dienstleistungen spielen Lohnunterschiede natürlich eine noch größere Rolle, obwohl Dienstleistungen (mit der besonders wichtigen Ausnahme des Tourismus) ohnehin in der Regel nicht »handelbar« sind (im Sinne einer Veräußerung über die Gebietsgrenzen hinaus). Aber Krankenhäuser und Softwarefirmen, Handwerksarbeiten und Übersetzungen, kurz alle sehr personalintensiven Leistungen, hätten in der Region DDR bei einem deutlichen Abstand von Löhnen und Gehältern zur Region BRD echte Wettbewerbsvorteile, allerdings nur, wenn diese Dienstleistungen dann auch für BRD-Bewohner zugänglich und qualitativ attraktiv wären. Auch der Bedarf anderer EG-Länder könnte dann auf den Raum der bisherigen DDR umgelenkt werden. Allerdings wird dies auf absehbare Zeit deswegen kaum der Fall sein, weil die Qualität der DDR-Anbieter gerade in den meisten Dienstleistungsbranchen den westlichen Ansprüchen und Gewohnheiten nicht genügen wird. Es ist deswegen sogar eher wahrscheinlich, daß Bewohner des DDR-Raumes versuchen werden, die Gesundheitsdienste, Feriengelegenheiten und Ausbildungschancen in der bisherigen BRD in Anspruch zu nehmen (und damit dort entsprechende Warteschlangen oder neue Arbeitsplätze schaffen), als daß BRD-Bewohner die vielleicht kostengünstigeren DDR-Einrichtungen aufsuchen. So rechnen jedenfalls die Behörden in der BRD.
Wie lange werden nun spürbare Unterschiede in den Einkommen fortbestehen? Folgt man offiziellen und inoffiziellen Prognosen, so soll es nur einige Jahre dauern, bis sich zunächst die Einkommen des bisherigen DDR-Gebietes dem Einkommensniveau Westdeutschlands angenähert haben. Der Bundesarbeitsminister sprach von höchstens fünf Jahren. Die Gewerkschaften des DGB schätzen den Zeitraum auch nicht mehr als fünf Jahre; andere Schätzungen liegen bei ähnlichen Größenordnungen.

Ökonomisch ist es fast unvorstellbar, daß die Produktivität jenseits der Elbe das Niveau Westdeutschlands in so kurzer Zeit erreicht haben wird. Der durchschnittliche Abstand liegt heute bei mindestens 50% des westlichen Produktivitätsniveaus und ist damit sehr groß. Im übrigen wird in den kommenden Jahren auch die Produktivität der Unternehmen im bisherigen BRD-Gebiet noch einmal erheblich zunehmen müssen. Dafür sprechen eine Reihe von Überlegungen. Einmal befinden wir uns in einer sehr dynamischen Phase der Anwendung immer schnellerer und komplexerer Datenverarbeitungssysteme. Angesichts der hohen Auslastung der westdeutschen Betriebe und des gewerkschaftlichen Druckes auf Arbeitszeitverkürzung werden die Unternehmen ferner mit einer verschärften Welle von Rationalisierungen antworten müssen. Dies gilt um so mehr, als aus den zusätzlichen Marktöffnungen des Binnenmarktes 1992, aus den bisher eher positiv verlaufenden Verhandlungen über die Öffnung des Welthandels (Uruguay-Runde des GATT) und wegen der wachsenden Konkurrenz asiatischer Wirtschaftsmächte auf den Weltmärkten in den kommenden Jahren mit wesentlich schärferen Wettbewerbsbedingungen zu rechnen sein wird. Orientierungsmarke für die deutschen Unternehmen müssen aber immer Qualität und Produktivität der Weltmarktkonkurrenten bleiben, auch wenn dadurch das Gefälle zwischen West und Ost in Deutschland nur langsamer eingeebnet würde.
Ob bei diesem Produktivitätswettlauf die DDR-Region in fünf Jahren aufholen kann, scheint deswegen höchst fragwürdig. Hinzu kommt, daß angesichts der verheerenden Ausgangslage der DDR-Betriebe (und Verwaltungen!) für Anlagen, Ausrüstungen und Umweltschutz höhere Investitionsquoten erforderlich sein werden. Dies müßte zwangsläufig zu Lasten von Löhnen, Gehältern und Gewinnentnahmen bei DDR-Betrieben gehen. Das aber heißt, selbst wenn die DDR-Betriebe in den nächsten Jahren ungewöhnlich hohe Zuwachsraten der Produktivität aufzuweisen haben werden, würde sich dies nicht voll in entsprechenden Lohn- und Gehaltssteigerungen niederschlagen können. Die Wettbewerbssicherung der Arbeitsplätze und die Sanierung der betrieblichen Umweltbedingungen müssen Vorrang haben, wenn die DDR-Region den Ausgleich mit der Westregion Deutschlands schaffen will. Im eigenen Interesse der Arbeitnehmerinnen und Arbeitnehmer in

der DDR werden deswegen noch für viele Jahre Gewerkschaften und Betriebsräte eine größere Vorsicht bei tariflichen Betriebsvereinbarungen walten lassen müssen als ihre Kollegen in der bisherigen BRD.

Folgt man diesen betriebswirtschaftlichen Überlegungen, dann scheint es bei optimistischer Betrachtung möglich, daß in der Industrie der bisherigen DDR bis zum Jahr 1995 im Durchschnitt etwa 60% des durchschnittlichen Produktivitätsniveaus und damit auch des Einkommensniveaus der BRD-Region erreicht werden können; die vollständige Angleichung könnte dann — bei positiver Entwicklung der weltwirtschaftlichen Rahmenbedingungen — bis etwa zum Jahre 2005—2010 erfolgen. Das aber heißt: Mindestens fünfzehn Jahre würden die früheren Gebiete BRD und DDR in einem vereinigten Deutschland durch ein deutlich unterschiedliches Einkommensniveau getrennt bleiben, erst danach würden sich die Einkommensunterschiede im Rahmen derer bewegen, die in der BRD-Region auch bestehen. Der Kostenabstand bestünde nicht überall; nicht in allen Betrieben; aber eben doch im Durchschnitt und für alle spürbar würden diese Einkommensunterschiede sein, ob sie nun Lohnempfänger oder Selbständige sind. Und selbst dann, nach zehn Jahren, würde es nur eine Annäherung des Einkommens geben, aber noch immer viele Abweichungen nach unten.

* * *

Das war die ökonomische Seite. Sie spricht für eine eher langfristige Annäherung der Einkommen. Die *politische* Seite sieht jedoch ganz anders aus. Im politischen Zusammenhang gibt es wichtige Gesichtspunkte, die für einen sehr zügigen Anpassungsprozeß der DDR-Löhne und -Gehälter an das Niveau der BRD sprechen, und zwar unabhängig von allen betriebswirtschaftlichen Fakten.

Auch in der DDR müssen die Arbeitsplätze in der gewerblichen Wirtschaft stärker technologisch orientiert, das heißt kapitalintensiver werden. Neue Arbeitstechniken nach westlichem Standard werden eingeführt werden müssen. Dies ist ja der entscheidende Grund, warum Kapital aus dem Raum der bisherigen BRD und den westlichen Industriestaaten (natürlich einschließlich Japan) in den Wirtschaftsraum DDR fließen muß. Niedrigere Löhne sollen hierzu zwar ein erster Anreiz sein — aber mit den neuen Investitionen werden niedrigere Löhne zugleich praktisch unhaltbar. Denn wo ein Unternehmen im DDR-Raum dieselben Leistungen pro Arbeitsstunde wie im BRD-Raum erbringt, sind innerhalb des *einen* deutschen Staatsgebietes Lohnunterschiede kaum noch zu rechtfertigen. Wo immer also in einigen Jahren die Wirtschaft des DDR-Raumes wettbewerbsfähig wird, wird spätestens auch in diesem Zeitraum mit einer Angleichung des Lohnniveaus gerechnet werden müssen.

Ein weiterer Faktor der schnellen Lohnangleichung sind die Gewerkschaften. Für sie sind regional relativ gleiche Lohnbedingungen in einem Wirtschaftsraum von großer Bedeutung, besonders wenn ein gleiches Preisniveau herrscht. Schon bei den ersten Schritten des wirtschaftlichen Einigungsprozesses 1990 spielte die gewerkschaftliche Forderung: Die DDR darf nicht das Billiglohnland eines vereinigten Deutschland werden, eine erhebliche Rolle. Natürlich war man sich in Gewerkschaftskreisen auch darüber im klaren, daß eine zu schnelle Anpassung der DDR-Löhne und -Gehälter an das bisherige Niveau der BRD genau das Gegenteil von dem bewirken müßte, was das erklärte Ziel der BRD-Gewerkschaften war: nämlich gleiche *Lebens*bedingungen in beiden Teilen Deutschlands. Und wenn die DDR-Region das niedrigere Lohnniveau als einen der wenigen Vorteile (aus der Sicht der westdeutschen Unternehmer) vorschnell aufgäbe, müßte dies die Anreize für Investitionen im Raum der DDR noch einmal erheblich vermindern. Wer den DDR-Kollegen wirklich schnell helfen wollte, der durfte ihnen also nicht allzu schnell zu Löhnen verhelfen, wie sie in der BRD gezahlt werden können. Der durfte ihnen auch nicht zu Vereinbarungen mit immer kürzeren Arbeitszeiten raten, wie sie in der BRD (noch, und das auch nur in der unmittelbaren Warenproduktion) verkraftet werden können. Ich selbst habe mehrfach Diskussionen zwischen Betriebsräten und Gewerkschaften in der DDR erlebt, in denen die Betriebsvertreter von den Gewerkschaftsvertretern mehr Zurückhaltung bei den Tarifverhandlungen forderten.

Allerdings konnten die westdeutschen Gewerkschaften ja nicht auf den Raum der BRD beschränkt bleiben, wenn Politik und Wirtschaft beide deutsche Staaten als einen Raum organisierten. Als dann die BRD-Gewerkschaften begannen, Verbindungen und Vereinbarungen mit entsprechenden demokratischen Organisationen in der DDR aufzunehmen, zeigte sich sehr bald, daß trotz der unterschiedlichen Ausgangslage in der DDR-Wirtschaft der Druck in Richtung auf baldige Lohnangleichung unausweichlich wurde. Steigende Preise und höhere Abgaben machten erste Schritte obendrein sozial unabweisbar.

Besondere Probleme bestehen wiederum in Berlin und auf dem öffentlichen Sektor. In zahlreichen Tätigkeiten des öffentlichen Dienstes werden gleiche Tätigkeiten mit gleicher »Produktivität« in beiden Teilen Deutschlands für *einen* Arbeitgeber ausgeübt werden. Will man sie ungleich bezahlen, gerät man wohl sogar mit der Verfassung in Konflikt. Zahlt man aber gleiche Löhne und Gehälter, so sprengt man die Einkommensstruktur der übrigen Berufsgruppen. In Berlin wird diese Situation alltäglich werden: S-Bahn-Schaffner von Wannsee zum Alexanderplatz können nicht doppelt so gut bezahlt werden wie S-Bahn-Schaffner vom Alexanderplatz nach Wannsee. Und ein nahezu unlösbarer Konflikt wird sich mit den Diäten der Parlamentarier im zukünftigen Bundestag stellen: Bezahlt man dem Dresdner Abgeordneten wie seinen Kollegen aus Hamburg 9200 DM (vor Steuern) plus 5300 steuerfreie Aufwandspauschale, dann wird er sich mit einem Einkommen von etwa zehn Monatslöhnen eines Robotron-Arbeiters in Dresden dort kaum mehr blicken lassen können. Ließe man es aber bei den 3600 DM (plus 2300 DM steuerfreie Aufwandspauschale) der heutigen Volkskammer, dann würde dem Urteil des Bundesverfassungsgerichts vom 5. November 1975, in dem »jedem Abgeordneten eine gleich hoch bemessene Entschädigung« zugesichert wird, zuwidergehandelt. Diese Art von Konflikten wird sehr vielfältig auftreten und die Angleichung der Einkommen in Deutschland vorantreiben.

Gleichzeitig müßte es in der DDR-Region zwischen einzelnen Betrieben zu erheblichen und in der BRD bisher völlig unvorstellbaren Lohnspreizungen kommen, wenn das allgemeine Lohnniveau langfristig niedriger bleiben sollte. Unternehmen mit westlicher Beteiligung, hohen Investitionen und wettbewerbsfähiger Produktion werden nämlich relativ schnell an westliche Löhne und Gehälter anschließen können, während benachbarte Betriebe derselben Branche, jedoch ohne diese Voraussetzungen noch längere Zeit einen weiten Abstand halten müssen. Diese Entwicklung wird Betriebs-

räten und Gewerkschaften im DDR-Raum erhebliche Schwierigkeiten machen und auch eher dazu führen, daß das gesamte Lohnniveau dem Lohnniveau des BRD-Raumes näher kommt.
Schließlich müssen auch die generellen Folgen unterschiedlicher Bezahlung für die fortgesetzte Wanderungsbewegung von Ost nach West gesehen werden. Dies gilt insbesondere für die sogenannten »Leistungsträger«. Vom leitenden Ingenieur bis zum Meister; vom Sport bis zu den Orchestern, von den Theatern bis zu den Führungsetagen der Unternehmen; von den Verwaltungsfachleuten bis zu den spezialisierten Wissenschaftlern: überall werden sich ökonomischer Anreiz, umfassendere Aufgaben und eine qualifiziertere Ausstattung der Arbeitsplätze auf die Wanderungsbewegung zwischen Ost und West auswirken. Dies ist schon heute ein großes Problem nicht nur in allen DDR-Betrieben. Besonders im bisherigen »Grenzland« zur BRD werden fähige Ingenieure aus den DDR-Betrieben, die dort noch 1500 DM pro Monat verdienen, für das 4- bis 6fache in den BRD-Raum gelockt – oft sogar als Pendler. Und in der DDR-Region selbst werben westliche Investoren diese Leistungsträger auf neu geschaffene Arbeitsplätze ab: Ein bisheriger Ingenieur wird Vertriebschef eines westlichen Unternehmens und verdient über Nacht das Doppelte oder Dreifache des Vorstandsmitglieds seines bisher weltbekannten DDR-Konzerns. Das habe ich selbst erlebt. Auch diese Entwicklungen werden die Lohnangleichung West-Ost vorantreiben, denn die DDR braucht nichts mehr als Talente.
Sicherlich: Die Aufgabe in der DDR ist spannend, wie heute weniges in der BRD. Wird das »gute Leute«, wie man so sagt, nach Osten ziehen? Es bleibt ja auch im BRD-Raum nicht bei den nationalen Entwicklungen. Wer in die wichtigen wissenschaftlichen und wirtschaftlichen Zentralen der BRD-Region einrückt, dem öffnen sich auch erhebliche Entwicklungschancen in Europa und in der Welt. Dies wird angesichts der Bedeutung Deutschlands eher noch zunehmen. Insofern wird die »spannende Aufgabe« des Aufbaus der DDR durchaus zu konkurrieren haben mit interessanten internationalen Aufgaben, die sich insbesondere im Rahmen der europäischen Integration, den großen Unternehmenszentralen und wissenschaftlichen Einrichtungen in den kommenden Jahren stellen werden. Und: mit der sehr viel besseren Bezahlung im Westen. Bis-

her sieht es eher so aus, als müsse man — von Ausnahmefällen abgesehen — eher einen zusätzlichen Bonus zahlen, damit Leute aus dem Westen dauerhaft in die DDR-Region gehen.
Es gibt *eine* Möglichkeit, wirklich erhebliche Lohndifferenzen zwischen Ost und West in Deutschland für eine mittlere Frist aufrechtzuerhalten: nämlich wenn man die Lebenshaltungskosten in beiden Teilen Deutschlands substantiell unterschiedlich hält. Da die Preise der Waren in *einem* Markt sich im wesentlichen angleichen müssen, bleiben nur solche Kosten, die nicht über die »Grenzen« handelbar sind: die Mieten. Mit Recht wird zwar darauf hingewiesen, daß der miserable Zustand der Mietshäuser die Folge der viel zu niedrigen Mieten war. Eine Mieterhöhung erscheint auch sozial angemessen. Aber wenn man die Löhne gegenüber Gewerkschaftsargumenten und Gleichheitswünschen *auf Zeit* wirklich niedriger halten will, dann sollte man versuchen, politische Wege zu finden, die Instandsetzung der Wohnhäuser zunächst öffentlich zu finanzieren und die Mieten hochsubventioniert niedrig zu halten, um so die Lohnbewegungen einzudämmen und Arbeitsplätze zu sichern und zu erhalten, anstatt die Arbeitslosen mit öffentlichen Zuschüssen zu subventionieren, weil höhere Marktmieten zu zahlen sind. Ist Bonn aber überhaupt bereit, die Mietenfrage in diesem Sinne zu diskutieren?

* * *

Strukturanpassung, soziale Notwendigkeiten und der Zwang zu mehr Gleichheit in Deutschland werden kaum über eine längere Periode erhebliche Unterschiede der Tariflöhne zwischen Ost und West in Deutschland zulassen, auch wenn das ökonomisch falsch ist und die Arbeitslosigkeit möglicherweise noch weiter erhöht. Eine politisch motivierte, nicht an der Produktivitätssteigerung orientierte Anpassung der Löhne erhöht damit auch den Subventionsbedarf der DDR-Region und zwingt zu weiteren Transferleistungen. Dennoch bleibt in einem Staat politisch als Möglichkeit zur Aufrechterhaltung eines niedrigen Lohnniveaus in der DDR-Region wohl auf längere Frist nur das Einfrieren der Mieten, auch um dem Grundgesetzanspruch nach gleichen Lebensbedingungen (Artikel 106) zu genügen. Übernehmen wir die Rechnung der Fachleute mit Fristen von etwa fünf Jahren und bedenken wir, wie langfristig Standortentscheidungen für industrielle Produktionen in der

Regel getroffen werden, dann wird zwingend, daß das Lohnniveau in der DDR nur ein sehr begrenzter Anreiz für Investitionen in industrielle Produktionsstätten sein kann.
Insofern war dann eben auch die Diskussion über die Umtauschraten von Mark-Ost in DM zum 1. Juli 1990 hinsichtlich der Löhne recht unverständlich. Es mußte doch eigentlich jedermann klar sein, daß, wie auch immer diese Sätze festgesetzt würden, die Betriebe schon sehr bald nach der Einführung der DM gezwungen sein würden, eine neue betriebliche Lohnstruktur zu vereinbaren, schon um die bisher völlig vernachlässigten Leistungsunterschiede zwischen Branchen, Betrieben, Arbeitsplätzen und Personen marktgerechter zu machen. Das Lohnniveau in der DDR-Region und seine Struktur werden von anderen Faktoren sehr viel stärker beeinflußt als von dem Umtauschkurs am 1. Juli 1990.

(3) Auf den Ostmärkten: Zukünftig ein ganz normaler Wettbewerber?

Als weiterer bedeutsamer Standortvorteil der DDR-Wirtschaft wird die Verflechtung mit den mittel- und osteuropäischen Märkten und mit der sowjetischen Wirtschaft gesehen. Vergleicht man die Außenhandelsstruktur der bisherigen BRD- und der bisherigen DDR-Wirtschaften, so ergibt sich folgendes Bild: Die BRD hat einen Anteil der Außenwirtschaft von fast 35%, die DDR von rund 25%. Die BRD exportierte 1989 rund 55% ihrer Waren in den EG-Raum, nur weniger als 5% in das Gebiet des COMECON. Die DDR lieferte etwa 45% ihrer Exporte in die Partnerländer im COMECON, etwa 15% in die EG (ohne BRD). Insgesamt lieferte die DDR allerdings doch 48,5% ihrer Waren an die westlichen Industrieländer (inklusive 21% innerdeutscher Handel).
Seit Anfang der 80er Jahre war die DDR in wachsendem Umfange gezwungen, Exporte in die westlichen Industrienationen zu subventionieren. Während noch 1980 mit einem Aufwand von 2,4 Mark-Ost gerechnet wurde, um im Handel mit der BRD eine DM zu verdienen, mußten 1989 etwa 4,4 Mark-Ost für dasselbe Ergebnis eingesetzt werden. Auch diese Entwicklung ließ den Verfall der relati-

ven DDR-Produktivität erkennen und damit den kontinuierlichen Verlust der DDR-Unternehmen an internationaler Wettbewerbsfähigkeit.

Nicht nur die DDR, auch Mittel- und Osteuropa und die Sowjetunion stehen vor umstürzenden Wirtschaftsreformen. Demokratie und Marktwirtschaft sollen durchgesetzt werden. Diese Entwicklungen bieten gewiß erhebliche Chancen für westliche Industrienationen, denn diese Länder haben faktisch einen unbegrenzten Bedarf, insbesondere für Investitionsgüter aus dem Westen. Und die DDR als nach der Sowjetunion bisher stärkstes Wirtschaftsland innerhalb des COMECON könnte in der Tat angesichts ihrer bestehenden Verbindungen und Verflechtungen mit diesen Staaten sicherlich ein besonders günstiger Standort für Exporte in diese Länder sein. Kann dieser Vorteil aber Unternehmen der bisherigen BRD (oder anderer westlicher Industriestaaten) *jetzt* zu DDR-Investitionen bewegen? Schließlich muß man berücksichtigen, daß die bisherigen COMECON-Staaten in den nächsten Jahren durch eine Phase erheblicher wirtschaftlicher und politischer Erschütterung gehen werden. Die Umstellung auf eine marktwirtschaftliche Ordnung und die Entwicklung bisher nicht praktizierter demokratischer Entscheidungsprozesse wird die wirtschaftliche Berechenbarkeit (und vermutlich auch die politische!) dieser Länder vor neue Herausforderungen stellen. Westliche Investoren werden vorsichtig sein mit Kapazitätserweiterungen für Lieferungen in diesen Raum.

Wiederum muß man den Standort DDR eben im Wandel der Entwicklungen betrachten. Die bisherige starke Exportstellung der DDR im COMECON beruhte auf ihrem *relativen* technischen Vorsprung und auf der – innerhalb des COMECON – *relativ* hohen Produktivität. *Innerhalb* des COMECON konnten diese Vorteile durch Gegenleistungen des Handelspartners der DDR zu entsprechend günstigen Bedingungen ausgeglichen werden. Die Mark-Ost war keine harte Währung und die DDR konnte in ihrem planwirtschaftlichen System auch im Tauschgeschäft gelieferte Waren aus den Partnerländern meist ohne größere Probleme »angemessen« verwenden. Mit anderen Worten: Die starke Stellung der DDR im Ost-Export beruhte eben gerade darauf, daß sie *nicht* Teil der westlichen Industriegesellschaften war, sondern »nur« ein relativ effektiverer Partner des insgesamt ziemlich ineffektiven östlichen Wirtschaftsblocks. Diese Voraussetzung ist aber mit dem 1. Juli 1990 weitgehend entfallen. Die DDR ist jetzt Teil des DM-Wirtschaftsraumes und der EG und muß ihre Exporte nach Osten in DM kalkulieren und fakturieren. Die Betriebe im bisherigen DDR-Gebiet werden in den kommenden Monaten und Jahren gegenüber ihren östlichen Konkurrenten sicher sehr schnell sehr viel wettbewerbsfähiger werden. Aber mit der Integration der DDR-Wirtschaft in die bisherige BRD-Wirtschaft und in die EG werden sich eben auch zwangsläufig die Verkaufsvorteile verringern, die die DDR-Wirtschaft bisher in das Ostgeschäft einbringen konnte, solange sie nicht Teil eines Hartwährungslandes war.

Es ist wichtig, daß man diesen Widerspruch erkennt, ehe voreilige und allzu optimistische Schlüsse auf eine zukünftige deutsche »Wirtschaftshegemonie« in Mittel- und Osteuropa und eine »DDR-Brücke« gezogen werden. Je schneller die DDR-Gesellschaft nämlich den Anschluß an Lebensstandard und Lebensweise der BRD (und damit im wesentlichen auch der anderen Staaten EG-Europas) findet, desto mehr werden sich die Betriebe im bisherigen DDR-Raum demselben Problem gegenübersehen, mit denen BRD-Betriebe schon seit den 50er Jahren konfrontiert waren, wenn sie mit Osteuropa Geschäfte machen wollten: Die Grenzen des Exports nach Osten wurden nicht von der Lieferfähigkeit der westdeutschen Unternehmen gezogen, sondern von der Fähigkeit östlicher Partner, in verwertbarer Währung angemessene Preise zu bezahlen. Nach Osten zu *liefern* war nie ein großes Kunststück — fast alles wird gebraucht. Aber Käufer mit im Westen verwertbarer Kaufkraft zu finden, das war für die westeuropäische Wirtschaft das Problem im Ostgeschäft — und das wird nun auch das Problem der bisherigen DDR-Betriebe werden. Dabei werden es diese Betriebe allerdings auf längere Zeit vermutlich immer noch leichter haben als manche Betriebe des BRD-Raumes, wenn es nämlich gelingt, technischen Standard und Qualität der DDR-Waren insbesondere durch deutsch-deutsche Betriebskooperationen in kurzer Zeit spürbar zu verbessern und doch zugleich die Kosten im DDR-Raum für eine gewisse Zeit deutlich unter den Maßstäben der BRD zu halten. Aber wir haben gesehen, daß dies keine langfristige Kalkulationsbasis für Investitionen sein wird — und darf! —, weil ein vereinigtes

Kaufkraft in Europa

DDR-Region an der europäischen Armutsgrenze

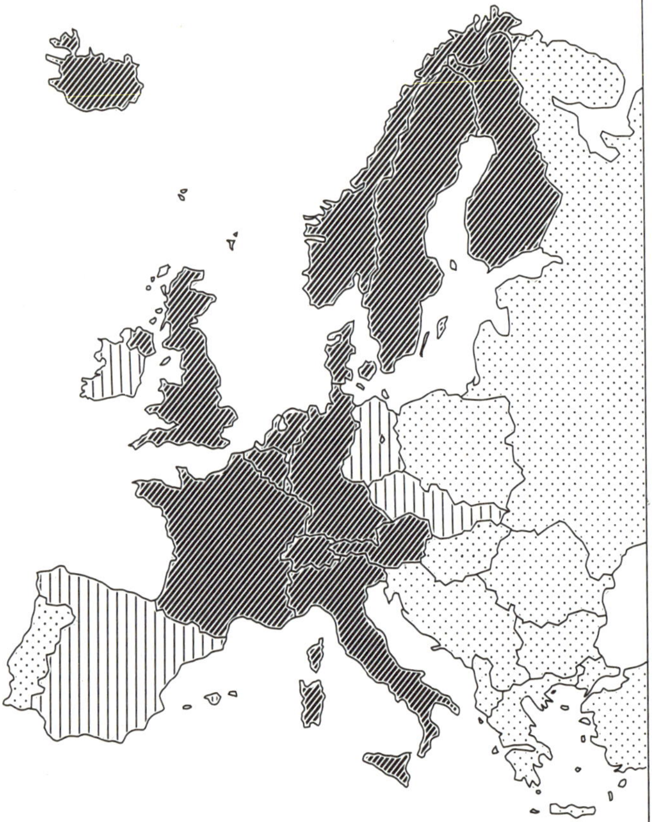

Bruttosozialprodukt pro Kopf 1990 (in US-$)

- bis 5000
- 5000 - 10000
- über 10000

Deutschland wirtschaftlich nicht auf ein festgeschriebenes Einkommensgefälle (und damit Wohlstandsgefälle) im größeren deutschen Wirtschaftsraum gegründet werden kann.
Bleiben die Vorteile der bisherigen DDR-Wirtschaft im Umgang mit Unternehmen und Verwaltungen im bisherigen COMECON-Bereich. Sie sind natürlich vielfältig und nicht zu unterschätzen. Und die Kenntnis der Länder und ihrer Sprachen bis zur praktischen Erfahrung in einzelnen Betrieben und die Beziehungen zu den Menschen in den Betrieben und Verwaltungen, das mag alles ein Vorteil bleiben: Aber an vielen wesentlichen Stellen werden auch in den anderen Staaten Osteuropas und in der Sowjetunion die alten Köpfe neuen Köpfen weichen müssen. Dafür spricht unsere eigene Erfahrung und alles, was wir heute über die grundlegenden Veränderungen in diesen Ländern wissen. Und die Kenntnisse der russischen oder anderer osteuropäischer Sprachen ist sicher wichtig – aber gerade in diesen Ländern ist Deutsch eine sehr verbreitete Sprache; und dies mindert den slawischen Sprachvorsprung der DDR-Bürger.
In gewisser Weise ist die bisherige Ostorientierung der DDR-Wirtschaft sogar ein Handicap im Prozeß der unvermeidlichen Westintegration der DDR-Betriebe. Man spricht etwas Russisch in den Betrieben der bisherigen DDR, doch kaum Englisch und noch viel weniger Französisch oder Spanisch. Aber nicht nur die Konkurrenten, sondern eben auch die Märkte der zukünftigen Wirtschaft im bisherigen DDR-Raum werden nicht die Sowjetunion, sondern die USA, Frankreich, Italien, Spanien und Lateinamerika sein. Hier, in diesen Ländern, liegen auf mittlere Sicht zwangsläufig die bedeutenderen Märkte der DDR-Betriebe. Und DDR-Unternehmen müssen sich auf diesen Märkten verständigen können und brauchen daher sehr schnell nicht nur westliche Technik, sondern auch westliche Sprachkenntnisse, Landeserfahrung und ein neues Fingerspitzengefühl für diese Märkte.
Wenn dann auf die größere *regionale Nähe* des bisherigen DDR-Raumes zu den Ländern des Ostens verwiesen wird, so sollten wir auch diesen Wettbewerbsvorteil nicht überschätzen. Die Betriebe des BRD-Raumes sind sehr leistungsstarke Wettbewerber auf den Weltexportmärkten, obwohl, geographisch betrachtet, die räumliche Nähe zum Kunden vielleicht häufig sogar eher für Standorte

in Frankreich oder Belgien gesprochen hätte. Auch Japan ist, wie die anderen asiatischen Exportnationen, trotz der großen Entfernungen ein gefürchteter Konkurrent in Europa und Amerika, und zwar für Waren fast aller Art, sogar für sperrige und transportempfindliche Geräte. Ein DDR-Raum, dessen Schienen und Straßensystem noch viele Jahre hinter dem Standard des europäischen Westens zurückbleiben dürften und der auf Jahre nicht annähernd vergleichbare Bedingungen des Flugverkehrs und der Telekommunikation aufweisen kann, wird deswegen kaum einige hundert Kilometer Nähe nach Osten zu wirklich entscheidenden Anreizen für private Investitionen aus dem Westen machen können. Wie gesagt, ein gewisser Vorteil ist nicht zu bestreiten, aber für Unternehmen, die gewohnt sind, zum Beispiel aus dem Stuttgarter Raum, wertvolle Maschinen nach aller Herren Länder zu liefern, wird die größere Nähe von Dresden nach Prag, Warschau oder auch Moskau kaum ein entscheidendes Argument der Standortwahl sein.

(4) Die größte Attraktion: Die DDR als Markt

Für jeden westdeutschen Unternehmer ist klar, daß die Nachfrage der DDR ein wichtiger Faktor für die Unternehmenspolitik sein muß. Aber führt es zu Produktionsstandorten in der DDR-Region?

Die gegenseitige Lieferstatistik der ersten sechs Monate 1990 macht überdeutlich: Während 1989 das Liefervolumen noch in etwa ausgeglichen war, hatten bereits in den ersten sechs Monaten 1990 (also vor der Wirtschafts- und Währungsunion) die DDR-Betriebe nicht nur ihren heimischen Markt, sondern auch den in der BRD weitgehend verloren: Statt einer ausgeglichenen Bilanz zeigten bereits im April die BRD-Lieferungen ein Volumen von knapp 1,2 Mrd. DM, die Bezüge aus der DDR aber stagnierten bei einem Volumen von lediglich 600 Mrd. DM. Im Juni betrugen die Lieferungen in die DDR dann gar über 3,5 Mrd. DM, also mehr als das Vierfache des Juni 1989, während sich die Bezüge nur auf knapp über 1 Mrd. DM erhöhten. Diese Entwicklung stärkte Wachstum, Einkommen und damit auch die Steuerkraft auf der BRD-Seite. Eine Entwicklung, die angesichts der erheblichen finanziellen Leistungen der BRD für die DDR dem Bundesfinanzminister auch sehr willkommen erscheinen muß; er hat mit diesem Tatbestand der »Einkommensübertragung« aus der DDR im August 1990 sogar den Bundesländern vorgerechnet, daß sie schadlos einer Verteilung der Mehrwertsteuer nach der Einwohnerzahl an die DDR-Länder zustimmen könnten!

Entscheidend ist die Tatsache, daß die meisten BRD-Unternehmen, insbesondere wenn man ihre beschleunigte EG-Integration berücksichtigt, durchaus in der Lage wären, den zukünftigen Bedarf des DDR-Raumes von Standorten in der BRD aus abzudecken. Westdeutsche Stahlerzeuger könnten mit den bestehenden Kapazitäten, die ja noch vor wenigen Jahren als eher übersetzt galten, wesentliche Anteile des DDR-Stahlbedarfs befriedigen. Ebenso würden die Automobilproduzenten der BRD und der EG die DDR mit Autos versorgen können, wenn in der DDR Händler, Service und Tankstellen mit entsprechender personeller Ausstattung vor Ort etabliert würden. Die Japaner überziehen die DDR mit einem Auto-Händlernetz — aber sie werden dort nach bisherigen Erkenntnissen nicht produzieren. Der westdeutsche Maschinenbau ist zwar gegenwärtig bis an die Halskrause ausgelastet, aber oft könnten mit relativ geringen Investitionen auch die westdeutschen Maschinenbauer den DDR-Bedarf befriedigen. Insbesondere, wenn man ihre hohe Exportquote berücksichtigt. Nach einer Tendenzbefragung des Verbandes Deutscher Maschinen- und Anlagenbau (VDMA) sind 28% der befragten Unternehmen bereits in der DDR engagiert: davon allerdings der überwiegende Teil mit dem Aufbau eines Service- und Vertriebsnetzes (19%). Eine echte Beteiligung haben nur knapp 4% realisiert. Die Mehrzahl der Maschinenbauunternehmer sehen die DDR hauptsächlich als Absatzmarkt; daß der DDR-Markt gut aus der BRD bedient werden könnte, glauben 51% der befragten Unternehmen. Das entspricht dem Ergebnis einer Umfrage der Arbeitsgemeinschaft Selbständiger Unternehmer (ASU), die feststellte, daß Lieferungen in die DDR bei 53% das BRD-Unternehmen des Hauptinteresse seien.

Diese Überlegungen gelten wohl grundsätzlich für fast alle Branchen. Die Tageszeitungen sind voll von derartigen Betriebsnachrichten: Vertriebsstützpunkte werden in der DDR *geschaffen*, über Produktion wird *nachgedacht*. Natürlich bedürfen die Produzenten dann eines Vertriebsnetzes und ortsansässiger Reparaturstätten. Aber nur wo die Transportkosten zu hoch oder die Produktkosten am Ort unverhältnismäßig niedrig sind und eine DDR-Produktion in Qualität und Preis deutlich überlegen wäre, würde sich ein Ersatz von DDR-Waren oder -Dienstleistungen durch Lieferungen aus der BRD wirklich verbieten. Wenn wir aber bedenken, wie weite Strecken heute sogar verderbliche und sperrige Güter zu relativ niedrigen Kosten transportiert werden können (Blumen aus Afrika, Kiwi aus Neuseeland, Fernsehgeräte aus Taiwan und Autos aus Japan), dann wird leicht erkennbar, daß die relativ kleinen Entfernungen zwischen Produktionsstandorten in der bisherigen BRD und den Orten des Verbrauchs in der DDR-Region, insbesondere bei einem zukünftig dort besser ausgebauten Schienen- und Straßennetz, vermutlich kaum Hindernisse darstellen würden, um an die Stelle von DDR-Produktionen zukünftig Lieferungen aus Produktionsstandorten der BRD vorzunehmen. In der Entwicklung der ersten acht Monate des Jahres 1990 kommt eine solche Tendenz sehr deutlich zum Ausdruck. Sie wird häufig als ein Übergangsproblem bagatellisiert, aber die Gefahr ist groß, daß hinter diesen Tendenzen nicht nur der Marktschock einer abrupten Öffnung der DDR steht, sondern daß es tiefer wurzelnde Kräfte sind, die einen weitgehenden Kahlschlag in der DDR-Industrie bewirken könnten.

In den vergangenen Jahren sind nämlich die Arbeitsplätze aller marktwirtschaftlichen Industriestaaten immer kapitalintensiver geworden. Der gewerkschaftliche Druck auf die Verkürzung der regulären Wochenarbeitszeit hat diese Entwicklung in der BRD sicherlich noch einmal verstärkt. Ein Arbeitsplatz in der Automobilindustrie kostet gegenwärtig etwa 200 000 DM oder 48 Monatsgehälter eines Arbeiters. Ähnliche Tendenzen lassen sich nicht nur im Maschinenbau, sondern auch in der Textilindustrie, der chemischen Industrie und auch der Landwirtschaft feststellen. Die Entwicklung gilt faktisch für alle Branchen uneingeschränkt. Betriebswirtschaftlich folgt aus dieser Entwicklung die Notwendigkeit, die Maschinenlaufzeiten trotz wöchentlicher Arbeitszeitverkürzung zu verlängern, zum Beispiel durch flexible Arbeitszeiten oder durch die Ausdehnung von Wochenendschichten. Die politische Debatte um die Samstags- und Sonntagsarbeit hatte ihre Wurzeln auch in diesem Konflikt zwischen immer teureren Maschinen und immer kürzeren regulären Wochenarbeitszeiten. Es wäre ein Irrtum anzunehmen, daß Sonderschichten und die Verlängerung der Maschinenlaufzeiten zugunsten von Lieferungen in die DDR den BRD-Arbeitnehmern unerwünscht seien und in »gewerkschaftlicher Solidarität« abgelehnt würden. Im Gegenteil: sie erbringen Überstundenzuschläge für solche Arbeitszeiten, an die man bisher ohnehin gewöhnt war. So treffen sich häufig Unternehmer- und Belegschaftsinteressen: Das Unternehmen erzielt durch eine bessere Nutzung des ohnehin investierten Kapitals zusätzliche und überproportionale Gewinne, kann dafür hervorragende Stundenlöhne zahlen — und die Belegschaft erhöht ihren Lebensstandard. Kein Wunder, daß viele Unternehmen in der BRD die Öffnung des DDR-Marktes zunächst aus diesem Blickwinkel sehen. Besonders jetzt, zu Beginn der Einheit. Denn noch lassen sich Nachfrage und Kaufkraft der zukünftigen regionalen Wirtschaft im heutigen DDR-Bereich nicht klar voraussehen. Zusätzliche Produktionsschichten sind, selbst wenn hierfür kleinere Investitionen notwendig sein sollten, wesentlich weniger risikoreich als eine neue (oder erneuerte) Produktionsstätte im »fremden Land« DDR. Eigentumsfragen und mögliche Haftungen für finanzielle oder ökologische Altlasten sind weitere Faktoren der Unsicherheit. Warum also investieren, wenn es auch mit der Samstagsschicht ginge? Der Betriebsrat wird sich gewiß nicht querlegen, schon gar nicht, wenn damit möglicherweise ein zusätzlicher DDR-Produktionsstandort, der ja zukünftig nur ein unangenehmer innerbetrieblicher Wettbewerber werden könnte, vermieden werden kann. Hinzu kommt, daß die westdeutschen Betriebe extrem weltmarktabhängig sind. Und ob die Weltkonjunktur anhält, weiß ja am Ende niemand. Die Erfahrung der frühen 80er Jahre jedenfalls haben die Belegschaften vorsichtig gemacht. Die Irak-Krise wird Erinnerungen wecken und die Vorsicht der Betriebe eher vergrößern. Wer auf Nummer Sicher gehen will, schöpft lieber die bestehenden (BRD-)Kapazitäten aus. Das gilt für Eigentümer, Management und Belegschaften gleichermaßen. Und so ist es nicht verwunderlich, daß offenbar der überwiegende Teil aller Kooperationen und Joint-ventures in der DDR den Absatz und Vertrieb von Waren betrifft, nicht aber deren Produktion.

Während die Konstruktion der beiden deutschen Regierungen im Zufluß privaten Investitionskapitals in der Produktion ihr Fundament hatte, droht diese Rechnung nun nicht aufzugehen, und zwar nicht, weil die Marktwirtschaft nicht funktioniert — sondern ganz im Gegenteil: eben *weil* sie funktioniert. Das differenziert kalkulierte einzelbetriebliche Interesse, das jenes immer feiner gesponnene Nervengeflecht der »invisible hand« des Adam Smith steuert, führt eben gerade *wegen* der räumlichen Nähe des bisherigen BRD-Standortes, *wegen* der sprachlichen Verwandtschaft und der historischen Verbundenheit dazu, daß die Unternehmen der BRD die bisherige DDR seit ihrer Öffnung eher als einen erweiterten bundesdeutschen Absatzmarkt und nicht als ein entferntes Land betrachten, in dem man »Märkte sichern«, Standorte erobern und investieren müßte. Spräche man in der DDR Russisch, dann verliefen die Überlegungen vielleicht etwas anders. Aber dann gäbe es eben auch nicht die Wirtschafts- und Währungsunion.

Vielleicht kommt hinzu, daß deutsche Unternehmer — anders als zum Beispiel die großen Unternehmer der Vereinigten Staaten — immer eher in Dimensionen des Exportes gedacht haben als in Strategien langfristiger »Auslands«-Investitionen. Und fremd genug für den Unternehmer bleibt das Gelände der DDR-Region natürlich noch auf einige Zeit, um in diesem Sinne mindestens jetzt noch eher als »Ausland« betrachtet zu werden. Die großen Chancen des *Marktes* DDR hat die westdeutsche Wirtschaft uneingeschränkt begriffen. Bei Produktionsinvestitionen in der DDR scheint sie aber sehr viel zurückhaltender zu sein, als die Bundesregierung wohl erhofft und erwartet hatte. Wird diese Tendenz nicht korrigiert, muß die DDR-Wirtschaft auf dem heimischen Markt eines größeren Deutschland eher mit finanzstarken »Exporteuren« und Lieferanten aus dem bisherigen BRD-Raum rechnen, während sie nur in Ausnahmefällen auf den erfahrenen westdeutschen Produktionspartner im bisherigen DDR-Raum setzen kann. Einen frontalen Wettbewerb mit der markterfahrenen BRD-Wirtschaft aber könnte der DDR-Raum jetzt nicht bestehen. Auch nicht mit niedrigeren Lohnkosten.

V.
Der Markt: Schlechte Karten für eine gerechte Einheit

Im Einkommen bei kaum der Hälfte der Bundesbürger, das private Vermögen vermutlich bei höchstens einem Fünftel; in der Ausstattung der öffentlichen und wirtschaftlichen Infrastruktur um mehr als 20 Jahre hinter der bisherigen BRD zurück, beginnen die Bürger der DDR-Region die wiedergewonnene deutsche Einheit mit einem kaum vorstellbaren Rückstand: Ihre Ausbildung ist nur in Ausnahmefällen den Anforderungen der weltwirtschaftlichen Ansprüche gewachsen, denen sie nun standzuhalten haben werden. Und auch ihre persönlichen Erfahrungen und ihre Lebensweise haben sie nicht für jene Wettbewerbsgesellschaft trainiert, die sie seit Öffnung der Mauer und nach der Einbindung in die westliche Industriegesellschaft inzwischen so unausweichlich umschlingt. Die angeblichen industriellen Standortvorteile: traditionsreicher Industriestandort, niedrige Löhne und Osteuropa-Märkte sind, bei Licht besehen, keine sehr starken Magneten für westliches Kapital. Der Kapitalstock der DDR ist weitgehend desolat. Professor Siebert vom Kieler Institut für Weltwirtschaft schätzt, daß 55% der Anlagen und Gebäude über zehn Jahre, 21% sogar über 20 Jahre alt sind. Zugleich muß die Industrie in der DDR-Region gegen erhebliche Standortnachteile ankämpfen. Wir haben auf die mangelhafte Infrastruktur aller DDR-Standorte bereits im Zusammenhang mit den ungleichen Lebensbedingungen im vereinigten Deutschland hingewiesen. Nicht nur unzureichende Verkehrsanbindungen und Schwerfälligkeiten des gesamten Kommunikationssystems, vernachlässigte Häuser und Städte, zurückgebliebene Hochschulen und international kaum wettbewerbsfähige Forschungseinrichtungen, sondern auch Ausbildungsstätten ohne moderne Ausstattung, schwer kalkulierbare Umweltaltlasten und Produktionsstätten ohne ausreichenden Umweltschutz erschweren die Arbeit der Unternehmen. Für den Investor kommt hinzu, daß ungeklärte Eigentumsverhältnisse, ein lückenhaftes Rechts- und Gerichtswesen, unerfahrene Verwaltungen und eine weitgehende Abwesenheit zeitgenössischer Managementerfahrungen viele Investitionen im Wirtschaftsraum DDR noch für geraume Zeit zu einem Abenteuer werden lassen. Die Eigentumsfrage aber ist nicht nur eine wichtige Frage für Investoren: Sie ist auch ein wesentlicher Faktor der sozialen Stabilität in der DDR. Der zweite Staatsvertrag gibt zwar bei Investitionen und neuen Arbeitsplätzen dem Neuerwerber Schutz gegenüber Altbesitzern. Aber einer gegenwärtig effektiven Lösung werden eben auch soziale Grenzen gezogen. Im übrigen sollte bei aller Bedeutung, die unklare Eigentums- und Haftungsfragen haben, und bei allem Gewicht, das auch ein mißverstandener Schutz nicht erhaltbarer Arbeitsplätze (Rationalisierungsschutz) in den Investitionsentscheidungen westlicher Unternehmen gegenwärtig haben mag, nicht übersehen werden: Es sind die *allgemeinen* Standortbedingungen, die nicht so positiv sind, wie die Regierungen meinten. Man sollte sich deswegen auch von der notwendigen Lösung der »Investitionshemmnisse« nicht zuviel versprechen.

Wenn wir alle Faktoren einbeziehen, wird erst wirklich erkennbar, wie stark die ökonomischen Anreize für das private Kapital sein *müßten*, damit jetzt Investitionen im DDR-Wirtschaftsraum kurzfristig unternommen werden. Es war leichtfertig, in dieser Situation den Markt als den selbstverständlichen Retter anzupreisen. Dieser ist zwar ein vorzüglicher Mechanismus für jede Leistungssteigerung, aber ein ebenso untauglicher Kompaß auf dem Wege zur ausgleichenden Gerechtigkeit der beiden Regionen Deutschlands. Der Markt ist die Kraft, das Gesetz; die Politik aber gibt die Ordnung. Der Markt treibt die Entwicklung, die Politik muß sie gestalten. Wo die Politik versucht, die Kraft des Marktes zu ersetzen, dort schiebt sich Stagnation wie ein Gletscher über alle gesellschaftlichen Verhältnisse; die heutige Lage in der DDR ist hierfür Beweis genug. Aber wo die Politik dem Markt das Geschehen weitgehend alleine überläßt oder nicht die Kraft zum Ausgleich der sozialen Folgen des Marktes hat — wie zum Beispiel in den USA —, dort wachsen neben Erfolg und Reichtum auch Verzweiflung und Armut.

Politik und ihre Institutionen tragen in der Marktwirtschaft einen erheblichen Anteil der Verantwortung für das Gleichgewicht zwischen wirtschaftlichem Erfolg und sozialer Gerechtigkeit. Eine soziale und ökologische Marktwirtschaft, die den Ausgleich in Deutschland bewirken soll, setzt gerade nach dem Zusammenbruch der SED-Kommandowirtschaft in der DDR neben einem wettbewerbsorientierten Markt eine konzeptionell konsequente Politik voraus, die das Gesamtsystem steuert.

* * *

Dabei darf jetzt nicht vergessen werden, daß für die Anpassung der DDR-Wirtschaft an die westlichen Wettbewerbsbedingungen seit dem 9. November 1989 jeder Tag wertvoll gewesen wäre. Und weil das beschleunigte Tempo in Richtung deutsche Einheit und die ihr vorausgehende Wirtschafts- und Währungsunion spätestens im Februar 1990 erkennbar geworden waren, liegt bei der Regierung Modrow und bei der SED/PDS, die diese Regierung getragen hatte, für die jetzt ablaufende krisenhafte Entwicklung in der DDR ebenfalls eine entscheidende Verantwortung. Denn es war vorherzusehen, daß die DDR-Wirtschaft in einem zukünftigen vereinigten deutschen Wirtschaftsraum nur auf der Grundlage eines breiten Privateigentums an den Produktionsmitteln und auch nur mit sehr viel mehr kleineren, wettbewerbsfähigen Betrieben werde bestehen können. Industriepolitische Erneuerung *und* vielfältige private Initiative gehörten eben zusammen. Dennoch hat die SED-Regierung unter Ministerpräsident Modrow faktisch bis zur ersten demokratischen Regierungsbildung nach den Volkskammerwahlen vom 18. März im wesentlichen auf der Stelle getreten. Sie hat gegenüber der SED/PDS nicht den Mut zu klaren Kurskorrekturen gefunden. Die alten Dogmen sollten den neuen Wahrheiten nicht weichen. Hinter der schalen Ausrede, daß es ein paar korrupte Bonzen waren, die ein im Kern funktionsfähiges System zum Scheitern gebracht hätten, in der Sache feige, aber nach außen anspruchsvoll, murksten die Regierung Modrow und die sie tragende kommunistische Partei auf den alten Grundlagen weiter. Dies wird besonders deutlich, wenn man die Bildung der Treuhand, die das enorme staatliche Betriebsvermögen verwaltet, betrachtet. Sie wurde nicht sofort auf Dezentralisation der Mammutkombinate und Wettbewerb ausgerichtet, sondern eher auf eine neue Zentralisation von Entscheidungen. Die Treuhand wurde nicht marktwirtschaftlich orientiert. Dies konnte erst von der demokratischen Regierung de Maizières im Mai und dann schließlich im Juli 1990 praktisch korrigiert werden. Allerdings wäre eine sofortige regionale Dezentralisierung zweckmäßiger gewesen — auch im Hinblick auf die Neuerrichtung der Länder — als eine nach Wirtschaftszweigen geordnete Entflechtung.

Die Luft, die der demokratischen Koalitionsregierung nach dem 18. März für die unerläßlichen Anpassungsschritte bis zur Einführung der DM fehlte, diese Luft hat ihr letztlich die Regierung Modrow mit der völlig sinnlosen Debatte über eine »Sozialismus-Reform« und über ein langwieriges Anpassungsmodell (von der Vertragsgemeinschaft bis zur Konföderation), das weder die Wähler der DDR wollten noch das deutsch-deutsche Verhältnis ertragen hätte, genommen. Man darf das nicht vergessen, wenn man die Folgen der »abrupten« Einführung der DM in den kommenden Monaten weiter diskutieren wird: Das Tempo der Einigung hat das Volk bestimmt. Aber die SED/PDS und ihre Funktionäre hatten ungerührt weiterhin jene selbstgerechte, abgehobene Ferne von allen demokratischen Gegebenheiten praktiziert, mit denen sie ihr Land über 40 Jahre geschunden hatten. Den Blick scharf auf eine selbstgebastelte Theorie gerichtet und nicht auf die nach der Maueröffnung schnell und unausweichlich nahenden praktischen Veränderungen der Wirtschaft in der DDR. Als ob störrische Rechthaberei der Kommunisten noch nicht Schaden genug angerichtet hätte!

* * *

Die deutsche Einheit 1990 ist das Ergebnis extremer wirtschaftlicher und sozialer Ungleichgewichte. Gäbe es sie nicht, gäbe es wohl mindestens so schnell keine Einheit. Von den Eigentumsfragen bis zum § 218, von den Betriebsstrukturen bis zu den Bündnisfragen: alles hätte länger gedauert. Wirtschaftliche Gesichtspunkte zwingen zur Einheit, wirtschaftliche Gesichtspunkte machen diese aber auch zu einem erheblichen Wagnis. Der Markt war der Sieger im Wettkampf der Systeme — aber die Mechanismen des Marktes sind *nicht* geeignet, den wirklichen Ausgleich der wirtschaftlichen und sozialen Gefälle zu bewirken. Es ist unbestritten, daß die Lage der DDR-Wirtschaft den Zufluß westlichen Kapitals erfordert; DDR-Unternehmen brauchen Partner und DDR-Länder und -Kommunen westliche Investoren für Arbeitsplätze und Steuern; die Strategie der beiden deutschen Regierungen setzte fast ausschließlich auf diesen Prozeß. Wenn Bundesminister Haussmann bei der Eröffnung der Leipziger Herbstmesse am 2. September 1990 mit dem Satz zitiert wurde »Die Tränke ist nun voll, jetzt *müssen* die Pferde saufen«, dann zeigt dies das ganze Mißverständnis.

Investoren aber entscheiden nicht volkswirtschaftlich oder sozial im Sinne eines deutsch-deutschen Ausgleichs, sondern betriebswirtschaftlich nach den Interessen ihres Unternehmens. Ja, sie *müssen* kaufmännisch und *dürfen* nicht politisch handeln, wenn sie in der Marktwirtschaft erfolgreich bleiben wollen. Der Patriotismus ist keine kapitalistische Kategorie. Das westliche Kapital wird deswegen den Standort DDR in der Regel wie alle anderen Standorte an der Gewinn-und-Verlust-Rechnung ohne jede Sentimentalität messen. Für Investitionsbeurteilungen unterliegt die DDR »bereits heute der gleichen Risikobewertung wie die Bundesrepublik«, sagte ABB-Konzernchef von Koerber schon im April 1990. Die Lage im Jahre 1990 ist mit der Lage zum Zeitpunkt der Währungsreform 1948 eben völlig unvergleichbar: Das Problem der DDR-Wirtschaft heute ist nicht die eigene Kraft zum Wiederaufbau, sondern die Härte des Wettbewerbs aus dem westlichen Teil Deutschlands und der übrigen EG mit *allen* ihren Vorteilen. Und die Standortvorteile der DDR-Region sind wenig überzeugend.

Es ist aber ein Unterschied, ob jemand mit gebrochenen Knochen zäh und willensstark den Weg der Rehabilitation gehen kann (dies war der Fall der BRD-Wirtschaft nach 1948), oder ob man ihn am Tage nach dem Unfall zum Wettlauf mit Unverletzten auf die 100-m-Strecke schickt. Die Einführung der DM in der DDR ließ sich nicht verzögern. Und ein »Entwicklungsmodell Polen« war in der politisch-verfassungsrechtlichen Realität auf die DDR nicht anwendbar. Es geht hier also nicht um eine Kritik an der unvermeidlichen Währungsunion vom 1. Juli 1990. Es ging und geht vielmehr um eine realistische Betrachtung der unvermeidlichen Folgen des marktwirtschaftlichen Wettbewerbs für die DDR-Betriebe *und* um die wirtschaftspolitischen Konsequenzen, die daraus zu ziehen sind. Hier haben die deutschen Regierungen ihre Aufgabe nicht erfüllt.

* * *

Seit März 1990, oder eher seit Bundeskanzler Kohls Ankündigung zur Währungsunion am 7. Februar 1990, schuldeten die beiden deutschen Regierungen den Deutschen in beiden Teilen des Landes einen zusammenhängenden Plan, wie das Projekt DDR gesteuert und gelöst werden soll. Auch dann wird es Irrtümer, Fehlplanungen und falsche Entscheidungen geben: Aber dann wird man den Weg auch systematisch korrigieren können. Nur mit einem umfassenden politischen Konzept können, das steht fest, der industrielle Kahlschlag in der DDR und die damit für das ganze Deutschland verbundenen schwerwiegenden regionalpolitischen Folgen verhindert werden.

Der Markt jedenfalls ist ein überschätzter Sieger.

FÜNFTES KAPITEL

Die Wirtschaft der DDR ist die Aufgabe der Politik

I.
Warum eine Konzeption fehlt

In seinem seherischen Text über die deutsche Revolution und den »deutschen Donner«, der krachen werde, wie es noch nie in der Weltgeschichte gekracht habe, nennt uns Heinrich Heine »ein methodisches Volk«; die Welt hätte ihm sicher bis zum Jahr 1990 zugestimmt. Heute scheint auch diese Einschätzung wieder eines der vielen widerlegten Klischees über die Deutschen. Den Vorwurf organisierter Planmäßigkeit müssen sich die deutschen Regierungen und Parteien beim innenpolitischen Einigungsprozeß 1990 gewiß nicht machen lassen.

Drei Gründe gab es wohl, warum der ökonomische Weg in die Einheit 1990 so stolperig war: *Erstens* hatten wir zwar täglich die Abschaffung des Schießbefehls und die Öffnung der Mauer gefordert, aber nie mit der Verwirklichung dieser Forderung gerechnet. *Zweitens* waren die Regierungsparteien von BRD und DDR allzu sehr an *unsere* Erfahrungen und unsere Erfolge in der BRD gebunden: Freie Marktwirtschaft lautete deswegen die einseitige Losung. Für das Projekt DDR war das völlig unzureichend. Schon der ältere Livius hat ja gesagt, der Erfolg sei der Lehrmeister der Toren. Und *drittens* hatte sich die SPD, die von ihren Erfahrungen, Überzeugungen und auch als Oppositionspartei wohl am ehesten eine politische Konzeption des wirtschaftlichen Einigungsprozesses hätte erarbeiten können, auf zwei Nebenkriegsschauplätzen verhakt: Zunächst in der Debatte über zwei deutsche Staaten und dann in der völlig illusionären Diskussion über die Ablehnung der Währungsunion. So verpaßte sie Aufgabe und Chance eines politischen Konzepts für die soziale und ökonomische Einigung. Sie wurde deswegen zu spät zum »sozialen Gewissen der Einheit«, das Willy Brandt von ihr gefordert hatte.

II.
Die Freiheit war nicht in den Planungspapieren

Blickt man heute zurück, dann muß es schon verwundern, wie wenig Regierungen, ihre Geheimdienste und wissenschaftlichen Institute die Entwicklungen der Jahre 1989 und 1990 in Osteuropa vorausgesehen haben. Am 23. Mai 1989 feierte die Bundesrepublik Deutschland ihren 40. Geburtstag. Für die offiziellen Feierlichkeiten – die Sowjetunion und Osteuropa waren bereits in aufregender Bewegung – schien die deutsche Frage in der überschaubaren Zukunft von der Geschichte beantwortet: zwei Staaten, zwei Gesellschaftssysteme in zwei Bündnissen. Zu jenem Verfassungstag veröffentlichte die überparteiliche Bundeszentrale für politische Bildung ein umfassendes Deutschland-Handbuch, das über Entwicklung und Lage in DDR und BRD Auskunft geben sollte. Auch wenn man bedenkt, daß Beiträge zu derartigen Sammelbänden Jahre zuvor geplant und Monate vor ihrem Erscheinen geschrieben werden müssen, ist es schon erstaunlich, daß sich in den über 700 Textseiten dieser Veröffentlichung nach meiner Kenntnis nicht *ein* Hinweis findet, der auch nur die Möglichkeit der Ereignisse des Jahres 1989 andeutete.

Im Gegenteil. Der einführende Aufsatz von Werner Weidenfeld, einem vorzüglichen Kenner der deutschen Probleme, endet mit der Feststellung, daß »beide Staaten in Deutschland... ihre europäischen Bindungen und Einordnungen konstruktiv wahrzunehmen (haben)«, und Hartmut Zimmermanns abschließende Zusammenfassung läßt zwar die tiefen inneren Probleme der DDR erkennen, die sich nur durch mehr demokratische Offenheit bewältigen ließen: Aber der existenzielle Widerspruch zwischen dem DDR-Staat und jeder Form demokratischer Öffnung, wie er schon bald in den Massendemonstrationen, insbesondere in Leipzig, deutlich wurde, war damals offenbar noch nicht zu erkennen.

An ihrem Verfassungsgeburtstag jedenfalls betrachtete die Bundesrepublik in erster Linie sich selbst und nur auf diesem Hintergrund (meist zu optimistisch) auch die DDR. Deutschland als Ganzes war nicht im Blickfeld. Was natürlich nicht ausschloß, daß Teilung und Wiedervereinigung in der Festansprache der vielfachen Veranstal-

tungen wie gewohnt ihren angemessenen Platz hatten — nämlich jenseits eines historisch-realistischen Horizontes.
Dies bleibt wichtig als Mahnung für mehr Bescheidenheit von uns allen in der Politik: Überall, wo die Politik für sich in Anspruch nimmt, die Zukunft zu gestalten, sollte sie sich zukünftig immer erinnern, wie wenig wir alle die Entwicklung 1989/1990 vorhergesehen haben.
Als am Abend des 9. November 1989 die DDR die Grenzen öffnete, traf deswegen diese Entwicklung auch auf eine technisch völlig unvorbereitete Bundesrepublik Deutschland. Es sagt auch einiges aus über die Fähigkeit politischer Institutionen und ihre wissenschaftlichen Ratgeber, daß es für diesen Ablauf *keinerlei* Schubladenpläne gab. Jahrzehntelang hatten wir gefordert, daß der Schießbefehl an der innerdeutschen Grenze aufgehoben werden solle; aber niemand hatte sich offenbar konkret mit der Frage beschäftigt, was denn geschehen würde, *wenn* die SED diese Entscheidung einmal wirklich treffen würde. Jede Grenze ist nur so sicher wie die Gewalt, die notfalls zu ihrer Sicherung angewandt wird. Und wir alle wußten sehr wohl, daß Honeckers Mauer und Stacheldraht auch nur so lange Bestand haben würden, als es Gewehre, Minen und Hunde gab, die diese sicherten. Am Tage, an dem der Schießbefehl fällt — so hatte ich meinen politischen Freunden oft geantwortet, wenn wieder Forderungen gegen den Schießbefehl laut wurden —, werde auch die Grenze fallen. Denn die Bürger würden in derselben Stunde hingehen und diese unmenschlichen Gefängnismauern abreißen. Aber das genau war wohl auch der Grund, warum wir alle von diesem Ereignis des 9. November völlig überrascht wurden: Niemand konnte glauben, die SED und ihre sowjetischen Protektoren würden freiwillig den einzigen Schutz beseitigen, auf den sich ihr System in der DDR verlassen konnte — die gewaltsame Absperrung durch Mauer und Stacheldraht.
So ist wohl zu erklären, daß die Aktenschränke westlicher Planungsstäbe seit Jahrzehnten bis an den Rand mit Krisenszenarios gefüllt waren, in denen Berlin oder andere neuralgische Knoten der Weltpolitik ihren theoretischen Dominoeffekt auf das Ost-West-Verhältnis ausübten. Und diejenigen, die sich seit Beginn der Entspannungspolitik und besonders seit Perestroika und Glasnost mit den Chancen von Abrüstung und Zusammenarbeit in Europa befaßten,

waren immer von *einer* Konstante ausgegangen: einem festgefügten Warschauer Pakt mit einem unersetzlichen Baustein DDR. Wie sollte die Sowjetunion denn sonst ihr Imperium zusammenhalten? Wie sollte sie die Ergebnisse des Zweiten Weltkriegs sichern, wenn die ost- und mitteleuropäischen Staaten oder gar der deutsche Teilstaat DDR beginnen würde, eine auf Selbstbestimmung gründende Politik zu betreiben? Daß die Sowjetunion dem stalinistischen Ceauşescu in den 60er und 70er Jahren, wenn auch verärgert, Leine lassen konnte, war schließlich verständlich: das System schien bei ihm in guten Händen. Welche Kräfte aber in Ungarn, der ČSSR, in Polen oder in der DDR das Heft in die Hand nehmen könnten, wenn Moskau lockerließe, das hatte man 1956, 1968, 1980 und auch schon 1953 gesehen. Wie also konnte die Sowjetunion jemals lockerlassen? Der Stalinismus hatte nicht nur in der Sowjetunion, sondern offenbar auch in Mittel- und Osteuropa eine Ordnung geschaffen, die am Ende sogar im Westen dem Denken enge Grenzen zog. Daß die Frage sich eines Tages ganz anders stellen könnte, nämlich außerhalb der bisherigen Ordnungen, darauf — und auf die damit dann verbundene deutsche Frage — richtete man sich im Westen nicht ein. Auch nicht, als zu Beginn der 80er Jahre in einigen östlichen Satellitenstaaten die kommunistische Alleinherrschaft zögernd in Frage gestellt wurde. In Polen war die Solidarność eine demokratische politische Arbeiterbewegung und seit den Ereignissen auf der Leninwerft in Danzig auch unverkennbar mehr als eine alternative Gewerkschaft. Sie war die neue Mehrheit. Aber der Westen rechnete nicht mit ihr als Regierung.

Und doch: Aus heutiger Sicht hätte man eigentlich schon damals erkennen können, was schließlich kommen mußte. Aber wir waren an die Strukturen des kalten Krieges zu sehr gewohnt. Wir hatten weniger auf die kleinen, aber stetigen Veränderungen in der Wirtschaft, in den Stimmungen und in den Bedürfnissen und Lebensweisen der Menschen geachtet als auf die formalen Führungsstrukturen. Die Kreml-Astrologie — ebenso wie die Analysen der Stasi in Ost-Berlin! — stützten sich weniger auf soziologische und sozialpsychologische Untersuchungen als auf Veränderungen personeller Machtkonstellation. Jedenfalls gab es keinen Plan für *diesen* Tag X. Ein Tag X war in *unseren* Planungen immer ein Tag der Bedrohungen durch Zufahrtsblockaden, zum Beispiel für Berlin; oder durch

Behinderung des Flugverkehrs dieser Stadt; durch Grenzübergriffe nach Westen oder sowjetische Eingriffe in den Paktstaaten. Doch ein feiner Schnitt durch den Drahtzaun des Eisernen Vorhangs in Ungarn warf alle Planungen um.
Alles, nur die Freiheit hatten wir nicht in unseren Planungen. Der Tag X als Freudentag und als Tag der Resignation der Unterdrücker stand nicht im Planungskalender.

III.
Grundprobleme des Arbeitsmarktes

Die deutsche Einheit zwingt die DDR-Region, die Maßstäbe der demokratischen Marktwirtschaften zu akzeptieren. Dieser Anpassungsprozeß insbesondere der bisherigen DDR-Wirtschaft wird Arbeitsplätze, Zeit und Geld kosten. Und um zu wissen, was zu tun ist, müssen wir wenigstens eine realistische Vorstellung davon gewinnen, welche Folgen mit dieser Vereinigung von zwei Häusern unter einem Dach verbunden sein werden und welchen Problemen und Tendenzen wir gegenüberstehen. Die Wahrheit zu sagen über das, was ist, heißt weder zu resignieren noch zu sagen, was sein *wird.* Aber nur wer die Schwierigkeiten sieht, wird sie auch überwinden können. Im Mittelpunkt steht die Bedrohung der Arbeitsplätze in der DDR. Nur wenn wir die Ursachen der drohenden Massenarbeitslosigkeit verstehen, werden wir den Ausgleich in Deutschland auch schaffen können.
Über die Entwicklung der Arbeitslosigkeit in der DDR-Region nach Einführung der DM und der marktwirtschaftlichen Regeln waren seit Anfang 1990 sehr unterschiedliche Prognosen zu lesen. Das Ifo-Institut hatte im bisherigen DDR-System eine verdeckte Arbeitslosigkeit von 1,5 Millionen errechnet. Es ist vielleicht doch wichtig für Bewohner der bisherigen BRD, sich einmal klarzumachen, daß 1,5 Millionen Arbeitslose in der DDR-Region einer Arbeitslosenzahl von etwa 6 Millionen in der BRD entsprechen würde! Als die ersten vorsichtigen Schätzungen eine Arbeitslosigkeit in

der Größenordnung von 1 Million erreichten, wurde dem zum Teil heftig widersprochen. Und als die Arbeitsministerin Frau Hildebrandt von 1,5 Millionen Arbeitslosen sprach, wurde sie in einer späteren Volkskammersitzung von dem Fraktionsvorsitzenden der CDU, Staatssekretär Krause, scharf angegriffen, weil derartige Aussagen nur Angst und wirtschaftliche Unsicherheit verursachen würden. Und dies, obwohl die ausgewiesene Arbeitslosigkeit seit Anfang des Jahres von 7500 registrierten Arbeitslosen auf über 360 000 im August gestiegen war und zugleich etwa 1,4 Millionen Kurzarbeiter mit quasi »Null-Arbeit« registriert waren. Das aber bedeutet *de facto* eine Arbeitslosigkeit von über 1,5 Millionen Menschen oder von über 15% schon nach wenigen Monaten.
Wer rechnete, konnte jedoch von der Entwicklung nicht überrascht sein. Drei grundsätzliche Überlegungen zeigen die Größenordnungen, um die es geht.

Die Industrie (das verarbeitende Gewerbe) beschäftigte 1989 etwa 3,2 Millionen Arbeitnehmer; geht man davon aus, daß die Zahl der Beschäftigten für eine angemessene Produktivität mindestens um ein Drittel zu hoch ist (der Abstand in der Produktivität ist größer), so heißt das, über eine Million Beschäftigte der Industrie wurden faktisch sofort in den Betrieben entbehrlich. Für die Landwirtschaft (920 000 Beschäftigte) gilt mindestens dieselbe Größenordnung, ebenso wie für Bahn (245 000 Beschäftigte) und Post (127 000 Beschäftigte) und den Bereich Öffentliche Dienstleistungen und Verwaltung (2,6 Millionen Beschäftigte), die allerdings wegen der völlig anderen Aufgabenstellung einer zentralistischen Planwirtschaft schwer abgrenzbar ist. Würde man zunächst davon ausgehen, daß nur in den genannten Bereichen, aber nicht im Handel und nicht im Baugewerbe ein Abbau von etwa einem Drittel der Arbeitsplätze *allein* aus Gründen einer Anpassung des Verhältnisses von Kapital zu Arbeit, also als Folge der abrupten Unterbrechung der Produktionsfunktion eintreten würde, ergäben sich bereits Größenordnungen von etwa zwei Millionen Arbeitsplätzen.

* * *

Es gibt bestimmte Bereiche in der bisherigen DDR, die sehr viel härter als mit einem Drittel der Arbeitsplätze betroffen sind. Wirtschaftlich gehört hierher wahrscheinlich die Pkw-Produktion, von deren 65 000 Arbeitsplätzen sicherlich weniger als die Hälfte erhalten bleiben können; oder auch der Bergbau, von dessen 175 000 Arbeitsplätzen (einschließlich Kali- und Uranbergbau) kaum mehr als ein Drittel überleben dürften. Der Bereich der Verteidigung (Nationale Volksarmee), der noch 1989 etwa 170 000 Personen beschäftigte, wird 1991 wohl nur noch für einen Bruchteil der Soldaten aus der DDR im geeinten Deutschland einen Arbeitsplatz zur Verfügung halten können. Man kann diese Bereiche mit besonders schweren Verlusten von Arbeitsplätzen kaum abschließend berechnen. Aber schon der Blick auf Verteidigung und Bergbau zeigt, daß es einige hunderttausend Arbeitsplätze sein können, die hier zusätzlich verlorengehen.

* * *

Die Arbeitsplatzverluste, die allein deswegen eintreten, weil die personelle Überbesetzung der Planwirtschaft entfällt oder weil *ein* abrüstendes Deutschland nicht zwei große Armeen halten kann, würden auch erfolgen, wenn die bisherige DDR-Wirtschaft im übrigen in ihren Produkten und Produktionsverfahren so wettbewerbsfähig wäre wie die BRD-Wirtschaft. Weniger Beschäftigte würden dann eben exzellente Produkte zu verkaufsfähigen Preisen herstellen. Aber dies ist nicht die Lage der DDR-Wirtschaft: Auch wenn die Zahl der Beschäftigten in den DDR-Betrieben in etwa den Umfang erreicht hat, der für das entsprechende Produktions*volumen* nach unseren Maßstäben in den DDR-Betrieben benötigt würde, ist das Problem der Wettbewerbsfähigkeit der DDR-*Produkte* noch lange nicht gelöst. Es wird Firmen- und Branchenzusammenbrüche *auch dann* geben, wenn die Arbeitskosten dem Weltmarkt angepaßt sind, weil die Produkte (nicht die Produktionskosten) dem Wettbewerb noch nicht standhalten. Trabi, langweilige Damenoberbekleidung oder muffige Kekse bleiben genauso unverkäuflich, auch wenn ihr Preis wesentlich gesenkt würde. Niemand kann heute sagen, wie groß der Arbeitsplatzverlust durch *diesen* Strukturwandel sein wird, der am ehesten dem Strukturwandel entspricht, wie wir ihn in der BRD über vier Jahrzehnte erfahren und bewältigt haben, von der Textilindustrie bis zum Schiffbau, von der Kohle bis zur Photoindustrie. Es ist dies erst *der* Strukturwandel zur Wettbewerbsfähigkeit, *nachdem* der *Systemwandel* zur Marktwirtschaft und zur Einheit bereits Arbeitsfähige in Millionenzahl an ihren Arbeitsplätzen überflüssig gemacht hat.

* * *

Diese drei Grundüberlegungen umreißen die Größenordnung der Arbeitsmarktprobleme, um die es geht. Wenn das Sozialprodukt der bisherigen DDR etwa 10% des BRD-Sozialprodukts ausmachte, die Bevölkerung der DDR aber etwas mehr als 25% der bisherigen BRD, dann könnte man auch sagen: Für eine Angleichung an die Produktivität muß die DDR entweder ihre Produktion (Waren und Dienstleistungen) mehr als verdoppeln (und verkaufen!), um ihre Beschäftigung im Wettbewerb zu halten, oder aber die Beschäftigung mehr als halbieren — und das wären immerhin über 4,5 Millionen Arbeitsplätze.

Diese Beschreibung der Arbeitsplatzrisiken ist selbstverständlich nur die eine Seite des Umbruchs in der DDR. Gleichzeitig öffnet die Marktwirtschaft auch erhebliche neue Chancen. Für kleine Betriebe, Handwerk und Dienstleistungen werden nach einem Vergleich mit der BRD neue Arbeitsplätze in Größenordnungen zwischen einer und vier Millionen geschätzt. Allerdings — dies wurde bereits gesagt — hängen auch diese Arbeitsplätze zu einem nicht unerheblichen Teil an dem Fortbestand wettbewerbsfähiger Schlüsselindustrien.
Schließlich ist es auch richtig, daß die Erneuerung der DDR genug Arbeit für die Vollbeschäftigung der Region bietet — vorausgesetzt, diese Arbeit kann finanziert werden. Und hier, im Wiederaufbau der DDR, gewissermaßen in der »DDR-Region als Baustelle«, liegt die große, aber auch die einzige reale Chance, um das soziale *und* das wirtschaftliche Gleichgewicht zwischen Ost und West in Deutschland wiederherzustellen. Weder ein niedrigeres Lohnniveau noch qualifizierte Belegschaften, noch der historisch gewachsene Zugang zu den osteuropäischen Märkten und zur Sowjetunion sind von so erheblichem und dauerhaftem Gewicht,

daß die westdeutschen und andere »westliche« Unternehmen mit einer massiven Umlenkung ihrer bisherigen Investitionspläne in die bisherige DDR reagieren werden. Die DDR-Region würde weitgehend Absatzgebiet der westdeutschen Wirtschaft und die DDR-Industrie würde in den zweiten Rang gedrängt, wenn sie nicht durch den Wiederaufbau der DDR-Region selbst eine besondere und bevorzugte Chance der Erneuerung erhält. Und das bedarf einer konsequenten Strukturpolitik für die DDR-Region und eines industriepolitischen Konzepts.

Es gibt keinen Weg des wirtschaftlichen Ausgleiches zwischen den beiden Teilen Deutschlands, den der Markt (mit welchen Rahmenbedingungen auch immer) ohne massive politische Unterstützung finden wird. Der Rückgang der Industrieproduktion in der DDR-Region im Juli 1990 um etwa 40% gegenüber Juli 1989 darf niemanden überraschen. Die für den Markt erforderlichen Standort-Vorteile der DDR werden überschätzt. Deswegen werden sich die kritischen Berichte in den nächsten Monaten überschlagen, ein Horrorszenario wird das nächste jagen; damit mußten wir zwar rechnen. Ein fataler Fehler wäre es aber, wenn die politischen Entscheidungszentren dies weiterhin einfach als einen Prozeß der Selbstreinigung durch den Markt behandeln würden. Zu viele Branchen und Betriebe sind gleichzeitig betroffen.

Es fehlt in der DDR-Region im Vergleich zu früheren regionalen Struktureinbrüchen in der BRD, zum Beispiel im Ruhrgebiet der 70er Jahre oder in den Hansestädten, fast völlig an starken Trägern der Erneuerung. Und die These, kleine Zuliefer-, Handwerks- und Dienstleistungsbetriebe seien die Lösung, ist schlicht falsch: Diese sind unersetzliche Ergänzungen für den Industriestandort DDR; sie werden auch viele neue Arbeitsplätze schaffen. Aber sie sind eben kein Ersatz für Schlüsselindustrien, von denen sie selbst in erheblichem Umfang abhängen. Handwerk und Dienstleistungen produzieren — das wurde schon gesagt — im übrigen in der Regel keine über weite Entfernungen »handelbare Ware« *(tradable goods).* Sie werden deswegen überwiegend an den Standort DDR gebunden sein, ob dieser nun attraktiv ist oder nicht. Bankschalter und Fleischerläden, Theater und Krankenhäuser, Bauarbeiten und Schulen schaffen zwar immer da Arbeitsplätze, wo die Menschen leben: Vorausgesetzt, diese Menschen können sie bezahlen. Und ohne eine gewerbliche Basis in der Industrie wird es in der DDR-Region diese notwendige Kaufkraft nicht geben.

Die Zukunft des Wirtschaftsraums DDR ist deswegen die Zukunft ihrer wettbewerbsfähigen Arbeitsplätze in der Industrie. Von der Ertragskraft dieser Arbeitsplätze hängt alles ab: die Existenz der Betriebe; das Einkommen der Bevölkerung; die Entwicklung der urbanen oder ländlichen Infrastruktur; die Steuerkraft und die sozialen und kulturellen Leistungen der öffentlichen Haushalte.

Die Gefährdung der industriellen Basis in der DDR-Region hat im übrigen nicht nur eine besondere Bedeutung für den dortigen Arbeitsmarkt, weil heute der Anteil der Beschäftigten im Industriesektor deutlich höher ist als in der bisherigen BRD. Durch die planwirtschaftliche Konzentration von Branchen und Betrieben auf regionale Schwerpunkte (Monostrukturen) könnten Zusammenbrüche einzelner Wirtschaftszweige nahezu unlösbare Beschäftigungsprobleme in bestimmten Landesteilen auslösen. Das würde zum Beispiel für die Chemieindustrie im Raum Halle-Bitterfeld gelten. Ebenso muß wegen des hohen Beschäftigungsanteils der Frauen in der DDR die besondere Wirkung der Arbeitslosigkeit auf diesen Teil der Bevölkerung berücksichtigt werden.

Die Ausgangslage für die DDR-Arbeitsplätze ist also heute verheerend. Wir haben die Lage der Schlüsselindustrien gesehen. Es geht dabei nicht nur um die hohen Produktionskosten und die im Vergleich mit der BRD bestenfalls halbe *Produktivität*. Auch die Tatsache, daß in den meisten Branchen die *Produktionsverfahren* völlig veraltet sind, ist nur *ein* wichtiger Faktor. Entscheidend bleibt, daß bei fast allen DDR-*Produkten* die Qualität mit dem westlichen Angebot gegenwärtig noch nicht konkurrieren kann — nicht einmal als Billigangebot. Dies galt zum Zeitpunkt der Wirtschafts-und Währungsunion faktisch für die gesamte Palette der Produktion, von den Autos bis zu den Kinderschuhen, vom Joghurt bis zum Hotelbett (soweit es eines gibt).

IV.
Politisches Konzept für die wirtschaftliche Einheit

Das einzigartige Vorhaben der Integration einer bisher zentralen Kommandowirtschaft in eine größere Marktwirtschaft verursacht Brüche auf verschiedenen wirtschaftlichen *und* politischen Ebenen. Folglich lassen sich diese Brüche nur durch eine entsprechende konzeptionelle Bündelung von wirtschaftlichen *und* politischen Maßnahmen korrigieren. Ein möglichst hohes Maß marktwirtschaftlicher Dynamik muß mit diesen politisch gesteuerten Maßnahmen immer wieder verbunden werden. Natürlich sind auch die bislang eingesetzten Instrumentarien, wie beispielsweise die Gewährung von Hilfen für Unternehmensgründungen, von ERP-Krediten oder Hilfen im Rahmen zahlreicher Städtepartnerschaften, notwendig, aber die Größe der Aufgabe macht Maßnahmen von einer anderen Größenordnung erforderlich. Zu diesen Maßnahmen, die spätestens eine gesamtdeutsche Regierung für den Ausgleich zwischen BRD- und DDR-Region einsetzen muß, gehören: eine finanzielle Ausstattung der »DDR«-Länder, die der Finanzausstattung der bisherigen BRD-Länder entspricht; eine konsequente Verlagerung der Förderpräferenzen der Regionalpolitik auf die DDR-Region; branchenbezogene Industriepolitik; vorrangige Beteiligung der DDR-Wirtschaft an öffentlichen Investitionen in der Region DDR und bei allen Bundesvorhaben; Arbeitsbeschaffung und Umschulung; Aufbau einer regionalen Wirtschaftsverwaltung in der DDR; Förderung einer qualitativ orientierten Wanderungsbewegung von West nach Ost; wettbewerbsfähige Wirtschaftsförderungsgesellschaften; und schließlich eine Organisation auf der Ebene des Bundes, die der Bedeutung der Aufgabe einer *gerechten Einheit* angemessen ist.

Gleichberechtigte Finanzausstattung der Länder

Voraussetzung *aller* Chancen der DDR-Region ist, daß die dortigen Länder in der Lage sein werden, politisch, verwaltungsmäßig und finanziell den wirtschaftlichen Erneuerungsprozeß abzustützen. Dies wird wiederum nicht nur vom zügigen Aufbau einer leistungsfähigen öffentlichen Verwaltung, sondern noch wichtiger von einer angemessenen finanziellen Ausstattung des öffentlichen Sektors der DDR-Länder und -Gemeinden abhängen. Wenn die Erneuerung der DDR-Region entgegen all den äußerst ungünstigen Bedingungen, die wir dort heute vorfinden, überhaupt möglich werden soll, dann müssen die Länder der DDR-Region zunächst ganz unabhängig von ihrer Steuerkraft den hierfür notwendigen Anteil am gesamten Steueraufkommen Deutschlands erhalten. Das heißt ferner, daß angesichts des Rückstandes der DDR-Region in faktisch allen Gebieten der Infrastruktur die DDR-Länder und -Gemeinden in den nächsten Jahren einen *überhöhten* Anteil an diesen Investitionen erhalten müssen. Das gilt für Bahn und Post, für Bundesstraßenbau und Hochschulbau, für den sozialen Wohnungsbau und die Stadterneuerung, kurz: für alle Gemeinschaftsaufgaben. Überall dort, wo Bund, Länder und Gemeinden gemeinsam Entwicklungen finanzieren, muß *jetzt* die DDR-Region Vorrang bekommen, wenn wir nicht für eine unübersehbare Zeit zwar den Staat vereint, aber das Land geteilt lassen wollen.

Es ist richtig, daß mit wachsender Wirtschaftskraft die DDR-Region in zunehmendem Umfange in der Lage sein wird, einen größeren Anteil dieser Aufgaben selbst zu übernehmen. Aber die Länder der DDR jetzt vor die Aufgabe zu stellen, die Aufholjagd zur BRD-Region in den nächsten Jahren überwiegend selbst zu finanzieren, wäre eine fatale Illusion. Die DDR-Region braucht in den kommenden Jahren angesichts der weit klaffenden Lücke in faktisch allen Bereichen der Gesellschaft erhebliche finanzielle Zuschüsse von der gesamtdeutschen Regierung. Denn die Vereinigung der beiden deutschen Staaten stellt objektive Bedingungen, wenn wir den Ausgleich wollen. Der Preis für die *Einheit der Deutschen* wird sicherlich finanziell höher sein als der Preis für die *Einheit der beiden deutschen Staaten:* Aber wenn wir nur die Vereinigung der beiden deutschen Staaten erreichen und nicht die Einheit der Deutschen, dann werden wir einen politischen Preis für die fortdauernde Spaltung des Landes und der Gesellschaft zu bezahlen haben, der weit höher sein wird als die finanziellen Opfer, die eine gerechte Einheit uns jetzt abfordert.

Deswegen muß sich auch die Finanzausstattung der Länder und Kommunen in der DDR-Region in erster Linie *nach ihrem realistischen Bedarf und nicht nach ihren Steuereinnahmen richten*. Es ist die Aufgabe aller deutschen Bürger, und das heißt angesichts der Einkommenslage in erster Linie derjenigen, die in der bisherigen BRD wohnen, der DDR-Region eine bedarfsorientierte Finanzausstattung möglich zu machen. Länder und Gemeinden in der DDR-Region sind zwar erst dabei, ihre föderalistische Aufgabe wiederzugewinnen. Deswegen läßt sich zu diesem Zeitpunkt ihr Finanzbedarf weder nach einzelnen Ländern noch für die einzelnen Städte konkret abschätzen. Den einzigen Anhaltspunkt für eine angemessene Bedarfsschätzung bieten Aufwand und Ausgabenstruktur der entsprechenden Gebietskörperschaften in der bisherigen BRD. Der Finanzausgleich für die DDR-Länder und -Gemeinden war der offizielle Grund für den Bruch der Großen Koalition des de-Maizière-Kabinetts im August 1990. Finanzminister Walter Romberg (SPD) hatte versucht, der DDR-Region in Deutschland im zweiten Staatsvertrag von Anfang an ein Finanzvolumen zu sichern, das an den Ausgaben der BRD-Länder und -Gemeinden orientiert war und das eine aktuelle unangemessene Verschuldung der DDR-Gebietskörperschaften vermeiden sollte. Seine Zahlen und Prognosen wurden bestritten; er wurde entlassen. Aber die Zahlen Rombergs liegen nicht außerhalb der Realität.

Das Bundesland Nordrhein-Westfalen hat mit 17 Millionen Einwohnern in etwa so viele Einwohner wie die DDR-Region (einschließlich Ost-Berlin 16 Millionen). Natürlich gibt es viele strukturelle Unterschiede, auf die noch im einzelnen einzugehen sein wird, aber für eine grobe Schätzung läßt sich der Bedarf der DDR-Region anhand der finanziellen Ausstattung des Landes Nordrhein-Westfalen errechnen. Bundesland und Gemeinden gaben in Nordrhein-Westfalen im Jahre 1989 etwa 115 Mrd. DM aus, davon betrug die Netto-Neuverschuldung 3,2 Mrd. DM. Die Ausgaben wuchsen im vergangenen Jahrzehnt jährlich im Durchschnitt um 2,3%; dies ist wichtig, wenn man ausgehend vom Jahr 1991 auch eine realistische Zuwachsrate für die »normalen« Ausgaben der DDR-Region, die nicht durch einen besonderen Nachholbedarf bestimmt sind, abschätzen will. Der Gesamtaufwand des Jahres 1989 bezog sich insgesamt auf 17 Millionen Bewohner und auf eine Fläche von 34 000 qkm. In der DDR wird für 1991 eine Einwohnerzahl von 16 Millionen Bürgern geschätzt, die Gesamtfläche der DDR beträgt 108 000 qkm. Zwar kann kein Zweifel daran bestehen, daß auch Besiedlungsdichte und öffentliche Ausgaben in einem Zusammenhang stehen, aber eine unbestrittene Quantifizierung dieses Zusammenhangs ist nicht möglich. Auf der einen Seite steigen die öffentlichen Ausgaben pro Einwohner ganz unbestreitbar, wenn es sich um große metropole Verdichtungsgebiete handelt (zum Beispiel auf dem Sektor der Polizei); auf der anderen Seite gibt es aber auch ganz unbestreitbare zusätzliche Kosten in den öffentlichen Haushalten, die die Folge dünner Besiedlung und größerer Flächen sind (dies gilt zum Beispiel für den Schülertransport). Deswegen scheint es im Zusammenhang mit einer ohnehin relativ groben Schätzung des zukünftigen Bedarfs der öffentlichen Haushalte der Länder und Gemeinden der DDR-Region zweckmäßig, Flächen- und Besiedlungsdichte hier ebenso wie unterschiedliche Strukturverhältnisse zwischen Ballungsgebieten und kleinen Siedlungsformen zunächst außer acht zu lassen. Der Unterschied der Bevölkerungszahl von Nordrhein-Westfalen und den Ländern der ehemaligen DDR von etwa einer Million dürfte im übrigen durch die Organisation der DDR-Länder in fünf unabhängige Verwaltungen mit entsprechend höherem Verwaltungsaufwand mindestens zum Teil ausgeglichen sein.

In der DDR lebt ein etwas größerer Anteil von älteren Menschen (über 65 Jahre) sowie mehr Jugendliche unter 15 Jahren (35% gegenüber 30% in der BRD); diese verursachen spezifische öffentliche Kosten, zum Beispiel in den Bereichen Altenheime, Altenpflegeheime und Sozialhilfeausgaben. Aber es gibt auch spezifische öffentliche Ausgaben, die von Jugendlichen verursacht werden, besonders im Bereich der Ausbildung. Auch auf diese Differenzierung soll hier verzichtet werden. In der DDR-Region wird es vermutlich während eines längeren Zeitraumes, mindestens bis 1994, dem letzten Jahr des hier für die Schätzung des öffentlichen Finanzbedarfs betrachteten Zeitraums, auch einen höheren Anteil von Arbeitslosen geben als in der NRW-Region. Dies wird sich wegen der damit verbundenen Sozialhilfeausgaben, die nach bisherigem Recht von den Kommunen zu tragen sind, wahrscheinlich als ein wesentlicher Belastungsfaktor auch der DDR-Städte und -Gemeinden auswirken. Aber auch diese zusätzliche Belastung kann zunächst unbeachtet bleiben, weil alle Schätzungen ohnehin nur die Umrisse des zukünftigen Finanzbedarfs der DDR-Gebietskörperschaften ermitteln können und die Bundesregierung im Sozialbereich Zuschüsse leistet. Schließlich wird dem Nachholbedarf in der Stadt- und Dorfsanierung, im Umweltschutz und faktisch allen anderen kommunalen Aufgaben der DDR-Region ein höheres kommunales Leistungsniveau der BRD-Region gegenüberstehen. Nimmt man den durchschnittlichen Aufwand (einschließlich Netto-Neuverschuldung) von Land und Gemeinden in NRW von insgesamt 115 Mrd. DM für den DDR-Raum an, so müssen diese um Zins- und Tilgungszahlungen zunächst bereinigt werden, da die Gebietskörperschaften der DDR ohne öffentliche Verschuldung beginnen, also keine Zinsen und Tilgungen zu leisten haben. Für den Vergleich bietet sich eine Zahl nach Abzug dieser Kosten für die NRW-Gebietskörperschaften 1989 an. Von 115 Mrd. Gesamtaufwand wurden 1989 in Nordrhein-Westfalen etwa 9,3 Mrd. DM für Zinsen aufgewendet (Nettotilgungen gab es nicht), so daß sich bei einem Abzug dieser Ausgaben, die zunächst (!) für die DDR-Gebietskörperschaften nicht zu leisten sein werden, für 1989 ein vergleichbares Ausgabevolumen von 105,7 Mrd. DM ergeben hat. Die jährlichen Ausgabensteigerungen in NRW von durchschnittlich etwa 2,3%, auf diese Summe gerechnet, würden für 1991 einen Betrag von 110,6 Mrd. DM für die DDR-Gebietskörperschaften erforderlich machen, wenn im übrigen alle Kosten gleich wären. Dies ist jedoch nicht der Fall. Zwar hat sich das Preisvolumen in der DDR demjenigen der BRD relativ schnell angeglichen. In der DDR werden aber für einen begrenzten Zeitraum, mindestens bis zum Jahr 1994, auch im öffentlichen Dienst die Personalkosten geringer sein. Auch hier ist eine präzisere Schätzung heute unmöglich. Aber ein Lohnverhältnis DDR:BRD von 50% im Jahr 1991 und etwa 80% im Jahr 1994 scheint mindestens nicht zu hoch gegriffen; auch die Zwischenjahre können hier zunächst bei den Berechnungen linear angesetzt werden. Dasselbe Verfahren sollte bei den Investitionen der DDR-Länder und -Kommunen vorgenommen werden, wobei dort ein DDR-Lohnanteil an den Investitionen (im wesentlichen bei Bauinvestitionen) von pauschal 25% angesetzt wird. Die Ausgaben von NRW-Land und -Gemeinden im Jahr 1989 bestehen zu 40 Mrd. DM aus Personalausgaben und zu 15 Mrd. DM aus Investitionen. Es wird hier für den ordentlichen Haushalt der DDR-Gebietskörperschaften zunächst unterstellt, daß dasselbe Verhältnis von Personalkosten zu Investitionen und Sachausgaben gelten wird. Der wesentliche Teil des Nachholbedarfs im investiven Bereich der DDR-Region muß über Sonderprogramme mit anderen Finanzierungen befriedigt werden.

Geht man nun von einem rechnerischen Bedarf der DDR-Gebietskörperschaften ohne die genannten Korrekturen für 1989 von 105,7 Mrd. DM aus und errechnet dann den jährlichen zukünftigen Bedarf 1991 bis 1994 auf der Grundlage von 2,3% jährlichen Steigerungen, so ergäbe sich für 1991 ein Bedarf von 110,6 Mrd. DM und für 1994 von 118,4 Mrd. DM für die DDR-Region (einschließlich Ost-Berlin). Korrigiert man diese Zahlen um den Faktor geringerer Lohn- und Gehaltskosten in der genannten Weise, und zwar sowohl im Personalbereich als auch bei den Investitionen, dann ergibt sich folgendes Bild:

	1989	1990	1991	1992	1993	1994
NRW						
Gesamtausgaben	115,0	117,6	120,3	123,0	125,8	128,7
minus Zinszahlungen	9,3	9,5	9,7	9,9	10,1	10,3
vergleichbare Gesamtausgaben	105,7	108,1	110,6	113,1	115,7	118,4
Personalkosten	40,0	40,9	41,8	42,8	43,8	44,8
Investitionen	15,0	15,3	15,7	16,0	16,4	16,8
Sonst. Ausgaben	50,7	51,9	53,1	54,3	55,5	56,8
DDR						
Sonst. Ausgaben NRW	50,7	51,9	53,1	54,3	55,5	56,8
Korr. Personalausgaben	20,0	22,9	25,9	29,1	32,4	35,8
Korr. Investitionsausgaben	13,1	13,6	14,2	14,7	15,3	16,0
Gesamtausgaben	83,8	88,4	93,2	98,1	103,2	108,6

Die Übersicht zeigt, daß der geschätzte zukünftige Aufwand der DDR-Gebietskörperschaften für 1991 nur bei 85% des vergleichbaren Gesamtaufwandes der Gebietskörperschaften Nordrhein-Westfalens liegen würde. Die Unterschiede ergeben sich aus den Annahmen über niedrigere Personalkosten in der DDR-Region, zeigen aber auch, daß die hier vorgenommenen Schätzungen nicht als überhöht angesehen werden können. Sollte nun eingewandt werden, daß Nordrhein-Westfalen aufgrund seiner besonderen Probleme (Kohle, Stahl) auch eine höhere Haushaltsbelastung hat als andere Bundesländer, so gilt dies für die Länder der ehemaligen DDR mindestens im gleichen Maße. Aufgrund der vielfältigen Strukturprobleme könnte eher ein höheres Ausgabenvolumen für die DDR-Länder angenommen werden. Die Finanzausstattung Nordrhein-Westfalens liegt im übrigen genau im Schnitt der Bundesländer; Bundesergänzungszuweisungen und Zahlungen in den Länderfinanzausgleich blieben 1989 sehr gering und können vernachlässigt werden.
Finanzminister Romberg hatte nur mit einem Finanzbedarf der DDR-Länder und -Gemeinden von 73,8 Mrd. DM im Jahre 1991 kalkuliert, was nach den hier gewählten Maßstäben der BRD-Gebietskörperschaften offenbar doch eher niedrig angesetzt war. In fachkundigen Kreisen war allerdings schon im August von einem Mehrbedarf gesprochen worden. Aber selbst bei diesem niedrigeren Ansatz der Ausgaben hätte eine Steueraufteilung gemäß dem bisher in der BRD geltenden Schlüssel nur zu einer Finanzausstattung der DDR-Länder von 30,2 Mrd. DM im Jahr 1991 geführt und damit schon im Jahr 1994 zu einer Gesamtverschuldung der DDR-Länder und -Gemeinden von knapp 90 Mrd. DM (unter Berücksichtigung der Zahlungen aus dem Fonds Deutsche Einheit). Zwar kann auch eine gewisse Verschuldung der DDR-Länder akzeptiert werden, aber in dieser Größenordnung würden sie im Vergleich zu den westlichen elf Bundesländern schnell zu hoch überschuldeten Ländern werden; und dies würde im Ergebnis zu einer Zwei-Klassen-Gesellschaft unter den Bundesländern führen.
Wenn wir den DDR-Ländern und -Gemeinden ab 1991 auch nur eine *gleiche* Chance bei sehr viel schlechteren Startbedingungen in Deutschland geben wollen, dann müssen wir die ordentlichen Haushalte ihrer Gebietskörperschaften finanziell mindestens so ausstatten wie die Durchschnittshaushalte der vergleichbaren Westlän-

der. Der Zuschußbedarf errechnet sich dann aus der Differenz zwischen diesem Finanzbedarf und den erwarteten Steuereinnahmen und liegt dann bei etwa 60—70 Mrd. DM jährlich. Auch über die Schätzungen der Steuereinnahmen in der DDR-Region gab es in den vergangenen Monaten erhebliche Meinungsverschiedenheiten zwischen den beiden deutschen Staaten und innerhalb der Parteien. Je nachdem, wie die DDR-Länder am Steueraufkommen des Gesamtstaates beteiligt werden, ergeben sich hier selbstverständlich erhebliche Unterschiede. Würden die DDR-Länder zum Beispiel alle in der DDR-Region anfallenden Steuern behalten können, so ergäbe sich aus den Schätzungen des DDR-Finanzministeriums unter der Leitung von Walter Romberg für 1991 ein Volumen von 65,1 Mrd. DM, was dann noch durch Zuschüsse vom Bund ergänzt werden müßte, um den oben errechneten DDR-Finanzbedarf nach NRW-Maßstäben zu decken. Findet aber eine Aufteilung des Steueraufkommens in der DDR nach den bisher in der BRD geltenden Aufteilungen zwischen Bund und Ländern statt, so ergäbe sich ein Verbleib von lediglich 30,2 Mrd. DM im Jahr 1991 in der DDR-Region und damit ein höherer Zuschußbedarf. Wir werden darauf im sechsten Kapitel zurückkommen.

Der Einigungsvertrag vom 31. August hat die Verteilung des Finanz- und Verwaltungsvermögens zwischen Bund, Ländern und Gemeinden in der DDR-Region grundsätzlich geregelt. Es bleibt zu hoffen, daß die Länder und Gemeinden der DDR-Region in ihrer Ausstattung vor allem mit Grundvermögen bei der vereinbarten Regelung gegenüber den BRD-Ländern und -Gemeinden nicht benachteiligt werden, so daß sie eine offensive Standortpolitik der Gewerbeförderung betreiben können.

Massive Regionalförderung der DDR-Region

Eine Region, in der Eigentumsrechte nicht geklärt, Altkredite und ökologische Altlasten überschuldete Betriebe bedrängen, kann kein erfolgreicher Wettbewerber sein. Inzwischen wurden endlich ernsthafte Anstrengungen unternommen, um diese Hindernisse der DDR-Region aus dem Wege zu räumen. Sie werden deswegen hier nicht noch einmal im einzelnen behandelt. Klar muß sein: Ohne weitgehenden Schuldenerlaß und Altlastenhaftung des Staates wird es auch keine erfolgreiche Privatisierung geben können. Wer soll die Risiken denn eingehen? Aber auch die Rahmenbedingungen für eine solche Region müssen im Vergleich zu denen der Wettbewerber stimmen. Auch hier würden zunächst absurde Gefälle zu *Lasten* der DDR und zugunsten der BRD (Zonenrandgebiet) fortgeschrieben. Die deutsche Einheit ist aber innenpolitisch ein regionalpolitisches Problem extremer Größenordnung. Wir haben das industrielle und soziale Gefälle beschrieben, das die Vereinigung vorfand. Um die Probleme allerdings in ihrer ganzen Tragweite zu beschreiben, müssen wir zunächst ins Auge fassen, welche weiteren regionalpolitischen *Verschlechterungen* der Einigungsprozeß nahezu unausweichlich für die DDR-Region bewirken wird.

Während wir nämlich bemüht sind, Arbeitsmarkt und Standorte der Beschäftigung in der DDR zu stabilisieren, müssen wir erkennen, daß die Einheit selbst zunächst zu einer weiteren Entleerung der Standorte in der DDR führen wird. Es wird deswegen nicht genügen, die DDR-Region durch allgemeine regionale Fördermaßnahmen zu stützen. Vielmehr muß eine ausgleichende Politik in Deutschland auch dieser drohenden weiteren Entleerung der DDR-Region zugunsten der BRD-Region gezielt entgegenwirken.

Im Zuge der Vereinigung beider deutscher Staaten wird es zu einer Auflösung zahlreicher Institutionen in der DDR kommen müssen. Nicht nur die Nationale Volksarmee, die bisherigen Ministerien der DDR, sondern auch viele Ämter und Behörden werden ihre bisherige Funktion verlieren. Vom Statistischen Amt bis zum Patentamt, von der zentralen Gewerkschaftsorganisation bis zur militärischen Führungsakademie. Bundesbehörden, die ihren Sitz in dem bisherigen Gebiet der Bundesrepublik haben, werden dann zusätzliche Aufgaben für die DDR-Region und mit ihnen zusätzliche Arbeitsplätze gewinnen. Mit Ausnahme von Berlin, wo es bereits eine Reihe wichtiger Bundesbehörden gibt (zum Beispiel das Umweltbundesamt, das Bundesgesundheitsamt, das Bundeskartellamt und die Bundesversicherungsanstalt für Angestellte), hat die DDR in ihren fünf Ländern selbstverständlich keine einzige derartige Bundesbehörde, wie sie heute in den westlichen Bundesländern weit verstreut angesiedelt sind. In praktisch allen Fällen werden diese bisherigen BRD-Institutionen nun die Arbeit für das größer gewordene Gesamtdeutschland erfüllen wollen, können und wohl auch müssen. Und sie werden ihren westlichen Standort behalten. Das Bundeskriminalamt wird in Wiesbaden bleiben, das Bundespatentamt in München und die Bundesanstalt für Arbeit in Nürnberg, das Bundesverfassungsgericht vermutlich in Karlsruhe, die Bundesbank und der Bundesrechnungshof in Frankfurt, das Bundesamt für Verfassungsschutz in Köln, das Kraftfahrtbundesamt in Flensburg und so weiter. Die Regionen der DDR bleiben also in dieser Beziehung zwangsläufig benachteiligt.

Gleiches gilt aber auch für große Unternehmen. Viele der bisherigen Großunternehmen der DDR werden nun entflochten, in Teilen mit westlichen Unternehmen verbunden und damit oft auch einen Teil ihrer zentralen Funktionen verlieren. Wenn dieser Tage zum Beispiel die Deutsche Bank ankündigt, sie werde ihre Stabsabteilungen konzentrieren, so daß 200 Arbeitsplätze aus Düsseldorf nach Frankfurt/Main verlagert werden, ist das nur im Zug der Zeit: Für die DDR wird es jetzt einen starken Sog dieser Art nach Westen, in den Raum der BRD, geben. Denn von denjenigen Unternehmen, die sich in der DDR engagieren und investieren, wird wohl kaum eines seinen Firmensitz demnächst in die Region der DDR verlagern. Daimler-Benz wird in Stuttgart, Siemens in München und VW in Wolfsburg bleiben. Die großen Chemie-Konzerne werden, wenn sie überhaupt in der DDR in der Produktion tätig werden, sicherlich ihre Sitze in Nordrhein-Westfalen, Rheinland-Pfalz und Hessen behalten; die Mineralöl-Konzerne in Hamburg und so weiter. Aus heutiger Sicht sind damit nur wenige international bedeutende Unternehmen für die DDR-Region zu erkennen. Die zentralen Firmenleitungen werden im zukünftigen Deutschland ihre Sitze praktisch ausschließlich im Westen haben.

Auch wenn sich der Strukturwandel in der DDR schnell und erfolgreich vollziehen sollte, wird also der DDR in Zukunft die Struktur von Konzern-Zentralen und international tätigen Unternehmen fehlen, die für die Westregion des zukünftigen Deutschland so charakteristisch ist. Nur Berlin macht davon eine Ausnahme. Das alles bedeutet aber nicht nur weniger Arbeitsplätze in der DDR, sondern auch verminderte Karrierechancen im DDR-Raum und damit eine weitere Tendenz zur Abwanderung qualifizierten Personals. Gerade qualifizierte Arbeitnehmer braucht aber die DDR-Region. In der DDR gab es umfangreiche, zum Teil sehr personalstarke wissenschaftliche Institutionen. Allein die Berliner Akademie der Wissenschaften zählte 13 000 wissenschaftliche Mitarbeiter (das sind ebenso viele, wie Max-Planck-Gesellschaft und Fraunhofer-Gesellschaft in der BRD zusammen beschäftigen). Insgesamt waren rund 120 000 Beschäftigte dem F & E-Bereich der DDR-Industrie zuzurechnen. Ihr wissenschaftlicher Standard galt zwar international als wenig konkurrenzfähig, aber es waren doch qualifizierte Arbeitsplätze und Arbeitskräfte. Auch hier ist nun mit einer Verlagerung von Arbeitsplätzen in die BRD zu rechnen. Das gilt in besonderem Maße im wirtschaftswissenschaftlichen und gesellschaftswissenschaftlichen Bereich; aber auch naturwissenschaftliche Institute sind gefährdet. Forschungseinrichtungen der DDR waren häufig den Betrieben zugeordnet, und diese Betriebe, wo sie mit westlichen Unternehmen zusammengehen, werden nicht nur ihre Leitungsaufgaben, sondern ihre Forschungsfunktionen wohl meist nach Westen verlieren. Wo werden die koordinierenden Zentralen von ZDF und ARD, von SAT-1 und RTL sein? In der BRD-Region. Ebenso wie die großen Buchverlage und Zeitungsverlage. Wo die Messen und wo die Kongreßzentren? In der BRD. Auch im Stiftungswesen, das für die innovative Entwicklung der BRD so wichtig war, läßt die Region der ehemaligen DDR einen erheblichen Standortnachteil erkennen. Über 6000 Stiftungen, unter ihnen so einflußreiche Einrichtungen wie die Bosch-, Bertelsmann-, Thyssen-, Krupp-, Körber- oder Volkswagen-Stiftung, fördern und engagieren sich für Projekte im sozialen Bereich, in Wissenschaft und Kultur. In der DDR besteht zwar die Chance, die Privatisierung der ehemals »volkseigenen« Betriebe jetzt für die Gründung von privaten Stiftungen zu nutzen, damit nicht auch aus diesem heutigen Mangel ein dauerhafter struktureller Nachteil im Stiftungswesen werden muß. Aber zunächst werden die Standorte aller großen Stiftungen eben im Gebiet der ehemaligen BRD sein, und die »Stiftungslandschaft« der Region BRD wird weit überlegen sein.

Die DDR-Region ist also nicht nur durch im Wettbewerb meist unzulängliche Wirtschafts-Arbeitsplätze benachteiligt, sie wird durch die Vereinigung mit der BRD nahezu zwangsläufig noch einmal von Standorten für besonders qualifizierte Arbeitsplätze entblößt. Wer bei Siemens, Volkswagen, Daimler-Benz, Nestlé, Quelle oder Unilever, bei der Bundesbank, im Patentrecht, im Bundesverband der Deutschen Industrie oder den Gewerkschaftszentralen nach oben will, muß wohl irgendwann westwärts ziehen. Dasselbe gilt für Bundesbahn und Bundespost, für Lufthansa und für die Massenmedien. Würde man in eine Landkarte des vereinten Deutschland seine zukünftigen Entscheidungszentralen einzeichnen, die Fläche der bisherigen DDR bliebe nahezu weiß.

Die DDR – und das dürfen wir nicht vergessen – war aber über vierzig Jahre ein selbständiger Staat, in dem die genannten Funktionen faktisch alle vorhanden waren und DDR-Bürgern Arbeits- und Aufstiegschancen in ihrer Heimat boten. Und vor 1945 war auch in dieser Beziehung die spätere DDR-Region dem Westen Deutschlands durchaus ebenbürtig. Hier wieder ein Gleichgewicht im demokratischen Deutschland herzustellen ist eine nahezu unlösbare Aufgabe. Und doch muß sie angepackt werden. Die Bundesregierung muß eine mit den Ländern umfassend vorbereitete Strategie für die Wiederherstellung qualifizierter Standorte in der DDR entwickeln und umsetzen.

* * *

Die Wirtschaft braucht massive Vorteile in den Rahmenbedingungen. Es ist unverständlich, warum der erste Staatsvertrag für die DDR eine auf zwei Jahre begrenzte 12prozentige beziehungsweise 8prozentige Förderung vorsah, während das Zonenrandgebiet mit 23% privilegiert blieb; es sei denn, die Wahlen in den Zonenrandländern Niedersachsen und Bayern liefern hierfür die Erklärung. Erst Ende August wurde mit dem Einigungsvertrag entschieden, daß die DDR-Region in die Gemeinschaftsaufgabe »Verbesserung der regionalen Wirtschaftsstruktur« einbezogen wird. Rückwirkend vom 1. Juli können Investitionen nun bis Mitte 1991 mit maximal 33% bezuschußt werden, aber gemessen an manch anderer Region in Europa bleibt auch dieser Fördersatz hinter den Notwendigkeiten zurück. Die regionale Wirtschaftsförderung im DDR-Wirtschaftsraum muß sehr viel höhere Fördersätze für einen Zeitraum von einigen Jahren schaffen, damit der Anreiz zum Investieren ausreicht. In Spanien wird ein Großteil der Beihilfen an die Industrie für die

Rettung angeschlagener Unternehmen oder die Umstrukturierung ganzer Industriezweige eingesetzt. Hier werden mit einer *durchschnittlichen* Subventionsquote von 21,3% Unternehmensinvestitionen in strukturschwachen Regionen gefördert, aber in extremen Problemregionen, wie in Teilen Galiziens und Extremaduras, werden Zuschüsse bis zu 75% der Investitionskosten gewährt. Und dieser Satz kennzeichnet nur die Spitze des Subventions-Eisberges. Spanien wird ein wichtiger Standortkonkurrent der DDR-Region bleiben. Auch die französische Raumordnungsbehörde DATAR fördert industrielle Ansiedlungen mit Finanzierungshilfen von bis zu 25% der Investitionskosten für Grund und Boden, Gebäude und Produktionsgüter; die Förderung pro Arbeitsplatz beträgt dabei 35 000—50 000 Francs. In einem gemeinsamen Projekt mit der Europäischen Gemeinschaft werden in der Nordostregion Longwy 35% der Gesamtinvestitionssumme gewährt. Für viele andere EG-Länder lassen sich ähnliche Beispiele nennen, die zeigen, daß die bisher vorgesehene Förderung keine besondere Attraktion des Standortes DDR bedeutet.

Mit Beitritt zur Bundesrepublik Deutschland hat die Region DDR im übrigen auch Ansprüche auf Fördermittel aus der EG. Drei von insgesamt fünf EG-Fonds könnten wohl sofort in Anspruch genommen werden: der europäische Fonds für die regionale Entwicklung; der europäische Sozialfonds und der Ausrichtungs- und Garantiefonds für den Agrarbereich. Für die Zeit von 1989 bis 1993 waren für die drei Strukturfonds bisher insgesamt 132 Mrd. DM vorgesehen. Für den gesamten Betrag bestehen allerdings schon Verpflichtungsermächtigungen. Es wird deswegen erwogen, die Fondsmittel bis 1993 auf das Doppelte aufzustocken; denn eine Regionalförderung der DDR auf Kosten anderer ärmerer Regionen der EG lehnt die Bundesregierung ab; sie würde nur zusätzliches Konfliktpotential in der Gemeinschaft bedeuten. Es erscheint allerdings fraglich, ob die Aufstockung der vorhandenen Strukturfonds ausreichen wird.

In Zukunft wird darüber hinaus ein neuer besonders begünstigter regionaler Förderstreifen einzuführen sein: für die benachteiligte Grenzregion zur ČSFR und zu Polen; eine EG-Rand-Förderung gewissermaßen. Hier werden die 33% sicher nicht ausreichen. Denn diese schon in der bisherigen DDR problematischen Regionen werden bei der Umorientierung der DDR-Region auf Westdeutschland und den EG-Binnenmarkt sicherlich in eine besonders schwierige Lage gedrängt werden. Sie bedürfen erheblicher zusätzlicher Maßnahmen, wenn es zu einem wirklichen Ausgleich in Deutschland kommen soll. Entsprechende Schritte sind in der DDR-Regierung vorbereitet worden.

Hauptstadt Berlin — Ein Exkurs

Wenn man die Deutschen fragt, ob Berlin ihre Hauptstadt sei, so wird eine Mehrheit der Menschen diese Frage bejahen. Mehr, verständlicherweise, sind es in der DDR, obwohl Berlin dort auch ein Schimpfwort für zentralistische Unterdrückung geworden war. Eine Mehrheit ist es wohl auch immer noch in der BRD, obwohl hier nach dem Fall der Mauer zunehmend Bedenken gegen die alte/neue Hauptstadt und gegen die Kosten eines Regierungsumzuges aufkeimten.

Doch das Volk gibt offenbar wie so oft für den Politiker zu einfache Antworten. Seit die Einheit in greifbare Nähe gerückt ist und die Frage der zukünftigen Hauptstadt gestellt werden muß, entstand ein immer festeres Gespinst aus Interessen und umständlichem politischem Kalkül, in dem sich die Schritte nach Berlin verhedderten.

So wird die Frage gestellt, ob wir in unserer föderalistischen Tradition überhaupt eine Hauptstadt brauchen, ob es nicht auch ohne, oder — politisch am bequemsten natürlich — gar mit mehreren Hauptstädten ginge. Für Bonn wird ins Feld geführt, »in der Hauptstadt vom Druck der Straße frei zu sein« (Michael Stürmer am 29. Juni 1990 in der Katholischen Akademie München), und es kommt die Furcht zum Ausdruck, mit Berlin verbinde sich — auch für unsere Nachbarn — noch immer zu viel von Schuld und Tragik deutscher Geschichte in diesem Jahrhundert. Berlin sei nun einmal das politische Symbol des mitteleuropäischen Sonderweges der Deutschen, ein Ort der Macht, und seine erneute Wahl zur Hauptstadt werde die mühsam gewonnene Westorientierung und die Teilhabe an der westlichen Wertegemeinschaft lockern oder gar in Frage stellen.

In Europa sind die größten Städte der Staaten faktisch ausnahmslos auch ihre Hauptstädte. Die Bürger in den Provinzen lieben sie meist nicht dafür; die Hauptstädte verschlingen ihre Steuergroschen, und ihre Bewohner sind auch noch hochnäsig und eigensüchtig. Ob London oder Rom, ob Paris oder Kopenhagen, Dublin oder Athen: Die Geschichte ist überall dieselbe. Den Haag (monarchischer Regierungssitz seit dem 16. Jahrhundert) ist nicht nur so nah an Amsterdam, daß die Entfernung am Ende keine Trennung von Regierung und Großstadt bedeutet; von Bonn nach Köln würde die Verlegung der Hauptstadt in der Tat nicht rechtfertigen. Amsterdam hat aber auch alle wesentlichen Funktionen der Hauptstadt (von der Zentralbank bis zu den Verlagen, von den großen Unternehmenszentralen bis zu bedeutenden Behörden), die Berlin nach 1945 an die BRD-Länder verloren hat. Nur die Berner gelten selber als Leute aus der Provinz, gegenüber den Zürichern zum Beispiel, die in der föderalen Schweiz wohl eher froh sind, daß sie die Banken und nicht auch noch den Regierungssitz beherbergen. Aber sonst in Europa ist das die Regel: Die größte Stadt ist die nationale Hauptstadt, und der Regierungssitz ist dort. Denn eine Hauptstadt ist nur dort, wo Parlament und Regierung ihren Sitz haben. Und nur von dieser Hauptstadt ist hier die Rede.

Deutschland hat genug Ausnahmen von europäischen Regeln gemacht und erlitten; wir müßten also der Praxis anderer nicht folgen, wenn es anders besser für uns wäre. Ich sage nachdrücklich: für *uns*. Denn keine andere Nation würde ihre Nachbarn fragen, wo ihnen wohl die Hauptstadt recht und genehm wäre. London lädt seine Commonwealth-Partner in die Schlösser und Ämter, aus denen einst deren räuberische Unterdrückung organisiert wurde: Es hat aber, soweit ich weiß, deswegen noch keine Beschwerden über Buckingham Palace oder Lancaster House gegeben.

Europas innere Harmonie wird nicht von Deutschlands vereintem Gewicht oder von einer Hauptstadt Berlin bedroht werden. Worauf es allein ankommt, ist, daß dieses Gewicht als europäische Normalität akzeptiert wird. Normalität für Deutschland ist der Schlüssel nicht nur zur Lösung, nein: zur endgültigen Auflösung der deutschen Frage, deren Kern immer die Unvereinbarkeit von Menschenzahl der Deutschen und Gleichgewicht der Nationalstaaten in Europa war. Normalität in diesem Sinne aber kennt keine

Ausnahmen: Sie geht im Gramm verloren und kann im Pfund nicht aufgewogen werden. Berlin muß unsere Hauptstadt sein *können*, was immer unsere Nachbarn dazu sagen. Geduldig müssen wir ihnen erläutern, warum wir so entschieden haben, wenn wir uns so entscheiden wollen. Wenn dies denn unser Wille und unser Interesse ist. Aber am Ende würden wir den Nachbarn vielleicht mehr schaden als uns selbst, ließen wir Deutsche uns bei der Wahl unserer Hauptstadt mit schlechtem Gewissen von irgendwelchen anderen Interessen leiten als von unseren eigenen.

Es bedeutet viel, wenn die Menschen spontan ihre Meinung für Berlin sagen. Aber es bedeutet nicht die Entscheidung. Berlin oder Bonn ist eine politische Entscheidung, und es war richtig, daß erst ein gemeinsames Parlament die Wahl treffen soll. So verständlich das Interesse der vorläufigen DDR-Regierung war, schon auf dem Verhandlungswege im Staatsvertrag eine Festlegung auch des Regierungssitzes vorzunehmen — wenn nicht das Volk selbst diese Hauptstadtentscheidung treffen soll, dann muß es das gesamtdeutsche Parlament sein.

Seit der Teilung Deutschlands und Berlins hat es in den offiziellen Verlautbarungen weder der westdeutschen noch der ostdeutschen Regierungen nach meiner Kenntnis jemals eine Äußerung gegeben, die für den Fall der Wiedervereinigung beider Teile Deutschlands zu *einem* Staat eine andere Stadt außer Berlin als die zukünftige Hauptstadt dieses Gesamtstaates betrachtet hätte. Es gab im Gegenteil unzählige ausdrückliche Bekenntnisse zu Berlin als der deutschen Hauptstadt. Mit Recht haben sich die Bürgermeister der beiden Berliner Teilstädte im Sommer 1990 gemeinsam auf diese Bekenntnisse und Festlegungen bezogen.

Aber auch hier gilt: Man kann klüger werden. Jede Regierung steht zwar auf den Schultern ihrer Vorgänger — aber sie wird ja nicht gewählt, um nur zu wiederholen, was war. Frühere Bekenntnisse zu Berlin sind also wichtig, aber sie können nicht mehr sein als Indizien für eine historische Kontinuität. Das erste gesamtdeutsche Parlament nach 1945 ist frei, die Hauptstadtentscheidung nach eigenen Überlegungen zu treffen. Es gibt für die Abgeordneten des ersten gemeinsamen Bundestages in der Hauptstadtfrage weder rechtliche noch politische Bindungen aus der Geschichte der Teilstaaten.

Diese Abgeordneten werden, wie ihre Vorgänger, nach der Verfassung nur ihrem Gewissen verantwortlich sein. Aber dieses Gewissen hat Interessen. Das ist in keiner Weise verwerflich, denn aus den offen widerstreitenden Interessen der Abgeordneten soll ja am Ende immer von neuem die kollektive Vernunft der parlamentarischen Mehrheit geboren werden. Und diese Interessen im gesamtdeutschen Bundestag werden mehrheitlich westliche Interessen sein. Die Rhein-Provinzen sind stärker als die Elb-Provinzen. Die BRD-Interessen stärker als die DDR-Interessen. Es gibt fast viermal so viele BRD-Bewohner wie DDR-Bewohner. Und so wird es auch bei den Abgeordneten sein.

Diese Interessen werden sich, wie üblich, vermummen. Der Bonner Oberbürgermeister Daniels spricht selbstverständlich nicht in erster Linie für die wirtschaftlichen Interessen seiner Stadt, sondern Bonn steht für »nationale Bescheidenheit und die Einbindung Deutschlands in die Gemeinschaft der freien Demokratien des Westens ...« Wer hat schon von einem Abgeordneten der Stadt Bonn gehört, der sich für Berlin einsetzt – oder umgekehrt? Momper/Berlin für Berlin; Daniels/Bonn für Bonn. Ehmke/Bonn für Bonn und Vogel/Berlin für Berlin: Niemand würde etwas anderes erwarten. Die Argumente sind immer gut und natürlich »übergeordnet«. Das ist alles höchst normal. Was aber ist im Interesse Deutschlands?

Zunächst sollten wir uns klarmachen, worum es geht: Es geht, wie gesagt, allein um die Frage des Regierungssitzes. Nicht um die Anwesenheit des Bundespräsidenten in Berlin – die gab es auch bisher dort. Nicht um Sondersitzungen des Bundestages in Berlin – auch die gab es in der Vergangenheit. Es geht nicht um einige Regierungsstellen in Berlin – auch die wurden in West-Berlin in der Vergangenheit eingerichtet. Es geht vielmehr um die Frage, wo das Parlament seine tägliche Arbeit macht. Denn dort muß auch der Kanzler sein. Und wo er ist, müssen auch die übrigen Kabinettsmitglieder ihre tägliche Arbeit verrichten. Wo diese sind, müssen deswegen die wesentlichen Bestandteile ihrer Ministerien sein. Da kann man nicht herumreisen wie in Europa und alles aufteilen im Regionalproporz. Es geht um den Sitz des Parlamentes und damit den Sitz der Regierung. Beide sind untrennbar voneinander und auch im wesentlichen unteilbar in sich selbst.

Bonn galt immer als Provisorium. Berlin wäre Normalität. Was also wiegen die Argumente gegen Berlin oder für Bonn?
Der Erfolg der Bundesrepublik war eng verbunden mit der vom kalten Krieg erzwungenen Absage an jede mitteleuropäische Rolle Deutschlands. Das freie Deutschland war ein westliches Deutschland; eine Mauer im Rücken und das Gesicht den Hauptstädten und Märkten (oder vielleicht auch umgekehrt) Westeuropas und der Vereinigten Staaten zugewandt. Unsere Emanzipation nach 1945 war die Verwestlichung unseres Teiles Deutschlands. Bonn paßte zu dieser Entwicklung glänzend. Klein, katholisch und akademisch. Ohne politische Belastung aus der Nazizeit; Godesberg und das Hotel Dreesen verliehen dem Standort einen eher unverbindlichen politischen Farbtupfer. Bonn ist seither der politische Begriff für deutsche Nachkriegspolitik geworden. Oft gerade von denen als kleinkariert verachtet, die jedes größere Karo der deutschen Politik vermutlich sogar übelgenommen hätten. Für das geteilte Land im geteilten Europa war Bonn nahezu perfekte deutsche Normalität: selbstbewußte Verwaltung und Mimikry der Macht. Bonn könnte auch für das gesamte Deutschland eine gute Hauptstadt sein. Eine gesamtdeutsche Regierung, die hier bleibt, könnte ihr neu gewonnenes Gewicht lange verbergen. In einer Stadt zum Arbeiten, mit erfahrenen Apparaten, die einen Namen aufweist, der inzwischen ein international respektables Markenzeichen für zuverlässige deutsche Politik geworden ist.
Berlin würde neue Akzente setzen. Kein Zweifel, diese würden Elemente von neuem Gewicht, vielleicht sogar größerer Macht vermitteln. Berlin würde aber auch regional und kulturell neue Farben bedeuten: weiter weg von den Zentren Westeuropas; mitteleuropäischer, preußischer und protestantischer. Die Akzentverschiebung wäre etwa so wie die von Helmut Kohl zu Lothar de Maizière. Daß Berlin von den Bonn-Freunden bei dieser Gelegenheit dann auch oft der Hitler-Regierung nähergerückt und zu einem Symbol völkischer Besoffenheit und rassistischen Terrors gemacht wird, ist allerdings höchst ungerecht und ohne Begründung. Berlin war die Hauptstadt der Weimarer Republik, als Hitler diese zu Fall brachte, und hat den Nazis jedenfalls länger widerstanden als andere bedeutende Städte Deutschlands. Toni Stolper, die Frau des in der Weimarer Republik einflußreichen, von den Nazis in die Emigration ge-

triebenen Gustav Stolper, schrieb in dessen Biographie über die Einstellung zum Judentum in Berlin:

> »Besonders in der Reichshauptstadt herrschte in vielen Berufs-und Gesellschaftskreisen eine entgegenstehende Tradition, der Geist der Toleranz, des Respekts vor der Leistung jüdischer Mitbürger, der Kameradschaft, der Familienliebe in den auch hier so zahlreichen Mischehen, die mehr beweisen als Argumente und Schlagworte. Die kulturelle Assimilation war durchgeführt, die geistige Befruchtung war gegenseitig.«

Bayern hätte mit dem Nazi-Einwand weder Nürnberg noch München zu seiner Hauptstadt machen können. Mein Eindruck ist jedoch, daß sich die Ausländer in München heute dennoch sehr wohl fühlen.

Der Geist Berlins war immer eher europäisch, Potsdam war der Geist Preußens. Noch einmal John Strang (1831): »... Es gibt wahrscheinlich keine Stadt in der Welt, deren hochgebildete Bevölkerung aus so vielen verschiedenen Nationen stammt wie Berlin ... ein wahrhaft kosmopolitischer Charakter. ... Es gibt keine Stadt in Deutschland, in der Literatur und Wissenschaft höher geachtet und stärker gefördert werden, als in Berlin. ... Die Wahrheit ist, daß der Ton der guten Gesellschaft in Berlin in jedem Sinne dieses Wortes liberal ist.« Er stimmte darin mit Madame de Staël überein, die 1814 Berlin »die wahre Hauptstadt des neuen, des aufgeklärten Deutschlands« nannte. Berlin war keine zentralistische Hauptstadt im Kaiserreich und auch nicht in der Weimarer Republik. Berlins Größe hat den deutschen Föderalismus damals nicht beschädigt. Es würde ihm auch heute nicht entgegenstehen, nachdem im Westen seit 1945 die Länder ihre Metropolen völlig ungehindert von einer Hauptstadt (Bonn war eben nur der Regierungssitz) stärken und entwickeln konnten. Würde unsere föderale Entwicklung abgebrochen oder sogar umgekehrt werden mit einer Hauptstadt Berlin?

Der Föderalismus wird als Hauptargument für Bonn und gegen Berlin angeführt. Nur keinen neuen Zentralismus, lautet das Argument gegen die Hauptstadt Berlin. Berlin als Metropole und Bonn als Regierungssitz ist dann die bequeme Antwort der angeblichen Föderalisten. Es ist aber im Gegenteil gerade der Föderalismus und das bedrohte regionale und politische Gleichgewicht in der neuen Einheit, das eine Hauptstadt Berlin notwendig macht. Außenpolitisch könnte Bonn die neue Aufgabe als Hauptstadt Gesamtdeutschlands durchaus erfüllen, aber nicht innenpolitisch. Weder regionalpolitisch noch sozialpolitisch. Wir müssen uns erinnern: Was immer Mitteldeutschland war, bevor die Russen dort einzogen, und was immer sogar die DDR war, bevor die Mauer von den Menschen eingerissen wurde, wenig davon wird der DDR-Region von selbst im vereinten Deutschland verbleiben. Wer von den großen Betrieben in der DDR überlebt, weiß heute noch niemand. Sicher ist allerdings eines: Je mehr westliches Kapital sich beteiligt, desto besser zwar die Chancen der DDR-Unternehmen. Aber diese volkswirtschaftlich und betriebswirtschaftlich richtige Politik der Privatisierung und Veräußerung von DDR-Unternehmen, die wirklich kein Ausverkauf, sondern die Rettung dieser Unternehmen bedeutet, wird in den meisten Fällen eben zugleich auch zwangsläufig, wie wir gesehen haben, die Verlagerung zentraler Leitungsaufgaben und oft auch von Forschung und Entwicklung in die westlichen Hauptquartiere beinhalten. So jedenfalls verläuft es meist, wenn europäische oder amerikanische Unternehmen westdeutsche Firmen aufkaufen; und ich sehe keinen Grund, warum das in der DDR anders sein sollte. Im Gegenteil: Für diese Führungsaufgaben gibt es ja sehr viel weniger Erfahrung in der alten DDR als im Westen.

Nachgeordnete Bundesbehörden und glanzvolle Landeshauptstädte, Unternehmensleitungen und wissenschaftliche Institute, Messen und Konferenzzentren, Kulturveranstaltungen und Sportereignisse: sie alle werden ihre Schwerpunkte so überwiegend im Gebiet der alten BRD haben, daß die gesamte DDR-Region als »zweite Reihe«, als »östliches Hinterland« nicht ein Schreckgespenst, sondern vielmehr eine reale Gefahr für die soziale und politische Einheit Deutschlands darstellt.

Wenn nun die westliche Mehrheit des gesamtdeutschen Bundestages den Regierungssitz in Bonn festschreibt, dann reihen sich im Westen von Hamburg über Bremen, Düsseldorf, Köln-Bonn, Frankfurt, Karlsruhe, Stuttgart, Augsburg und München die Perlen auf den föderalen deutschen Schmuck, gefolgt von einer kleineren, östlicheren Reihe: Hannover, Kassel, Würzburg, Nürnberg, um nur einige der Großen zu nennen. Überall sitzt wirtschaftliche Finanzkraft, sind wirtschaftliche und politische Führungsfunktionen verankert; eng verflochten mit nicht nur europäisch, sondern oft international respektierten kulturellen und wissenschaftlichen Einrichtungen. Und in der DDR? Wie lange muß es dauern, bis die neuen Landeshauptstädte dort dem Glanz ihrer westlichen Schwestern gleichen können? In Rostock und Magdeburg, in Potsdam oder Erfurt? Einzig Dresden könnte den Sprung vielleicht schneller schaffen.

Es geht nicht um die Wiederkehr des alten Reichs. Das ist — wie wir gesehen haben — wirklich ein flüchtiges Gespenst. Es geht bei der Hauptstadt Berlin auch nicht um die Brücke nach Osten. Da sollten wir uns nicht übernehmen. Deutschland bleibt ein immer fester eingeflochtener Bestandteil der westlichen europäischen Gemeinschaft. Bei der Frage der Verlagerung des Regierungssitzes nach Berlin geht es vielmehr in erster Linie um die Wiederherstellung einer regionalen Mitte im vereinten Deutschland, um die Schaffung eines einzigen wirklichen Anziehungspunktes auch für international gewichtige Funktionen im Deutschland jenseits der Elbe. Wenn Berlin nicht Sitz der gesamtdeutschen Regierung wird, halbieren sich die Chancen für einen innerdeutschen Ausgleich.

Denn ob eine Verlagerung von Institutionen des Bundes in das Gebiet der DDR möglich und wirksam sein wird, muß — von Ausnahmefällen abgesehen — bezweifelt werden. Eine derartige Verlagerung ist zwar in den Niederlanden und auch in Kanada mit dem Ziel des regionalen Ausgleichs praktiziert worden. Diese Maßnahmen haben aber auch dort nicht den erwarteten Erfolg gebracht. Ein Bundesverfassungsgericht in Leipzig oder ein Statistisches Bundesamt in Dresden könnte natürlich die einseitige Ausrichtung der Bundesbehörden relativieren helfen; auch, indem solche Entscheidungen weitere Ansiedlungen nach sich ziehen. Allerdings muß bei derartigen Verlagerungen voraussichtlich nicht nur mit erheblichem Widerstand bei den Beschäftigten der jeweiligen Behörde gerechnet werden: Die Wirkung wird auch immer begrenzt, die Kosten werden hoch sein. Ich habe große Zweifel, ob es gelingen kann, die notwendigen Mehrheiten im Bundesrat auch nur für die Verlegung einer einzigen wichtigen Bundesbehörde aus den westlichen Ländern in die DDR-Region zusammenzubringen. Denn die alten BRD-Länder müßten befürchten, daß sich am Ende wechselnde

Mehrheiten für viele Verlagerungen ergeben könnten. Also werden sie zusammen alles blockieren. Die Entscheidung: Hauptstadt Berlin würde sowohl die Gewichte verlagern als auch im Parlament eine Mehrheitschance haben.

In den 40 Jahren seit Gründung der BRD gab es einen ständigen zähen Kampf der Länder und Gemeinden um die Standorte von Bundeseinrichtungen; schon in den frühen 50er Jahren beschwerte sich Bürgermeister Brauer mit einer Denkschrift in Bonn wegen der Benachteiligung Hamburgs; vor wenigen Jahren drohten Bremen und das Saarland, ihre Mitfinanzierung von Wissenschaftsaufgaben zu kündigen, wenn nicht auch bei ihnen endlich (wie jetzt geschehen) Max-Planck-Institute gegründet würden. Der Bund, der in all diesen Fragen mitwirkte, gab das Gewicht seiner Stimme mal politisch, mal wahltaktisch, mal regionalpolitisch. In Zukunft wird seine Stimme wohl ohne Ausnahme den Ländern der DDR-Region die notwendige Unterstützung geben müssen. Denn die einzelnen BRD-Länder werden ihre Interessen derart übergeordneten Gesichtspunkten kaum unterordnen können. Der Bund muß der regionalpolitische Anwalt der DDR-Region in allen Fragen sein, wenn der Ausgleich überhaupt erreichbar werden soll. Der Bund muß deswegen auch klar für Berlin eintreten.

Was die Kosten angeht, sollten sie selbstverständlich vorher geprüft werden. Aber schließlich wurde auch bisher aus Berlin regiert — und zwar mit viel zuviel Personen. Also müßte man auch für eine neue gesamtdeutsche Regierung Raum zu vernünftigen Kosten finden können. Und Bonn müßte nicht völlig verlassen werden.

Industrielle Erneuerung: Politische Strukturaufgabe

Die entscheidende Aufgabe für die wirtschaftliche Erneuerung des DDR-Raumes wird darin liegen, genug wettbewerbsfähige Industriebetriebe zu erhalten. Die gegenwärtige Politik unterliegt offenbar dem Irrtum, eine angemessene Beschäftigung in der DDR-Region könne in erster Linie durch Neugründungen von Betrieben erreicht werden. Diese sind wichtig und nötig. Für sie bedarf es der Verfügbarkeit von Grund und Boden und klarer Rechtsregeln.

Aber Neugründungen werden den Wirtschaftsraum DDR nicht retten können. Es ist ein Irrtum zu glauben — und so soll sich Bundesminister Haussmann in Ost-Berlin wiederholt geäußert haben —, wenn angeblich nicht lebensfähige Betriebe schnell geschlossen würden, sei das nur zu begrüßen: Dann könne man ohne die alten Lasten auf grüner Wiese von vorne anfangen. Wer? Wo? Für welche Kunden? Mit welchen Produkten? Ein Unternehmen ist viel mehr als eine Produktionsstätte, und was einmal geschlossen wurde, kann nur schwer ersetzt werden.

Es geht also um die *Erhaltung* von Unternehmen der DDR. Die meisten dieser Unternehmen befinden sich noch immer in staatlichem Besitz. Sie müssen jetzt zügig privatisiert werden. Privates Kapital und ein lenkendes Eigentümerinteresse sind unentbehrlich, um die DDR-Wirtschaft aus der Krise zu führen. Aber das zentrale aktuelle Problem der Unternehmen sind ihre Produkte. Privatisierung ist notwendig für die Erneuerung, aber wettbewerbsfähige Produkte sind noch notwendiger für das kurzfristige Überleben der Betriebe. Nach meiner Übersicht werden in den meisten Branchen mindestens zwei bis drei Jahre erforderlich sein, um Produkte und Kosten wirklich in die Nähe der Wettbewerbsfähigkeit zu bringen. Und in dieser Zeit dürfen die DDR-Betriebe nicht einfach deswegen geschlossen werden, weil sich *jetzt* ein privater Investor nicht findet. Doch wie soll über die Zukunft der Treuhand-Unternehmen entschieden werden? Nach welchen Kriterien? In der Regel erfüllt diese Aufgabe der Markt. Keine andere Institution kann so wirkungsvoll und so kostengünstig die Spreu vom Weizen trennen. Wettbewerb ist der effektivste Mechanismus bei der Auswahl von verkaufsfähigen Produkten und überlebensfähigen Unternehmen. Wenn dieser Wettbewerb allerdings zwei bisher völlig unterschiedliche Wirtschaftssysteme aufeinanderprallen läßt, dann ist es nicht mehr der Wettbewerb der Betriebe, in dem die Auslese getroffen wird, sondern ein Wettbewerb der Systeme, und zwar eines vergangenen mit einem fortbestehenden. In dieser Phase brauchen die system-benachteiligten Betriebe einen gewissen Anpassungsschutz, wenn sie nicht in ihrer Mehrzahl einem *unfairen* System-Wettbewerb zum Opfer fallen sollen. Denn der Markt wird den DDR-Unternehmen nicht die zwei bis drei Jahre Zeit lassen, die nicht zur Kostenanpassung, wohl aber zur Produktanpassung notwendig sind.

Daß dieser Schutz nicht durch die Aufrechterhaltung einer wirtschaftlich selbständigen DDR und eine langfristige Anpassungsstrategie (»Polen-Modell«) gewährt werden konnte, folgte aus dem von der politischen Realität gesetzten Tempo zur deutschen Einheit. Daß allerdings auch im Rahmen der Wirtschafts- und Währungsunion ein zeitlich begrenzter Marktschutz für DDR-Produkte möglich gewesen wäre, ist aus meiner Sicht unbestreitbar. Und daß diese Alternative bei der Einführung der DM am 1. Juli 1990 offenbar nie wirklich ernsthaft geprüft wurde, scheint mir gerade aus heutiger Sicht doch ein Fehler gewesen zu sein. Ein kurzer Blick zurück.

* * *

Es gab zwei Möglichkeiten: einen zeitlich begrenzten »Zollschutz« oder mengenmäßige Beschränkungen. Die DDR-Regierung hatte sich zunächst dafür entschieden, für einen begrenzten Zeitraum für gewerbliche Produkte einen Aufschlag von 11% auf in die DDR importierte Waren zu erheben und den Exporteuren der DDR (auch bei Exporten in die BRD) eine entsprechende Erstattung als Subvention zukommen zu lassen. Das vorgeschlagene Verfahren wurde in der BRD heftig als planwirtschaflicher Rückfall kritisiert und als ein Webfehler der DDR-Marktwirtschaft verworfen. Zusätzliche praktische Durchführungsprobleme brachten die DDR-Regierung dann dazu, den Vorschlag zurückzuziehen und den Wettbewerb über die bisherige deutsch-deutsche Grenze unbehindert ablaufen zu lassen.

Mein eigener Vorschlag, den ich beiden deutschen Regierungen in Gesprächen unterbreitete und in einem Gespräch mit DDR-Wirtschaftsminister Pohl auch gründlich diskutiert hatte, lief auf eine befristete und gestufte mengenmäßige Beschränkung für BRD-Produkte in der DDR hinaus. Nach meiner Überzeugung war jeder Versuch, den Absatz von BRD- Produkten über zollähnliche Belastungen zu begrenzen, wegen der extremen Qualitätsunterschiede von DDR- und BRD-Produkten ohnehin zum Scheitern verurteilt: Die Zollaufschläge müßten schon so erheblich sein, daß sie den Kauf von BRD-Produkten aus Preisgründen faktisch unmöglich machen würden. Das aber hätte nicht nur eine schwer zu vertretende Preisdiskriminierung für DDR-Bürger bedeutet. Dem Schwarzhandel hätten sich Tür und Tor geöffnet. Demgegenüber schien mir ein Konzept, das BRD-Waren nur in begrenzter Menge zuläßt, aber zu BRD-Preisen, Wettbewerb und Schutz besser zu verbinden. Es ist das Konzept, mit dem in Europa (und früher, als wir noch allein zuständig waren, auch in der BRD) den besonders wettbewerbsfähigen Produzenten Asiens, zum Beispiel auf dem Automobilmarkt und auf dem Textilsektor, begegnet wird. »Managed trade«, »orderly marketing«, »mengenmäßige Beschränkungen« sind die Stichworte.

Es wurde gesagt, dieses Konzept ließe sich nur mit einer wirklichen Grenze praktizieren. Richtig. Aber haben wir solche Grenzen nicht auch lange Zeit im sonst freien Reiseverkehr in Europa (zum Beispiel bei Alkoholeinfuhren) ertragen? Es wurde gesagt, es werde an solchen innerdeutschen Wirtschaftsgrenzen Schmuggel geben. Richtig. Aber wäre nicht mit hohen Bußgeldern und Appellen an die DDR-Bevölkerung auch eine Begrenzung solchen Schmuggels für eine begrenzte Zeit möglich gewesen? Es wurde gesagt, das sei in Berlin nicht praktizierbar. Richtig; ich habe keine Antwort. Und es wurde gesagt, die DDR-Bevölkerung werde eine Begrenzung von Westwaren nicht akzeptieren. Das glaube ich nicht, wenn man das Arbeitsmarktproblem deutlich genug gemacht hätte.
Jedenfalls erscheint es bedauerlich, daß ein solches Konzept, das die abrupte Marktüberschwemmung mit Westwaren nicht zugelassen hätte, niemals ernsthaft durchgeprüft wurde. Zeitlich gestuft, mit schnell größer werdenden Quoten, hätte es eine Chance gehabt. Auf unserer Seite war hier auch Ideologie am Werke: »Marktwirtschaft mit Verhütungsmitteln« nannte Graf Lambsdorff alle derartigen Überlegungen. Aber die notwendigen Investoren für die DDR-Unternehmen hat auch er nicht beigebracht.

* * *

Jetzt muß der Staat als Eigentümer der DDR-Betriebe die notwendigen industriepolitischen Entscheidungen treffen. Gegenüber jeder Branchenpolitik einer Regierung oder staatlicher Stellen besteht ein begründeter wirtschaftlicher Vorbehalt. Wer soll entscheiden? Wer weiß es besser als der Markt? Dies gilt natürlich noch mehr, wenn es um die Erhaltung, die Umstrukturierung oder gar die Fortentwicklung einzelner Unternehmen beziehungsweise

Produkte geht. Jede Intervention durch Staat oder Behörden ist problematisch. Und doch muß in der DDR genau das geschehen: einmal, weil die Unternehmen noch immer ganz überwiegend staatlich sind und die Treuhand über Kredite und damit über die Unternehmenschancen ohnehin entscheidet. Zum anderen aber auch, weil ohne gezielte Hilfe für die DDR-Betriebe die BRD-Unternehmen den Markt der DDR-Region einfach abräumen würden.

In der DDR wird es deswegen zunächst darauf ankommen, gemeinsam zwischen Staat und den betroffenen Wirtschaftszweigen (immer Arbeitgeber und Arbeitnehmer gemeinsam) für die einzelnen Schlüsselbranchen kurzfristig zu prüfen, unter welchen Voraussetzungen diese in der DDR überhaupt und mit welchen Kapazitäten erhalten werden können. Am besten in privater Hand; aber notfalls, bei entsprechenden Marktchancen, auch in staatlicher.

In der BRD würde diese Aufgabe selbstverständlich in erster Linie eine Landesaufgabe sein. Beispiele: Maximilianshütte in Bayern, Bremer Vulkan-Werften oder Arbed Saarstahl. Funktionsfähige Länder wird es aber frühestens Mitte 1991 geben; auch funktionsfähige kommunale Selbstverwaltungen, die als Anwalt regionaler Interessen auftreten können, sind erst im Entstehen. Wiederum wird deswegen der Bund zunächst Anwalt und Hüter der Interessen der Betriebe in der DDR-Region sein müssen. Ziel aller industriepolitischen Maßnahmen muß es sein, die internationale Wettbewerbsfähigkeit unter Erhaltung von möglichst vielen Industriestandorten in der DDR zu erreichen. Im Engagement für die notleidenden Branchen in der DDR darf der Blick für die internationale Wettbewerbslage deswegen nicht verstellt werden. Nur die internationale Wettbewerbsfähigkeit der deutschen Wirtschaft kann für den Umstrukturierungsprozeß der DDR-Wirtschaft der Kompaß sein. Alle industriepolitischen Maßnahmen müssen deswegen immer auch außenwirtschaftlich geprüft werden. Japan hat sich oft den Vorwurf des Protektionismus gefallen lassen müssen. Ein vereintes Deutschland, eingebunden in den europäischen Binnenmarkt, darf sich nicht durch eine Politik unvertretbarer Förderungen der DDR-Industrie den wirtschaftspolitischen Zorn der Mitgliedsländer aufbürden. Und: Die Exportorientierung der

deutschen Wirtschaft (Exportquote: 35%) zwingt zur Harmonie mit den Wettbewerbsregeln der EG und den Bestimmungen des GATT.
Wichtig für alle industriepolitischen Maßnahmen für die bedrohten Industriezweige der DDR ist deswegen immer auch eine klare Befristung. In der bundesdeutschen Kohlevorrangpolitik hat sich gezeigt, mit welchen Schwierigkeiten der Abbau staatlicher Absatzförderungen verbunden ist. Mit staatlichen Maßnahmen zur Unterstützung des Strukturwandels in der DDR sollten deswegen von vornherein feste Übergangsfristen verbunden werden, die das Engagement des Staates zeitlich klar begrenzen.
Die Gefahr industriepolitischer Fehlentscheidungen ist nicht von der Hand zu weisen. Auch der Strukturwandel in der DDR darf nicht durch falsche Erhaltungssubventionen erschwert werden. An dieser Stelle könnte die deutsche Politik im Interesse der DDR-Region auch von den Japanern lernen. Um den Kapazitätsabbau in schrumpfenden Industriezweigen in geordneten Bahnen verlaufen zu lassen, hat Japan gesetzliche Vorschriften für den Kapazitätsabbau in den bedrohten Branchen (Schiffbau, Aluminium, Elektrostahl etc.) erlassen. Nach intensiven Gesprächen mit Vertretern der Wirtschaft und unter Anhörung der Gewerkschaften wurden Stabilisierungspläne für einzelne Industriebranchen erarbeitet. Diese Pläne hatten zwar keinen verbindlichen Charakter, aber sie dienten als Informationsbasis für betriebswirtschaftliche Entscheidungen. Die Risiken der Planung einzelner Unternehmen wurden verringert, indem die Wirtschaftspolitik in diesen Bereichen die Richtung vorgab. Das Antimonopolgesetz wurde für diese Krisenbranchen außer Kraft gesetzt und sogar die Bildung von Kartellen zugelassen. Mit Hilfe von Regelungen für Sonderabschreibungen, Sozialplänen und der Förderung von Umstrukturierungsmaßnahmen innerhalb der Unternehmen ist der Strukturwandel in Japan in relativ geordneten Bahnen verlaufen. Aber auch Maßnahmen zur Steigerung der Nachfrage in der Übergangszeit, beispielsweise durch die gezielte Vergabe von öffentlichen Aufträgen, haben den Schrumpfungsprozeß der Branchen erleichtert.
Auch die »Cuomo-Commission«, benannt nach dem Gouverneur von New York, schlägt vor, »Industry-government task forces« für den Umstrukturierungsprozeß der wichtigsten Industrien des Lan-

des einzurichten, um in Kooperation von Industrie und Regierung die lang- und mittelfristigen Chancen zu analysieren und eine Marktstrategie für die betroffenen Branchen zu entwickeln.

* * *

Industriepolitisch bietet sich der DDR insofern eine besondere Chance, als zur Modernisierung und Erneuerung der zurückgebliebenen und weitgehend zerstörten Infrastruktur große öffentliche Investitionsprogramme erforderlich sind. Wir haben gesehen, daß dreistellige Milliarden-Beträge für diese Aufgaben geschätzt wurden. Es besteht auch Einvernehmen darüber, daß diese Programme schnell und umfassend in Gang gebracht werden müssen, sowohl um Beschäftigung zu schaffen als auch um die Standort-Voraussetzungen für die dortigen Unternehmen zu verbessern. Diese Infrastrukturprogramme sind wahrscheinlich der einzige Weg, um die Unternehmen der DDR-Region auf dem Wege der Sanierung zu stützen, ihnen die Marktchance zu öffnen, die sie in der Phase der Erneuerung dringend brauchen und sie zugleich wachsendem Wettbewerb auszusetzen. Ein Weg, um Nachfrage, Wettbewerb und Anpassungsdruck zu vereinen, könnte darin bestehen, den DDR-Betrieben bei allen Projekten auf der »Baustelle-DDR« einen von Jahr zu Jahr kleiner werdenden Vorsprung bei Ausschreibungen zu geben.

In der akuten Gefahrenlage der Schlüsselindustrien in der DDR muß die Umstrukturierung und Sicherung der Betriebe in Verbindung mit einem solchen Einsatz der Infrastrukturprogramme in den Mittelpunkt gerückt werden. Die Entwicklungschancen einzelner Industriezweige müssen dafür programmatisch analysiert und eine Konzeption ihrer Erhaltung beziehungsweise Umstrukturierung entwickelt werden. Dies scheint gerade für diejenigen Regionen der DDR wichtig zu sein, die bisher durch Monostrukturen bestimmt wurden. Dies gilt beispielsweise für Chemie-Standorte in Sachsen-Anhalt oder auch für die durch Maschinenbau geprägten Kreise Wolgast oder Potsdam-Land. Soweit bisherige Industriebetriebe dort stillgelegt werden müssen, sollte schon im Rahmen dieses Vorganges eine Umstrukturierung der betreffenden Industrieregion erarbeitet werden. Dies gilt auch für einige Stahlstandorte (deren Produktionsanlagen völlig überaltert sind und die verkehrsmäßig ungünstig liegen) in Brandenburg oder für Standorte der Großchemie, des Bergbaus und des Braunkohletagebaus in den Bezirken Cottbus, Leipzig und Halle.

In der DDR-Region ist also für die Regionalpolitik ein industriepolitisches Konzept unerläßlich und für die Industriepolitik ein Konzept des Ausbaus der Infrastruktur. Die drohende Ent-Industrialisierung der DDR kann nur so verhindert werden. Die DDR-Unternehmen müßten mit diesem öffentlichen Programm so verknüpft werden, daß sie bei allen Ausschreibungen des Bundes und bei allen öffentlichen Ausschreibungen in der DDR-Region einen (im Zeitverlauf abnehmenden) Wettbewerbsvorteil eingeräumt bekommen würden (local-content-Klausel). Denn der notwendige Ausgleich zwischen BRD- und DDR-Regionen hat nur mit einer solchen *industriepolitischen Regionalkonzeption* überhaupt eine Chance.

Schließlich sei noch ein Wort zu den oft geäußerten Befürchtungen gesagt, in der DDR könne es zu einer Monopolisierung der Märkte kommen. Sicherlich ist es wichtig, daß alle Vertriebswege für Konkurrenz offenbleiben. Aber im Produktionsbereich scheinen *alle* Monopolängste überflüssig: Die DDR-Region wird Teil des gesamten deutschen Wirtschaftsraums, und dieser wird — auch durch den Binnenmarkt 1992 — immer tiefer in die europäische Konkurrenz einbezogen, die ihrerseits immer mehr Teil eines globalen Wettbewerbssystems wird. Die DDR-Region braucht in vielen industriellen Bereichen nicht viele kleine (und eventuell dann schwache) Anbieter, sondern starke Unternehmen, die auch in Europa mithalten können. Es ist deswegen besser, große westdeutsche Unternehmen engagieren sich stark in der DDR, als daß man wegen der damit auch verbundenen Stärkung der Marktposition eines westdeutschen Unternehmers die DDR-Unternehmen zersplittert und schwächt.

Infrastrukturprogramme: Die Bündelung von Erneuerung, Nachfrage und Wettbewerbsfähigkeit

In den Monaten August und September 1990 zeigte sich, daß die DDR-Wirtschaft nicht nur dem Zwang eines am Wettbewerb orientierten Personalabbaus, sondern auch dem Schock eines abrupten Abbruchs der Nachfrage nach DDR-Produkten ausgesetzt war. Das konnte angesichts der bekannten »Qualität« der meisten DDR-Produkte die Politik kaum überraschen. Daß dann in dieser Lage durch eine völlig unzureichende Finanzausstattung der Gemeinden und Regionen auch noch die öffentliche Nachfrage versiegte und so sogar die zuvor als Retter gepriesenen kleinen Betriebe und Handwerksunternehmen an die Konkursgrenze getrieben wurden, kann nur als schwerwiegender politischer Fehler bezeichnet werden. Denn während die Wirtschaftsbetriebe selbst durch eine äußerst schwierige Phase der Anpassung gehen und mit massiven Liquiditätsproblemen zu ringen haben, hätte nur die öffentliche Hand (Staat, bisherige Bezirke und Kommunen) den Nachfrageausfall der Unternehmen ersetzen können. Und da diese Übergangsphase in den Betrieben auf mindestens zwei bis drei Jahre veranschlagt werden muß, war spätestens seit dem 18. März erkennbar, daß nur massive öffentliche Beschäftigungsprogramme nach Einführung der DM ein katastrophales Abgleiten der DDR-Wirtschaft verhindern und die Brücke zu einem selbsttragenden Aufschwung schlagen konnten.

Aber offenbar wurde fast nichts für die Zeit nach dem 1. Juli wirklich vorbereitet. Ich verkenne nicht die Schwierigkeiten, in denen sich die Bonner Politik befand: Einerseits war aus vielerlei Gründen Zurückhaltung gegenüber dem noch immer selbständigen Staat DDR geboten, andererseits war auch erkennbar, daß politische Strukturen und Verwaltung in der DDR faktisch außerstande sein würden, entsprechende Vorhaben zu planen, zu vergeben und zu kontrollieren. Außerdem mußte die Bonner Politik mit dem Einigungsprozeß selbst national und international ein schier unerfüllbares Arbeitspensum leisten. Aber wie so oft in der Politik fanden sich dann Ideologie, Perfektionismus und ein Mangel an Phantasie in einem unseligen Reigen: Der Markt sollte den Aufschwung tragen. Öffentliche Infrastrukturprogramme mußten zu ihrer Finanzierung zunächst unwiderlegbar durchgeplant sein — und alles sollte, trotz einer turbulenten Krisenlage, verwaltungsgemäß nach alter Praxis vorbereitet sein. So hatte Bundesfinanzminister Theo Waigel zwar recht, wenn er am 9. August im Bundestag darauf hinwies, daß noch nicht einmal die bereitgestellten 3 Mrd. DM für ein Infrastrukturprogramm abgeflossen seien; aber er irrte, wenn er die Schuld

hierfür nicht auch bei sich selbst suchte. Nur eine klare politische Vorgabe aus Bonn hätte nämlich diesen Zustand ändern können.
Es wäre am Ende sicher billiger gewesen, wenn man, um eine schnelle und massive Beschäftigungswirkung zu erzielen, zum Beispiel unter Vorgriff auf den Fonds der deutschen Einheit ein Instandsetzungsprogramm für Wohngebäude in Höhe von 10 Mrd. DM aufgelegt hätte, dessen Inanspruchnahme für die nächsten Jahre nur insofern zins- und tilgungslos bliebe, als die Projekte bis Jahresende 1990 vergeben und in Angriff genommen worden sind. Ähnliches ließe sich für den Bau von Werkshallen, für Einrichtungen von betrieblichen Entsorgungsanlagen im Umweltschutz oder für verbesserte betriebliche Verkehrsanschlüsse konzipieren. Worauf es ankam — und noch immer ankommt —, ist, für alle Aufgaben, die in der DDR grundsätzlich notwendig sind, die aber unter den administrativen Bedingungen der dortigen Verwaltungen und Betriebsstrukturen nach unserem Verfahren nur zögerlich oder auch überhaupt nicht in Gang kommen können, *massive Anreize für sofortiges Handeln* der Verwaltungen und der Betriebe zu schaffen. Und kürzere, notfalls auch vorläufigere Entscheidungswege zu finden. Natürlich würden nach unseren Maßstäben dabei zunächst auch sogenannte Mitnahmeeffekte (also die Finanzierung von Projekten, die ohnehin unternommen würden) eintreten. Und die fast zwangsläufige Begünstigung von stärkeren Wettbewerbern in einem »Windhund-Verfahren« (wer zuerst kommt, mahlt zuerst) würde nur schwer zu begrenzen sein. Alles richtig bei uns — aber jetzt falsch dort. In der DDR nämlich kam und kommt es darauf an, den unvermeidlichen DM-Schock zu mildern, und das heißt ganz klar: (1) Es ist wichtiger, *daß* etwas zur Beschäftigung geschieht, als daß es immer das Richtige ist, und (2) es ist wichtiger, daß etwas schnell geschieht, als daß da alle möglichen unerwünschten Verteilungsfolgen ausgeschlossen werden. Lieber jetzt etwas kapitalistischer, aber für die Beschäftigung wirkungsvoller, als jetzt etwas gerechter, aber dafür Massenarbeitslosigkeit.
Der nahezu unbegrenzte Nachholbedarf der DDR in Infrastruktur-Investitionen wird oft als Schlüssel zum wirtschaftlichen Wiederaufstieg der DDR gesehen. Eine gute Infrastruktur ist sicherlich auf lange Sicht für Betriebe und öffentlichen Bereich die Voraussetzung für Wettbewerbsfähigkeit. Aber auch die beste Infrastruktur

nutzt nichts, wenn sie nicht mit wettbewerbsfähigen Industriestandorten besetzt ist. Die Westküste Schleswig-Holsteins zum Beispiel und auch große Teile Nordfrankens und des Bayerischen Waldes können heute über Verkehrsanschlüsse oder eine mangelhafte Infrastruktur wirklich kaum klagen (die Angleichung an das übrige Bundesgebiet hat hier übrigens Jahrzehnte gebraucht!). Und doch blieben die Arbeitslosigkeit hoch und die Industrieansiedlungen sporadisch. Es ist eben immer noch leichter, trotz unzulänglicher Infrastruktur eine Porzellanmanufaktur an einem historisch gewachsenen Porzellan-Standort im Fichtelgebirge international wettbewerbsfähig zu machen, als unter den besten Infrastrukturbedingungen Betriebe entsprechender Größenordnung an anderer Stelle anzusiedeln.

Für die Gesundung der DDR wird es deswegen darauf ankommen, die unbestreitbar notwendigen Infrastrukturprogramme nicht nur kurzfristig finanzierbar und über alle bürokratischen Hindernisse auch kurzfristig realisierbar zu machen: Entscheidend wird es sein, ob es gelingt, diese Programme und möglichst alle anderen öffentlich finanzierten Beschaffungen, insbesondere auch des Bundes, strategisch für die Erneuerung der Industrie im DDR-Raum zu nutzen. Angesichts der desolaten Wettbewerbslage der DDR-Industrie in Produktqualität, Kosten und Lieferfähigkeit ist dies eine schwierige Aufgabe. Aber es muß klar sein: Wenn auch die Beschaffungsprogramme der Gebietskörperschaften des DDR-Wirtschaftsraumes und des Bundes nicht vorrangig und ganz überwiegend von DDR-Unternehmen beliefert, sondern aus Gründen des Wettbewerbsvorsprunges von Unternehmen aus dem BRD-Raum übernommen werden, dann ist die einzige Chance vertan, die wir wohl überhaupt haben, eine gerechte Einheit in Deutschland zu bewirken. Das aber bedeutet, daß die DDR-Betriebe bei den Zuschlägen öffentlicher Ausschreibungen zunächst deutlich bevorzugt werden müssen. Bei Bauvorhaben der Kommunen ist das in der BRD schon heute für Betriebe im engeren Einzugsbereich nicht unüblich. Und die BMW der bayerischen Landesregierung (oder die Opel der hessischen) sind sicherlich auch nicht nur das Ergebnis von Entscheidungen aufgrund anonymer Gebote.

Die »Baustelle DDR«, also das umfassende, langfristige Programm zur Erneuerung von Infrastruktur und Betrieben im DDR-Raum, muß, soweit dies irgend möglich ist, von DDR-Firmen beliefert werden. Die Problematik einer solchen Strategie ist offenkundig. Der DDR-Raum darf sich hierdurch natürlich nicht erneut durch eine Ausstattung »zweiter Qualität« zukünftige Wettbewerbsnachteile einhandeln; entsprechende Qualitätslücken müßten also notfalls mit gezielten öffentlichen Hilfen in DDR-Unternehmen schnell geschlossen werden. Die öffentlichen Beschaffungen im DDR-Raum dürfen auch den Faktor West-Wettbewerb nicht völlig ausschalten, weil sonst den DDR-Betrieben wiederum der Anreiz zur notwendigen Aufholjagd genommen werden könnte. Aber die Zielsetzung muß doch klar sein: Vom Wiederaufbau des DDR-Raumes muß auf absehbare Zeit ein entscheidender und direkter Impuls für die DDR-Wirtschaft ausgehen und *nicht* für die Unternehmen in der BRD. Sowohl mengenmäßig als auch für das Erreichen eines westlichen Kosten- und Qualitätsmaßstabes kann nur der Nachholbedarf in der DDR selbst den Zeitraum für die Erneuerung angemessen verkürzen. So müssen die großen Infrastrukturprogramme aufgebaut werden: Schnell wirksame, mit befristeten, schrittweise abzubauenden DDR-Präferenzen, um den Schlüsselindustrien und mittleren und kleinen Betrieben im Übergang eine ausreichende Nachfrage zu sichern und sie auf diese Weise in die Wettbewerbsfähigkeit zu führen.

Vorrang der DDR-Region auf den Ostmärkten

Die DDR-Wirtschaft war mit ihren Exporten stark auf die COMECON-Märkte konzentriert. Sie wird auch hier wesentlich erschwerten Wettbewerbsbedingungen begegnen. Und zwar nicht nur, weil sie selbst zukünftig in DM fakturieren muß, sondern auch, weil die Sowjetunion in konvertibler Währung handeln wird. Dennoch bleibt, auch wegen der Qualität und des Charakters vieler DDR-Waren, der Markt im Osten zunächst für die industriellen Arbeitsplätze in der DDR-Region eine unersetzbare Stütze. Die Wirtschaftspolitik im geeinten Deutschland muß deswegen nicht nur eine befristete Subvention für DDR-Ostexporte aufrechterhalten, sondern sollte auch bemüht sein zu bewirken, daß die »deutschen« Märkte in diesen osteuropäischen Staaten und in der Sowjetunion, soweit dies irgend möglich ist, dazu verwendet werden, Waren aus der DDR-Region zu liefern. Auch dies wird national und international umstritten sein und darf auch nicht eine Praxis für unbegrenzte Zeit werden. Aber um die ohnehin bruchartigen Veränderungen nicht auch noch auf diesem Sektor zu verschärfen, sollte die Bundesregierung Wege suchen, der DDR-Region auch hier auf Zeit eine besondere Chance einzuräumen. Allerdings muß die deutsche Wirtschaft dann auch die bestehenden Verträge mit den COMECON-Staaten honorieren und weiterhin Waren in ausreichendem Umfang auch aus der Sowjetunion beziehen.

Beschäftigungsgesellschaften, Arbeitsbeschaffungen und Umschulungen

Industriepolitische Umstrukturierungskonzepte, massive Regionalpräferenzen und gezielte Umstrukturierungshilfen für die DDR-Betriebe sowie ein Fächer von auf den DDR-Bedarf *und* die DDR-Industrie zugeschnittenen Infrastrukturprogrammen werden die DDR-Region in den nächsten Jahren dennoch nicht vor hoher Arbeitslosigkeit bewahren können: Die Regionalpräferenzen treffen auf einen nur begrenzt attraktiven Standort; die Betriebe müssen erhebliche Teile ihrer Arbeitsplätze abbauen, gerade wenn sie wirksam umstrukturieren; und öffentliche Infrastrukturprogramme sind nützliche Ergänzungen der Nachfrage, aber in jeder offenen Marktwirtschaft und über alle Branchen gesehen können sie niemals ein Ersatz für einen wesentlichen Anteil der notwendigen privaten Nachfrage sein. Ausgehend von einer hohen versteckten Arbeitslosigkeit zu Beginn der Wirtschaftsunion kann nicht damit gerechnet werden, daß eine langfristige Massenarbeitslosigkeit ohne breit angelegte Arbeitsbeschaffungsprogramme und Umschulungen vermieden werden kann. Es mag ja sein, daß in einem selbsttragenden Aufschwung der Arbeitskräftebedarf in der Bauwirtschaft und in den Dienstleistungen schon in wenigen Jahren sogar zu einer Knappheit an Arbeitskräften im DDR-Raum führen wird, wie man immer wieder lesen kann. Ich glaube das nicht, und schon gar nicht für alle Regionen der bisherigen DDR. So wird zum Beispiel der EG-Wettbewerb einen unvermeidlichen Abbau von Arbeitskräften in der Landwirtschaft auslösen und damit den Norden der DDR-Region besonders stark treffen. Dort fehlt es aber sogar an *nicht*-wettbewerbsfähigen Industrieunternehmen! Arbeitsbeschaffung, Umschulung und Beschäftigungsgesellschaften müssen deswegen bis auf weiteres ein wesentlicher Bestandteil der Wirtschafts- und Beschäftigungspolitik für die DDR bleiben. Dabei kann auf die Erfahrungen der BRD, insbesondere auf die der Bundesanstalt für Arbeit in Nürnberg, aber auch auf Erfahrungen in Schweden (und die entsprechenden Kenntnisse des Wissenschaftszentrums in Berlin) verwiesen werden. Arbeitsbeschaffungen mit sinnvollen Infrastrukturmaßnahmen zu verbinden, wird im DDR-Raum angesichts der Ausgangslage sehr viel leichter fallen als bei uns. Der Streit zwischen Wirtschaft und Arbeitsverwaltung, wann eine Maßnahme »zusätzlich« ist (und deswegen in der BRD nicht von den ordentlichen Haushalten der Gebietskörperschaften finanziert werden kann), ist bis auf weiteres für den DDR-Raum großzügig zugunsten der Projektfinanzierung entschieden worden. Arbeitsbeschaffungsmaßnahmen müssen aber noch auf lange Zeit wesentlich zum Wiederaufbau der DDR-Region, ihrer Städte und Betriebe beitragen. Und der Vorschlag von Ministerpräsident Späth, die Zahlung von Arbeitslosengeld mit der Beteiligung an solchen Projekten zu verknüpfen, ist sinnvoll und macht öffentliche Mittel für andere Investitionen frei.

Westliche Erfahrung in die DDR-Region

Unzureichende finanzielle Ressourcen sind ein wesentlicher Engpaß bei der Erneuerung der DDR. Finanzmittel aus dem stärkeren Teil Deutschlands stehen jedoch zur Verfügung, um die Lücke zu schließen. Ebenso knapp wie das Geld sind jedoch in der früheren DDR heute Menschen, die Erfahrung mit Marktwirtschaft und demokratischer Verwaltung haben. Auch diese Lücke kann die DDR-Region nicht aus eigener Kraft schließen. Aber Menschen können nicht per Bankschalter überwiesen werden. Und es ist schwer, tatkräftige und fähige Menschen aus der BRD für die harte Kärrner-Arbeit des DDR-Aufbaus zu gewinnen. Deswegen sollte es der Bund zu seiner besonderen Aufgabe machen, fachkundiges Personal aus dem Westen auf allen Ebenen und in allen Bereichen in die DDR zu bringen. Und dafür zu sorgen, daß die Menschen dort dann auch bleiben. Im Grunde ist dies eine »patriotische« Aufgabe für das gemeinsame Deutschland. Und es kann doch wohl nicht sein, daß nach Jahrhunderten des nationalen Irrtums, in denen man Menschen im Namen des Vaterlands in den Krieg schicken konnte, wir heute nicht in der Lage sein sollten, auch die jüngere Generation für diese Aufgabe des inneren Friedens zu gewinnen.

Eine besondere Aufgabe besteht gegenwärtig in der Sanierung von DDR-Unternehmen. Die Aufsichtsräte der großen, aber auch der kleinen Betriebe brauchen dafür Erfahrung aus dem Westen. Es wäre deswegen gut, wenn die Vorstände der großen Unternehmen in der bisherigen BRD anstelle manches eher bequemen Aufsichtsrats in der BRD mindestens jeweils zwei Aufsichsratsmandate in der DDR übernehmen und wirklich ausüben würden. Auch hier wäre eine offizielle Ermunterung zu dieser Entscheidung durch die Bundesregierung wünschenswert.

Politische Organisation

Der Mangel einer effektiven Wirtschaftsverwaltung in der DDR wird sich kaum schnell beheben lassen. Es fehlt dort auf allen Ebenen an erfahrenem Personal, das in diesem Umfange wohl kaum aus der BRD-Region übernommen werden kann. Entsprechende Ausbildungsprogramme in der DDR sind deswegen dringlich. Aber so lange darf nicht gewartet werden. Es scheint mir deswegen erwägenswert, sehr schnell ein umfassendes Netz von Wirtschaftsförderungsgesellschaften in der DDR aufzubauen.

Auch in der BRD hat sich die Einrichtung von regionalen und kommunalen Wirtschaftsförderungsgesellschaften als hilfreiches Instrument der Wirtschaftspolitik erwiesen. In der BRD gibt es in zahlreichen Städten und Gemeinden und auch in Landkreisen und bei den Bundesländern derartige Gesellschaften, die in unterschiedlicher

Weise organisiert sind. Die Hamburgische Gesellschaft für Wirtschaftsförderung ist beispielsweise als privatwirtschaftliche GmbH organisiert. Es gibt aber auch staatliche Wirtschaftsförderungsgesellschaften, die direkt an das jeweilige Wirtschaftsressort der öffentlichen Verwaltung angebunden sind. In der DDR sollten sich die Wirtschaftsförderungsgesellschaften wohl in einer Rechtsform organisieren, die es ihnen erlaubt, bei der Einstellung von Personal vielfältige Ressourcen zu nutzen. Unabhängigkeit, Flexibilität und schnelle Entscheidungen sprechen deswegen für privatrechtliche Organisationsformen von Wirtschaftsförderungsgesellschaften in der DDR.
Es wäre zweckmäßig, wenn von den großen Summen, die zur Finanzierung der wirtschaftlichen Entwicklung in der DDR ohnehin vorgesehen sind, so schnell wie möglich in den Regionen, Ländern und Kommunen der DDR kleine, schlagkräftige Einheiten der Wirtschaftsförderung gegründet würden. Wahrscheinlich könnte dieser Prozeß beschleunigt werden, wenn der Bund für die ganze DDR-Region eine Einrichtung schafft, deren Aufgabe in der Gründung und Personalvermittlung solcher Wirtschaftsförderungsgesellschaften besteht.
Nach den in der BRD gemachten Erfahrungen sollte auch die Bereitstellung von Gewerbeflächen diesen privatrechtlich organisierten Wirtschaftsförderungsgesellschaften an die Hand gegeben werden, nachdem zuvor kommunal die Rahmenbedingungen politisch festgelegt wurden. Die schnelle Verfügung von Räumen und Baugelände wird ein wesentlicher Bestandteil der Restrukturierung sein müssen. Privatwirtschaftlich organisierte Wirtschaftsförderungsgesellschaften werden diese Aufgabe schneller lösen können als staatliche oder kommunale Verwaltungen. Als ein nützliches Instrument würde in diesem Zusammenhang auch der Aufbau von Landesbanken in den neugegründeten Ländern anzusehen sein.

* * *

Der Schock der DM-Wirtschaftsunion ist gegenwärtig. Die notwendigen Projekte, um diesen Schock aufzufangen, waren nicht vorbereitet; die DDR selbst war hierzu offenkundig auch nicht in der Lage. Minister, die nach Einführung der DM am 1. Juli 1990 in Urlaub gingen, sind nur ein Indiz dafür, wie wenig die DDR im ganzen die aufziehenden Gefahren erkannte und auf sie vorbereitet war. Und dies, obwohl es viele Stimmen gab, die der DDR-Regierung die ganze Dramatik der kommenden Monate deutlich gemacht hatten. Eine unerfahrene und zum Teil auch unzulängliche Verwaltung wird noch für lange Zeit das Problem der DDR-Länder bleiben. Ich selbst habe in Hamburg Erfahrung gesammelt, wie schwierig nicht nur Verwaltungsreformen, sondern schon ein notwendiger Wechsel von Personen an wichtigen Schaltstellen sein kann. Das wird in den neuen Ländern der bisherigen DDR durch das alte verfilzte Kadersystem der SED nicht leichter gemacht werden. Deswegen müssen wir uns von dieser Lage soweit wie möglich unabhängig machen: Zuviel hängt jetzt davon ab, daß der ohnehin verspätete Anfang eines Rekonstruktionsprogrammes für den Wirtschaftsraum der DDR wenigstens mit Beginn der deutschen Einheit zügig und effektiv eingeleitet werden kann. Dies wird entscheidend davon abhängen, daß der Bund (das heißt, die um die Mehrheit ringenden Parteien) sich schon jetzt darauf vorbereitet, wie die »Aufgabe DDR« in Zukunft von der deutschen Politik organisiert werden soll.

Ob ein Aufbauministerium eine richtige Lösung wäre, wird davon abhängen, wie dieses Ministerium konzipiert würde. Nähme ein derartiges Ministerium nämlich für sich in Anspruch, nicht nur koordinierende, sondern auch ausführende, also »Linien«-Funktionen zu übernehmen, dann kann es leicht geschehen, daß die klassischen Ministerien (insbesondere Finanzen und Wirtschaft) sich zukünftig eher als »BRD«-Ministerien fühlen, weil die »DDR«-Arbeit ja »auf der anderen Straßenseite« gemacht werde. Wir standen in den 70er Jahren immer wieder vor ähnlichen Fragestellungen hinsichtlich der Europa-Politik. Ich selbst habe zweimal, 1968/69 und 1976/81, im wesentlichen die Verantwortung für die Verhandlungsführung der deutschen Delegation in Brüssel und für die Koordinierung der Europa-Politik in Bonn gehabt: als Staatssekretär im Wirtschaftsministerium und später als Staatsminister im Auswärtigen Amt; also organisatorisch im zweiten Glied und ohne Stimme am Kabinettstisch. Ich war aber immer der Überzeugung, meine Arbeit hätte nur halb so effektiv sein können, hätte ich ein Bundesministerium für Europa-Fragen geleitet: Dann hätten nämlich die anderen Ministerien leicht gesagt: Europa macht ein anderer; wir kümmern uns um die deutsche Politik. So aber, auf dem Wege der Koordination, waren alle Ressorts immer ein Teil der europäischen Arbeit, allerdings unter straffer Koordinierung.

Anstelle eines DDR-Aufbauministeriums sollte also ein kleiner, hochqualifizierter Stab aufgebaut werden, der die DDR-Aufgaben straff koordiniert, aber immer wieder klarmacht, daß alle anderen Minister für *ihren* Teil des Ergebnisses eines Ausgleichs in Deutschland verantwortlich sind. Die Koordinierungsfunktion sollte allerdings wegen der Bedeutung der Aufgabe dadurch hervorgehoben werden, daß der Koordinator zugleich zweiter Vizekanzler, also zweiter Stellvertreter des Bundeskanzlers, ist.

Die Bundesorganisation auf ministerieller Ebene ist aber nur der kleinere Teil der organisatorischen Probleme. Wichtiger noch wird es sein, was der Bund dazu tun kann, daß im DDR-Raum auf Länderebene und in den großen Städten Partner für die Umsetzung einer umfassenden Konzeption für die Rekonstruktion der DDR zur Verfügung stehen. Es wird in letzter Zeit überlegt (Theo Sommer in der ZEIT am 9. August 1990), eventuell Bundeskommissare nach Artikel 37 Abs. 2 des Grundgesetzes in die Länder der bisherigen DDR abzuordnen. Das würde den Länderaufbau und das Nachwachsen einer politischen Verantwortung dort wahrscheinlich eher behindern als fördern. Erforderlich könnte es aber sein, daß der Bund in allen Ländern der bisherigen DDR mindestens für ein Jahrzehnt eine kleine Vertretung einrichtet, so wie dies die Bundesländer bisher in der Bundeshauptstadt getan haben. Nur so wird möglicherweise der Bund den reibungslosen Vollzug der ihm zufallenden Aufgabe eines Ausgleichs in Deutschland gewährleisten können.

V.
Das »Projekt Soziale Einheit«

Es ist selbstverständlich, daß alle Förderungen zur Firmengründung und Finanzierung mittelständischer Unternehmen im DDR-Raum fortgesetzt werden müssen. Aber die Antwort auf die DDR-Wirtschaftskrise beim Eintritt in die Marktwirtschaft kann nicht vorrangig in der Neugründung von Unternehmen liegen: Dazu sind die Probleme zu groß, und dazu ist auch die Erhaltung der

Industriestandorte für die mittelständische Wirtschaft selbst zu bedeutsam. Der Schwerpunkt der Politik für die Erneuerung des Wirtschaftsraumes DDR muß von dieser Einsicht ausgehen. Die Konzeption, mit der wir die DDR-Wirtschaft ankurbeln müssen, ist deswegen klar:

(1.) Finanzausstattung der DDR-Länder nach BRD-Maßstab unter Berücksichtigung von Kostenunterschieden.
(2.) Massive innerdeutsche regionale Präferenzen für den DDR-Raum (notfalls auch im Kampf mit Brüssel) auf Zeit; mit nochmaliger Verstärkung der Präferenzen für den Raum des »EG-Randes«, also zur Grenze nach Polen und die CSFR; Beseitigung der regionalen Nachteile, die durch Unklarheiten im Bereich Grund und Boden, Altschulden und ökologische Altlasten entstanden sind.
(3.) Privatisierung der Industrie und zugleich eine gemeinsame Aktion von Staat und deutscher Wirtschaft zur langfristigen Erhaltung *gleichwertiger* Industriestandorte im DDR-Raum durch »konzertierte Aktionen« auf Industrie- und Branchenebene.
(4.) Schnell wirksame Infrastrukturprojekte, zunächst mit vorläufiger Planung und auch unvollkommenen Vollzugsabläufen, um die Schocklücke in der Nachfrage für den DDR-Raum zu lindern, mit
(5.) Zunächst massiven, später schrittweise zurückgeführten Präferenzen für DDR-Anbieter bei allen Infrastrukturprogrammen (local content): Dies wird nicht nur den DDR-Betrieben Beschäftigung bringen, sondern auch ein stärkeres Interesse der BRD-Unternehmen für eine jetzt vorzunehmende Beteiligung an DDR-Produktionsbetrieben auslösen.
(6.) Vorrangige Beteiligung der DDR-Wirtschaft an kreditfinanzierten Ost-Geschäften.
(7.) Eine breite Palette von Maßnahmen der Arbeitsbeschaffung und Umschulung, wobei die engen Grenzen der »Zusätzlichkeit« von Projekten für den DDR-Raum mit längerer Befristung aufgehoben werden sollten.
(8.) Aktive Personalpolitik des Bundes zur langfristigen Übertragung von Erfahrung aus dem Westen.
(9.) Einrichtung von regionalen Wirtschaftsförderungsgesellschaf-

ten durch Bundesinitiative und die Errichtung einer Koordinierungsstelle »DDR-Aufbau« mit hervorgehobener (Vizekanzler-)Position.

Entscheidend ist, daß diese neun Ecksteine der Konzeption miteinander verbunden und aufeinander abgestimmt werden. So wäre zum Beispiel die Regional-Präferenz für die DDR nicht sehr viel wert, wenn es an ihrer bisherigen Grenze im *Westen* (Zonenrandgebiet) bei einer etwa gleich hohen Förderung bleibt; Kassel könnte dann nämlich (wie ein Bericht der dortigen Handelskammer vom Juli 1990 über die steigende Nachfrage nach Büro- und Lagerflächen für die Bedienung des DDR-Marktes zeigt) ein attraktiverer Standort für »DDR«-Investoren werden als Magdeburg! Oder: Die Infrastrukturprogramme würden nicht viel zur Beschäftigung und Betriebserneuerung beitragen, wenn sie im wesentlichen aus dem wettbewerbsfähigeren BRD-Wirtschaftsraum beliefert würden. Und die DDR-Industriestandorte könnten ohne eine übergeordnete Planung im ersten Windstoß weggeblasen werden, so daß dann auch Infrastrukturprogramme und vorübergehende Arbeitsbeschaffungen für die langfristige Sicherung der Industriestandorte schon ins Leere laufen würden. Die DDR-Länder müssen von Anfang an finanziell wettbewerbsfähig ausgestattet werden, aber das Geld nutzt wenig, wenn nicht auch Personal übertragen und eine schlagkräftige Organisation aufgebaut wird.
Außerdem sollten alle Möglichkeiten geprüft werden, wie bereits gesagt, wie die Mieten in der DDR-Region für eine weitere Zeit niedrig gehalten werden können. Nur dies könnte für eine begrenzte Zeit ein niedrigeres Lohnniveau in der DDR-Region bewahren und so die Wettbewerbsfähigkeit des Standortes DDR stärken.

Sechstes Kapitel

Kassensturz: Ist die Einheit zu verkraften?

I.
Auf die Weltwirtschaft können wir nicht bauen

Als die Freiheit gewonnen und die Mauer zerbrochen war, wurde der Wunsch nach sozialer Gleichberechtigung in Deutschland zum Treibsatz der deutschen Einheit. Die extreme Ungleichheit zwischen DDR und BRD und das steile soziale Gefälle verliehen dem Einigungsprozeß jenes unkontrollierbare Tempo, von dem viele verwirrte Köpfe noch immer meinen, die gegenwärtigen Regierungen hätten es verursacht. Schnell ist nun auch klar geworden, daß die *eine* Freiheit in den *beiden* Teilen Deutschlands zum Ausgleich zwingen würde. Wie in einem System kommunizierender Röhren wuchsen die Abhängigkeiten zwischen den beiden deutschen Staaten. Nur wer bereit war, neue Grenzen, neue Mauern, neue Gewalt anzuwenden (zum Beispiel durch Zuzugssperren und dergleichen mehr), konnte hoffen, den Ausgleich zu bremsen.

Allen Schwierigkeiten zum Trotz, die wir nun haben werden, sollten wir wirklich dankbar sein, daß die beiden deutschen Regierungen uns das Grenzchaos eines langsamen Anpassungsmodells und den damit verbundenen innen- und außenpolitischen Streit um Deutschland erspart haben. Wie sich auch die Probleme nun auftürmen werden: Es ist ein Segen, daß wir nicht mit einer im politischen Koma versinkenden Regierung eines künstlich belebten, zweiten deutschen Staates über sinkenden Lebensstandard, wachsende Arbeitslosigkeit und unkontrollierbare Finanzhilfen verhandeln müssen. Seien wir froh, daß wir diese Probleme als unsere *gemeinsame* Aufgabe in *einem* Land lösen können, daß wir nicht über fortbestehende staatliche Grenzen und Zweistaatlichkeiten hinweg miteinander streiten, sondern in *einer* Nation die Wege des Ausgleichs finden müssen. Ich glaube, all diejenigen, die jenen »anderen« Weg (den sie ja nie im Detail beschrieben haben) gewünscht hatten, noch gar nicht ahnen, was auch sie der Tatsache verdanken, daß wir in dieser unvermeidlichen Wirtschafts- und Sozialkrise der

DDR-Region nicht durch eine Alternative nach »Polnischem Modell« gespalten sind, sondern daß wir in einem gemeinsamen Parlament und einer gemeinsamen Regierung über ein Sanierungskonzept des DDR-Raumes und über die hierfür notwendigen Finanzen reden und entscheiden können. Das wird schwierig genug sein. Denn auch die internationalen Perspektiven sind nicht so ungetrübt, wie oft behauptet worden ist.

* * *

Die letzten Wochen haben uns noch einmal nachdrücklich gelehrt, wie verletzbar auch das vereinte Deutschland bleiben wird. Der Einmarsch des Irak in Kuwait und die damit ausgelöste internationale Krise lassen uns zwar die Vorteile einer wirklichen Partnerschaft zwischen den USA und der UdSSR ahnen. Zugleich aber machte die Entwicklung im Nahen Osten auch erneut klar, daß der Ost-West-Konflikt schon bisher nicht das einzige Spannungsverhältnis war, das Weltfrieden und Weltwirtschaft gefährden konnte. Ost-West-Frieden bedeutet noch keine Befriedung des Erdballs.

Zweimal in zwei Jahrzehnten lösten Entscheidungen in der Ölregion in der Weltwirtschaft einen krisenhaften Schock aus. Und auch wenn die Fachleute erklären, daß die Ölproduktion von Irak und Kuwait für die Welt-Rohölversorgung nicht lebenswichtig sei (der Anteil dieser Region an der Weltversorgung betrug etwa 7%; die BRD bezog lediglich 2,3% ihrer Ölimporte aus Kuwait/Irak), so ist doch nicht auszuschließen, daß auch diese Nahost-Krise 1990, selbst wenn sie militärisch begrenzbar bleibt, erneut schwerwiegende weltwirtschaftliche Auswirkungen haben kann.

Die wirtschaftlichen Folgen der deutschen Einheit müssen also vor dem Hintergrund einer unsicheren Weltlage abgeschätzt werden. Wir müssen den Ausgleich zwischen den beiden Teilen Deutschlands möglicherweise unter sehr viel schwierigeren Bedingungen bewältigen, als sie uns heute umgeben: und dürfen uns dennoch nicht den Anforderungen Europas und der Welt entziehen. Als reiches Land dürfen wir insbesondere durch die finanzpolitischen Folgen der deutschen Einheit andere, bedürftigere Völker nur so wenig wie möglich belasten. Die Aufgabe des regionalen Ausgleichs in Deutschland ist in erster Linie eine innerdeutsche Aufgabe, die wir *neben* und *nicht anstatt* unserer Mitverantwortung für Europa und die Welt zu lösen haben werden. Aber die Schwierigkeiten dieser Aufgabe werden natürlich auch davon abhängen, wie Weltpolitik und weltwirtschaftliche Rahmenbedingungen aussehen, die den Weg der deutschen Einheit umgeben und begleiten werden.

Vor der Irak-Krise bestand zwar weitgehende Übereinstimmung, daß die weltpolitischen und die weltwirtschaftlichen Rahmenbedingungen für die deutsche Einheit ungewöhnlich günstig seien. Diese Perspektive schien mir jedoch schon damals reichlich sorglos. Sie wird deswegen auch nicht nur durch die aktuellen politischen Ereignisse getrübt. Denn wichtige strukturelle Fragen der Weltwirtschaft blieben seit Jahren ungelöst und werden in den kommenden Jahren wohl zwangsläufig gewichtiger werden. Da aber der Prozeß des Ausgleichs in Deutschland eine lange Zeit, sicher länger als ein Jahrzehnt, in Anspruch nehmen wird, sind es diese strukturellen Fehlentwicklungen und nicht nur akute Störungen, die wir hier auch zu beachten haben.

Zunächst war es ohnehin eher unwahrscheinlich, daß dem nun fast 10jährigen Aufschwung der Weltwirtschaft ein weiteres Jahrzehnt stetigen Wachstums folgen werde. Und zwar einmal, weil die ökologischen Widersprüche unseres Wirtschaftssystems immer nachdrücklicher in den Vordergrund treten werden. Die Fragen der wachsenden Verschmutzung von Luft, Wasser und Boden werden ebenso wie die nahezu unlösbaren Abfallprobleme zu immer höheren Kosten des Wirtschaftens führen, insbesondere natürlich in den dicht besiedelten und räumlich beengten Industriestaaten wie Deutschland. Verschärfter internationaler Wettbewerb wird darüber hinaus in den alten Industriestaaten erhebliche Strukturprobleme verursachen. Zwar öffnen sich gerade durch die Veränderungen in Osteuropa auch neue Märkte. Aber Schlüsselindustrien, wie zum Beispiel die Automobilindustrie, werden angesichts weltweit wachsender Kapazitäten in den nächsten Jahren auch auf den heimischen Märkten mit einem erheblichen Verdrängungswettbewerb zu rechnen haben, während gleichzeitig den Straßen und Städten Europas ohnehin der Verkehrsinfarkt droht und über den Gebrauch und den Nutzen des Autos politisch neu nachgedacht wird. Sicherlich wird die DDR — besonders wenn sie Absatzmarkt und nicht Produzent für die BRD-Automobilindustrie wird — zunächst neue Absatzimpulse geben. Aber wie lange? Auf dem Autosektor ist die BRD insgesamt und regional (zum Beispiel im Neckarraum) besonders verletzbar. Auch die strukturelle Instabilität der nach außen und innen tief verschuldeten Wirtschaft der USA und Anzeichen eines gewissen Stotterns der japanischen Wirtschaft konnten schon seit Beginn des Jahres 1990 als erste Anzeichen für einen weltwirtschaftlichen Umschwung gesehen werden. Die Weltfinanzmärkte zeigten im Oktober 1987 und wiederum im Oktober 1989 ein hohes Maß von Unberechenbarkeit. Hier liegen für die kommenden Jahre auch erhebliche globalwirtschaftliche Risiken. Eine weltwirtschaftliche Autorität für die Finanzmärkte ist nicht in Sicht.

Auch werden die Folgen des europäischen Binnenmarktes 1992 für das vereinte Deutschland beachtet werden müssen. Sie bestimmen die wesentlichen Aspekte des Wettbewerbs, in dem Deutschland sich zu bewähren haben wird. Nach allen vorliegenden Berechnungen wird die endgültige Beseitigung nationaler Schranken im Bereich der Finanzmärkte, Dienstleistungen, des öffentlichen Beschaffungswesens und bisher noch national geschützter Märkte auch für die BRD einen zusätzlichen Wachstumsschub auslösen. Zugleich wird es allerdings auch bei uns Einbrüche in diesen nun vergemeinschafteten Bereichen geben, mit zum Teil nicht unerheblichen regionalen Auswirkungen. Dies gilt wohl insbesondere für die Finanz- und Versicherungsmärkte, Verkehrsdienstleistungen und die Pharmaindustrie. Unter dem Strich ist allerdings damit zu rechnen, daß das Projekt Binnenmarkt 1992 die Wirtschaft im BRD-Teil Deutschlands eher stärken als schwächen wird.

Ein verschärfter Wettbewerb in Europa würde sich allerdings für geraume Zeit kaum positiv auf die Marktchancen der DDR-Produkte und Dienstleistungen auswirken können. Die DDR-Unternehmen werden im Gegenteil im Gefolge des Binnenmarktes zunächst eher verstärkten Schutz und zusätzliche Hilfen brauchen: eine im vereinten Deutschland vermutlich kaum erfüllbare Hoffnung.

Betrachtet man also das gesamte wirtschaftliche Umfeld, des wirtschaftlichen und sozialen Integrationsprozesses der beiden deutschen Staaten, so ist die Perspektive nicht ohne Schatten. Jedenfalls konnten und können wir nicht davon ausgehen, daß die Weltwirtschaft im kommenden Jahrzehnt *immer* nur ein zuverlässiger Partner im wirtschaftlichen Zusammenwachsen von BRD- und

DDR-Gesellschaft sein wird. Es wird strukturelle Probleme und konjunkturelle Schwankungen geben und es kann, gerade auch im Zusammenhang mit der Irak-Krise, sogar zu Rezessionen wie in den 70er und 80er Jahren kommen. Für eine erfolgreiche Politik des Ausgleichs in Deutschland müssen sich die Deutschen deswegen schon in erster Linie auf sich selbst verlassen.

II.
Ein Preisschild für die Einheit?

Schon kurz nach der Öffnung der Mauer begannen die Kosten der Wiedervereinigung die Politiker, Ökonomen und Journalisten zu beschäftigen. Die Gegner der Einheit sahen hier einen populären Hebel, aber die Bonner Opposition tat ihre parlamentarische Pflicht, wenn sie die Regierung immer wieder aufforderte, die Kosten des Einigungskurses offenzulegen. Politisches Ritual letzten Endes, denn die Regierung hätte ihrerseits ihre Pflicht verletzt, hätte sie frühzeitig feste Größen beziffert: Jede Zahl *mußte* falsch sein und konnte die Menschen auf beiden Seiten der vergangenen Grenzen nur in die Irre führen.
Denn was war, zum Beispiel, der Preis der Einheit in der bisherigen BRD, zu der nach unserem Grundgesetz die DDR-Länder ja nach Art. 23 des Grundgesetzes ebenso gehören können wie Bayern oder Schleswig-Holstein? Was hat uns der Anschluß des Saarlandes bis heute gekostet? Können wir uns das Saarland, Schleswig-Holstein, Niedersachsen und Bremen, also die Finanzausgleich empfangenden Länder, überhaupt noch als Bundesländer leisten? Wird der Preis der Einheit nicht für Baden-Württemberg, Hessen (und bisher auch Hamburg), also für die zahlenden Länder, zu hoch? Was kostete *diese* Einheit?
Was bedeutet »Einheit« mit der DDR, damit ihr Preis beziffert werden kann? Nur die Vereinigung der Staaten, oder auch den vollständigen regionalen und sozialen Ausgleich? Und was wäre für diesen Ausgleich dann der Maßstab: Die bisher ärmste Zone der BRD, der

bisherige Durchschnitt der BRD-Länder oder der hohe Standard zum Beispiel des Main-Taunus-Gebietes? Werden die Altlasten mitgerechnet? Gilt dann die BRD als Maßstab, oder besser eine Region ganz ohne Waldsterben, ohne kaputte Flüsse und ohne verseuchte Industriebranchen, was natürlich noch viel teurer wäre?

Oder: Sollen wir bei den Kosten der Einheit die sonst anfallenden Kosten der Teilung gegenrechnen? Wenn ja: Wäre dieser Betrag nicht sehr viel höher anzusetzen als die jährlichen 40 Mrd. DM, die der Bundesfinanzminister immer nennt? Denn nur mit so schmalen Beiträgen, wie wir sie bisher für Zonenrand, Berlin und den Mauer-Staat DDR geleistet hatten, wären wir wohl bei offenen Grenzen nicht davongekommen. Der Versuch einer eigenständigen, demokratischen Erneuerung in der DDR hätte von uns wohl mit erheblich größeren Zuschüssen begleitet werden müssen, damit Demokratie und Marktwirtschaft überhaupt eine Chance gehabt hätten. Modrow jedenfalls kam schon im Februar mit einer Forderung in zweistelliger Milliardenhöhe und hatte, wegen einseitiger Reparationszahlungen der DDR an die Sowjetunion, eine Gesamtforderung von über 700 Mrd. DM genannt.

Schließlich: Müßten wir uns bei wirklich kaufmännischer Bewertung der Kosten der Einheit nicht auch die zusätzlichen Gewinne anrechnen lassen, die der westdeutschen Wirtschaft, den westdeutschen Verbrauchern und Staatskassen mindestens in den ersten Jahren der Einheit durch die zusätzliche Nachfrage aus der DDR-Region zufließen werden? Wieviel Arbeitslose weniger werden wir wegen der Einheit haben? Was wäre das wert: nur das Arbeitslosengeld, oder gibt es auch einen ethischen, ideellen Wert geringerer Arbeitslosigkeit? Und so weiter.

Ein Preisschild für die Kosten der Einheit konnte also wirklich nicht ausgestellt werden. Keine seriöse Regierung könnte eine verläßliche Antwort geben. Allerdings ist es möglich, die wahrscheinlichen finanziellen Anforderungen der DDR-Region an den zukünftigen deutschen Gesamtstaat etwas präziser zu beschreiben, als es dies Bundesfinanzminister und Bundeskanzler bisher getan haben.

Bei der Schätzung der Kosten des wirtschaftlichen und sozialen Ausgleichs zwischen der reichen BRD-Region und der armen DDR-Region im geeinten Deutschland muß zunächst zwischen den laufenden Kosten, die vor allem im Sozialbereich anfallen, und den Investitionskosten unterschieden werden. Die sozialen Kosten werden im Zuge erhöhter Arbeitslosigkeit nicht nur die Kommunen erheblich belasten. Auch die Sozialversicherungsträger in der DDR klagen trotz »Anschubfinanzierung« über erhöhte Ausgaben und verminderte Einnahmen — auch weil sich die Sanierung der Betriebe nur schleppend fortsetzt. Schon jetzt ist offenkundig, daß weitere Milliardenbeträge nötig sind, um die laufenden Kosten zu finanzieren.

Die investiven Ausgaben verteilen sich auf die des Ausgleichs der öffentlichen Infrastruktur einerseits und die der Erneuerung und Angleichung des Kapitalstocks der Unternehmen andererseits. Die Infrastruktur wird im wesentlichen mit öffentlichen Mitteln zu finanzieren sein. Der Vorschlag, die öffentliche Infrastruktur mit privaten Mitteln und entsprechenden Gebühren zu finanzieren, ist eher problematisch, denn die Erhöhung von Transfer- und Transportkosten für Bürger und Unternehmen schafft eine zusätzliche Benachteiligung für die DDR-Region. Der Kapitalstock der Wirtschaft muß in erster Linie aus wirtschaftlichen Erträgen finanziert werden, bedarf allerdings zu Beginn auch öffentlicher Hilfen. Für beide Aufgaben haben wir zahlreiche Schätzungen vorgelegt, die allerdings immer nur Größenordnungen umreißen können.

Erinnern wir zunächst noch einmal an die Kosten, die nach bisherigen und sehr vorläufigen Schätzungen allein mit einer Annäherung der öffentlichen Infrastruktur in der DDR an die Lebensbedingungen bei uns im Westen verbunden sein würden. Sie sahen erhebliche Größenordnungen voraus: Für das Kommunikations- und Verkehrswesen (Schienen-, Straßen- und Luftverkehr, Nahverkehr, Telekommunikation) etwa 300 Mrd. DM. Für den Bereich Stadtsanierung, Denkmalschutz und Wohnungsbau etwa 300 Mrd. DM. Für den Bereich Gesundheit und Umweltschutz etwa 400 Mrd. DM. Bezieht man auch die Bereiche Bildung und Wissenschaft, Sport, Freizeit und Kultur mit in diese Rechnung ein, so kann man also *sicher* von einer Größenordnung von über einer Billion DM ausgehen, die nötig sein wird, um den Lebensstandard der öffentlichen Versorgung im Gebiet der ehemaligen DDR in etwa dem der Bundesrepublik anzugleichen.

Die Zahl erschreckt und führt auch in die Irre: Denn einmal wird für diesen Prozeß ein Zeitraum von über 15 Jahren zu veranschlagen sein. Zum anderen werden selbstverständlich schon sehr viel kleinere Beträge erhebliche Verbesserungen möglich machen. Es gibt deswegen auch sehr viel vorsichtigere Schätzungen, die zum Beispiel nur von 500 Mrd. DM sprechen. Aber nach den Berechnungen für die einzelnen Bereiche der öffentlichen Infrastruktur scheint mir für einen wirklichen Ausgleich diese Schätzung wiederum zu niedrig.

Was den Kapitalstock der Unternehmen angeht, so sind hier die Daten noch ungewisser, weil sie angesichts der Komplexität moderner Produktionsanlagen nicht allein aufgrund eines äußeren Eindrucks abschätzbar sind. Für die große Mehrzahl der Unternehmen fehlen aber noch immer zuverlässige Eröffnungsbilanzen. Aus der Verbindung von äußerem Eindruck, Branchen- und Unternehmensberichten, die inzwischen vorliegen, und dem statistischen Datenmaterial der früheren DDR-Regierung ergibt sich, daß der Kapitalstock der Unternehmen in der DDR seit Mitte der 70er Jahre kontinuierlich zugunsten von Konsumausgaben heruntergewirtschaftet wurde. Arthur Janke vom Rheinisch-Westfälischen Institut für Wirtschaftsforschung geht davon aus, daß der Kapitalstock der BRD-Region am Ende dieses Jahrzehnts etwa 8 Billionen DM erreichen wird, so daß für eine Angleichung in dieser Frist eine moderne Ausstattung mit etwa 2 Billionen DM »Soll-Kapitalstock« für den DDR-Raum ($^1/_4$ der Gesamtbevölkerung) erforderlich wäre, wenn bis zum Jahr 2000 (ein sehr ehrgeiziges Ziel!) eine vollständige Angleichung in der Wettbewerbsfähigkeit erfolgen soll. Von diesen 2 Billionen DM Kapitalstock der Unternehmen müßten etwa 75% erneuert werden (eine eher optimistische Einschätzung aus meiner Sicht), so daß rund 1,5 Billionen DM *Netto*investitionen im Unternehmensbereich bis zum Jahr 2000 im DDR-Raum erfolgen müßten.

Fügt man den Kapitalbedarf der DDR-Region für Infrastruktur und Unternehmen zusammen, ergibt sich eine grobe Schätzung von mindestens 2 bis 2,5 Billionen DM, was rund fünf- bis sechsmal der Investitionsquote oder dem gesamten Bruttosozialprodukt der BRD im Jahr 1989 entsprechen würde.

Es erscheint offenkundig, daß eine Frist von zehn Jahren für die Angleichung der DDR-Region an den europäischen Westen schon deswegen zu kurz bemessen ist. Planungen und Realisierung, insbesondere im Bereich der Infrastruktur, werden aber ohnehin längere Zeiträume in Anspruch nehmen. Eine Generation, das heißt 20 bis 30 Jahre, sind sicher ein realistischerer Zeitraum als das oft zitierte Jahrzehnt. Dennoch zeigt das Gesamtvolumen von 2 bis 2,5 Billionen DM, auch wenn man es über einen längeren Zeitraum verteilt, von welcher Größenordnung wir bei der Aufgabe einer »gerechten Einheit« sprechen.

Die Wirtschaft der DDR-Region selbst wird — wenn es uns gelingt, sie zu erhalten und wettbewerbsfähig zu machen! — einen erheblichen Teil dieser Aufhol-Investitionen aus eigener Kraft finanzieren können, so daß es sich bei dem genannten Betrag von 2 bis 2,5 Billionen DM nicht um Kosten der Einheit im engeren Sinne, sondern in erster Linie um Kosten einer freien Gesellschaft in der bisherigen DDR-Region handelt. Kosten, die auch anfallen würden, wenn dieser Teil Deutschlands ein selbständiger Staat geblieben wäre. Kosten der Einheit sind für die BRD-Bürger aber wohl nur Zuschüsse, die aus der bisherigen BRD zur Finanzierung der Investitionen an die DDR-Region geleistet werden müßten.

Um diese Frage zu beantworten, müßten wir zunächst wissen, wie lange die Wirtschaft im DDR-Raum brauchen wird, um Anschluß an die Märkte zu finden *und* wie schnell es gelingt, die aus der BRD subventionierten Arbeitslosen zu produktiven Infrastrukturaufgaben heranzuziehen, damit ein Teil der oben genannten Investitionen schon jetzt und *anstatt* Arbeitslosigkeit finanziert werden kann.

Die Größenordnung der zukünftigen Nettozuschüsse für die DDR-Region sind deswegen nur sehr schwer berechenbar. Als der erste deutsch-deutsche Staatsvertrag am 18. Mai 1990 unterzeichnet wurde, hatte man für die zweite Jahreshälfte 1990 einschließlich einer einmaligen Anschubfinanzierung einen Zuschußbetrag von knapp 25 Mrd. DM festgelegt; Ende August schien aber eher das Doppelte realistisch zu sein. Die zukünftigen Beträge hängen nicht nur von der wirtschaftlichen Entwicklung und der Arbeitslosigkeit im DDR-Raum ab, sondern auch von der Entwicklung der Gehälter und Löhne und vom Liquiditätsbedarf der Treuhandbetriebe.

Wir haben eine vorläufige Schätzung des Finanzbedarfs der Länder in der bisherigen DDR (einschließlich Berlin-Ost) anhand der tatsächlichen Ausgaben des Landes Nordrhein-Westfalen 1989 versucht. Nach Schätzung des DDR-Steueraufkommens ergab sich dann ein Zuschußbedarf von etwa 63 Mrd. DM für das Jahr 1991. Dieser Betrag ging allerdings von einer Normalsituation, also dem Land Nordrhein-Westfalen aus, und nicht von der wirtschaftlich zerstörten Lage der DDR. In der DDR-Region kann aber auch der Aufbau der Infrastruktur *und* die Umstrukturierung der Unternehmen nur mit erheblichen Zuschüssen aus dem Westen Deutschlands finanziert werden. Nur ein Teil der Infrastruktursanierung ließe sich aus einem solchen »Normal-Haushalt« finanzieren. Ebenso werden die Kommunen und Sozialversicherungsträger die finanziellen Lasten der Anpassung und Umgestaltung bis auf weiteres wohl nicht aus dem »normalen« Haushalt finanzieren können.

Aber auch die jährlichen Größenordnungen dieses zusätzlichen Bedarfs sind heute kaum einzuschätzen. Bei der Infrastruktur von Bahn, Post und Straßenbau handelt es sich ohnehin um Ausgaben, die, zu einem späteren Zeitpunkt, mindestens zum Teil aus Erträgen (unter anderem Preise, Gebühren, Mineralölsteuern, Kraftfahrzeugsteuern usw.) finanziert werden könnten, und die nur zum Teil (Zuschuß Bahn, Straßenbau) aus dem Haushalt finanziert werden müssen. Andere Ausgaben, wie zum Beispiel für die Stadtsanierung oder die Sanierung von Umweltlasten, sind ertraglose Wiederherstellungen vernachlässigter öffentlicher Aufgaben; hier geht es also um Investitionen, die am Ende der Westen Deutschlands auf die eine oder andere Weise bezahlen muß, wenn ein Ausgleich in absehbarer Zeit überhaupt bewirkt werden soll. Andere Investitionen, wie die Instandsetzung von Kraftwerken oder Wohnhäusern, müssen grundsätzlich über die Einkommen der Nutzer und Verbraucher finanziert werden, es sei denn, man will die Mieten aus anderen Gründen auf Zeit niedrig halten.

Infrastrukturinvestitionen hängen zum Teil auch von langen Planungsfristen und Baukapazitäten ab. Auch aus diesem Grund müßten also Aufgaben und Ausgaben in der DDR-Region gestreckt werden. Rechnet man mit einem Betrag von 20 bis 25 Mrd. DM pro Jahr als zusätzliche Leistung aus dem »Westen« für die Sanierung der Infrastruktur und der Umwelt in der DDR (ein beachtlicher Betrag, bezogen auf das dortige Sozialprodukt, welches das Deutsche Institut für Wirtschaftsforschung in Berlin für 1990 auf 272 Mrd. DM schätzt) sowie mit 20 Mrd. DM für die Förderung der Wirtschaft in der Region DDR (allein die Zonenrandförderung hat jährlich etwa 3 Mrd. DM gekostet), und berücksichtigt man auch die drohenden Defizite bei den Sozialversicherungsträgern (für 1991 wird mit etwa 18 Mrd. DM gerechnet), so kann mit einem zusätzlichen Zuschußbedarf der DDR-Region von mindestens 60 Mrd. DM gerechnet werden. Die in der folgenden Tabelle aufgeführte Rechnung ergibt allerdings nur Größenordnungen, die das Problem verdeutlichen und keinen Anspruch auf abschließende Gültigkeit erhebt. Schon in den nächsten Wochen werden sicherlich präzisere Schätzungen vorliegen; die Größenordnungen werden sich aber kaum verändern.

Es muß vermerkt werden, daß die Zuwachsrate des Steueraufkommens nur sehr vorsichtig veranschlagt wurde. Die hier verwendeten Daten entsprechen denjenigen, die auch Finanzminister Romberg

Zuschußbedarf für die DDR-Region (in Mrd. DM) (Schätzung)

	1991	1992	1993	1994
(1) Haushaltsbedarf der DDR-Region*) nach NRW-Modell	93	98	103	109
(2) Einnahmen der DDR-Region nach geltender Aufteilung zwischen Bund und Ländern (Schätzung: Finanzministerium-DDR im August 1990)	30	32	35	38
(3) Regulärer Zuschußbedarf der DDR-Region (1./.2)	63	66	68	71
(4) Zusätzlicher Bedarf für die Infrastruktur (inkl. Verkehrswesen), Wirtschaftsförderung und Sozialversicherung in der DDR-Region	60	60	60	60
(5) Gesamtzuschußbedarf der DDR-Region (3+4)	**123**	**126**	**128**	**131**

*) DDR-Länder und Gemeinden, inkl. Ost-Berlin

zugrunde legte. Über diese Schätzungen der Steuereinnahmen in der DDR-Region gab es in den vergangenen Monaten erhebliche Meinungsverschiedenheiten zwischen den beiden deutschen Staaten und innerhalb der Parteien. Je nachdem, wie die DDR-Länder am Steueraufkommen des Gesamtstaates beteiligt werden, ergeben sich hier selbstverständlich erhebliche Unterschiede. Sollte das Tempo der wirtschaftlichen Entwicklung der DDR-Region schneller verlaufen, könnten die Steuereinnahmen auch wesentlich schneller steigen und so das Defizit mindern.

Mit dieser Rechnung ist jedenfalls schon heute offensichtlich, daß die Zuweisungen an die DDR-Länder aus dem Fonds Deutsche Einheit (nach dem Einigungsvertrag zu 85%, also 1991: 29,75 Mrd. DM; 1992: 23,8 Mrd. DM; 1993: 17 Mrd. DM; 1994: 8,5 Mrd. DM) nicht annähernd ausreichen können, um das Finanzierungsdefizit zu schließen, wenn die Steuerverteilung wie vorgesehen zwischen Bund und Ländern erfolgt. Natürlich hat der Bund auch zusätzliche Einnahmen durch die Überweisung von Steuereinnahmen aus der DDR-Region, aber auch die laufenden »normalen« Kosten des Bundes für die Region DDR wurden bei der obigen Rechnung vernachlässigt. Im Finanzministerium der DDR wurde seinerzeit ein Gesamtvolumen der Ausgaben von *allen* Gebietskörperschaften (inkl. Bund) für die DDR-Region von 141 Mrd. DM für 1991 errechnet.

Es gibt gute Argumente dafür, daß der Bund in der Frage der Steueraufteilung für die DDR-Länder keine Sonderregeln gelten läßt, sondern mit der »Normalität« auch die wahren Defizite dieser Region immer wieder aufdeckt. Je mehr Sonderregeln es für die DDR-Länder gibt, desto schwerer wird auch die politische Integration dieser Länder und desto schwieriger eine berechenbare Bundesratspolitik. Auf der anderen Seite gibt es allerdings auch ein erwägenswertes Gegenargument: Je größer der Anteil der DDR-Länder am Steueraufkommen ihrer Region, desto größer wird auch die dort so dringend erforderliche Selbstverantwortung sein. Die Abwägung bedarf erneut der Diskussion, auch wenn sie jetzt zunächst im Einigungsvertrag zugunsten des Bundes entschieden wurde.

Es sei noch einmal daran erinnert: Die Defizite der DDR-Region beruhen auf einem einfachen Vergleich von Ausgaben pro Einwohner, wurden nur um den Faktor niedrigerer Personalkosten korrigiert und lassen jeden besonderen Bedarf der DDR-Region unberücksichtigt: weder die größere Fläche des Landes, noch die ungünstigere Altersstruktur, noch die sicherlich höheren Arbeitslosenzahlen wurden veranschlagt. Und der gesamte Nachholbedarf der Infrastruktur, der ohnehin in besonderer Weise finanziert werden muß, wurde auf dieser Seite des Haushalts nicht einbezogen. Sicherlich kann das drohende Defizit der DDR-Länderhaushalte auch zu einem kleinen Teil durch Verschuldung dieser Länder auf den Kreditmärkten gedeckt werden. Aber der Großteil des Defizits muß aus dem »Westen« finanziert werden, weil die DDR-Länder sonst sehr schnell (darauf wurde schon hingewiesen) überschuldet und damit handlungsunfähig würden.

Wie auch immer der Finanzausgleich in Deutschland organisiert wird, eines ist jetzt schon sicher: Zu jedem tragfähigen Konzept einer gerechten Einheit Deutschlands wird für viele Jahre ein massiver Finanzausgleich zwischen Ost und West gehören, der jeden Rahmen des bisherigen Mechanismus des Länderfinanzausgleichs und der Bundesergänzungszuweisungen völlig aus den Angeln heben würde.

Mit dem ersten Staatsvertrag ist deswegen festgelegt worden, daß die Finanzbeziehungen zwischen Bund und Ländern bis zum 1. Januar 1995 unter Einbeziehung der Länder der heutigen DDR neu geregelt werden sollen. Allgemein herrscht wohl Einigkeit darüber, daß die Länder der DDR nicht vor 1995 in diese Finanzbeziehungen aufgenommen werden können. Zunächst soll der Fonds für die Deutsche Einheit mit 115 Mrd. DM für einen gewissen finanziellen Ausgleich sorgen. Aus unserer überschlägigen Rechnung läßt sich aber leicht erkennen, daß dies nicht ausreichen wird, um das wirtschaftliche und soziale Gefälle zu mindern oder gar weitgehend anzugleichen.

Eine Modellrechnung zeigt auch, daß bei Annahme einer mittelfristigen Steuerkraft (nach Aufbau einer funktionsfähigen Finanzverwaltung, die längere Zeit in Anspruch nehmen kann) von 50 v. H. des Durchschnitts in der BRD, den neugegründeten Ländern der DDR über das *heute* geltende Finanzausgleichssystem jährlich etwa 20 Mrd. DM zufließen würden. Ebenso hätte die übliche Verteilung der Umsatzsteuer nach der Zahl der Einwohner bedeutet, daß ein erheblicher Transfer von Umsatzsteuererträgen aus den BRD-Ländern in die der DDR-Region stattfinden würde. Die BRD-Länder haben dies verhindert. Derartige zusätzliche Belastungen können die bisherigen BRD-Länder allein wohl auch nicht tragen. Auch Nordrhein-Westfalen, Bayern und Hamburg würden dann nämlich zu Zahlerländern werden; als einziges Empfängerland auf dem Territorium der BRD verbliebe lediglich das Saarland. Die Einbeziehung in die Regeln des heute geltenden Länderfinanzausgleichs erscheint deshalb nicht sinnvoll.

Hieraus ergibt sich, daß der Ausgleich letztlich nur über den Bund geregelt werden kann. Inwieweit der Bund sich dabei gegenüber den bisherigen BRD-Ländern schadlos halten kann, zum Beispiel durch höhere Anteile an den gemeinsamen Steuern, kann nicht abschließend beurteilt werden. Allerdings läßt sich wohl schon heute erkennen, daß weder Bund noch Länder den zusätzlichen Aufwand für die DDR im wesentlichen durch Einsparungen kompensieren könnten. Die BRD-Länder und -Gemeinden sind dazu schon deswegen nicht in der Lage, weil ihre Ausgaben, unter anderem, auch sehr stark von der Personalkostenentwicklung abhängig sind. Die These, die man zum Beispiel auch oft vom Bund der Steuerzahler hört, die Kosten der staatlichen Bürokratie seien in den letzten Jahrzehnten ständig gestiegen, muß endlich vom Tisch: Die Mehrkosten für Personal in Ländern und Gemeinden seit 1970 wurden fast ausschließlich durch mehr Lehrer, Hochschullehrer, Ausbilder, Polizisten, Altenpfleger, Personal für Sozialstationen, Personal an den Schaltern für Sozialhilfe und so weiter verursacht. Sicherlich könnte man vieles in den Gebietskörperschaften effizienter machen. Aber auch die großen Betriebe haben ja ihr »produktives« Personal in den letzten Jahrzehnten ständig abgebaut und statt dessen Personal in den Dienstleistungsbereichen eingestellt. Es gab jedenfalls keine neue Aufblähung des staatlichen Beamtenapparats, sondern einen wachsenden Bedarf der sozialen Kosten der Marktwirtschaft: Wo zum Beispiel die Mobilität die größeren Familienverbände auseinandertreibt, dort bleibt am Ende für eine würdige Versorgung der älteren Menschen in unserer Gesellschaft eben nur der Staat oder die Gemeinde übrig.

Mit anderen Worten: Der Finanzbedarf in den BRD-Ländern und -Gemeinden wird sich kaum senken lassen; der Zwang zur Netto-Neuverschuldung würde in der BRD-Region bei bestehenden Steuersätzen sogar bleiben, wenn es keine Wiedervereinigung gäbe.

Und alle sozialen Kosten aus der Vereinigung, die in der BRD-Region anfallen, treffen letztlich zusätzlich Länder und Gemeinden (Wanderbewegung). Nur der Bund kann aus der außenpolitisch veränderten Lage echte Einsparungsmöglichkeiten machen: Verteidigung, Kosten der früheren Teilung und so weiter. Alles andere sind Illusionen.
Das aber heißt: Die oben vorgenommenen Schätzungen des zusätzlichen Finanzbedarfs für die ordentlichen Haushalte der DDR-Region müssen letztlich vom Bund entweder durch Einsparungen, höhere Steuereingänge oder durch zusätzliche Verschuldungen erbracht werden.

III.
Steuererhöhungen sind sinnvoll

Die entscheidende Frage ist deswegen zunächst, wie sich das Steueraufkommen in der BRD-Region entwickeln wird. Der erste wirtschaftliche Anstoß der deutschen Einheit verläuft ohne Zweifel von Ost nach West: verstärkte Nachfrage aus der DDR für Waren des täglichen Verbrauchs, gebrauchte West-Autos, Ausrüstung von Unternehmen bis hin zum Tourismus. Forschungsinstitute errechneten aus dieser zusätzlichen Nachfrage für 1990 ein zusätzliches reales Wachstum in der BRD von etwa 1% und ein zusätzliches Steueraufkommen im Westen durch dieses Wachstum in Milliardenhöhe für Bund, Länder und Gemeinden. Sie könnten es angesichts des Zuschußbedarfs der DDR-Region aber auch wegen erheblicher Ost-West-Wanderungskosten in den Ländern und Gemeinden der BRD-Region gut gebrauchen. Ende August prognostizierte das Ifo-Institut allerdings, daß die offiziellen Steuerschätzungen für 1991 nach unten korrigiert werden müßten. Die dritte Stufe der Steuerreform und der Wegfall der Quellensteuer lassen die Steuerquote sinken, wodurch mit Ausfällen von etwa 2,5 Mrd. DM zu rechnen sei. In diesen Prognosen ist gegenwärtig viel Bewegung, aber es ist in jedem Fall sicher, daß wohl nur der kleinere Teil der

Kosten für die Sanierung der DDR-Region aus Steuerzuwächsen finanziert werden kann, die nicht aus Steuererhöhungen resultieren.

Das ökonomische Szenario des deutschen Wagnisses ist eine Wohlstandsübertragung aus der BRD in die DDR in bisher unbekannten Ausmaßen. Es ist oft die Frage gestellt worden, ob dies ohne Steuererhöhungen finanzierbar sein wird. Auch hier kann man zu diesem Zeitpunkt nur vorsichtig Tendenzen andeuten, weil, wie wir gesehen haben, weder das Volumen der Steuereingänge noch das am Ende notwendige Transfervolumen heute wirklich präzise berechenbar sind. Es wurde schon darauf hingewiesen, daß die Institute aus der zusätzlichen DDR-Nachfrage Steuermehreinnahmen für Bund, Länder und Gemeinden vorausgeschätzt haben. So ließen sich — und auch das ist überwiegende Auffassung — die zusätzlichen Zinsen des »innerdeutschen Kapitalexports« wahrscheinlich mindestens zu einem beachtlichen Teil ohne Steuererhöhung finanzieren. Dies gilt insbesondere dann, wenn man die bestehende Steuerprogression nicht ändert, die Unternehmenssteuern nicht senkt und damit die schneller steigenden Einkommen automatisch auch zu schneller steigenden Steuereinnahmen führen (fiscal drag). Eine Entwicklung, die übrigens auch die Empfänger niedrigerer Einkommen und die weniger ertragreichen Unternehmen in der DDR-Region (wegen der niedrigen Progression dort) begünstigen würde.

Ob ein Weg ohne Steuererhöhung allerdings klug ist, darüber wird wohl erst nach den Wahlen sachlich gestritten werden. Aus politischen Gründen und aus finanzwirtschaftlichen Gründen erscheinen Steuererhöhungen im Grundsatz gerechtfertigt. Politisch im übrigen auch, weil jedermann — auch unsere ausländischen Partner — wissen sollte, daß dies die größte ökonomische Kraftanstrengung ist, die Deutschland nach 1945 unternehmen mußte. Finanzwirtschaftlich, weil eine massive zusätzliche Verschuldung ökonomisch erhebliche Risiken birgt.

Da die Wirtschaft der BRD durch die neue Aufgabe in der DDR in den kommenden Jahren vermutlich wie durch ein zusätzliches Konjunkturprogramm ausgelastet sein wird, ließen sich auch aus dieser Sicht — wirtschaftlich gesehen — Steuererhöhungen wohl rechtfertigen. Sie würden einen geringeren Teil der Zinslast auf zukünftige

Generationen verlagern. Ob Steuererhöhungen allerdings im internationalen Wettbewerb verkraftet werden können, bedarf jeweils einer objektiven Prüfung. Nichts könnte die Wirtschaft des BRD-Raumes jetzt schlechter vertragen als einen Verlust an internationaler Wettbewerbsfähigkeit.
Die Steuererhöhungen könnten im Bereich der Mehrwertsteuer eine Angleichung an den europäischen Standard bringen und würden bei drei Punkten immerhin rund 30 Mrd. DM (20 Mrd. DM beim Bund) erbringen. Ob allerdings in Zeiten steigender Preise (Öl), hoher Zinsen und ausgelasteter Kapazitäten dieser Schritt klug ist, muß bezweifelt werden.
Das zentrale innenpolitische Problem Deutschlands in den kommenden Jahren wird die *gerechte* Einheit sein. Dies ist aber nicht nur eine Frage der Verteilung der Lasten zwischen Ost und West, sondern auch eine Frage nach der Gerechtigkeit der Lastenverteilung zwischen Starken und Schwachen in beiden Teilen Deutschlands. Insofern müßte jede Steuererhöhung zunächst auf diesen Aspekt besonders achten: Denn jede ungerechte Belastung würde zugleich den inneren Frieden gefährden.

* * *

Auf der anderen Seite besteht wohl auch Spielraum in der öffentlichen Verschuldung. Die Bundesrepublik hat, wegen der weitgehenden Streichung der Staatsschulden nach 1945, einen geringeren Anteil der öffentlichen Verschuldung, gemessen an der gesamtwirtschaftlichen Leistung (Bruttosozialprodukt), als die meisten anderen konkurrierenden Industriestaaten.
Es wäre angesichts der Bedeutung der Aufgabe »deutsche Einheit« durchaus vertretbar, auch den Schuldenstand des vereinten Deutschland zu erhöhen. Allerdings müßte dann die weitere Verschuldung aus *anderen* Gründen zurücktreten. Eine Erhöhung des Schuldenstandes am BSP des BRD-Raumes allein um jeweils 1% würde im Schnitt der nächsten Jahre zwischen 25 und 30 Mrd. DM zusätzlichen Verschuldungsspielraum bedeuten.
Ein erheblicher Teil der zusätzlichen Aufbaukosten der DDR werden echte Zukunfts-Investitionen sein und könnten deswegen unbedenklich mit Krediten finanziert werden. Andere Ausgaben müssen dagegen als laufende Ausgaben öffentlicher Haushalte oder ver-

Öffentliche Verschuldung in Prozent des nominalen Bruttosozialprodukts 1989 (geschätzt):	
Vereinigte Staaten	51,1
Japan	70,1
Bundesrepublik	42,9
Frankreich	46,7
Italien	97,6
Großbritannien	40,1
Kanada	68,7
Durchschnitt	57,3

(Quelle: OECD. Economic Outlook, Dez. 1989)

gleichbarer Institutionen (zum Beispiel der Arbeitsverwaltung) eingestuft werden. Die Frage, ob eine Kreditfinanzierung auch (eines Teils?) *dieser* Ausgaben als »Einheit auf Pump« kritisiert werden muß, läßt sich nicht nur haushaltstechnisch beantworten. Denn die unerwartete Chance der Einheit konnte auf der einen Seite nicht ausgeschlagen werden, auf der anderen Seite lassen sich die für die Einheit nun sehr plötzlich erforderlichen zusätzlichen Mittel weder ökonomisch noch politisch kurzfristig und in vollem Umfange bei den bisherigen BRD-Ausgaben einsparen. Ganz unabhängig von den politischen, auch Wahlergebnisse tangierenden Widerständen (zum Beispiel bei einer sofortigen vollständigen Streichung der gesamten bisherigen Zonenrand- und Berlinförderung) muß auch gesehen werden, wie risikoreich ökonomisch eine massive Umleitung von bisherigen Haushaltsmitteln für Landwirtschaft, Kohle oder Schiffbau aus dem Westen der Bundesrepublik in den Umweltschutz im Osten sein könnte. Die Folgen der bisher nur marginalen Haushaltsbegrenzungen im Rüstungsbereich der USA lassen sich bereits heute in der Wirtschaftsentwicklung von Massachusetts und Kalifornien massive Einbrüche ablesen. Das ändert zwar nichts an der Notwendigkeit dieser und weiterer Verteidigungseinsparungen angesichts neuer Prioritäten. Die Erfahrung verweist jedoch auf die volkswirtschaftlichen Risiken und auch auf die Langfristigkeit, die mit Sparstrategien und regionalen Umverteilungen auch in Deutschland verbunden sein werden.

Die Frage der Finanzierung der Erneuerung der DDR hängt auch entscheidend davon ab, wie die weitere wirtschaftliche Entwicklung verläuft. Die BRD-Bürger werden als Folge der Einheit persönlich zunächst wohlhabender und die DDR-Bürger noch einmal ärmer, denn ihr Sozialprodukt und ihre Beschäftigung gehen zurück. Die weitere Entwicklung wird entscheidend vom Tempo der wirtschaftlichen Gesundung in der DDR abhängen. Je schneller es geht, desto billiger und desto risikoloser, und zwar wirtschaftlich sowohl als politisch, wird der Ablauf sein. Wenn die abgegriffene Formel »Klotzen statt kleckern« jemals Sinn hatte, dann im Fall der deutschen Einheit. Hier müssen viele Faktoren zusammenwirken, wie wir gesehen haben: Die Attraktion des DDR-Standortes für westliches Kapital muß geschaffen werden; die Bereitschaft und Fähigkeit der bisherigen DDR-Bürger, ihre Angelegenheiten in Betrieben und Kommunen selbst in die Hand zu nehmen, muß finanziell ermöglicht und politisch gefördert werden. Die Bereitschaft der bisherigen BRD-Region, gemeinsam mit der DDR-Region eine massive Vorfinanzierung der Erneuerung zu unternehmen, muß politisch durchgesetzt werden. Und — wahrscheinlich entscheidend — die Leistungskraft des politischen Systems auf zentraler und auf lokaler Ebene in *ganz* Deutschland und das Zusammenwirken von Wirtschaft und Politik bei der Restrukturierung der DDR-Region und ihrer Unternehmen muß bewirkt werden. Erst am Ende dieser Zusammenhänge steht dann die Frage nach eventuell notwendigen Steuererhöhungen.

IV.
Wird Deutschland wirtschaftlich stärker?

Zieht man eine Bilanz unter die zahlreichen nationalen und internationalen Prognosen zu den wirtschaftlichen Aspekten des Unternehmens »deutsche Einheit«, so ergibt sich im ganzen ein positives Bild. Die Prognostiker sehen in der Regel eine Durststrecke von unterschiedlicher Länge (drei bis fünf Jahre), rechnen aber in ihrer großen Mehrheit am Ende mit einer Stärkung der deutschen Wirtschaft und der DM durch die Vereinigung beider deutscher Staaten. Ausnahmen sollten allerdings nicht verschwiegen werden. So meinte Prof. Grouve in einer Veröffentlichung des »Centre for European Policy Studies«, daß mit der Einführung der Währungs- und Wirtschaftsunion sich das zukünftige Deutschland »seinen eigenen Mezzogiorno« schaffe. Und Prof. Hanke von der Johns-Hopkins-University prognostizierte auf einem Treffen des »World Economic Forum« in Berlin im Mai 1990 eine »große Katastrophe« als Ergebnis der Währungsunion.

Aber das sind Minderheitsvoten: Die Unternehmen ließen sich auch durch die ersten Schockwellen der DM in der DDR nicht ernsthaft beirren; sie blieben bei der positiven Perspektive. So erwarteten im Juli 1990 nach einer Umfrage des »Capital«-Magazins noch vier von fünf bundesdeutschen Führungskräften, daß innerhalb von drei Jahren ein Wirtschaftswunder im Osten Deutschlands einsetzen würde. Der Bundesverband der deutschen Industrie sprach im Juni 1990 von »guten Startbedingungen für die Wirtschafts- und Währungsunion«. Allerdings werden zunehmend auch die erheblichen Aufwendungen, die politischen Risiken und die Langfristigkeit der Aufgabe gesehen.

Meine eigene Auffassung fand ich am präzisesten zusammengefaßt in einer Studie von David C. Roche von Morgan Stanley (Großbritannien). Der Autor kommt zu dem Ergebnis, der eingeschlagene Weg zur Einheit werde (1) zunächst eine größere Arbeitslosigkeit auslösen, als die offiziellen Schätzungen zugrunde legten, (2) wegen der schnelleren Lohnanpassungen eine geringere Attraktion für Investitionen bieten als angenommen, (3) die Inflationsrate eher leicht auf 3,5 bis 4% ansteigen lassen, auch wenn die stärkere DM die Importpreise drücken werde; und (4) die Zinsen eher noch einmal steigen lassen und deswegen (5) den Aktienindex eher wieder fallen sehen und (6) den deutschen Kapitalexport wesentlich reduzieren, vielleicht sogar kurzfristig einen Kapitalimport des vereinten Deutschland verursachen, mit dem Risiko, daß (7) auf Zeit hierdurch Wachstumschancen in deutschen Exportmärkten beeinträchtigt werden könnten mit möglicherweise (8) der Folge einer Dämpfung der Wachstumschancen der deutschen Industrie.

David Roche faßte seine Prognose in einer Tabelle zusammen, die

Die Kosten der deutschen Einheit Eine Analyse der laufenden Staatsschulden		
Ergebnis: Die deutsche Vereinigung ist aus inländischen Quellen finanzierbar, aber Kapitalexporte und laufende Handelsbilanzüberschüsse werden im Laufe der Jahre verschwinden.		
		jährliche Kosten (Mrd. DM)
A. Soziale Kosten		
Arbeitslosigkeit (20%)		25,6
Krankenversicherung (30—45 Mrd. DM über 5—10 Jahre verteilt)		7,0
Rentenversicherung (50—70% des BRD-Niveaus)		2,5
Laufendes DDR-Haushaltsdefizit		15,0
Gesamt (in Prozent des BSP		**50,1** 1,94%)
Laufende Morgan-Stanley-Prognose für das BRD-Haushaltsdefizit		71,0
Gesamtes Haushaltsdefizit (BRD + DDR)* (in Prozent des gemeinsamen BSP		**121,1** 4,7%)
B. Kosten des Wiederaufbaus in der DDR (nach Morgan-Stanley-Modell)	insgesamt	jährlich (Mrd. DM)
Straßen/Eisenbahn	200	20
Wohnungsbau	200	20
Umweltsanierung	300—500	30—50
Telekommunikation	100—200	10—20
Gesamt (in Prozent des BSP	**800—1100**	**80—110** 3—4%)
C. Gesamtkosten		jährliche Kosten (Mrd. DM)
Laufende soziale Kosten und Kosten des Wiederaufbaus (A + B) (in Prozent des BSP		130,1—160,1 5,0—6,2%)

* inkl. Fonds Deutsche Einheit

Quelle: David C. Roche, Morgan Stanley & Co., London 1990

ich hier mit seiner Erlaubnis wiedergebe. Sie zeigt den erheblichen Kapitalbedarf für die Erneuerung der DDR-Region, geht allerdings von geringeren Haushaltsdefiziten als meine Rechnung aus. Die wichtige Schlußfolgerung, daß für eine vorübergehende Periode Deutschland zu einem Netto-Kapitalimporteur werden könnte, sollte nicht übersehen werden. So schwierig der Weg aus dieser Sicht aussehen mag: Auch Roche hat am Ende keinen Zweifel, daß die Einheit zum Erfolg führen wird.

Die vorstehende Tabelle geht zwar zum Teil von etwas anderen Zahlen aus und weicht auch in der Art der Berechnung von den bisherigen Rechnungen ab, aber in den Größenordnungen der notwendigen Finanzierungsmittel sowie der möglichen Haushaltsdefizite stimmt auch diese Berechnung mit den bisher aufgeführten Zahlen überein.

Das Bankhaus Julius Bär kam Anfang August zu einem ähnlichen Ergebnis. Die Bank errechnete, daß das Gesamtdefizit der öffentlichen Haushalte für 1990 voraussichtlich 90 Mrd. DM betragen wird; für 1991 schätzt man etwa 100 Mrd. DM. Sie warnt vor einem »crowding out« privater Investoren aufgrund erhöhter öffentlicher Verschuldung in Deutschland und vor einem »erheblichen Inflationspotential«. Auch aufgrund einer erhöhten Nachfrage aus der ehemaligen DDR, die auf nahezu voll ausgelastete Kapazitäten in der BRD trifft, aber auch durch die erhöhte Zunahme der öffentlichen Verschuldung, bestehe die Gefahr einer überhöhten Preisentwicklung. Das Bankhaus schlägt deswegen die Ausschöpfung aller Einsparungsmöglichkeiten vor und die Erhöhung der Konsumsteuern, was den Vorteil hätte, daß der Nachfrageboom ein wenig gedämpft würde und auch die Zinsen aufgrund niedrigerer öffentlicher Verschuldung wieder sinken könnten.

* * *

Es gab weder eine Alternative zur schnellen Einheit noch gibt es eine solche zum inneren Ausgleich in Deutschland. Die notwendigen Investitionen sind gigantisch, aber vergessen wir nicht: sie fließen nach Deutschland. Deutschland ist damit wohl in der Geschichte das einzige Land, dem es je gestattet wurde, seine Kriegsreparationen an sich selbst zu zahlen. Wird aber die Wiedervereinigung Deutschland wirtschaftlich stärken? So eindeutig, wie hier meist ein Ja zu hören ist, kann ich nicht antworten. Deutschland wird größer, auch ein größerer Markt: Aber was bedeutet das schon in einem wirklich offenen europäischen Binnenmarkt nach 1992? Deutschland als Ganzes gewinnt seine alte wirtschaftliche Vorrangstellung in Mittel- und Osteuropa wieder: Aber wieviel Kaufkraft wird in diesen Märkten zukünftig sein? Deutschland wird wieder wirtschaftliche Mitte in Europa: Aber was bedeutet das angesichts des großen wirtschaftlichen Übergewichts *West*europas?

Auf der anderen Seite der Bilanz stehen ernste Gegenargumente. Deutschland hatte zum Beispiel in den vergangenen Jahren einen wachsenden Anteil von Ausgaben für Forschung und Entwicklung an der gesamten wirtschaftlichen Leistung. Dieser Anteil wird im vereinten Deutschland zwangsläufig sinken. Wird dann wahr werden, was ein sehr kenntnisreicher Japaner mir vor einigen Wochen sagte: Wenn die Deutschen jetzt ihr Kapital für die verrotteten Wohnungen und Deponien in der DDR ausgeben müssen, vergrößern wir Japaner unseren Vorsprung in Wissenschaft und Technik?

Ein Unternehmen, das saniert werden muß, wirft im allgemeinen keine Erträge ab. Und Deutschlands neue fünf DDR-Länder sind eine einzige Sanierungsaufgabe. Unternehmen, die saniert werden müssen, haben daran meist auch dann noch zu tragen, wenn die eigentliche Sanierungsaufgabe längst abgeschlossen zu sein scheint. AEG und Chrysler sind Beispiele. Wie lange wird Deutschland die Nachwehen der DDR-Sanierung spüren? Was alles werden wir im Westen, in der alten BRD, zu unterlassen haben, um den so unausweichlichen Ausgleich mit der DDR-Region zu ermöglichen? An den Universitäten, in den Labors, auf den Verkehrswegen? Aber vielleicht auch in der ökologischen Sanierung? Wie werden westdeutsche Unternehmen, die schwache DDR-Betriebe übernommen haben, die Sanierungsphase verkraften, wenn der Weltmarkt nicht so wolkenlos bleibt wie während der letzten Jahre?

Die Aufgabe ist zu bewältigen, aber sie wird schwierig und birgt große Risiken. Und das nicht nur, weil zwei ungleiche Teile Deutschlands zusammengefügt werden, sondern auch, weil Vergleichbares ja ebenfalls zwischen Ost- und Westeuropa im ganzen geschehen muß. Weil die Sowjetunion der Hilfe bedürfen wird — und die Dritte Welt. Und weil auch hier Deutschland als größtes Wirtschaftsland Europas gefordert werden wird.

Siebtes Kapitel

Wird Deutschland zu schwach für Europa?

Der Schritt der Geschichte hallt noch in unseren Ohren, wenn sie längst vorbeigegangen ist; Erinnerungen und Ängste nisten noch in unseren Gedanken, wenn ihre Ursachen schon lange verflogen sind; so fürchten wir uns meist mehr vor dem, was wir früher gesehen haben, als vor dem, was morgen kommt, obwohl wir es doch schon sehen könnten: Der Mensch wurde wohl zu dem, was er ist, weil das Gedächtnis die Phantasie beherrschte. Solange wir *ein Teil der Natur waren*, war das wahrscheinlich nützlich; seit aber *die Natur immer mehr zu einem Teil von uns gemacht wird*, wäre es vielleicht besser, die Phantasie gewänne langsam die Oberhand über unsere Erinnerung.

Daß unsere Nachbarn die deutsche Einheit nicht sofort enthusiastisch begrüßten, als der Fall der Mauer sie über Nacht wieder erstehen ließ, ist verständlich. Die Erinnerung an deutsche Macht und Nazi-Gewalt ist frisch geblieben. Die Welt freute sich zwar mit uns über die Freiheit der Menschen, aber viele hätten wohl am liebsten zwei freie Deutschland gehabt. Die Vernunft sagte ihnen dann aber bald, daß keine Alternative zur schnellen Einheit der Deutschen besteht. So haben sie die Entwicklung dann im allgemeinen ohne hörbaren Vorbehalt akzeptiert. Und wo Vorbehalte laut wurden, wie in jenem eselhaften Interview des britischen Handelsministers Ridley, fanden diese wenig positiven Widerhall. Die Welt sah: Der Damm, der Europa geteilt hatte, war gebrochen, und fast ohne Widerstand fand der Strom in sein altes Bett zurück. Deutschland, das manchem intellektuellen Beobachter inzwischen durch Bismarcks Reichsgründung mehr künstlich geeint als durch den Eisernen Vorhang künstlich geteilt zu sein schien, kehrte ohne Umwege zur natürlichen Einheit zurück. Gegen alle Wetten der Geschichte und über alle Stolpersteine eines komplizierten demokratischen und diplomatischen Prozesses.

Das ungewöhnliche Ereignis war eben nichts anderes als die Herstellung des Gewöhnlichen. Was wie ein Drama ablief, war letztlich nur der späte Weg Deutschlands in die europäische Normalität. Aber der Schritt der Geschichte hallt nach und die Spuren der deutschen Verbrechen sind nicht getilgt: weder dort draußen, noch in unseren Köpfen. So kommt es dann, daß mit dem größeren Deutschland wieder die Erinnerungen wach werden, obwohl sie doch mit den Gegebenheiten von heute oder gar den Problemen von morgen nichts mehr zu tun haben: Deutschlands Bevölkerungsgröße und seine Wirtschaftskraft sind ohne jeden Bezug zu den Gefahren der Zukunft. Wie sollten Irland und Großbritannien, Belgien (oder gar Luxemburg) und Frankreich, oder auch Portugal und Spanien nachbarschaftlich miteinander leben, wenn Größe und wirtschaftliches Gewicht noch eine materielle, eine physische Gefahr wären?

Es ist erstaunlich, wie irrational und unhistorisch in dieser Frage oft gerade diejenigen reagierten, die meinen, die deutsche Frage aus angemessener emotionaler Distanz zu beurteilen und deswegen die angeblich rationalere Zweistaatlichkeit forderten. Günter Grass, zum Beispiel, dachte offenbar kein Jahr voraus, als er in seiner schon zitierten Tutzinger Rede meinte, die Alliierten sollten uns notfalls den Weg zur Einheit verlegen. Und mir bleibt bis heute unverständlich, was es bedeuten sollte, daß für ihn der größere deutsche Staat nicht mehr sein Staat sein könne. Als ob sich der Wunsch nach Selbstbestimmung folgenlos unterdrücken ließe und in Europa die Landkarten noch immer von Großmächten und Siegern zugeschnitten werden könnten wie einst von den Kolonialherren am Londoner Schreibtisch.

Die deutsche Frage, soweit sie eine Frage des europäischen Gleichgewichts war, ist beantwortet: Deutsche Einheit und europäischer Frieden sind endlich vereinbar geworden. Deutschland ist aber nun nicht etwa eine »Weltmacht« geworden, wie die Grüne Abgeordnete Antje Vollmer kürzlich meinte und wie ihr die Irak-Krise doch eigentlich auch hätte sichtbar machen sollen. Aber Erinnerungen und Ängste nisten eben noch in den Gedanken, wenn ihre Ursachen sich längst verflogen haben ... Gewiß, auch die schiere deutsche Größe könnte in Europa anstößig werden, wenn wir sie ausbeuten oder andere sie nicht als gegebene Normalität akzeptieren würden. Aber nichts spricht dafür. Deutschland wird sich in die europäischen Institutionen einordnen, nicht anders als dies die BRD seit 1945 schrittweise getan hat: Ein Gleicher auch der Großen in Europa, aber nicht ein Größerer als diese.

Deutschland bleibt politisch im westlichen Bündnis, aber geographisch wie immer die Mitte Europas. Doch die politische Verankerung zählt. Kein Teil Europas kann allein die »Brücke zum Osten« sein und kein Mitgliedstaat der EG kann allein die riesige Aufgabe einer wirtschaftlichen Erneuerung Osteuropas und der Sowjetunion bewältigen. Die feste wirtschaftliche Einbindung Deutschlands in die EG und deren Zuständigkeit für die Außenwirtschaftspolitik würden ein solches Abenteuer ohnehin nicht zulassen. Deutschland hat eine wichtige Rolle in Osteuropa zu spielen; die deutsche Sprache, historische, kulturelle und wirtschaftliche Verflechtungen geben uns dort eine große Verantwortung. Aber *im* Rahmen der Gemeinschaft und nicht als eine eigenständige, nationale Aufgabe; davor sollten wir uns auch hüten.

In all den Jahren nach 1949 war die BRD ein konstruktiver Partner in Europa und im westlichen Bündnis. Sicherlich auch, weil Niederlage und Teilung unseren Spielraum eng abgesteckt hatten; und weil wir in Berlin abhängig waren. Aber dies waren wohl nicht die Hauptgründe, warum man im Nachkriegseuropa so fest auf uns setzen konnte: Wachsende wirtschaftliche Kraft und politische Stabilität erlaubten der BRD ein besonders großzügiger Partner zu sein. Gelegentlich hat man diese Rolle als den »Zahlmeister« Europas kritisiert, und dann auch wieder mit unseren Exporterfolgen in der Gemeinschaft gerechtfertigt. Beide Thesen sind jedoch unzutreffend: Die Deutschen haben solidarisch, das heißt entsprechend ihrer größeren Kraft zum Bau Europas beigetragen; und unsere Exportanteile in den Wirtschaftsraum der Gemeinschaft wären wohl kaum geringer, wenn es die EG nicht gäbe, wie man an der Schweiz, an Schweden oder auch Österreich leicht nachweisen kann. Wir waren allerdings der politische Gewinner der westlichen Gemeinschaften, weil diese uns bis zum Ende des kalten Krieges Schutz und politische Behausung gaben. Aber wirtschaftlich waren wir nicht mehr und auch nicht weniger als ein nach seinen Kräften beanspruchtes Mitglied Europas.

Werden diese Kräfte auch zukünftig ausreichen, wenn wir jetzt die Einheit unternehmen? Ist die Vereinigung der beiden deutschen

Staaten ein Wagnis für Europa — nicht weil die Deutschen zu stark werden, sondern weil die Herausforderungen der Einheit den Partner Deutschland schwächen?

Der Fall des Eisernen Vorhangs stellt nicht nur den Deutschen, sondern auch den Europäern neue Aufgaben. So, wie die Gemeinschaft nicht gedeihen konnte, ohne sich in den 70er Jahren nach Norden für Großbritannien, Dänemark, Irland (aber leider nicht Norwegen) zu öffnen; wie dann auf diese nördliche Erweiterung schrittweise die Einbeziehung Griechenlands, Spaniens und Portugals erfolgte, so wird auch unausweichlich im kommenden Jahrzehnt nicht nur die Mitgliedschaft Österreichs, sondern auch die Mitgliedschaft Polens, der ČSFR, Ungarns und anderer östlicher Nachbarstaaten positiv zu entscheiden sein. Europa ist ein historisches Ganzes. Kein europäisches Land wird im Wohlstand leben können, wenn es seine demokratischen Nachbarn wirtschaftlich und politisch ausgrenzt. Dies gilt angesichts unserer Geschichte in besonderer Weise für eine EG-Mitgliedschaft Polens. Nur die Annäherung und schließlich die Einbeziehung Osteuropas in die Europäische Gemeinschaft kann erfolgreiche Wirtschaftsstrukturen in Osteuropa sichern und damit auch dort die so mutig erstrittenen Demokratien stabilisieren.

Die wirtschaftliche Erneuerung Osteuropas wird große finanzielle Anforderungen an uns stellen. Sie lassen sich heute noch weniger beziffern als die Kosten der Einheit. Aber wir werden uns schon aus purem Eigeninteresse erheblich beteiligen müssen. Der Reiche lebt schlecht am Zaun der Armen. Insbesondere die DDR-Region wird ohne ein schrittweises Mitwachsen der polnischen und tschechoslowakischen Wirtschaftsräume nicht wirklich am europäischen Wohlstand teilhaben können. Erst die staatliche Einheit mit der bisherigen DDR erlaubt uns zwar das Maß an Solidarität, das für die DDR erforderlich ist. Aber auch jenseits der deutschen Grenzen im Osten müssen wir ein Interesse an Ausgleich und Wohlstand haben.

Dieser Ausgleich und die Wohlstandssteigerung im Osten Europas ist auch deswegen anzustreben, um keine neuen Grenzziehungen und Einreiseverbote einführen zu müssen. Der Strom von Zuzugswilligen aus den osteuropäischen Ländern wird die Aufnahmefähigkeit in den westeuropäischen Ländern jedenfalls schnell überschreiten, wenn das Wohlstandsgefälle zwischen Ost- und Westeuropa in den nächsten Jahren nicht entscheidend gemindert wird. Österreich hat seine Grenzen schon zum Teil geschlossen und auch an den deutschen Grenzen zu Polen und der ČSFR wird strenger kontrolliert. Wir sollten aber alles tun, um keine neuen Mauern bauen zu müssen, sondern uns ernsthaft um den wirtschaftlichen Ausgleich in Europa bemühen.

Europas Entscheidungsprozesse sind mühselig. Der in Jahrhunderten in Rivalitäten zerrissene Kontinent findet nur langsam den Weg vom Nationalstaat zum Staatenbund und Bundesstaat. Immer wieder muß die schwierige Frage beantwortet werden: Wo soll die Nation (oder Region, das macht dann keinen Unterschied mehr) entscheidungsfähig bleiben, um die inneren demokratischen Strukturen zu erhalten und auszubauen; und wo darf die ferne Zentrale in Brüssel (oder Straßburg) durch Mehrheitsentscheidungen die bisherige Souveränität überstimmen, um ein Mindestmaß an Einheit in Europa zu schaffen? Die Bundesrepublik konnte sich diesen schwierigen Entscheidungen immer mit einem ungewöhnlichen Maß an wirtschaftlicher und politischer Stabilität stellen.

In 40 Jahren weist die BRD sechs Bundeskanzler und nur zwei verkürzte Bundestagsperioden auf. Ein Überschuß an wirtschaftlicher Kraft und eine Rückendeckung durch sozialstaatlichen Frieden erlaubten es dem westlichen Teil Deutschlands, eine oft entscheidende Rolle auf dem schwierigen Weg zur europäischen Einigung zu spielen: Schon 1957, als es um den gemeinsam finanzierten Agrarmarkt, dem Fundament Frankreichs für die Römischen Verträge ging; auch als die Gemeinschaft Mittel für die Dritte Welt durch ein großzügiges Kooperationsprogramm zur Verfügung stellte (Lomé-Abkommen), spielte die BRD eine sehr positive Rolle, obwohl an diesem Vertragswerk wegen ihrer früheren Kolonialbeziehungen vordergründig andere wesentlich mehr profitieren konnten. Auch beim Beitritt Großbritanniens und als es später um eine gerechte Formel des britischen Finanzbeitrages ging; beim Beitritt Spaniens und Portugals konnte die BRD wichtige Beiträge leisten, ebenso wie bei der Gründung des Europäischen Währungsfonds (EWS), der an der DM »ankert«. Die Entscheidungen für den europäischen Binnenmarkt 1992 wären ohne die Leistungskraft der BRD wohl auch so nicht zustande gekommen.

Immer konnte sich die Gemeinschaft auf zwei Dinge verlassen: Die Deutschen würden um der europäischen Einigung willen bis an den Rand ihrer wirtschaftlichen Leistungsfähigkeit gehen. Und, was die Deutschen am Ratstisch zugesagt hatten, konnten sie angesichts ihrer stabilen Mehrheiten zu Hause dann auch umsetzen. Ich will uns nicht überschätzen: Aber ohne die stabile BRD wäre Europa heute gewiß nicht dort, wo wir nun stehen.

Das wissen auch unsere Partner. Und die Nachdenklichen unter ihnen sind deswegen weniger darüber besorgt, daß wir zu stark werden könnten, als über die Risiken, die der schwere Brocken deutsche Einheit für die BRD bedeutet. Ob wir zu stark werden, das fragen auch in Europa eben nur Leute, die stets mit den Augen im Rückspiegel der Geschichte fahren: die nicht nach vorn sehen und nicht wissen, wo die wirklichen Risiken liegen. Wer nach vorn blickt, der fragt: Könnt Ihr Deutschen das denn packen? Und: Werdet Ihr denn auch dann noch genug Kraft für Europa und für Europas Aufgaben in der Welt haben?

Und was für eine Welt das sein wird! Eine Welt, in der die Bevölkerung rapide wächst, wahrscheinlich von heute 5,3 Milliarden auf über acht Milliarden bis zum Jahre 2020 (wenn die heute 30jährigen gerade 60 sein werden!). Eine Welt, in der die ökologischen Folgen des Bevölkerungswachstums, des Energieverbrauchs und der Aufwärmung der Erdatmosphäre schwerwiegende klimatische Veränderungen herbeiführen könnten, mit Hunger und Völkerwanderungen über die ganze Erde. Eine Welt, in der sich die Nord-Süd-Konflikte verschärfen werden und in der der Krieg nicht verbannt sein wird (wie wir in diesen Tagen im Nahen Osten sehen müssen), auch wenn es gelingt, die Ost-West-Beziehungen schrittweise zu einer echten Partnerschaft zu machen. Doch auch diese Partnerschaft wird hohe Ansprüche an unsere ökonomische Leistungskraft stellen. Eine Welt voller neuer Nationalismen und alter religiöser Fehden. Eine schwierige Welt also, in der sich das föderale und erst zusammenwachsende Europa behaupten muß.

Deswegen muß auch dieses wieder frei gewordene, größere Europa einiger werden, damit wir die Fährnisse der Zukunft bestehen können. Der Einigungsprozeß wird — wie in den vergangenen 30 Jahren Europäischer Gemeinschaft — nicht nur politische Kraft, sondern in erster Linie wirtschaftliche Solidarität verlangen. Und die

Deutschen werden auch hier wieder an erster Stelle gefordert sein: nicht als »Zahlmeister«, aber als starke Wirtschaftsmacht. Werden wir dem entsprechen können, während uns zugleich die Einheit auch finanziell so schwierige Aufgaben stellt?

Ein gegen den Wunsch der Deutschen geteiltes Deutschland wäre ganz sicherlich ein Hemmnis jeder weiteren Integration Europas geworden. Ob aber das geeinte Deutschland zugleich einer der Baumeister *und* ein solider Baustein Europas sein wird, das hängt davon ab, wie wir die Aufgabe der Einheit bewältigen. Und das wiederum ist *auch*, aber nicht nur eine ökonomische Frage. Denn wenn es uns nicht gelingt, eine gerechte und soziale Einheit in Deutschland herzustellen, wenn Geiz, Neid und Parteitaktik unseren Weg bestimmen sollten, dann werden wir weder die politische Handlungsfähigkeit für große europäische Schritte, noch die finanzielle Kraft für angemessene Beiträge zum europäischen Ausgleich haben. Dann würde aus dem starken Partner BRD ein wankelmütiges Mitglied Deutschland am Ratstisch in Brüssel und auf den Bänken des Europäischen Parlaments. Europa nähme Schaden an der deutschen Einheit.

Nicht Furcht vor zu viel Stärke, sondern Sorge um zu wenig Kraft, das ist die realistische Frage der deutschen Einheit heute in Europa. Die Verantwortung der Deutschen auf dem Weg in die Einheit ist nach innen und nach außen dieselbe: Nur wenn die Einheit für *alle* Deutschen gerecht ist, kann sie für die Deutschen ein Gewinn sein. Und nur dann wird sie auch für die Europäer kein Verlust. Doch diese gerechte Einheit ist wohl die schwerste politische Aufgabe, die der deutschen Demokratie seit 1945 gestellt wurde.

Achtes Kapitel

Gerechte Einheit oder Klassenkampf unter Brüdern?

I.
Der Beginn: Ungleichheit

Das vereinte Deutschland wird nicht reicher, sondern ärmer sein als die bisherige BRD. Der Westen blüht im Wohlstand, aber Unsicherheit, Arbeitslosigkeit und karge Lebensverhältnisse überwiegen im Osten. Und zieht man die Summe aus beiden, dann ergibt sich für das gesamte Deutschland ein niedrigerer Lebensstandard und eine geringere gesamtwirtschaftliche Leistung pro Einwohner, als sie zuvor für die BRD gemessen wurde. 1989 stand die BRD in der Einkommensstatistik in der Europäischen Gemeinschaft an 2. Stelle (nach Dänemark). 1991 werden wir als vereintes Deutschland an 5. Stelle, nach Frankreich, rangieren. Für die BRD-Bürger wird das eine neue Erfahrung sein.

Im einleitenden Kapitel dieses Buches hatte ich erläutert, warum die wiedergewonnene deutsche Einheit und das größere Deutschland keine Gefahren für die Zusammenarbeit der Völker Europas bringen wird. Anders als manche besorgte Stimme, sehe ich die außenpolitische Aufgabe der deutschen Einheit darin, auch dem größeren Deutschland »gleichberechtigte Normalität« zu ermöglichen; eine Chance, die Deutschland weder vor 1914 noch nach 1918 von den europäischen Partnern wirklich zugebilligt wurde. Erst die geteilte Nation, die Bundesrepublik, erhielt diese Chance — und sie hat sie erfolgreich genutzt. Jetzt muß die Chance dem geeinten Deutschland gegeben werden.

Ich denke schon, daß die Deutschen selbst das notwendige Augenmaß bewahren werden. Ihre wirkliche politische Herausforderung im kommenden Jahrzehnt ist eine innenpolitische: *Die gerechte Einheit. Der innere Friede* in *Deutschland, nicht der äußere Friede* mit *Deutschland, ist das Wagnis, das Europa und die Deutschen mit der Vereinigung Deutschlands im Jahr 1990 eingehen.*

Im Westen ist heute das Einkommen der Arbeitnehmer im Durchschnitt mehr als doppelt so hoch wie im Osten; das Vermögen der Haushalte wahrscheinlich eher viermal größer. Gelingt es nicht, diesen Einkommensabstand Jahr für Jahr zu verringern, dann wird die Zweiteilung der Nation lange fortbestehen. Alles spricht dafür, daß nicht nur in den hochindustrialisierten Gebieten, sondern auch in den vorwiegend landwirtschaftlich geprägten Regionen der DDR auf absehbare Zeit eine wesentlich höhere Arbeitslosigkeit herrschen wird als im Westen des vereinigten Deutschland; auch wenn die Lage durch Vorruhestand, Umschulungen und Beschäftigungsprogramme verbessert werden kann. Dies alles widerspricht dem zukünftig gemeinsamen Verfassungsgrundsatz gleicher Lebensbedingungen in Deutschland.

Gelingt es nicht, diese soziale Lücke zwischen der DDR- und der BRD-Region Jahr für Jahr sichtbar kleiner zu machen und in absehbarer Zeit zu schließen, dann wird das zukünftige Deutschland immer wieder mit politischen Spannungen zu leben haben, wie wir sie während der letzten 40 Jahre nicht erlebt haben.

II.
Der lange Weg zur Gleichheit

Selbst bei einem wesentlich höheren Wachstum der DDR-Region kann diese Annäherung kaum unterhalb der Frist von eineinhalb Jahrzehnten erreicht werden. Rechnet man ein durchschnittliches Wachstum des Bruttosozialproduktes (BSP) von etwa 2,5% in der BRD-Region und von 7,5% in der DDR-Region im Laufe der nächsten zwei Jahrzehnte (das Wachstum der DDR-Region wäre also dreimal so schnell wie das der BRD-Region), dann würde sich das BSP je Einwohner beider Regionen erst im Jahre 2007 angeglichen haben, vorausgesetzt, daß der Anteil beider Regionen an der Bevölkerung etwa derselbe bleibt. Eine dreifache Wachstumsrate ist allerdings eine sehr optimistische Einschätzung der Entwicklungstendenzen der Region DDR (und eher eine zurückhaltende Prognose für den BRD-Raum). Würde das Wachstum in der DDR-Region

Die geteilte Einheit

Wirtschaftsgefälle in Deutschland

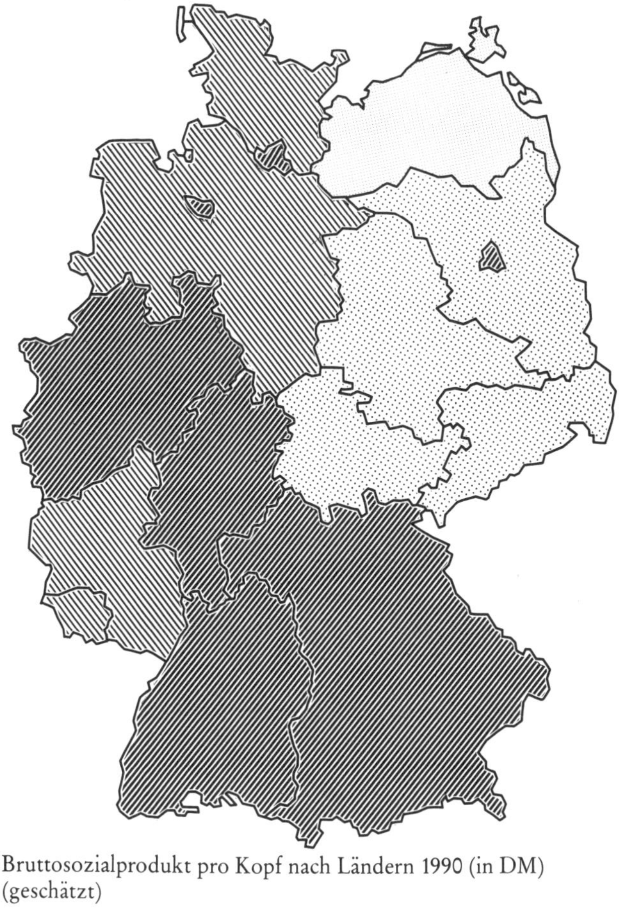

Bruttosozialprodukt pro Kopf nach Ländern 1990 (in DM) (geschätzt)

- über 35 000
- 30 000 - 35 000
- 25 000 - 30 000
- 20 000 - 25 000
- 15 000 - 20 000
- bis 15 000

aber nur 5% betragen, so könnte sich das durchschnittliche BSP pro Kopf in der DDR-Region bis zum Jahr 2007 lediglich von etwa 45% heute auf 65% des BRD-Niveaus erhöhen und läge dann im Jahr 2007 auf dem heutigen BRD-Niveau (etwa 39 000 DM). Aber sogar diese Prognose einer doppelten Wachstumsrate könnte sich als zu optimistisch herausstellen.

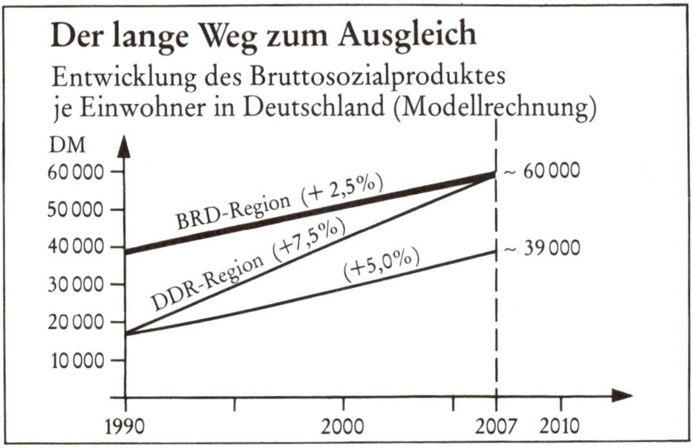

Denn zunächst muß ja ein Rückgang der Wirtschaftsleistung in der DDR-Region in Kauf genommen werden. Das Deutsche Institut für Wirtschaftsforschung schätzt, daß sich der gegenwärtige Abwärtstrend im BSP der DDR-Region (für 1990 wird mit einem Minus von nominal 6,5% gerechnet) noch im Jahr 1991 fortsetzen wird und prognostiziert für 1991 eine weitere Abnahme von etwa 2%; dies ist schon eher optimistisch, es sei denn, das wirtschaftliche Ruder wird wirklich herumgerissen. Bezieht man die Entwicklung der ersten Jahre aber ein, würde es einen noch längeren Zeitraum in Anspruch nehmen, bis sich die Wirtschaftsleistung der beiden Regionen angeglichen haben könnte. Denn das Institut hat auch errechnet, daß auch 1991 noch eine zusätzliche DDR-Nachfrage nach BRD-Waren von 40 Mrd. DM zu verzeichnen sein wird. Das Steueraufkommen in der BRD werde 1991, *auch* aufgrund dieser zusätzlichen Nachfrage aus dem Gebiet der ehemaligen DDR entsprechend höher ausfallen. Das nominale (also einschließlich der Preissteigerungen) Wirtschaftswachstum werde in der BRD 1990 8%

und 1991 7% betragen. Die Vereinigung treibt also den Keil der Wohlstandskluft zunächst tiefer.
Wie lange wird man dann die Spuren des Kommunismus in der DDR-Region sehen? 1955 wurde durch den österreichischen Staatsvertrag die staatliche Einheit des Landes wiederhergestellt. Zehn, und nicht 45 Jahre hatte die sowjetische Besetzung Ostösterreichs und Wiens gedauert. Andere Gründe in der Nachkriegszeit haben sicherlich zu dem heute bestehenden Einkommens- und Sozialgefälle zwischen Ost- und Westösterreich beigetragen; so zum Beispiel die räumliche Nähe des Westens zu den Wachstumsräumen der Schweiz und Süddeutschlands. Aber in der österreichischen Politik und in der dortigen Regionalforschung ist dennoch unbestritten, daß die ehemals sowjetisch besetzten Regionen Österreichs den wirtschaftlichen Anschluß an den Westen des Landes erst nach langen Schwierigkeiten, die auch dort aus den von der sowjetischen Besatzung hinterlassenen Strukturen erwuchsen, finden konnten. Frühestens, wie die Regionalforscher meinen, seit Anfang der 70er Jahre: also nahezu 20 Jahre nach dem Abzug der Russen. Es gibt kritische Beobachter, die meinen, man sähe die Spuren noch heute. Und es waren nur *zehn* Jahre!
Selbst bei optimistischer Betrachtung werden also viele Jahre vergehen, ehe der Westen und der Osten Deutschlands, ehe die Regionen diesseits und jenseits des ehemals Eisernen Vorhanges, nur noch wie Provinzen *einer* staatlichen Gemeinschaft aussehen. Und es wird vermutlich noch sehr viel länger dauern, ehe die östlichen Teile dieser ehemals einen Nation endlich die Teilung und ihre materiellen und seelischen Verwundungen so weit vergessen können wie hoffentlich die Polen und die Russen eines Tages die deutschen Verwüstungen dort. So wie Schleswig-Holstein heute die dänische Herrschaft und Dänemark unsere Besetzung; wie die deutsche Ostseeküste die schwedischen Brandschatzungen im Dreißigjährigen Krieg und die Pfalz die Raubzüge Ludwigs XIV.; überall sind diese Ereignisse über Jahrhunderte erzählte, ja auch sichtbare Geschichte geblieben (zum Beispiel am Heidelberger Schloß). Aber doch fern genug, um sie nicht mehr anzukreiden oder gar aufzurechnen.

III.
Soziale Spaltung und soziale Spannung

Im Mai 1990 antwortete Ministerpräsident Oskar Lafontaine dem »Spiegel« auf die Frage, welche Steuern die SPD zur Finanzierung des DDR-Aufbaus erhöhen wolle, unter anderem mit der kritischen Feststellung, im ersten Staatsvertrag werde »die Spaltung Deutschlands in zwei Sozialstaatsbereiche festgeschrieben, in denen es auf längere Zeit unterschiedliche Renten, Arbeitslosengelder und Sozialhilfen gibt. Die Regierungsparteien werden sich ihrer Worte erinnern müssen, daß dies eine Politik der Herzlosigkeit, der sozialen Kälte sei, daß hier eine neue Mauer in Deutschland gezogen werde«. Der Kanzlerkandidat der SPD nahm damit auf Vorwürfe Bezug, die ihm selbst von den Regierungsparteien gemacht worden waren, als er, kurz nach Öffnung der Mauer, gegenüber DDR-Bürgern die Anwendung längst vergessener Zuzugsbeschränkungen des Besatzungsrechts aus dem Jahre 1950 in Erwägung zog, die sozialpolitische Gleichbehandlung von Übersiedlern aus der DDR und deutschen Aussiedlern aus Osteuropa mit Bürgerinnen und Bürgern der BRD zum politischen Thema machte und die Fragen des sozialen Ausgleichs auf dem Berliner Parteitag der SPD im Dezember 1989 zu einer internationalen Frage machte, die eine Rückkehr zur deutschen Einheit scheinbar entbehrlich sein ließ. Eine Fehleinschätzung der Bedeutung des modernen Staates übrigens, wie ich meine.

Lafontaine hatte mit seiner Position sehr früh und wohl als erster prominenter Politiker der BRD hinter dem Glanz des Wiedersehens und der neugewonnenen Freiheiten in der DDR, die aufkommenden Wolken sozialer Spannungen in Deutschland gesehen, deren Schatten für lange Zeit auf der innenpolitischen Landschaft des deutschen Gesamtstaates liegen werden. Und zwar in einer Größenordnung, wie wir sie aus der Geschichte der BRD nicht kennen. Denn die Bundesrepublik Deutschland verdankt, wie häufig bemerkt wurde, einen wesentlichen Teil des wirtschaftlichen und politischen Erfolges ihrer außergewöhnlichen sozialen Stabilität. Diese wird oft an der relativ oberflächlichen Meßlatte der durch Streiks verlorenen jährlichen Arbeitsstunden dargestellt. Aber die Fundamente reichen viel tiefer. Nicht zu Unrecht wird die soziale Stabilität der Nachkriegsjahre auch den deutschen Gewerkschaften, ihrem Augenmaß im Wiederaufbau und ihrer überparteilichen Organisation als Einzelgewerkschaft und Einheitsgewerkschaft zugeschrieben. Der Hintergrund dieser stabilen Strukturen der BRD ist jedoch sehr viel komplexer als die unbestrittene Vernunft der Gewerkschaften. Denn auch sie konnten sich nach 1945 auf eine besondere Ausgangslage stützen: Es gab zwar in der BRD die bereits beschriebenen Unterschiede im Vermögen, die durch die Währungsreform 1948 sogar noch einmal verschärft wurden. Aber diese Unterschiede waren etwa dieselben im Norden und im Süden der BRD und überall fing die große Mehrheit bei Null an.

Auch die Zerstörung der Städte und die anfängliche Begünstigung der ländlichen Räume galt für die ganze Republik. So wirkten sich der erfolgreiche Wiederaufbau des Landes und die Jahr für Jahr spürbaren Einkommensverbesserungen, der schrittweise Anstieg des Lebensstandards und der Ausbau der Infrastruktur auf alle Menschen in der BRD ziemlich gleichmäßig aus. Dem steht auch nicht entgegen, daß sich Einkommen und Vermögen gerade in den 80er Jahren (vermutlich im Gefolge einer weiteren Verschärfung des internationalen Wettbewerbs) wieder deutlich auseinanderentwickelten; die Furcht vor der $^2/_3$-Gesellschaft ist begründet. Aber noch hatte die große Mehrheit in der BRD das Gefühl, daß Chancen, Leistung und Ertrag in einem vertretbaren Verhältnis zueinander stehen.

Die Republik verdankte ihre Stabilität also einer florierenden Wirtschaft und diese wiederum ihr Wachstum, ihr »Wunder«, einer politisch stabilen Republik. Und beide gründeten auf der Überzeugung der großen Mehrheit der Menschen, daß die Gesellschaft zwar zum Teil extrem unterschiedliche Einkommen und Vermögen ermöglichte und duldete, daß diese Unterschiede am Ende aber für jeden dennoch einen spürbaren Anteil am Erfolg übrigließen. Das Gefühl des gemeinsamen Erfolges fast aller arbeitenden Menschen in der BRD war der Stoff, aus dem die Stabilität der Republik gemacht war.

Wenn man auf diesem Hintergrund einer 40jährigen Erfolgsgeschichte der BRD nun auf den wiederentstehenden deutschen Gesamtstaat blickt, ergibt sich ein ganz anderes Bild. Auch hier wieder ein Neuanfang, wie 1949. Ein neuer Staat, eine Zusammenfügung deutscher Länder. Aber die Ausgangslage ist doch völlig unvergleichbar. Während 1949 in der BRD eine gemeinsame Aufbauarbeit aller Bürgerinnen und Bürger gefordert war, sind heute gute zwei Drittel der Fläche des neuen Gesamtstaates, auch nach hochgesteckten, internationalen Maßstäben, in einem hervorragenden Zustand, während das restliche Drittel, die bisherige DDR, faktisch in allen Bereichen nicht nur 20 bis 30 Entwicklungsjahre hinter diesen westlichen Teilen Gesamtdeutschlands zurückbleibt: Die Strukturen sind auch so unterschiedlich, daß der gemeinsame Anfang schmerzvoll und voller unvorhersehbarer Schwierigkeiten sein muß.

* * *

Es ist leicht, unter diesen Umständen vorherzusagen, daß es im Vergleich zur stabilen BRD tiefgreifende politische Veränderungen als Folge dieses sozialen Gefälles im vereinigten Deutschland geben wird. Es ist schwer vorherzusagen, wie diese Veränderungen aussehen werden.

IV.
Im Osten: Am Anfang Verluste?

Die DDR-Bürger, auch wenn sie ihren Staat haßten, beginnen mit einem Verlust, der das psychologische Verhältnis von Ost und West in Deutschland lange prägen wird: mit dem Verlust der Selbständigkeit. Von meinen Jahren als Bundestagsabgeordneter aus Rheinland-Pfalz und Landesvorsitzender der dortigen SPD erinnere ich mich, wie schwer es ist, Gemeinden zusammenzulegen und Verbandsgemeinden zu schaffen. Jede Kommune hat ihre Besonderheiten — aber auch ihre Geschichte. Als ein unpolitischer Retortenkopf in Hessen auf die Idee kam, mit der Gemeindereform die Städte Gießen und Wetzlar unter dem Namen »Lahn« zusammenzufassen, ging am Ende die Mehrheit der SPD im Lande verloren. Und

solche Folgen sollte man nicht leichtfertig einem Kirchturmdenken zuschreiben: Es geht immer um den Verlust von eigenständigen Entscheidungsmöglichkeiten und um Identität.
Die DDR wollte nicht selbständig bleiben. Die Vereinigung, der Beitritt nach Artikel 23 Grundgesetz entspricht dem Wunsch einer überwältigenden Mehrheit. Und doch: Die Debatte um die Rechte und »Errungenschaften«, um »Ausverkauf« und »Würde« der DDR im Sommer 1990 erinnerte mich oft an die Erfahrungen, die ich mit Gemeindereformen gemacht habe. Selbständigkeit bleibt ein wertvolles Gut, auch wenn man erkannt hat, daß man sie nicht mehr aufrechterhalten kann. Mich wundert, daß Parallelen zu Kommunalreformen offenbar nicht empfunden wurden. Sie vermitteln vielleicht manchmal mehr Verständnis für eine DDR-Haltung, die ein Verlustgefühl auch diejenigen empfinden ließ, die doch die Einheit so schnell wie möglich wollten. Aber sie wollten dennoch ihre Gestaltungsmöglichkeiten nicht aufgeben. Und wir konnten sie ihnen nicht erhalten: der Verlust war unvermeidlich.
Vielleicht meinte Günter Grass das, als er Ende Juli 1990 auf die Frage von Peter Glotz »Was für Wirkungen auf die Arbeit ... ergeben sich ... durch die deutsche Vereinigung?« antwortete: »Ich will eine sicher in erster Linie mich betreffende These wagen, die meine Voraussetzung für Literatur benennt. Und die heißt: Verlust ... *Ich glaube, daß sich die DDR-Autoren durch Verlust ein Fundament für literarische Gestaltung gewinnen.*«
Das Gefühl der Ohnmacht (oder des Verlustes von eigenen Handlungsmöglichkeiten) gilt für alle Anpassungsprozesse, die der Markt jetzt erzwingt. Das Ziel der Wettbewerbsfähigkeit für die Wirtschaft in der DDR-Region bedeutet ja nahezu zwangsläufig eine weitgehende Angleichung an Wirtschaft und Gesellschaft in der BRD-Region. Und zwar nicht wegen irgendeines »DM-Nationalismus« oder eines »großdeutschen Anschlusses«, auch nicht wegen der »Profitgier« der westdeutschen Unternehmer, oder weil aus der BRD-Region eine »kapitalistische Landnahme« stattfindet, sondern: weil auch die BRD-Wirtschaft nichts anderes ist als ein Spiegel des Wettbewerbs in der Welt, auf den *jede* freie Gesellschaft sich einlassen muß.
Diese Notwendigkeit besteht in den meisten Fällen leider auch dort, wo unsere Einsicht längst eine Korrektur unserer *westlichen*

Marktwirtschaft notwendig machen würde. Denn ökologisch sind viele Produkte unseres täglichen Verbrauchs überflüssig, schädlich, ja verhängnisvoll: die meist unnötige Verpackung, zum Beispiel, mit ihrem Zwang zur Wegwerfgesellschaft und den ökologischen Deponie- oder Verbrennungsfolgen; rasante leistungsstarke Autos, die morgens und abends vom Fahrer allein über weite Strecken zum Arbeitsplatz gefahren werden, mit immer mehr elektrischen Motoren zur Bequemlichkeit der Passagiere; Kühlschränke, die Eiswürfel ausspucken können; Hunderte Spezialitäten von Tennisschuhen oder der elektrische Kantenrasierer für die ohnehin ökologiefeindlichen Rasenschnitte.

Alles wohl entbehrlicher Luxus, mindestens in dieser verschwenderischen Ausstattung. Aber eben doch offenbar so gewünscht. Warum sonst hatten die Einheitsprodukte der DDR-Betriebe in der international offenen Wirtschaft von heute auf morgen keine Chance mehr? »Konsumterror« lautet eine der gefährlich einfältigen Fehldeutungen, mit denen unbedarfte Theoretiker menschliche Eigenschaften leugnen und sich so den Weg für mögliche Korrekturen selbst verbauen. Was bei solchen oberflächlichen Analysen herauskommt, zeigt dann die DDR-Realität unwiderlegbar. Nicht Konsumterror (der die Produzenten einseitig schuldig spricht), sondern zu viel Freiheit für Angebot *und* Nachfrage; zuviel Markt und zu wenig Ordnung, lautet die richtige Analyse. Deswegen werden zum Beispiel ja auch nur *Verbote* am Ende das Verpackungs- und Müllproblem lösen können.

Solange die Märkte offen und begrenzende Gesetze nicht für alle Wettbewerber verbindlich geschaffen sind (national, europäisch oder weltweit), wird in der Regel auch die DDR-Wirtschaft nicht umhin kommen, sich diesem Wettbewerb um den Konsumenten zu stellen. Wer andere Wege gehen will, muß auch sie im und gegen den Wettbewerb durchsetzen: Kleine Autos müssen entsprechend preiswerter, einfach verpackte Waren entsprechend attraktiver oder preisgünstiger sein und so weiter. Einsicht in die Wettbewerbslage ist nicht bequeme Anpassung an den »reichen Bruder« BRD und auch keine »Kolonisation« der DDR, wie oft so kenntnislos argumentiert wird. Denn die BRD-Wirtschaft selbst ist ja nur ein Teil des internationalen Wettbewerbs, dem auch sie sich beugen muß, will sie nicht unterliegen. Die Alternative zur Anpassung der indu-

striellen Produktion der DDR an die westlichen Standards wäre deswegen nicht ein Dritter Weg, sondern die industrielle Verödung und damit die dauerhafte Verarmung der DDR-Region und ihrer Bewohner. Das hatten wir doch schon.
Und doch hätte die neue Einheit eine Reihe gemeinsamer Fortschritte ermöglichen sollen, wie zum Beispiel das Beibehalten des Tempo 100 in der DDR und die Übernahme dieser Regel in der BRD-Region. Hier stand weniger das Tempo der Einigung als die mangelnde Einsicht der politischen Mehrheiten im Wege. Das und vieles andere muß nun im geeinten Deutschland gemeinsam korrigiert werden. Hätte uns der Einigungsprozeß mehr Zeit gelassen (als ich im Februar 1990 meinen »Brief an die Deutschen Demokratischen Revolutionäre« schrieb, hatte ich auch noch mit mindestens zwei Jahren gerechnet), dann wäre manches vielleicht möglich gewesen. Aber, ich sagte es, das Gefälle war zu steil, der Druck zu groß. Und doch bleibt ein schaler Geschmack, wenn man sieht, wie gleichzeitig mit der neuen Freiheit auch alle unschönen Überflüssigkeiten der Marktwirtschaft die DDR überschwemmen.

* * *

Ein weiterer Aspekt der Vereinigung wird zu sozialen Erschütterungen in der alten DDR-Gesellschaft führen. Es ist vorhersehbar, daß der Abstand zwischen den Gewinnern und den Verlierern in der DDR-Region noch größer sein wird als wir ihn in der BRD bisher gekannt haben. Und dies in einer Gesellschaft, in der — trotz politischen Bonzentums — die sozialen Unterschiede in der Gesellschaft sehr viel geringer waren und die Menschen in den Betrieben und Wohngemeinden sich an ein hohes Maß von sozialer Gleichheit gewöhnt hatten.
Bei uns wuchs die Gesamtwirtschaft faktisch über 40 Jahre regelmäßig Jahr für Jahr, und letztlich konnten alle, Selbständige, Arbeitnehmer, Rentner und sogar Sozialhilfeempfänger (letztere allerdings nur mit Abstrichen, wegen ihres sehr restriktiv bemessenen Warenkorbes) ihre Anteile in etwa halten. In der DDR aber findet nun, nach einer 40jährigen, auf Gleichheit ausgerichteten Entwicklung, mit der Öffnung zur Marktwirtschaft eine abrupte Umverteilung zu sehr viel weniger Gleichheit statt. Denn nur so funktioniert die Marktwirtschaft. Es ist unvermeidlich, daß dabei der so-

ziale Abstand zunächst sogar weit über das hinausschießen wird, was wir »gelernt« haben, für gerade noch erträglich (oder besser: für zwangsläufig) zu halten. Das bedeutet schon jetzt Ärger in den DDR-Betrieben. Es ist ja auch schwer verständlich, warum der von Westen angestellte Verkaufsleiter für West-Produkte in der DDR schnell das Zehnfache eines Arbeiters verdienen kann. Wir haben uns daran gewöhnt, in der DDR ist das soziales Dynamit. Die neuen Ungleichheiten in der DDR-Region werden wir in Deutschland als soziales Problem erfahren.

Die DDR-Region wird durch ihren schmerzhaften Prozeß der Angleichung gehen und dabei immer zugleich den Blick nach Westen richten müssen und die Frage stellen: Wie machen es die da drüben? Es ist kein angenehmes Gefühl, so erzählte mir vor wenigen Wochen auf der Fahrt von Berlin nach Leipzig ein erfahrener Automechaniker, wenn man über viele Jahre mit Phantasie, Geschick und Engagement und unter eigentlich unmöglichen Bedingungen einen Firmen-Fuhrpark am Laufen gehalten hatte, nun beim ersten Blick unter die Haube eines modernen Westautos kapitulieren zu müssen und sich auf die Schulbank zu setzen.

Dies wird ein innenpolitisches Problem Deutschlands sein: Daß für eine lange Wegstrecke der »Westen« immer nicht nur als der reiche Bruder, sondern auch als der, der alles besser weiß, gelten wird. Selbst von da, wo strukturschwache Regionen im Gebiet der früheren BRD auch mit erheblichen ökonomischen und sozialen Ungleichgewichten zu ringen haben, wird noch politischer Rat in die DDR-Region herüberklingen. Denn sogar das Saarland ist heute im Vergleich zu Sachsen oder Thüringen ein erfolgreiches Land, vor allem wenn man nicht nur die Pro-Kopf-Einkommen, sondern auch den Zustand der Städte, die Pflege der Landschaft und die Ausstattung der öffentlichen Einrichtungen der gesamten Regionen vergleicht.

Wenn es nicht gelingt, den Wandel zur Marktwirtschaft schnell und nachhaltig mit Erfahrungen des Erfolges und des sozialen Fortschritts zu verbinden, werden Frust und Mißstimmung das politische Klima in der DDR-Region bestimmen.

V.
Im Westen: Am Anfang Gewinne

Während in der DDR-Region die Deutschen die Folgen der von den Kommunisten hinterlassenen, miserablen Wirtschaftsstruktur wirklich am eigenen Leibe spüren, bleiben die Folgen für die Westdeutschen bis jetzt sehr abstrakt auf der Ebene von Steuermilliarden. Vor ein paar Wochen las ich in einer westdeutschen Zeitung, daß der Brückenverlag in Düsseldorf mit 52 Mitarbeitern Konkurs anmelden müsse: Das Unternehmen hatte ein Quasi-Monopol für den Vertrieb von DDR-Büchern gehabt; nun, nach Öffnung der Mauer, war diese Position zusammengebrochen. Wir lesen jeden Tag wirklich Hunderte von Krisennachrichten zur DDR-Wirtschaft. Wo sind wir in der BRD-Region wirtschaftlich gegenwärtig anders als durch mehr Wachstum und mehr Wohlstand von der deutschen Vereinigung betroffen? Manchmal stelle ich mir vor, die Einheit würde bei uns auch nur einen Bruchteil derjenigen im täglichen Leben spürbaren Folgen haben, die zu ertragen wir der DDR-Bevölkerung so selbstverständlich zumuten. Was wäre wohl dann? Französische Bauern sperren Grenzen wegen einiger Schlachtferkel aus der DDR — was wäre wohl, wenn *unsere* Regale jetzt voller DDR-Waren stünden? So, wie wir schon irritiert auf Trabi-Auspuff und Käuferschlangen bei Aldi in Berlin reagierten!

Sicherlich, es gibt negative Spuren der Einheit auf der BRD-Seite. Vielleicht sind die Zinsen dadurch ein wenig erhöht (sie begannen vor dem November 1989 zu klettern, also eine schwierige Beweislage). Es gibt noch mehr Gedränge auf dem Wohnungsmarkt; aber das kommt von der Freiheit, vom Maueraufbruch, nicht von der Vereinigung (im Gegenteil, ohne Einheit wäre die Wanderungsbewegung sicher *viel* schlimmer). Noch gibt es kaum spürbare Wanderungsbewegungen von Ost nach West bei besonders begehrten Berufen im Westen. Aber es wird sie geben; sie wird allerdings durch die Wohnungsknappheit im Westen begrenzt. Diese neue Konkurrenz wird Ärger im Westen verursachen, ebenso wie die Standortkonkurrenz aus dem Osten Deutschlands, wenn die Umstrukturierung der Ost-Industrie erfolgreich sein wird und die wettbewerbsfähigen Produkte dann als »Billiglohn«-Konkurrenz verketzert wer-

den kann. Die sozialen Verlierer unserer Gesellschaft im Westen werden sich zuerst melden. Auch hier, im Westen, bleibt ja offensichtlich für Ältere, für Frauen, für nicht entsprechend Ausgebildete und für Ausländer eine relativ hohe Sockelarbeitslosigkeit bestehen. DDR-Bürger, die in den Westen abwandern, werden insbesondere von diesen im Westen Benachteiligten als unliebsame Konkurrenten empfunden werden. Und die schon heute bestehende Fremdenfeindlichkeit in der DDR, insbesondere gegenüber Polen, wird in der schwierigen sozialen Lage kaum abgebaut werden können.
Kommt es zu Steuererhöhungen, wird natürlich im Westen darüber geschimpft werden. Aber auch dann bleiben die Folgen noch immer relativ unpersönlich und abstrakt. Teilen und verzichten wird allerdings tief in die kommunalen Entscheidungen über den Ausbau der Infrastruktur hineinreichen. Als ich im Juni in Berlin an einer internationalen Konferenz über die Zukunft der DDR teilnahm, diskutierten auf dem Podium die Staatssekretäre der Verkehrsministerien der beiden deutschen Staaten über die zukünftige Verkehrspolitik. Als mich der Staatssekretär der BRD unter den Zuhörern erkannte, sagte er mit großer Selbstverständlichkeit: »Da werden wir dann, Herr Bürgermeister, eben die vierte Elbtunnelröhre verschieben und erst die Elbbrücke bei Magdeburg bauen.« Auf diese Elbtunnelröhre warten aber Hamburg und die norddeutschen Verkehrsteilnehmer aus ökologischen Gründen seit einem Jahrzehnt! So wird es überall sein: Ob Krankenhäuser oder sozialer Wohnungsbau, ob Universitäten oder Umgehungsstraßen, ob Autobahnanbindungen oder Deponiesanierung — überall wird es neue Prioritäten geben; Verzichte und Verschiebungen muß es im Westen hageln, wenn wir die gerechte Einheit *wirklich* wollen.
Hier wird es dann für die Bewohner des Westens wahrscheinlich sehr schnell zum ersten Mal sehr konkret, persönlich spürbar werden, was die Einheit *auch* bedeutet. Hier wird es wehtun. Und wenn Ministerpräsident Engholm kürzlich gesagt haben soll: »Die Länder der früheren BRD werden auch zugunsten der DDR-Länder Verzicht leisten, aber nicht, wenn es dann bei *uns* Kindergartenplätze kosten sollte«, dann hat er die Schmerzgrenze wohl sehr präzise beschrieben.
Wenn es nicht bald gelingt, mit einem klar umrissenen »Projekt DDR« Vertrauen in die Fortschritte und den Erfolg der wirtschaftlichen Vereinigung Deutschlands herzustellen, wird die Bereitschaft der BRD-Region für solche »Opfer« schnell schwinden.

VI.
Vor regionalen Verteilungskämpfen

Es ist leicht vorherzusehen, daß die innenpolitischen Spannungen im vereinigten Deutschland andere sein werden, als wir sie in der BRD kannten. Auch die BRD erfuhr regionale Umbrüche: Das alte Industrierevier an Rhein und Ruhr verlor seine Führungsposition; die Hansestädte mußten ein Jahrzehnt der Schiffbaukrise überwinden; der Süden kehrte den Einkommensvorsprung des Nordens um. Aber so bedeutsam diese Veränderungen waren: Das politische System von Bund und Ländern schuf immer wieder Chancen des Ausgleichs, und die Abstände blieben, auf die Länder im ganzen bezogen, relativ gering. Die Konkurrenz der Länder untereinander zeigte sich in Wahl-Schlagworten wie »Hessen vorn« oder »NRW — Ein starkes Stück Deutschland« oder auch »Hamburg — Das Hoch im Norden«, zeigte ein regionales Leistungsbewußtsein eher der Verschiedenen unter Gleichen als der Sieger und der Verlierer.
Für viele Jahre aber wird keines der zukünftigen fünf Länder der DDR einen Vergleich über die alte Zonengrenze hinaus wagen können: Mecklenburg nicht mit Schleswig-Holstein; Sachsen-Anhalt nicht mit Hessen oder Baden-Württemberg; Sachsen nicht mit NRW und Thüringen nicht mit Bayern. Die DDR-Region wird, auch wenn die gesamtdeutsche Regierung eine strategische Politik des Ausgleichs in Angriff nimmt (und noch ist davon wenig zu spüren), sicherlich für eine Generation eine benachteiligte Region bleiben: eine Region mit großen individuellen Chancen, gewiß; aber eben doch im Durchschnitt eine Region mit spürbaren regionalen Nachteilen im Vergleich zu allen Ländern der ehemaligen BRD.
Es hat auch in der BRD harte regionale Verteilungskämpfe gegeben. Der ungerechte Finanzausgleich führte die Länder im vergangenen Jahrzehnt zweimal vor das Bundesverfassungsgericht. Dabei geht es jeweils nur um Millionenbeträge. Der gesamte Länderfinanzausgleich bewegt sich um ein Volumen von 3,5 Mrd. DM. 1987 drohte die CDU-geführte Landesregierung von Niedersachsen mit der sogenannten Albrecht-Initiative die Steuerreform der CDU-geführten Bundesregierung zum Scheitern zu bringen, wenn das Gefälle der Bundesausgaben zugunsten des Südens (Finanzausgleich, Rü-

stungsaufträge, Forschungsförderung) nicht durch Beiträge des Bundes zu den Sozialhilfeleistungen der Städte und Gemeinden im Norden ausgeglichen werde. Eine grundsätzliche Lösung wurde zwar wiederum nicht erreicht, aber man fand einen Kompromiß, und die Steuerreform konnte den Bundesrat passieren.

Der nun vor uns liegende regionale Verteilungskampf im vereinten Deutschland wird ganz andere Dimensionen haben. Nicht 5 oder 10 Mrd. DM, sondern eher 30 bis 100 Mrd. DM im Jahr wird das erforderliche Volumen des Finanzausgleichs zwischen West und Ost in der ersten Zeit betragen müssen. Dies aber sind Größenordnungen, die nicht mehr zwischen den Ländern bewältigt werden können. Gleiche Lebensbedingungen in Deutschland und der Finanzausgleich der Länder, bisher eher Nebenthemen der Bundesrepublik, werden nun im Streit zwischen West und Ost über Jahre wahrscheinlich die schwierigsten innenpolitischen Aufgaben der gesamtdeutschen Bundesregierung und des zukünftigen Bundestages werden.

Bisher hatte die Bundesregierung Fragen des Finanzausgleichs weitgehend dem Bundesrat und damit den Ländern überlassen. Sie selbst mußte sich im Interessenstreit kaum engagieren; die Ergebnisse wurden weitgehend zwischen den Ländern ausgehandelt; und die direkten Hilfen des Bundes blieben, aufs Ganze gesehen, eher marginal. Obwohl vom Bundesverfassungsgericht durch ein früheres Urteil zu einer aktiven Politik des vom Grundgesetz geforderten Ausgleichs aufgefordert, sah sich der Bundesfinanzminister weiterhin eher in der Rolle des »ehrlichen Maklers«. Doch so wird der Bund in Zukunft die Aufgabe ganz sicherlich nicht mehr bewältigen können. Die Finanzverhandlungen zwischen Bundesfinanzminister, DDR-Ländern und BRD-Ländern 1990 haben einen scharfen Vorgeschmack auf die zukünftigen Verteilungsfragen gegeben. Die »westlichen« Länder bildeten eine geschlossene Front, wenn es darum ging, im bestehenden Rahmen des Finanzausgleichs Widerstand gegen eine Verschiebung der Gewichte zugunsten der »östlichen« Länder zu leisten.

Wo sollen am Ende die Mehrheiten für eine Politik des wirklichen Ausgleichs herkommen? Im Bundestag wird der »Westen« über etwa 80% der Sitze, im Bundesrat über zwei Drittel der Stimmen verfügen, wenn man Berlin zum »Osten« zählt. Der Versuch, in einem

Staatsvertrag die zukünftige Gleichberechtigung der DDR-Länder festzuschreiben, stammte wohl eher aus einer anderen, unpolitischen Welt. Denn nicht die schon bei Abschluß mit Finanzvorbehalten durchlöcherten Rechte aus einem zweiten Staatsvertrag könnten die Zukunft der DDR-Länder sichern, sondern nur das Gewicht ihrer politischen Stimmen in den Wahlen. Wenn Lothar de Maizière dafür gesorgt hätte, daß alle DDR-Landtage schon 1992 neu gewählt werden müßten, hätte er über diese Bundesrats-Drohung wahrscheinlich mehr *zukünftige* Macht ausgeübt als mit jeder interpretierbaren Klausel eines Staatsvertrages.

Jede Bundesregierung der kommenden Jahre, wie auch immer sie politisch zusammengesetzt sein mag, wird eine inhaltlich und machtpolitisch höchst widerspruchsvolle Aufgabe zu lösen haben. *Wirtschaftspolitisch lautet dieser Widerspruch:* Die Finanzmittel für den Wiederaufbau der DDR-Region können nur von einer wettbewerbsfähigen westdeutschen Wirtschaft erarbeitet werden. Insofern darf weder die Infrastruktur der Westregion noch ihre angemessene Förderung (zum Beispiel in Wissenschaft, Forschung und Entwicklung) vernachlässigt werden. Und doch müßte eigentlich gerade auf diesen Gebieten *noch* mehr für die bisher benachteiligte DDR-Region getan werden, wenn die Wirtschaftskraft dort aufholen soll. Und *machtpolitisch lautet der Widerspruch:* Das demokratische Fundament von Mehrheiten kann jede Bundesregierung angesichts der Bevölkerungsanteile *nur im Westen* finden, die Finanzpolitik des Bundes muß aber konsequent und massiv die *östlichen Länder begünstigen.* Denn nur so besteht die Chance, die tiefe Kluft zwischen den Regionen BRD und DDR schrittweise auszugleichen. Und nur so kann aus der Vereinigung der beiden deutschen Staaten wieder eine wirkliche Einheit Deutschlands werden.

Die notwendige pragmatische Auflösung dieser Widersprüche im innenpolitischen Tagesgeschäft wird starke politische Spannungen nicht nur zwischen den Landesregierungen in Ost und West, nicht nur zwischen den Parteien und zwischen Regierung und Opposition auf der Bundesebene entstehen lassen. Diese Spannungen werden auch tief in das politische Vorfeld eindringen. Es werden andere Spannungen sein, als wir sie während der letzten Jahre ausgetragen hatten. Deutschland wird in einer Weise »politisiert« werden, wie wir es seit den 60er Jahren nicht mehr erlebt haben. Inhalte, Prioritäten und Grundsatzpositionen werden wieder in den Vordergrund treten. Denn die knappen Kassen werden *alle* Gewohnheiten der letzten Jahre herausfordern. Die soziale Frage zwischen Ost und West in Deutschland wird dann die Frage nach der Verteilungsgerechtigkeit in der *ganzen* Nation vehement aufwerfen: Denn wenn bezahlt werden muß, zahlen am Ende immer einzelne Bürger, Haushalte und Betriebe. Ministerpräsident Schröders Satz im niedersächsischen Wahlkampf: »Ich will nicht, daß die Millionen die Einheit bezahlen und die Millionäre an ihr verdienen«, war nur ein Vorbote dieser Debatte. In den 80er Jahren war Verteilungsgerechtigkeit den Regierenden in der BRD weniger wichtig als Wachstum und Zuwächse der realen Einkommen. Im gemeinsamen Deutschland wird Verteilungsgerechtigkeit, der Erfolge *und* der Lasten, eine Frage von ganz neuem Gewicht werden.

VII.
Rückkehr zur Wachstumsideologie?

Verteilungskämpfe werden in demokratischen Gesellschaften immer am leichtesten durch größeres Wachstum gelöst. Kann dies auch die Lösung des innerdeutschen Ausgleichs bringen?
Wir hatten uns in der BRD schon daran gewöhnt, angesichts wachsender ökologischer Probleme, die auch bei uns wieder zunehmenden sozialen Fragen (zum Beispiel der Dauerarbeitslosigkeit und der mit ihr verbundenen Tendenz zu einem neuen Auseinanderdriften von Arm und Reich [die sogenannte $^2/_3$-Gesellschaft]) eher in den Hintergrund zu rücken. Wir wußten zwar, daß der soziale Konflikt im wesentlichen nur verschoben worden war, an die Peripherie der EG und in die immer weiter aufreißende Kluft zwischen den Industrienationen und der sich erst entwickelnden Dritten Welt. Aber das Nord-Süd-Problem und die Not der Dritten Welt waren weit genug weg. Und so konnte man bei uns lesen, die soziale Frage sei von der ökologischen Frage abgelöst worden. Nun, mit dem Zusammenfügen zweier verschiedener deutscher Teilstaaten zu einem

Bundesstaat tritt die soziale Frage bei uns wieder ganz in den Vordergrund.
Dann aber ist nicht auszuschließen, sogar wohl eher wahrscheinlich, daß angesichts des Ausmaßes der sozialen Unterschiede zwischen Ost und West in Deutschland auch die Richtung unserer politischen Debatten — und zwar entgegen den wirklichen Notwendigkeiten! — erneut einseitiger ökonomisch und wachstumsorientiert werden wird. Denn es ist ja nicht zu bestreiten, daß wir die soziale Aufgabe und die innenpolitischen Folgen der Wiedervereinigung einigermaßen reibungslos nur mit einer über Jahre stark wachsenden Wirtschaft bewältigen können. Nicht ohne Grund haben Ökonomen und Politiker in den letzten Monaten immer wieder auf die ungewöhnlich günstigen nationalen und internationalen wirtschaftlichen Rahmenbedingungen verwiesen, unter denen die deutsche Einheit angeblich begonnen werden kann: und dabei das Wachstum gemeint. Das reale Wachstum der gesamtwirtschaftlichen Leistung von nahezu 4% und die trotz Steuerreform sprudelnden Steuermehreinnahmen der öffentlichen Haushalte (für 1990 wird trotz Steuerreform mit einem Plus gerechnet, für 1991 sogar mit Mehreinnahmen von 45 Mrd. DM) heute in die neue Einheit schon eingerechnet.
Wird *Wachstum* wieder die politische Devise aller Parteien sein müssen, wenn wir am Ende eine *gerechte* Einheit Deutschlands ohne allzu viel politische Schmerzen und soziale Verzichte erreichen wollen? Wirtschaftliches Wachstum als politisches Ziel wird jedenfalls durch die Einheit in Deutschland wieder mehr Gewicht erhalten als in den letzten Jahren. Den Kritikern dieser politischen Akzentverschiebung wird man zwar entgegenhalten können, daß die ökonomische Erneuerung der DDR (ebenso wie die anderer osteuropäischer Staaten und der Sowjetunion) zunächst einmal auch die Voraussetzung für eine ökologische Sanierung und Erneuerung dieser Länder geworden ist. Nur eine wettbewerbsfähige Wirtschaft wird die notwendigen Mehrkosten des Umweltschutzes aufbringen können. Auf der anderen Seite kann aber doch nicht bestritten werden, daß die Einschleusung der bisherigen RGW-Staaten auf den expansiven und luxuriösen Kurs unserer westlichen Verschwendungsgesellschaften zugleich andere natur- und umweltzerstörende Kräfte freimachen wird: Es wird mehr

Müll, mehr Tourismus, mehr Autoverkehr, mehr Nahrungsmittelveredelung geben als bisher.
Ökonomie und Lebensstandard waren der Motor zwar nicht der Freiheit für die DDR, aber ihres Zusammenschlusses mit der BRD. Niemand von uns, die wir im materiellen und sozialen Wohlstand des Westens leben, hat ein Recht, dieses Motiv zu verachten oder die DDR-Bewohner dafür zu schelten, daß sie leben wollen wie wir.

* * *

Die Risiken sind also nicht zu übersehen: Die Motivation zur schnellen Vereinigung war ökonomisch, die Folgen werden soziale sein. Die sozialen Spannungen wiederum werden ökonomische Antworten provozieren, nämlich noch mehr wirtschaftliches Wachstum und die Folge könnte dann eine fatale Vernachlässigung der ökologischen Fragen werden. Diese ökologischen Fragen aber lassen sich nicht verschieben. Es darf nicht sein, daß die aus dem 19. Jahrhundert überständige, aber unausweichliche deutsche Frage am Ende doch noch in einen Konflikt mit den eigentlich vordringlichen Fragen unserer Zeit gerät.
Diese Zusammenhänge machen deutlich, daß der politische Konsens für den *sozialen* Einigungsprozeß nur zu erhalten sein wird, wenn dadurch die ökologische Orientierung, die in der BRD während der letzten Jahre langsame Fortschritte machte, ungefährdet bleibt und im Gesamtdeutschland unter Einschluß der Region DDR *noch* stärker in den Mittelpunkt gerückt wird. Wer jetzt dem *wirtschaftlichen* Integrations- und Erneuerungsprozeß der DDR einseitig den Vorrang vor den ökologischen Fragen gibt, müßte schon bald den sozialen Konsens auch für die ökonomischen und finanzpolitischen Notwendigkeiten der Einheit zerstören. Die ohnehin schwierige politische Balance zwischen den Bevölkerungsmehrheiten in der BRD-Region und den massiven finanzpolitischen Notwendigkeiten für die viel kleinere DDR-Region könnte dann nämlich bald von einer sehr kritischen ökologischen Wachstumsdebatte begleitet werden, die im Westen mehr Zuhörer finden würde und mit dem Ziel des sozialen Ausgleichs zwischen Ost und West sehr wohl in Widerspruch geraten kann.
Denn der Westen Deutschlands muß ja auch im *internationalen*

Wettbewerb bestehen, wird also den innerdeutschen Ausgleich nicht etwa durch eine Verlangsamung der eigenen Entwicklung erreichen dürfen; angesichts der finanziellen Lasten für die DDR wahrscheinlich sogar nur mit einer weiteren Beschleunigung und noch größeren Produktionszuwächsen erreichen können. Zugleich werden die Impulse aus der DDR-Region an den Westen unseren Wohlstand in diesem ohnehin stärkeren Teil zunächst überproportional vermehren, so daß die wirtschaftliche Integration der DDR die innerdeutsche Wohlstandskluft, wie wir gesehen haben, zunächst noch einmal vertieft. Wird es dann nur ein noch größeres Wachstumstempo der DDR-Region sein können, das die soziale Kluft im zukünftigen Deutschland schließt? Ein noch schärferer regionaler Wettbewerb zwischen den beiden deutschen Staaten im wiedervereinigten Deutschland beschleunigt den ökonomischen Prozeß, und verlangsamt die ökologische Antwort. Und diesen Wettlauf könnte der Westen Deutschlands auch nur um den Preis einer immerwährenden sozialen Spaltung Deutschlands gewinnen.
Der Konflikt: Innerdeutscher Frieden oder ökologischer Frieden ist zwar wahrscheinlich, aber nicht zwangsläufig. Die Alternative besteht darin, daß vom Westen noch ein größerer Anteil Verzicht, also echten Opfers in Form von Steuermitteln, in den Ausgleich investiert wird. Solange der Ausgleich vorrangig aus dem Wachstum finanziert werden soll, ist ein verschärfter innenpolitischer Konflikt: Ökonomie oder Ökologie, unausweichlich. Es gibt kein ökologisch lastenfreies und folgenloses industrielles Wachstum.
Damit würde sich wiederholen, was schon im 19. Jahrhundert eine wesentliche Folge der Einheitsbewegung war. Mit ungewöhnlichem Erfolg, aber eben auch sehr einseitig betrieben wir Deutschen schon damals die Industrialisierung als Selbstzweck. Schon 1862, also *vor* der Reichsgründung, schrieb Turgenjew in »Väter und Söhne«, daß die Deutschen ja früher ihren Schiller und Goethe gehabt hätten, aber nun sehe er bei ihnen nur noch »Chemiker und Materialisten«. Und im März 1873 schrieb Jacob Burckhardt: »Das erste große Phänomen nach dem Kriege von 1870/71 ist die nochmalige außerordentliche Steigerung des Erwerbssinnes... Die Nutzbarmachung und Erweckung unendlich vieler Werte, samt dem sich daran heftenden Schwindel (Gründertum).« Die Einheit nur als Gleitmittel für schnellere wirtschaftliche Expansion?

VIII.
Geben und Nehmen

In den vor uns liegenden Jahren wird der Westen in der Regel geben müssen, der Osten fast ausnahmslos nehmen. Mindestens ein Jahrzehnt werden Jahr für Jahr Kapitalübertragungen von West nach Ost in Deutschland in einer Größenordnung von vielen Milliarden D-Mark im Jahr erforderlich sein. Verbunden mit allen psychologischen Problemen, die ein solches Verhältnis im Leben mit sich bringt: Geben heißt dann ebenso auch *ab*geben, und nehmen heißt eben immer auch, die eigene Schwäche offen anzuerkennen; also nehmen zu müssen. Die einen werden immer erinnern, daß Geben nicht nur seliger ist als Nehmen, sondern im allgemeinen auch angenehmer: Denn Haben ist leichter als Nötig-haben. Aber diejenigen, die nehmen, werden auch erinnern (und erinnern müssen), daß es der andere aus dem Westen ist, der gibt, der abgibt (der manchmal auch *an*gibt), und der dazu innerlich immer nur dann bereit sein wird, wenn auch der Nehmende diese Tatsache respektiert. Dankbarkeit ist aber nicht jedermanns Sache, schon gar nicht, wenn man die schwierige eigene Situation nachweislich nicht selbst verschuldet hat.
Wie tief dieses Problem zwischen Ost und West in Deutschland heute reichen mag, zeigt ein Zitat aus dem Buch »DDR — der unbequeme Partner«, geschrieben von dem amerikanischen Journalisten Welles Hangen im Jahre 1965! Man kann kaum glauben, daß die folgenden Sätze wirklich vor 25 Jahren formuliert wurden:

> »Sobald manche Westberliner oder Westdeutsche festgestellt haben, daß man in der DDR nicht gleich verhaftet und eingesperrt wird, machen sie ihren aufgestauten feindlichen Gefühlen Luft. Sie benehmen sich arrogant und überheblich. Sie rasen mit ihrem Mercedes oder Opel an Mitteldeutschen vorbei, die zu Fuß zur Arbeit gehen müssen. Sie beschweren sich in Restaurants lautstark über das Essen. Sie verteilen gönnerhaft Geschenke an ihre armen Verwandten in der ›Zone‹. Dieses taktlose Verhalten macht natürlich jenseits der Mauer viel böses Blut. ›Die Westdeutschen haben bei ihrer Jagd nach dem Wohlstand alle moralischen Maßstäbe ver-

loren‹, sagte mir ein mitteldeutscher Angestellter. ›Wir haben es satt, bemitleidet zu werden‹, hörte ich von einem Dresdener Dentisten. ›Die Westdeutschen werden ein Riesentheater mit unseren ersten Rentnern machen, die hinüberkommen‹, sagte 1964 eine Leipziger Lehrerin. ›Aber sobald der Reiz der Neuheit vorbei ist, werden sie sich nicht mehr um sie kümmern. Ein älterer Mitteldeutscher, der zu Besuch bei seinen Verwandten in München gewesen war, bestätigte ihre Worte. Ich bin froh, daß ich wieder daheim bin, sagte er einem amerikanischen Journalisten. Alle waren sehr nett zu mir, aber es kam nicht von Herzen.‹«

Dies ist die Ausgangslage. Sie wird dazu beitragen, daß die Vergangenheit nicht in Vergessenheit gerät; sie wird das Zusammengehören der Nehmenden — aber auch das der Gebenden —, also der »Ostler« und der »Westler«, oft stärker sein lassen als die Solidarität der bessergestellten Länder Deutschlands mit den benachteiligten Regionen der früheren DDR. »Wessies« und »Ossies« wird es deswegen wohl noch lange geben, und die alten Schmerzen werden ebenso wie die neuen (oft unvermeidbaren) Kränkungen, die der Westen dem Osten in Deutschland gerade während der ersten Monate nach Öffnung der Mauer erneut zugefügt hat, für die Erhaltung jenes alten DDR-Gefühls sorgen, das so unbestimmbar zwischen asketischer Selbstbehauptung und zorniger Wehleidigkeit zwischen Dulden und ungeduldigem Fordern wechseln kann.

* * *

Diese sozialen Schmerzen der Einheit werden politische Folgen haben. Sie werden sich auf dem Hintergrund der zunächst erheblichen Einkommensunterschiede und eines über Jahrzehnte spürbaren privaten und öffentlichen Wohlstandsgefälles zwischen Ost und West in Deutschland abspielen. Sie werden bei den Bewohnern der DDR-Region begleitet sein von Gefühlen der Angst und Benachteiligung, die sie praktisch seit Öffnung der Mauer »gegen Sozialabbau«, »gegen Ausverkauf«, »gegen den Anschluß« zum Ausdruck gebracht haben. Natürlich nicht bei allen, sicherlich nicht einmal bei der Mehrheit der Bewohner in der früheren DDR: Die Mehrheit wird ja mit der Marktwirtschaft Erfolg haben, zu den Gewinnern gehören können.

Wenn der Westen Deutschlands sich nicht auch durch Politik immer wieder an die jahrzehntelange Benachteiligung der DDR-Region erinnert, werden wir in einem Staat gegenseitiger Beschuldigung leben und nicht in einer Nation. Dann wird es einen »Klassenkampf unter Brüdern« geben, wie der DDR-Schriftsteller Diekmann formulierte.

IX.
Herausforderungen der Demokratie

Soziale Spannungen zwischen der BRD- und der DDR-Region und innerhalb der DDR-Region (auch in der BRD-Region natürlich) und eine lange Strecke des Strukturwandels (beschleunigt durch den inzwischen fast in Vergessenheit geratenen Binnenmarkt 1992) werden die Stabilität des politischen Systems in Deutschland herausfordern. Mehr als Preissteigerungen und Arbeitslosigkeit in der Korea-Krise, mehr als die erste Erhard-Rezession 1966 und mehr als Preissteigerungen und Arbeitslosigkeit im Gefolge der Ölkrisen von 1973 oder 1979. Zu keinem Zeitpunkt ihrer kurzen politischen Geschichte hatte die Bundesrepublik Deutschland wirtschaftliche Herausforderungen und politische Spannungen von den Größenordnungen zu bewältigen, wie sie dem vereinigten Deutschland nach aller Voraussicht nun schon zu Beginn ins Haus stehen. Und zwar für viele Jahre. Ein bekannter und befreundeter Politikwissenschaftler der BRD schrieb mir vor einigen Wochen: »Dazu bekommen wir soziale Spannungen, wie wir sie seit 1932 nicht gekannt haben.« Ein ominöses Datum?

Ich meine: nein. Die westdeutsche Demokratie ist institutionell und emotional gefestigt. 16 Millionen bisherige DDR-Bürgern haben zwar keine demokratische Erfahrung; aber doch auch eine tiefe demokratische Sehnsucht, die 1989 einen historischen Sieg erstritten hat. Allerdings sollten wir die Probleme nicht unterschätzen. Denn es werden eben nicht nur zwei inzwischen in jeder Beziehung unvereinbar gewordene Teile der alten Nation zusammengefügt, sondern auch zwei sozial, politisch und geistig sehr verschiedene Gesellschaften. Es ist zwar sicher richtig, daß die Menschen in der bisherigen DDR von dieser tiefen Sehnsucht nach Freiheit und Selbstbestimmung getragen sein mußten, um im Herbst 1989 das totalitäre SED-Regime so beharrlich und mutig zu stürzen. Es waren nicht nur wirtschaftliche Interessen, sondern in erster Linie ein demokratischer Wille, der schließlich auch in der DDR den Eisernen Vorhang durchbrach. Und diese demokratische Bewegung der DDR bleibt ein großer demokratischer Gewinn für das gemeinsame Deutschland.

Aber ebenso wahr ist auch, Demokratie erschöpft sich nicht in der Sehnsucht nach Freiheit. So wenig wie der Markt sich verwirklicht in dem Wunsch nach Wohlstand. Die Demokratie, auch in dieser Beziehung dem Markt verschwistert, setzt nicht nur den Konsens über Regeln voraus, sondern auch die Bereitschaft (und die Fähigkeit!), nach diesen Regeln nicht nur zu gewinnen, sondern auch zu verlieren – um die Chancen in einer neuen Runde erneut zu suchen. Regeln verlangen nach Institutionen, die ihre Einhaltung überwachen und diese Institutionen nach einem Respekt jenseits aller inhaltlichen Differenzen: Denn es ist das Verfahren, es sind sozusagen die Regeln des »Spiels«, die für eine Demokratie am Ende wichtiger sind als eventuelle inhaltliche Übereinstimmungen der Parteien. Gegen die Diktatur war die Straße der einzige Weg. Regiert aber in der Demokratie die Straße, verliert am Ende die Demokratie.

Die sogenannte »Gemeinsamkeit der Demokraten« ist die Übereinstimmung in den Regeln, denn auch bei extrem unterschiedlichen Auffassungen über die politischen Inhalte müssen sie bestehen bleiben können. Diese Übereinstimmung in den Regeln ist das, was die civil society ausmacht; die Gesellschaft der Bürger, der citoyens. Und sie hat sich in der Zurückgezogenheit der DDR-Gesellschaft nicht entwickeln können.

Demokratie ist auch eine pragmatische Veranstaltung; sie geht von der besseren Chance einer relativen Vernunft aus. Sie lebt von dem unermüdlichen Versuch nach mehr Gerechtigkeit ebenso wie von der Einsicht in die unvermeidbare Ungleichheit nicht nur der Menschen, sondern auch ihrer Lebenschancen. Die soziale Demokratie arbeitet unermüdlich an mehr Gerechtigkeit; Gleichheit kann nur eine totalitäre Regierung versprechen. Die Demokratie akzeptiert reuevoll ihre eigene Unvollkommenheit, wer dagegen Vollkommenheit verspricht, ist immer totalitär.

* * *

Ich sagte zu Beginn, wir Deutsche sind zur Demokratie nicht weniger befähigt als unsere Nachbarn. Aber wir neigen wohl mehr als andere zu prinzipiellen Positionen und suchen immer wieder nach dem Schatz einer objektiven Vernunft. Wenn es eine geistige Besonderheit der politischen Deutschen gibt, dann zeigt sie sich wohl am deutlichsten in der Hoffnung, schon im Diesseits eine Erlösung von den Widersprüchen des Lebens zu finden.

Die Westdeutschen haben in 40 Jahren gute Erfahrungen mit den Institutionen und Regeln einer pragmatischen Demokratie gemacht. Wir haben dabei wohl einen Teil dieser deutschen Neigungen abgestreift. Die einen sagen deswegen abfällig, wir seien nun Pragmatiker geworden, »amerikanisiert« oder »kommerzialisiert«; die anderen verspotten die »Massengesellschaft«. Weniger polemisch oder auch: weniger deutsch gedacht, sollte es wohl heißen: Wir akzeptieren die Unvollkommenheiten der Freiheit, weil wir gelernt haben, daß der Mensch nur in Freiheit einen Weg in die Zukunft finden kann. Wir *sind* pragmatischer geworden und wir sind *damit* auch demokratischer geworden. Was Jürgen Habermas (ich glaube doch sehr traditionell deutsch) als DM-Nationalismus mißverstand, ist so wenig Nationalismus wie der Versuch der Schweiz, den Finanzplatz Zürich durch einen starken Franken zu sichern. Eine befriedete und freie Welt ist wohl immer vorwiegend kommerziell: eine pragmatische Einsicht, ohne die keine offene Demokratie stabil bleiben kann. Eine Einsicht allerdings, die wir in Deutschland spät gewonnen haben und die auch dem Geist der bisherigen DDR diametral entgegensteht. Die heutige DDR ist insofern unmeßbar viel »deutscher« geblieben als die BRD.

Wenn es in der Vergangenheit in der BRD eine Art nostalgischer Beziehung zur DDR gab, wie zum Beispiel bei Günter Gaus, dann — so scheint mir — eben deswegen: weil die DDR *diesen* Prozeß der »Westorientierung« nicht durchlaufen hatte. Weil sie deutscher geblieben war als wir. Und das nicht nur in ihrer Landschaft, sondern auch in ihrem Geist. Trotz ihres revolutionären Beginns.

Seit Öffnung der Mauer wird unter westlichen Journalisten, Wissenschaftlern und Politikern viel darüber gestritten, ob die DDR in die deutsche Einheit einen besonderen Geist der sozialen Solidarität einbringe. Ob mehr Altruismus ein Merkmal der DDR-Gesellschaft gewesen sei, oder ob die politischen Verhältnisse nur mehr Gemeinsamkeit erzwungen hätten. Es könnte sein, daß die Frage falsch gestellt ist. Vielleicht wäre zu fragen, ob die DDR-Gesellschaft den Geist der Solidarität einer offenen Gesellschaft entwickeln konnte, der Ungleichheiten als einen Teil des Systems anerkennt, ohne sie — mindestens in ihrer offenbar ungerechten Ausprägung — zu akzeptieren. Solidarität unter Individualisten ist etwas anderes als Solidarität unter Kollektivisten. Deutschland hat, so scheint mir, eher eine kollektivistische Tradition der Solidarität, in der der Eigennutz — der doch die Voraussetzung des Wirtschaftsmarktes und auch des Demokratie-»Marktes der Stimmen« ist — eher verdächtig war.
Mir scheint, daß die fast 60 Jahre währende Verketzerung eines natürlichen Eigennutzes des Menschen im »National-Sozialismus« und im »Kommunismus-Sozialismus«, also die Verleugnung elementarer anthropologischer Gegebenheiten der Demokratie, in der DDR tiefe Spuren hinterlassen hat. Ein »Freibeuter-Staat« sei die BRD, hat Stefan Heym im letzten Winter gesagt: Die BRD — der wahrscheinlich perfekteste Sozialstaat unter allen größeren Nationen! Was war gemeint? Es kann sich nur um eine Variante des ständigen Vorwurfs handeln, daß der »Eigennutz des Kapitals« verwerflich sei, an dessen Stelle man was setzen will: die soziale Kontrolle wie in der BRD *oder* einen anderen — staatlichen — Kapitalisten (wie in der bisherigen DDR)?
Stefan Heym und alle, die diese Töne wiederholen, wissen, so scheint mir, gar nicht, in welcher Tradition sie sich da bewegen. »Am deutschen Wesen mag einmal die Welt genesen« wäre sicher eine Zeile von Emanuel Geibel, von der die DDR-Intellektuellen weiten Abstand nehmen würden. Aber die Verszeilen stehen ja nicht allein:

Zügeln dann aus starker Mitte
jeder Selbstsucht wilden Trieb
und es mag am deutschen Wesen
einmal noch die Welt genesen

heißt es im Zusammenhang. In dieser Tradition stand eben die SED-Regierung *auch*. Hier paßt dann Stefan Heym mit seinem »Freibeuter-Staat« BRD dazu.

Auch die Demokratie — der Markt der Stimmen — ist ja nicht immer schön anzusehen. Welche Chance haben die DDR-Bürger, zu ihrem erprobten Freiheitswillen und zu ihrer erlernten Fähigkeit der Geduld und des Abwartens nun auch den häßlichen Teil des demokratischen Spiels so fest in sich aufzunehmen, daß diese demokratischen Spielregeln auch in der Krise, auch in der Phase der Verluste und des sozialen Schmerzes nicht fallengelassen werden?

Anders als in der BRD vor 40 Jahren begann die Demokratie in der DDR ja nicht mit ihrer attraktivsten Seite: Fliegende Händler, Versorgungsschwierigkeiten, Arbeitslosigkeit und Spekulanten leiteten die Erneuerung ein. Wahlen, Parteien, Versprechungen — und Enttäuschungen waren kein Ersatz für die verlorene Sicherheit und die noch nicht erreichte Zukunft. Gregor Gysi, der Mann mit dem vielleicht reibungslosesten Übergang eines Kommunisten zum Demokraten, dessen Wende so glatt und sauber verlief wie die eines Seehundes unter Wasser, eröffnete seine Pressekonferenz nach der Volkskammerwahl am 18. März 1990 mit einem verächtlichen Hinweise auf Plakate und Wahlwerbung so, als könne es eine Demokratie ohne diese Nebenfolgen geben: die andere, die deutsche, die prinzipielle Position? Wir spüren sie, so meine ich, bei vielen DDR-Intellektuellen, die sich nicht abfinden wollen mit den Kehrseiten der offenen Gesellschaft.

Denn unbestreitbar ist ja die Gefahr, daß die demokratische Gesellschaft jeden Sinn außerhalb ihrer kommerziellen Mechanik verliert; daß platter Wirtschafts-Darwinismus regiert. Wieder könnten wir dann auf eine »sozialistische« Alternative, die als humanistischer Kommunismus noch immer in den Köpfen spukt, stoßen. Und auch auf den sogenannten Antifaschismus als neue, innenpolitische Streitfrage.

X.
Die Gefahr enttäuschter Demokraten

Die Lösung *von* Problemen, aber nicht die Auflösung *der* Probleme definiert die Demokratie. Die scheinbare Auflösung *der* Probleme und dabei ihre großzügige Vernachlässigung in der Realität ist mindestens mental eine undemokratische Haltung. Und hier gibt es aus den Zeiten der eher staatsorientierten deutschen Traditionen eine Tendenz zu Lösungen »von oben«, die erwartet und nicht »von unten« erstritten werden. Wir finden diese Haltung heute sicherlich in der früheren DDR sehr viel häufiger als in der BRD. Wenn nun die Probleme dort aufbranden, verrottete Betriebe schließen müssen und die Arbeitslosigkeit wächst: könnte dann eine prinzipielle Kritik an Markt und Marktwirtschaft in der DDR-Bevölkerung wieder wach werden? Die PDS wäre sicher dabei.

Im Unterschied insbesondere zu den angelsächsischen Ländern lösen krasse soziale Unterschiede bei vielen Deutschen nicht die Reaktion des pragmatischen »Klassenkampfes« aus, sondern eher die Chimäre einer widerspruchsfreien Gemeinsamkeit. Hier entsteht dann ein humorloser (das heißt anthropologisch überforderter) Anspruch an die Demokratie, befreit von ihrem kommerziellen Kern, der wohl auch den Baader-Meinhof-Terrorismus genährt hat. Deutsch sein, so hieß es einmal, sei, eine Sache um ihrer selbst willen zu tun — und eben nicht für einen banalen, praktischen Zweck; so wie das Leben eben ist. Hier berührt sich die dogmatische Linke der BRD mit einer offenbar noch sehr breiten geistigen Strömung in der bisherigen DDR. Auch der extremen Rechten sind solche Tendenzen ja nicht fremd. Und an dieser Stelle läßt sich eine gewisse Gefahr für das politische Klima in Deutschland nicht übersehen: Sollte die Marktwirtschaft die sozialen Ungleichheiten zwischen Ost und West in unserem Land nicht spürbar abtragen können, könnte die Debatte auch wieder prinzipieller werden, als wir sie in den letzten 20 Jahren haben führen müssen.

Ist es denn ganz ungerechtfertigt, hinter der unzweideutigen Befürwortung der marktwirtschaftlichen Demokratie bei *allen* Parteien in der früheren DDR (mit Ausnahme der PDS, dort ist die Befürwortung sowohl der Marktwirtschaft als auch der Demokratie

durchaus zweideutig) als gemeinsames Band fast ausschließlich die *Erfolgserfahrungen* des Westens zu vermuten? Könnte dann eine ökonomische und soziale *Enttäuschung* in der DDR wieder neues Mißtrauen für den demokratischen Markt und seine Regeln aufkommen lassen? Eine erneute Suche nach dem Mythos des »dritten Weges«? Mir scheint, daß auch die Verbindung von protestantischem Preußentum und »sozialistischer« Erziehung in der DDR eine solche Entwicklung begünstigen könnte. Oswald Spengler nannte in »Preußentum und Sozialismus« (1921) jedenfalls verräterisch den »Sozialismus, das noch immer unverstandene Preußentum«, und insofern war vielleicht der Stechschritt der Wachen im Berlin des Stefan Heym doch mehr als ein unzeitgemäßer Zufall.
In der geistigen Auseinandersetzung, die angesichts erheblicher sozialer Spannungen im vereinigten Deutschland zu erwarten sein wird, muß deswegen, so befürchte ich, die Debatte um diese alten deutschen Positionen dann auch noch einmal geführt werden: um das, was Werner Sombart im Ersten Weltkrieg als den Gegensatz von deutsch und westlich mit dem arroganten Buchtitel »Helden und Händler« beschreiben wollte. Einer Formel, die letztlich nur die soziologische Kehrseite jener Medaille war, für die Thomas Mann in seinen »Betrachtungen eines Unpolitischen« die berühmte Formulierung von der »machtgeschützten Innerlichkeit« geprägt hatte.
Nicht darum, ob demokratische Politik auch schmutzig sein kann, geht es, sondern darum, ob eine grundsätzlich andere Politik in der Demokratie möglich ist.

* * *

Heute, 1990, ist noch im Bewußtsein, wer die breite wirtschaftliche Kluft in Deutschland verursacht hat: sowjetische Besatzung und kommunistische Ideologie. Aber bald wird die Geschichte verblassen und die Gegenwart regieren. Dann werden die Bürger der beiden bisherigen deutschen Staaten in ihrem gemeinsamen Staat sich nicht mehr als kapitalistisch oder sozialistisch erleben, nicht als amerikanisch oder sowjetisch beherrscht, sondern nur noch als Reiche oder Arme eines gemeinsamen Ganzen. Aus den bisher, von außen betrachteten, nahezu unvereinbaren Unterschieden zweier Gesellschaften sind dann sowohl theoretisch als auch praktisch aus-

gleichbare Unterschiede im Innenverhältnis *einer* Gesellschaft geworden. Aus der zunächst eher neugierigen Beobachtung des westlichen Wohlstandes kann dann leicht Neid, und aus der bisher mitfühlenden Sympathie für die benachteiligten Deutschen im östlichen Teil Deutschlands schnell die Sorge um den eigenen erreichten, westlichen Wohlstand werden.
Die PDS wird versuchen, diesen Neid zu schüren. Und wie bei allen Fragen sozialer Benachteiligung wird sie mindestens als Regionalpartei in der DDR-Region als Konkurrent der SPD auftreten. Das offene Feindbild ist verblaßt; die kommunistische Vergangenheit schnell in einen moralisch entschuldbaren Irrtum verwandelt. Der Arzt, der seinen Patienten über Jahrzehnte körperlich ruiniert hat, versucht skrupellos hinter dem neuen Praxisschild eine neue Therapie-Runde.
Die Menschen sind in Glaubensfragen auch durch Erfahrung kaum belehrbar. Robert Havemann, SED-verfolgt und kritischer Kommunist, berichtet in seinem Buch »Fragen, Antworten, Fragen« (München 1970), wie er im Prozeß gegen seine Söhne ausgeschlossen wurde; wie er dann dem Gerichtsdiener sagte, daß sogar *seine* Eltern am Prozeß gegen ihn vor dem Nazi-Volksgerichtshof hätten teilnehmen dürfen; und wie der Gerichtsdiener antwortete: »Na sehen Sie, wir leben eben nicht mehr in der Nazizeit.« Und er fährt im folgenden Kapitel doch fort, die repräsentative Demokratie als »Illusion«, als Hohlheit zu schelten und nennt das Ziel der Wiedervereinigung (weil doch nur mit Krieg realisierbar) »faschistisch«. Havemann fährt fort, daß die Zeit, in der die »Ideen, Ziele und politischen Praktiken der Nazis auf der politischen Bühne operieren ... noch nicht zu Ende [ging], jedenfalls nicht in der Bundesrepublik«. Und er beendet sein Buch mit der Feststellung:

> »Ich habe versucht, verständlich zu machen, warum ich trotzdem diesen Staat als einen entscheidenden Fortschritt in der deutschen Geschichte bejahe und ihn für den Teil Deutschlands halte, der zur Überwindung *von Kapitalismus und Faschismus* in Deutschland entscheidend beitragen kann.«

Welch ein Irrtum, wenn man heute des Stasi-Geflecht betrachtet, in dem Havemann selbst gefangen wurde. Welche Enttäuschung muß hier heute bei vielen Menschen in der DDR bestehen? Aber auch: An dieser Stelle sind die politischen Risiken einer sinnlosen Spaltung der Linken sind nicht zu übersehen. Wenn die Sozialdemokraten die inhaltliche Auseinandersetzung mit der PDS nicht ohne Maske führen und auch den eigenen Reihen schonungslos klarmachen, daß diese Utopie sich als Illusion entpuppt hat, wird es zu unüberschaubaren politischen Konstellationen kommen können.

XI.
Für eine Brücke zwischen den Parteien

Worum es geht, ist dies: Auch wenn die nationale Aufgabe des Ausgleichs zwischen Ost und West im vereinten Deutschland wirklich verstanden, und der schwierige, opferreiche Weg wirklich beschritten würde, werden krisenhafte Entwicklungen in der DDR-Region und Reaktionen (auch ökonomische) in der BRD-Region nicht zu vermeiden sein. Die Frage ist, ob die Deutschen im vereinten Deutschland dann in der Lage sein werden, diese Probleme gelassen und mit demokratischem Pragmatismus und ohne prinzipiellen Zweifel zu bewältigen. Im deutschen Westen, und das ist zukünftig die politische Mehrheit, bin ich da sicher, wenn auch bei vielen Intellektuellen jene oft an Leichtfertigkeit grenzende Unkenntnis ökonomischer Zusammenhänge immer wieder harte Überzeugungsarbeit der demokratischen Pragmatiker erforderlich macht. In der DDR-Region hingegen fehlen diese Erfahrungen. Hier fehlt noch Vertrauen in Institutionen und Regeln. Die schweren wirtschaftlichen und sozialen Umwälzungen könnten schon in diesem Herbst zu einem ganz anderen Demonstrationsbild auf den Straßen der DDR-Region führen. Und so kann es wohl immer wieder Rückschläge geben, die eine nachdrückliche politische Überzeugungsarbeit in der DDR notwendig machen. Doch gerade der DDR fehlen oft die erfahrenen Pragmatiker, die diese Arbeit leisten könnten.

Der Westen ist im Konflikt geübt, die DDR-Region eher konfliktscheu. Der Westen in der Selbstbehauptung trainiert (vielleicht sogar übertrainiert), der Osten mit eigener Verantwortung und Initiative unerfahren. Beide Teile Deutschlands allerdings geben Ordnung und Disziplin immer noch mehr Gewicht (in der alten DDR natürlich sehr viel stärker), als es dem toleranten demokratischen Prozeß manchmal gut tun kann. Ordnung und Angst, Disziplin und Intoleranz sind immer noch deutsche Paarungen, mit denen eine Periode ökonomischer Instabilität auch im vereinten Deutschland der 90er Jahre vorsichtig zu kalkulieren haben wird.
Denn kein Land kann große regionale Ungleichheiten mühelos verkraften. Italien leidet an seinem armen Süden und Großbritannien lebt in zwei Völkern, Schotten und Engländern. Der verarmte Süden der Vereinigten Staaten von Amerika glitt nach dem Bürgerkrieg in eine trotzige »innere« Sezession und brachte die politischen Strukturen der USA für viele Jahrzehnte zur Erstarrung; Kanada drohte, an den sprachlichen und sozialen Unterschieden zu zerbrechen, und sogar die Schweiz wurde von den ökonomischen Mißständen und kulturellen Abständen des Jura in den 70er Jahren erschüttert. Als die Währungsunion beschlossene Sache war, schrieb der Ökonom Grouve, die BRD schaffe sich nun ihren eigenen Mezzogiorno. Er irrte sich insofern, als wir uns nichts geschaffen haben: Mit der Öffnung der Mauer *hatte* Deutschland eine große, benachteiligte Region.
Der Weg zur gerechten Einheit wird von sozialen Erschütterungen der Ungleichheit gesäumt sein. Die Koalition der Regierung Kohl hat in der Frage der Einheit die Weichen richtig gestellt, aber die Gleise für die weitere Strecke nicht gelegt. Es fehlte viele Wochen nach der Währungsunion und wenige Woche vor dem Tag der Einheit, dem 3. Oktober 1990, noch immer an einem, die große Aufgabe bündelnden Konzept.
Die neue Einheit wird auch für die Parteien unbekanntes Terrain öffnen. Neue Mehrheiten werden zu suchen sein. Die Wahlen am 2. Dezember 1990 werden nur vorübergehende Mehrheiten in einer sozial noch ganz ungeklärten Lage entstehen lassen. Werden die Parteien in dieser fließenden Situation die gegenseitige Abgrenzung der notwendigen Zusammenarbeit vorziehen? Der Bruch der de-Maizière-Koalition im August 1990 scheint hierfür ein Indiz.

Es gibt Situationen, in denen der parlamentarische Rhythmus von Regierung und Opposition das Leben der Demokratie ausmacht. Aber es gibt andere, es gibt Ausnahmesituationen, in denen der Markt der Stimmen weniger wichtig wird als die gemeinsame Aufgabe *aller* politischen Kräfte. Dies ist dann die Zeit für die Parteien, das Marktanteilsdenken zurückzustellen und die gemeinsame Aufgabe in den Vordergrund zu rücken.

Die Stunde wird kommen, in der das große Ziel einer gerechten deutschen Einheit ohne eine feste Brücke zwischen den großen Parteien nicht mehr erreichbar ist. Dann werden die großen Parteien sich brauchen. Oft wird gesagt, eine alle Parteien umschließende Koalition sei die Reserve für die Stunde der Not. Muß es so weit kommen? Warum sollte diese Brücke nicht auch gebaut werden können für die Stunde der nationalen Chance?

Nachwort

So ganz ohne Nationalgefühl – Fehlt da was?

»Die Deutschen«, sagte Walter Momper am 10. November 1989, »sind jetzt das glücklichste Volk der Welt.« Die Freiheit der Deutschen in der DDR nach zwölf Jahren Naziterror und 45 Jahren kommunistischer Diktatur hatte sie wohl in der Tat in dieser Stunde dazu gemacht: zu *einem* Volk und zu vielen glücklichen Menschen.

Doch inzwischen ist die Freiheit alltäglich geworden und die Einheit zu einer schwierigen Aufgabe. Immer klarer begreifen wir, daß diese Einheit, für die im 19. Jahrhundert so viele Menschen zu sterben bereit waren, in einer Welt globaler Märkte und Bedrohungen ihre Bedeutung als politisches Ziel nahezu vollständig verloren hat. Geblieben ist vielleicht die Einheit als Solidarität, aber auch dies wohl nur für die Älteren unter uns, denen das ganze Deutschland noch in Erinnerung ist, und für die die Teilung immer etwas Widernatürliches blieb. Die jüngere Generation in der BRD stieß sich an der Mauer und daran, daß die Menschen in der DDR eingesperrt waren. Aber nicht an der Existenz zweier deutscher Staaten. Die Jugend in Deutschland ist überwiegend unempfindlich für jedes nationale Pathos, und ein Appell an ihre Solidarität mit den DDR-Bürgern wird die BRD-Jugend eher über den Kopf als über das Herz erreichen.

Wir in der BRD wurden »westlich«, als die Nation verblaßt war. Die selbstverständliche Identität, die unsere Nachbarn als Bürger ihrer Nation gewonnen hatten, als Franzosen, Engländer, Holländer oder Italiener, war und blieb uns versagt. Am Ende durch den blutigen Schnitt, mit dem wir selbst unsere Geschichte durchtrennt hatten.

Der territoriale Patriot, wie die Nation in Europa ihn prägte, konnten wir im grenzenlosen Heiligen Römischen Reich so wenig sein wie im geteilten Deutschland des späten 20. Jahrhunderts. Und in der kurzen Zeit zwischen 1871 und 1933, in der wir diese Chance hatten, vertaten wir sie wieder durch antidemokratische Arroganz, völkischen Chauvinismus und auch die politische Unfähigkeit unserer Nachbarn, die Realität der deutschen Gewichte in Europa zur Normalität werden zu lassen. Wir haben deswegen keine zivile Tradition als territoriale Patrioten. Und wir wollen und sollten dies mit der neugewonnenen Einheit auch nicht nachholen. Dafür kommt diese Einheit im Zeitalter der europäischen Integration und der globalen Herausforderungen wirklich zu spät.

»Verfassungspatrioten« sollen wir sein, heißt es. Aber was ist das? Der Verfassungspatriot ist in Wirklichkeit gar kein »Patriot«, kein Bürger eines besonderen Vaterlandes: Er ist nichts anderes als ein vernünftiger und anständiger Bürger und könnte dies überall sein. Ein Verfassungspatriot ist eher ein selbstbewußter Weltbürger, der seine Steuern dort zahlt, wo er seine Heimat hat. Das Grundgesetz jedenfalls – und so wird es auch sein mit der neuen Verfassung – weist keine so ungewöhnlichen oder einzigartigen Züge auf, daß diese für den »Verfassungspatrioten« eine besondere Identifizierung ermöglichen würden; wie etwa in der Schweiz.

Wir sagen also Patriot und meinen den engagierten Bürger. Und doch werden an uns nun Anforderungen gestellt, die einen Gemeinschaftssinn von uns fordern werden, der weit über alles hinausreicht, was in unserer Lebenszeit je von uns für eine gute »nationale« Sache gefordert wurde. Auch wenn wir im hergebrachten Sinne keine Patrioten mehr sind, müssen wir für die Brüder (und Schwestern) unserer Sprache, die in einem Staat mit uns lebten, doch mehr tun, als wir gewiß für Iren, Äthiopier oder Afghanen tun würden. Diese Bereitschaft zum Verzicht, ja zu Opfern für unsere »Landsleute«, die von uns getrennt fast ein halbes Jahrhundert in ferner Nähe leben mußten, ist eine Selbstverständlichkeit für die meisten Deutschen im Westen.

Welche innere Bewegung kann es sein, die den Westdeutschen bereit sein läßt, eigene Wünsche zurückzustellen, bis sich das Ganze wieder nähergekommen ist? Politische Vernunft wäre zwar ein starkes Argument. Denn wie Abraham Lincoln in einer berühmten Rede, die Bibel zitierend, »The house divided in itself can not stand«, so unvergeßlich gesagt hat: Das Haus, das in sich selbst geteilt bleibt, wird nicht bestehen. All das, woran wir uns in der BRD gewöhnt hatten: Wohlstand, politische Stabilität und internationaler Respekt werden wir nicht bewahren können, wenn wir zwei Völker bleiben mit zweierlei Gegenwarten und zweierlei Erinnerungen, aber in einem Staat.

Da würde uns dann auch Europa nicht mehr helfen, das in den Jahren des kalten Krieges noch Ersatz für das fehlende ganze Deutschland sein konnte. Nun aber sind wir wieder zur Einheit geworden und werden dennoch zunächst weniger ihr Glück als ihre Schmerzen spüren. Die Bewohner in der alten DDR, materiell und psychisch. Die Bewohner der alten BRD weniger direkt, aber doch in ungewohnten Schwierigkeiten und mit neuen, unbequemen Fragen, die unsere eingeschliffenen Selbstverständlichkeiten bohrend in Zweifel ziehen werden. Opfer, Einschränkungen, Schwierigkeiten, Kritik, Undankbarkeit und das: wofür?

Früher konnte man sagen: Für das Vaterland. Für die Nation. Ich glaube nicht, daß diese Worte noch viele erreichen. Und so, wie die Welt sich entwickelt, werden es immer weniger werden, die auf diese Worte hören. Das ist wahrscheinlich sogar zu begrüßen. Aber was werden wir antworten? Wofür die Unbequemlichkeiten und die Opfer, die nun Wiedervereinigung und Einheit von uns fordern werden?

Gelegentlich wird uns die Kulturnation anstelle der Staatsnation nahegelegt. Ich halte das für einen höchst gefährlichen Weg. Nichts, so scheint mir, außer vielleicht das Geld, ist heute internationaler als die Kultur. Musik, Malerei, Literatur, Theater, Film, Fernsehen: Was immer wir nehmen, *nirgendwo* zählt noch die regionale Herkunft. Und hatte nicht gerade die Kulturnation eine fatale Nähe zur *Volkskultur*, zum *Völkischen*, zur nationalen Abgrenzung anstelle des toleranten Zusammenlebens der Völker? War es nicht sogar so, daß dies der Weg des 18. und 19. Jahrhunderts in den deutschen Dünkel wurde? Sind Kulturnation und die unpolitische deutsche Überheblichkeit nicht enge Verwandte gewesen? Wir hatten Geist – die anderen »nur« Staat und Geld. »Unsere Sprache wird die Welt beherrschen«, hatte Schiller ganz im Sinne der »Deutschen Kulturnation« geschrieben. Nein, wir können bessere Gesetze, bessere Sozialordnungen, besseren Umweltschutz als andere Staaten schaffen: Aber in der Kultur gibt es keine Abgrenzung, keinen Wettbewerb, keinen Staat und keine Nation.

Ich meine, wir müssen nun *soziale Patrioten* sein. Die Einheit Deutschlands im Frieden mit unseren Nachbarn gibt zwar eine ver-

spätete Antwort auf die *deutsche* Frage des 19. Jahrhunderts, aber sie stellt zugleich eine Frage an die *soziale Zukunft Europas*. Denn nur das sozial geeinte Deutschland kann in Freiheit ein verläßlicher Baustein sein für eine zukünftige Weltordnung. Eine offene deutsche Frage müßte unsere Mitarbeit an dieser Ordnung behindern, seitdem es Freiheit in der DDR gibt; seitdem dort der Wunsch nach Einheit so hörbar wurde. Eine offene deutsche Frage müßte uns beschränken in unseren Fähigkeiten, ein normaler und das heißt starker Partner bei der Gestaltung einer besseren ökologischen und sozialen Gesellschaft in Europa und in der Welt zu sein. Aber ein staatlich geeintes, und doch sozial zerstrittenes Deutschland würde diese Frage ebenfalls unbeantwortet lassen.
Die deutsche Einheit war schon lange kein eigenständiges Ziel mehr. Im Vordergrund stand die Freiheit der in der DDR politisch gefangenen Deutschen und die Beendigung der Spaltung Europas. Die Bürger der DDR haben sich zur Freiheit *mit uns* entschieden, denn nur so konnten auch sie ein wirklicher Partner der freien Welt werden. Die deutsche Einheit ist also nur ein Schritt auf dem Wege zu einer friedlicheren Völkergemeinschaft in Europa. Im *ganzen* Europa, West *und* Ost. Hier ist die Einheit ein notwendiger Schritt, was viele nicht sehen wollten. Aber auch ein sehr schwieriger Schritt, was viele wohl auch noch immer nicht sehen mögen.
Uns kann nun gelingen, was in eineinhalb Jahrhunderten nicht hatte gelingen wollen. Zum ersten Mal geben die politischen Bedingungen in Europa den Deutschen eine Chance, die deutsche Frage endgültig zu beantworten: Einheit *und* Frieden in Europa.
Der Nationalstaat klassischer Gestalt liegt hinter uns. Aber die politische Gemeinschaft Europa braucht den Nationalstaat noch immer als Baustein für das friedliche Bauwerk der europäischen Einigung. Mit der deutschen Einheit 1990 holen wir in der deutschen Geschichte nach, was Europa, nicht die Deutschen allein, zwei Jahrhunderte versäumte. Wir tun dies als Deutsche und als Europäer gemeinsam mit unseren Nachbarn. Wir können ein starker Partner in Europa aber nur sein, wenn unsere Einheit fest ist. Fest aber wird nur die gerechte Einheit sein.

Die Vereinigung der beiden deutschen Staaten ist ein großes Wagnis. Wir werden alle unsere Kraft brauchen, dieses Wagnis zu bestehen.